A cultura do narcisismo

FÓSFORO

CHRISTOPHER LASCH

A cultura do narcisismo

A vida americana em uma era de
expectativas decrescentes

Tradução
BRUNO COBALCHINI MATTOS

Prefácio
E. J. DIONNE JR.

Prefácio à edição brasileira
CAMILA ROCHA

Para Kate

*Pelo que posso ajuizar, vejo que ela é muito sábia.
Formosa ela é, se olhos fiéis possuo;
fiel ela é, como o confirma agora.
Sendo assim, pois fiel, sábia e formosa,
na alma constante hei de trazê-la sempre.*

William Shakespeare, O mercador de Veneza[1]

13 PREFÁCIO
    E. J. Dionne Jr.

37 PREFÁCIO À EDIÇÃO BRASILEIRA
    Em defesa da vida em comum
    Camila Rocha

45 INTRODUÇÃO

53 O MOVIMENTO DE CONSCIÊNCIA E A INVASÃO SOCIAL DO SELF
53 O declínio do sentimento de tempo histórico
58 A sensibilidade terapêutica
67 Da política ao autoescrutínio
71 Confissão e anticonfissão
77 O vazio interior
82 A crítica progressista do privatismo
85 A crítica do privatismo: Richard Sennett sobre o declínio do homem público

90 A PERSONALIDADE NARCÍSICA EM NOSSOS TEMPOS
90 O narcisismo enquanto metáfora da condição humana
93 Psicologia e sociologia
97 O narcisismo na literatura clínica recente
103 Influências sociais do narcisismo
115 A visão de mundo do resignado

118 NOVOS MODOS DE ALCANÇAR O SUCESSO: DE HORATO ALGER À HAPPY HOOKER
119 O sentido original da ética do trabalho
123 Da autoapreciação à autopromoção por "imagens vitoriosas"

127	O eclipse das conquistas
133	A arte da sobrevivência social
136	A apoteose do individualismo

143	A BANALIDADE DA PSEUDOAUTOCONSCIÊNCIA: O TEATRO DA POLÍTICA E A EXISTÊNCIA COTIDIANA
143	A propaganda das mercadorias
147	Verdade e credibilidade
148	Publicidade e propaganda
152	A política como espetáculo
156	O radicalismo enquanto teatro das ruas
159	Adoração dos heróis e idealização narcísica
163	Narcisismo e o teatro do absurdo
168	O teatro da vida cotidiana
174	Distanciamento irônico como escape da rotina
176	Sem saída

181	A DEGRADAÇÃO DO ESPORTE
181	Espírito lúdico × ímpeto de exaltação nacional
183	Huizinga sobre o *homo ludens*
186	A crítica do esporte
192	A trivialização da prática esportiva
194	Imperialismo e o culto à vida extenuante
200	Lealdade corporativa e concorrência
205	Burocracia e "trabalho de equipe"
207	Esporte e indústria do entretenimento
211	Ócio como escape

215	ESCOLARIDADE E O NOVO ANALFABETISMO
215	A disseminação do estupor
218	A atrofia da competência
222	Origens históricas do sistema escolar moderno

224	Da disciplina industrial à seleção de mão de obra
228	Da "americanização" ao "ajuste de vida"
232	Educação básica × educação de defesa nacional
236	O movimento de direitos civis e as escolas
240	Pluralismo cultural e o novo paternalismo
242	O surgimento da multiversidade
247	"Elitismo" cultural e seus críticos
250	Educação como mercadoria

253	SOCIALIZAÇÃO DA REPRODUÇÃO E COLAPSO DA AUTORIDADE
253	"Socialização do trabalhador"
256	Os tribunais de menores
260	Educação dos pais
264	Repensando a permissividade
269	O culto da autenticidade
273	Repercussões psicológicas da "transferência de funções"
275	Narcisismo, esquizofrenia e família
277	Narcisismo e o "pai ausente"
282	Abdicação de autoridade e transformação do supereu
287	Relação entre família e outras agências de controle social
290	Relações humanas no trabalho: a fábrica como família

296	A FUGA DOS SENTIMENTOS: SOCIOPSICOLOGIA DA GUERRA DOS SEXOS
296	A banalização das relações pessoais
298	A batalha dos sexos: sua história social
301	A "revolução" sexual
305	Companheirismo
307	Feminismo e a intensificação da belicosidade entre os sexos
310	Estratégias de acomodação
315	A mulher castradora da fantasia masculina
320	A alma do homem e da mulher sob o socialismo

322	A FÉ ABALADA NA REGENERAÇÃO DA VIDA
322	O pavor da velhice
324	Narcisismo e velhice
328	A teoria social do envelhecimento: "crescimento" como obsolescência programada
332	Pró-longevidade: a teoria biológica do envelhecimento
337	PATERNALISMO SEM PAI
337	O novo e o velho rico
341	A elite executiva e profissional como classe dominante
343	Progressismo e o surgimento do novo paternalismo
345	Crítica liberal do Estado de bem-estar
350	Dependência burocrática e narcisismo
356	A crítica conservadora da burocracia
361	POSFÁCIO
	Revisitando *A cultura do narcisismo*
377	AGRADECIMENTOS
379	NOTAS
400	ÍNDICE REMISSIVO

Prefácio

A VOCAÇÃO DO CRÍTICO

A cultura do narcisismo parece saltar de uma década a outra. Duas gerações após a era que lhe serviu de referência, a longeva obra-prima de Christopher Lasch permanece capaz de dialogar com a atualidade. Em parte, seus ares contemporâneos se devem ao fato de que "narcisismo" se tornou uma das palavras mais utilizadas na política estadunidense após a eleição de Donald Trump para presidente em 2016. Porém, ainda mais impressionante que a singular relevância dessa palavra é o modo como um livro publicado em 1979 elenca tantos incômodos que seguem presentes na vida política e social dos Estados Unidos nos dias de hoje.

Lasch lamenta a degradação da verdade, a crescente distância entre as elites e os menos privilegiados e as agruras da família estadunidense. Ele alerta para os custos psicológicos e sociais que surgiram quando os norte-americanos perderam o controle sobre as próprias condições de trabalho. Ele explica a crescente "desconfiança geral com relação àqueles no poder" (uma preocupação natural após a Guerra do Vietnã e o caso

Watergate) e deplora a transformação da política em uma busca "não por mudança social, mas por autorrealização". Ele destaca o paradoxo de vivermos em "uma sociedade dominada por elites corporativas de ideologia antielitista". É difícil imaginar uma frase melhor para descrever o fenômeno Trump.

Após a eleição de Trump, o historiador Kevin Mattson, estudante da obra de Lasch, escreveu que se tornou comum lhe perguntarem se estávamos ingressando em um "período Lasch". O novo interesse em Lasch não se focou tanto neste livro, mas, sobretudo, em *A revolta das elites*, sua última publicação. Ainda assim, muitos dos temas citados pelos responsáveis por esse resgate também figuram nas páginas deste livro. Jill Lepore, por exemplo, mencionou a "espantosa" previsão feita por Lasch, de uma "crise democrática decorrente do fato de que as 'elites falam apenas para si mesmas', em parte devido à 'ausência de instituições para promover conversas gerais entre classes distintas'". Na mesma toada, Ross Douthat, colunista conservador do *New York Times*, exaltou a crítica de Lasch ao "afastamento dos profissionais de classe alta da sociedade que eles mesmos governam". E o elogio mais inesperado ao trabalho de Lasch, como bem apontou Mattson, veio daquele que acabaria se tornando assessor de alto escalão e ideólogo-chefe de Trump (presumindo que Trump tem alguma ideologia), Steve Bannon. Bannon disse a Jonathan Swan, do site *Axios*, que as eleições de 2016 comprovavam os poderes dedutivos de Lasch.*

Enquanto as preocupações centrais de Lasch dizem respeito às dinâmicas por trás da ascensão de Trump, muitos trechos de *A cultura do narcisismo* evocam características do próprio

---

* Kevin Mattson, "An Oracle for Trump's America?", *The Chronicle of Higher Education*, 26 mar. 2017. Disponível em: <www.chronicle.com/article/An-Oracle-for-Trump-s/239558>. Acesso em: 14 out. 2022.

Trump — o amante de elogios, o homem ávido por plateias amigáveis, o criador de um mundo onde ele sempre está no centro. Perto do final do livro, Lasch nos diz:

> As pessoas de personalidade narcísica, embora não sejam hoje necessariamente mais numerosas do que antes, desempenham papéis de destaque, muitas vezes de eminência. Alimentando-se da adulação das massas, essas celebridades dão o tom da vida pública e privada, dado que o maquinário da fama não reconhece a fronteira entre os âmbitos público e privado. (p. 355)

Ou o seguinte trecho do primeiro capítulo:

> A despeito de suas ilusões esporádicas de onipotência, o narcisista depende dos outros para validar sua autoestima. Ele não consegue viver sem uma plateia de admiradores. Sua aparente liberdade com relação a laços familiares e constrangimentos institucionais não o libertam para que siga seu próprio caminho ou se regozije em sua individualidade. Pelo contrário, alimenta a insegurança que o narcisista só consegue superar ao ver seu "self grandioso" refletido na atenção dos outros ou se associando a pessoas dotadas de celebridade, poder e carisma. Para o narcisista, o mundo é um espelho, enquanto o individualista rústico o via como uma imensidão vazia a ser moldada conforme suas vontades. (p. 62)

Em outro momento, Lasch observa que vivemos em tempos nos quais "toda política se tornou uma forma de espetáculo". O narcisista, argumenta, "admira e se identifica com os 'vencedores' movido por seu medo de ser tachado de perdedor". Ninguém é mais obcecado com "vencedores" e "perdedores" do que Trump.

Lasch talvez desse um sorriso amarelo ao ver a perfeição com que suas descrições de narcisismo se aplicam a Trump. Por outro lado, ele certamente desaprovaria qualquer uso descuidado desse termo que buscou definir com tanto rigor. Trata-se de uma ironia, pois, ao longo das décadas, este livro sempre incitou debates acerca do modo como o autor usou e definiu o termo "narcisismo". Lasch, em sua posição de historiador e pensador crítico, certamente se incomodaria com as tentativas de transpor suas ideias para os nossos tempos com o intuito de avaliar um político específico e um conjunto de circunstâncias com o qual ele próprio não teve nenhum contato. A leitura de *A cultura do narcisismo* nos deixa curiosos para saber como esse autor, um pensador mordaz e convictamente não convencional, explicaria nosso tempo, tantas vezes inexplicável.

Não é difícil imaginá-lo manifestando solidariedade às frustrações dos apoiadores de Trump e, ao mesmo tempo, condenando a ascensão do racismo e do nacionalismo. Sem dúvida, ele reagiria ao uso indiscriminado do termo "populista" como epíteto. No livro a seguir há uma simpatia inerente pelo populismo e, em seu amplo estudo denominado *The True and Only Heaven* [O verdadeiro e único paraíso], Lasch o enalteceu como um descendente do "radicalismo popular do passado". Não obstante, ele entendia os limites do populismo. "Ele faz as perguntas certas", escreveu, "mas não oferece um conjunto de respostas prontas."[*] As contradições filosóficas existentes entre os muitos movimentos autoproclamados populistas mostram como isso é verdade.

Como Lepore, Douthat e outros observaram, há muito tempo Lasch já criticava os liberais por julgá-los incapazes de entender como suas políticas, suas análises e seu distanciamento cultural da classe trabalhadora, uma tradicional aliada, acabaria levando à mesmíssima crise que eles desejavam evitar. Ao

---

[*] Christopher Lasch, *The True and Only Heaven: Progress and Its Critics*. Nova York: Norton, 1991, p. 532.

mesmo tempo, se vivo estivesse, Lasch muito provavelmente dissecaria de forma implacável as contradições do trumpismo, condenando-o por despejar buquês retóricos à classe trabalhadora e, ao mesmo tempo, adotar políticas tributárias, trabalhistas e econômicas que apenas beneficiam as elites corporativas tão criticadas por Lasch.

Em resumo, o autor teria uma visão complicada de nossa crise, pois suas visões *sempre* eram complicadas. Como afirmou o sociólogo Norman Birnbaum, seu amigo, Lasch tinha "uma veia iconoclasta irrepreensível, um ceticismo teimoso com relação aos esquemas dominantes da interpretação histórica e uma capacidade de fazer perguntas que até então ninguém havia feito".[*] A crítica de progressistas e conservadores desde um ponto de vista ao mesmo tempo radical e tradicionalista era marca registrada de Lasch. O título da biografia de Dwight Macdonald, editor e escritor independente, escrita por Michael Wreszin, *A Rebel in Defense of Tradition* [Um rebelde em defesa da tradição], aplica-se com a mesma intensidade a Lasch, que citou de modo positivo a definição de radicalismo proposta por Macdonald em um ensaio sobre o historiador Richard Hofstadter, publicado como apresentação para o livro de Hofstadter *The American Political Tradition* [A tradição política estadunidense]. O radical, dizia Macdonald, "fica agradecido quando a história segue na mesma direção que ele, mas [...] teima em trilhar seu próprio caminho, o caminho do que 'deveria ser', e não aquele que 'é'". Esse foi o caminho ao qual Lasch se manteve fiel ao longo de mais de três décadas de escrita, docência e polêmicas, até ter sua vida interrompida precocemente por um câncer aos 61 anos.

---

[*] Norman Birnbaum, "Gratitude and Forbearance: On Christopher Lasch", *The Nation*, 14 set. 2011. Disponível em: <www.thenation.com/article/gratitude-and-forbearance-christopher-lasch/>. Acesso em: 14 out. 2022.

Referindo-se a Hofstadter, um de seus mentores, Lasch disse que ele deixou "um conjunto completo e bem-acabado de obras, em vez de apenas um ou dois livros importantes — o máximo a que a maioria dos historiadores pode almejar". As ideias de Hofstadter, escreveu, "retomam o tempo todo certas preocupações centrais que já haviam sido delineadas no início de sua carreira".*

O percurso de Lasch diferiu muito do de Hofstadter em diversos aspectos importantes. Como o historiador Thomas Bender observou, Lasch "identificava-se fortemente com a História enquanto disciplina, mas não tanto com a história enquanto profissão".** Não se poderia dizer o mesmo de Hofstadter, muito embora, à sua maneira, ele também se mantivesse independente das exigências da escrita histórica acadêmica. O livro que o leitor tem em mãos, bem como os que vieram antes e depois dele — *Haven in a Heartless World* [Refúgio em um mundo sem coração] e *O mínimo eu* —, desenvolveram uma crítica social e cultural focada nos âmbitos individual, familiar, terapêutico e (às vezes nas entrelinhas, e mais explicitamente em seus últimos livros) religioso. Ele aborda com um ceticismo devastador as modas da "autenticidade", da "consciência" e do "crescimento pessoal" — tópicos que pouco interessariam a Hofstadter. Talvez pela época em que escreveu sua obra, Hofstadter evitou o campo minado da cultura que Lasch pareceu desbravar a pleno galope.

Hofstadter, contudo, também era fascinado pelo âmbito psicológico, e isso se reflete em seus perfis de políticos esta-

---

* Christopher Lasch, prefácio para Richard Hofstadter, *The American Political Tradition: And the Men Who Made It*. Nova York: Random House, 1989, pp. XVI, XII.

** Thomas Bender, "The Historian as Public Moralist: The Case of Christopher Lasch", *Modern Intellectual History*, v. 9, n. 3, nov. 2012, p. 735.

dunidenses eminentes e em seu famoso ensaio *The Paranoid Style in American Politics* [O estilo paranoico na política estadunidense]. Tanto Lasch como Hofstadter criticavam a tradição progressista norte-americana a partir de um viés de raízes marxistas, que se desdobrou em um ceticismo mais geral. Se o ensaio de Lasch sobre Hofstadter refletia um anseio do próprio autor (de desenvolver "um conjunto completo e bem-acabado de obras" que retomassem o tempo todo "certas preocupações centrais que já haviam sido delineadas no início de sua carreira"), é justo dizer que ele conseguiu. O segundo livro de Lasch, *The New Radicalism in America* [O novo radicalismo nos EUA], publicado em 1965, consolidou o autor como uma voz intelectual de primeira grandeza. Em sua apresentação, ele propôs um padrão muito particular e minucioso para o papel do intelectual na vida pública:

> O intelectual pode ser definido, em termos gerais, como alguém cujo pensamento cumpre a um só tempo funções de trabalho e diversão; mais especificamente, como alguém cuja relação com a sociedade é definida, tanto aos seus olhos quanto aos olhos da sociedade, sobretudo por sua pressuposta capacidade de comentá-la com maior desprendimento do que aqueles envolvidos mais diretamente nas questões práticas de produção e poder. Dado que sua vocação é a de crítico da sociedade, no sentido mais amplo, e como se espera que o valor de suas críticas provenha de certo distanciamento do cenário atual, a relação do intelectual com o restante da sociedade nunca é de todo confortável; mas nem sempre é tão desconfortável quanto é nos Estados Unidos de hoje.*

---

* Christopher Lasch, *The New Radicalism in America, 1889–1963: The Intellectual as a Social Type*. Nova York: Vintage Books, 1965, p. IX.

Este é o Lasch de *A cultura do narcisismo*. Mesmo que o livro tenha colocado o autor, por um breve período, em desconfortável proximidade dos centros de poder e do mundo das celebridades que admoestou com tanta habilidade, ele abraçou o desconforto criado por suas ideias. E, embora tenha estabelecido muitas amizades duradouras, Lasch estava disposto a viver com a dose de solidão intelectual que acompanha os desabrigados políticos. Seu verdadeiro imperativo era o distanciamento, e ele tiraria o máximo proveito disso.

A CRISE DO FINAL DOS ANOS 1970 — E AQUELA POR VIR

A rebeldia intelectual de Lasch e sua revolta frente à situação de seu país fica evidente no veredito apresentado já na primeira página deste livro e em seus argumentos incansáveis em defesa das ideias expostas em ensaios posteriores, cujos temas variam de política a esporte, passando pelo ensino e pela educação infantil. "A crise política do capitalismo", propõe, "reflete uma crise geral da cultura ocidental, manifesta na desesperança generalizada de compreender o curso da história moderna ou de submetê-la ao controle racional." O livro, afirma, "descreve um modo de vida que está morrendo — a cultura do individualismo competitivo, cuja derrocada transformou a lógica individualista em uma guerra de todos contra todos e a busca da felicidade em um beco sem saída de preocupação narcísica com o self".

O novo narcisista de Lasch é vítima de tensões e contradições despercebidas e inexploradas. Ele é "assombrado não pela culpa, mas pela ansiedade". Ele "exalta a cooperação e o trabalho em equipe ao passo que abriga impulsos profundamente antissociais". Ele "enaltece o respeito a regras e regulamentos, nutrindo a crença secreta de que nada disso vale para ele". Ele "exige gratificação imediata e vive em uma situação de desejo constante e eternamente insaciável". Ao mesmo tempo, Lasch critica as "corporações gigantescas" e o "Estado burocrático". Ele denuncia uma educação voltada para o mundo dos negócios, que se orgulha de "preparar o homem para o mercado", mas também ataca os reformistas educacionais liberais por "legitimarem um novo rebaixamento dos padrões em nome da criatividade pedagógica". Ele destrincha a "pseudoautoconsciência", demonstrando a peculiaridade de sua obtusidade. "Aprisionado por sua autoconsciência", escreve, "o homem moderno cobiça a inocência perdida do sentimento espontâneo."

A era Trump tem como característica o temor de que a própria verdade esteja em perigo, e Lasch já havia antecipado nossos receios ao refletir sobre a desilusão dos anos do governo de Nixon. "A ascensão da mídia de massa torna as categorias de verdade e falsidade irrelevantes para a avaliação de sua influência", aponta. "A verdade deu lugar à credibilidade, os fatos, aos depoimentos em tom categórico, mas desprovidos de qualquer informação categórica." Em um comentário válido para a experiência dos consumidores de certos sites e canais de televisão, ele aponta: "o propagandista hábil emprega detalhes precisos para insinuar um retrato enganoso do todo [...], fazendo da verdade a principal forma de falsidade". Quando o secretário de imprensa de Nixon, Ron Ziegler, disse que suas declarações anteriores acerca de Watergate eram "inoperantes", Lasch afirma que o porta-voz do presidente não estava admitindo uma mentira, mas aceitando que suas afirmações anteriores "não eram mais críveis [...]. Não vinha ao caso se eram ou não verdade".

Como é inevitável, algumas das observações e profecias de Lasch não se concretizaram, e há uma em particular digna de nota. Embora tenha sido um opositor do racismo durante toda a sua vida e jamais tenha negado a persistência do racismo de fato na sociedade estadunidense, Lasch argumentava que a exploração com base no mercado havia, em grande parte, continuado a opressão de viés racial da escravidão e a segregação de jure. "A ideologia da supremacia branca", escreveu, "já não parece cumprir nenhuma função social importante." Levando em conta a eficácia de insinuações racistas nas campanhas políticas a partir dos anos 1970, essa afirmação já era questionável quando foi escrita. Chama especial atenção o descompasso dessa fala com a ressurgência do nacionalismo branco e da xenofobia de cunho racial sob Trump — que, cabe dizer, teria deixado Lasch horrorizado.

Mas, em outros momentos, impressiona como o livro está à frente de seu tempo. Lasch, assim como seus leitores, nem imaginava as surpresas da revolução tecnológica. Sua descrição do imperialismo das imagens, contudo, poderia ser transposta sem quase nenhum retoque para uma crítica contemporânea à cultura dos smartphones, Instagram, Snapchat e Facebook:

> Câmeras e gravadores não só transcrevem a experiência como também alteram seu substrato, conferindo a boa parte da vida moderna os atributos de uma imensa câmara de eco ou de um jogo de espelhos. [...] A vida moderna é mediada de forma tão completa pelas imagens eletrônicas que não conseguimos deixar de reagir aos outros como se suas ações — e também as nossas — estivessem sendo gravadas e transmitidas simultaneamente para uma plateia invisível, ou armazenadas para maior escrutínio em algum momento posterior. [...] A intromissão na vida cotidiana desse olho que tudo vê já não nos pega de surpresa ou com a guarda baixa. (pp. 111-2)

Lasch foi muitas vezes descrito — sobretudo em seus últimos anos de vida, e especialmente por seus críticos mais ferrenhos — como alguém que tinha como maior oponente o liberalismo — e, mais importante, a própria modernidade. Sem dúvida, nestas páginas e em obras posteriores, percebemos uma frustração com muitos dos frutos do mundo moderno. Mas também podemos encarar Lasch como um democrata radical, defensor das virtudes de um mundo de pequenos produtores e poder descentralizado.

Bem no final de *A cultura do narcisismo*, uma única frase curta sintetiza as razões para a dificuldade de situar Lasch nos debates convencionais. "O embate com a burocracia", afirma ele, "requer, portanto, um embate com o próprio capitalismo." (p. 359) Na política convencional, o adversário típico da burocracia é o "grande governo", inimigo do capitalismo. Os críticos costumeiros do capitalismo defendem... bem, mais burocracia: regulação, no caso dos liberais moderados ou social-democratas, e propriedade governamental dos meios de produção, no caso dos socialistas de Estado.

Lasch se opõe a ambas visões. Ele aposta na iniciativa dos despossuídos e em sua capacidade de organização política. "Para romper com o padrão existente de dependência e dar fim à erosão da competência", escreve, "os cidadãos precisarão solucionar seus problemas com as próprias mãos. Eles terão que criar suas próprias 'comunidades de competência'." (pp. 359-60)

LASCH E SEUS CRÍTICOS

A atenção e a aclamação conquistadas por este livro se devem à abrangência das acusações de Lasch. Mas o mesmo fator foi responsável por confundir e perturbar seus críticos.

Embora admirassem a simpatia de Lasch pelos desabastados e o julgamento severo do capitalismo corporativo proposto pelo autor, os progressistas muitas vezes discordaram de seu ceticismo com relação a avanços culturais da era moderna, como o feminismo, a visão menos constrita da sexualidade, as reformas educacionais e as novas abordagens para o tratamento de distúrbios mentais. Embora se baseasse em uma noção de autonomia pessoal com raízes no pensamento de esquerda, a crítica do estado burocrático presente no livro tinha muitas semelhanças com argumentos conservadores em voga à época de sua publicação.

Assim, ao mesmo tempo que elogiou o "virtuosismo", a "força ponderada" e a "sombria perspicácia" de Lasch no *New York Times Book Review*, o aclamado crítico literário Frank Kermode acusou-o de olhar pelo retrovisor em busca de uma solução "ao mesmo tempo pouco promissora e pouco desejável". Ressaltando o desejo de Lasch por um retorno à "disciplina moral antes associada à ética de trabalho", Kermode indagou, com notável mordacidade, qual exatamente era o mundo que Lasch se dispunha a resgatar. Kermode ponderou se ele desejava restaurar o "direito de ser pobre, apanhar na infância, ser acossado por um sistema penal bárbaro, ser coagido a sofrer em um casamento infeliz, ser explorado abertamente, e não de forma velada. E de morrer cedo".*

Lasch reagia com veemência àqueles que classificavam seu olhar como retrógrado. "De uma vez por todas", disse em um simpósio sobre o livro na revista *Salmagundi*, "eu não tenho nenhum desejo de retornar ao passado, mesmo se julgasse um retorno desses possível." Mais uma vez, ele apontou sua origem de esquerda. "O socialismo, apesar dos horrores perpetrados em seu nome", escreveu, "ainda se constitui como legítimo herdeiro da democracia liberal." Ao mesmo tempo,

---

* Frank Kermode, "The Way We Live Now", *The New York Times*, 14 jan. 1979.

ele não se arrependeu de suas críticas ao radicalismo cultural que, ao seu ver, havia sido afetado pela permissividade nutrida pelo capitalismo:

> Ao abraçar despreocupadamente uma política de "revolução cultural", a esquerda estadunidense jogou o jogo das corporações, que exploram com grande facilidade um radicalismo que identifica a libertação com a autoindulgência hedonista e a liberdade de laços familiares. Enquanto isso, a esquerda deu as costas a seus próprios atributos constituintes — as pessoas que se aferram à vida familiar, à religião, à disciplina de trabalho e a outros valores ostensivamente démodé, bem como às instituições, por verem nelas a única fonte de estabilidade em uma existência de resto precária.*

A direita aprovava a defesa de Lasch da família, o ceticismo frente às "críticas libertárias da sociedade moderna" e o respeito aos velhos hábitos criadores de bons cidadãos: "autoconfiança, respeito próprio e versatilidade". Essa apreciação (e apropriação) conservadora de seu trabalho se tornaria mais comum nos anos seguintes.

Entretanto, quando o livro foi publicado, Lasch foi criticado pelos conservadores em função de parte de seus argumentos apreciada pela esquerda. O autor endossava os objetivos econômicos e a crítica ao capitalismo da esquerda, e isso levou uma parcela da direita a censurá-lo por supostamente exagerar os defeitos da nação e ignorar que seus próprios argumentos conclamavam uma guinada à direita no país. Em um texto para a *Commentary*, Kenneth S. Lynn observou que:

---

* Christopher Lasch, "Politics and Social Theory: A Reply to the Critics", *Salmagundi*, n. 46, outono 1979, pp. 197, 199.

Ao vasculhar os "escombros" da civilização estadunidense nos anos 1970, o sr. Lasch encontrou um indício de uma vida nova e melhor. A descrença crescente com relação a especialistas e burocracias governamentais teria levado homens e mulheres "em pequenas cidades e bairros urbanos apinhados de gente, ou mesmo em subúrbios mais abastados" a darem início a experimentos descentralizados de cooperação que talvez significassem "o início de uma revolta política generalizada". A maioria dos estudiosos considera esse desencantamento do cidadão comum com o grande aparato de governo uma força conservadora na política estadunidense, mas o sr. Lasch prefere se agarrar ao sonho ancestral da esquerda: bem no fundo, "o povo" desta nação não gosta de verdade do capitalismo e, portanto, acabará se revoltando contra ele.*

Lynn tinha mesmo alguma razão, visto que Ronald Reagan ganharia as eleições presidenciais no ano seguinte à publicação do livro. Ao insistir na importância "da família, da vizinhança e do trabalho" em seu discurso de vitória na Convenção Nacional Republicana de 1980, Ronald Reagan ecoou os principais temas — autonomia familiar, dignidade do trabalho e as virtudes do poder e participação locais — elencados por Lasch.

Não obstante, longe de ignorar uma possível guinada à direita (que já havia observado na reeleição de Richard Nixon sete anos antes), Lasch alertava para esse cenário hipotético. Essa visão permeia todo o livro, e Lasch foi bastante explícito ao desenvolver mais sua tese ainda em 1979.

---

* Kenneth S. Lynn, "The Culture of Narcissism, by Christopher Lasch", *Commentary*, 1 abr. 1979. Disponível em: <www.commentary.org/articles/kenneth-lynn/the-culture-of-narcissism-by-christopher-lasch/>. Agradeço a John Podhoretz, editor da *Commentary*, por autorizar o uso dessa extensa citação.

Após desmerecerem o anseio por lei e ordem, visto como uma expressão da mentalidade protofascista da classe trabalhadora estadunidense, os intelectuais se perguntam por que o descontentamento da classe trabalhadora assume tantas vezes a forma do anti-intelectualismo [...] ou de um "conservadorismo profundo".

Usando mais uma vez palavras que ecoam nossos tempos (e continuam polêmicas), ele declarou:

> A esquerda escolheu o lado errado no embate cultural entre 'o estadunidense médio' e as classes instruídas ou semi-instruídas, que absorveram as ideias de vanguarda somente para colocá-las a serviço do capitalismo de consumo.*

Lasch anteviu a ascensão dos boêmios burgueses que David Brooks consagraria sob a alcunha de "Bobos" 21 anos depois.**

De um lado, a dialética (como alguns poderiam chamá-la) entre o envolvimento contínuo de Lasch com análises marxistas e, de outro, sua crença de que o capitalismo havia minado as instituições tradicionais que tornavam a vida mais tolerável para os menos privilegiados são a força motriz deste livro, e também da vida intelectual de seu autor. Em 2014, o crítico social George Scialabba escreveu uma defesa vigorosa de Lasch, opondo-se àqueles que o tacham de conservador. Scialabba observou que o projeto de Lasch era guiado por uma preocupação com a perda de poder experienciada por aqueles que perderam o pouco controle que tinham sobre o próprio trabalho e se tornaram meros

---

* Christopher Lasch, "Politics and Social Theory: A Reply to the Critics", op. cit., pp. 198-9.
** David Brooks, *Bobos in Paradise: The New Upper Class and How They Got There*. Nova York: Simon & Schuster, 2000.

funcionários. Sob essa nova condição, eles se tornaram "dependentes de autoridades corporativas distantes e abstratas", escreveu Scialabba, ao mesmo tempo que viam seu papel de pais e mães "cada vez mais supervisionado ou substituído por burocracias educacionais, médicas e de bem-estar social".* Embora Lasch muitas vezes soasse como um social-conservador, seu conservadorismo era pautado por preocupações típicas da esquerda.

De fato, uma das críticas feministas da obra de Lasch, a já falecida Ellen Willis, afirmava isso argumentando que *A cultura do narcisismo* havia "popularizado uma nova forma de conservadorismo cultural de esquerda". Ao longo dos anos, o fluxo mais constante de críticas à obra de Lasch viria de feministas que, como escreveu Willis, encaravam seu uso de palavras como "narcisismo", "egoísmo" e "hedonismo" como "uma depreciação de mulheres cujo apreço pela própria liberdade ele considerava excessivo".

Respondendo aos receios de Lasch, para quem o movimento feminista teria se concentrado demasiadamente na "igualdade no mundo profissional e dos negócios", aceitando ao mesmo tempo a "definição corporativa de sucesso", Willis argumentou que as principais correntes do feminismo havia muito tempo "criticavam o carreirismo e reivindicavam a reestruturação do trabalho". Ela insistiu: "A ênfase das feministas no acesso igualitário ao trabalho não significa a aceitação dos valores corporativos, mas o entendimento de que a independência econômica é um pré-requisito para o poder social". E, respondendo ao destaque dado por Lasch às virtudes do "altruísmo", Willis apontou maliciosamente que "para poder vivenciar o altruís-

---

* George Scialabba, "The Weak Self: Christopher Lasch on Narcissism", *Boston Review*, 6 maio 2014. Disponível em: <www.bostonreview.net/books-ideas/george-scialabba-vivian-gornick-christopher-lasch-narcissism>. Acesso em: 14 out. 2022.

mo, é preciso ter servido antes a interesses próprios, e não apenas aos dos outros".*

Ao longo dos anos, surgiram muitas versões de críticas feministas ou cultural-liberais de Lasch. Elas atingiram seu ápice em 2014, com a publicação do livro *The Americanization of Narcissism* [A americanização do narcisismo], da historiadora Elizabeth Lunbeck. Trata-se, a um só tempo, de uma história do conceito de "narcisismo" e de uma crítica frontal aos argumentos de Lasch. Porém, a própria intensidade da crítica de Lunbeck revela a importância atribuída pela nova geração de historiadores à obra do pensador. A própria Lunbeck constata como são poucos os livros que demonstraram um "poder de permanência" como este.**

O paradoxo de Lasch com o feminismo foi bem descrito por sua filha, a também historiadora Elisabeth Lasch-Quinn, em sua introdução a um livro póstumo de ensaios do pai, *A mulher e a vida cotidiana*. Lasch-Quinn afirma que

> muito antes do campo da história das mulheres existir [...] Lasch foi um dos pouquíssimos historiadores a estudarem o papel das mulheres, do casamento, do feminismo, do amor e da família na história do Ocidente, e fez isso movido não só por um interesse apaixonado por esses temas, mas também por acreditar que não havia outra maneira de entender a história cultural.***

* Ellen Willis, "Backlash: Women and the Common Life", *Los Angeles Times*, 12 jan. 1997. Disponível em: <www.latimes.com/archives/la-xpm-1997-01-12-bk-17738-story.html>. Acesso em: 14 dez. 2022.
** Elizabeth Lunbeck, *The Americanization of Narcissism*. Cambridge: Harvard University Press, 2014, p. 16.
*** Elisabeth Lasch-Quinn, Introdução a *Women and the Common Life: Love, Marriage, and Feminism*. Nova York: Norton, 1997, p. x. [ed. bras. *A mulher e a vida cotidiana: amor, casamento e feminismo*. São Paulo: Civilização Brasileira, 1999.]

Nas páginas daquela obra, Lasch ofereceu o que sua crítica Willis chamou de "uma descrição pungente" dos temas em questão. "[Uma] feminista radical não poderia tê-lo escrito melhor."* Lasch observou que "o medo que os homens têm das mulheres [...] ultrapassa a real ameaça de seus privilégios sexuais". E prosseguiu:

> Ao passo que o ressentimento das mulheres contra os homens, na maioria dos casos, enraíza-se na discriminação e na ameaça sexual às quais as mulheres são constantemente expostas, o ressentimento dos homens contra as mulheres, em um cenário em que os homens ainda controlam a maior parte do poder e riqueza da sociedade e, não obstante, sentem-se ameaçados e acuados — intimidados, emasculados — é profundamente irracional e, sendo assim, é improvável que sejam atenuados por quaisquer mudanças de táticas feministas que tenham por objetivo convencer os homens de que mulheres libertas não são ameaça para ninguém.

E isso segue sendo verdade.

A TRANSFORMAÇÃO INVOLUNTÁRIA DE LASCH EM CELEBRIDADE

Poucos intelectuais públicos desprezavam os modismos tanto quanto Lasch, e, no entanto, poucos livros captaram e incorporaram as tendências de sua época com tanto sucesso quanto *A cultura do narcisismo*. Lasch não gostou quando seu livro passou a ser visto "como uma reprimenda moralista da busca pelo self, ou como mais um protesto contra a 'década do eu'", nas palavras dele.

---

* Elen Willis, op. cit.

Embora eu não tenha nenhuma intenção de renegar a dimensão ética do livro, considero *A cultura do narcisismo* uma contribuição para a teoria e a crítica social, e não à literatura da indignação moral.*

Ele não gostava nem um pouco de ser associado ao jornalismo e à sociologia pop ligados à "década do eu", muito embora cite Tom Wolfe, o criador da expressão, no início de seu texto. Ainda assim, a popularidade da obra se deve em parte a descrições como a de Kermode, que a classificou como "um sermão civilizado sobre o fogo do inferno". (Kermode ainda acrescentou que o livro não oferecia "grandes promessas de salvação", em outro comentário rebatido por Lasch).** Embora talvez não fosse sua intenção, Lasch resumiu as dúvidas do país acerca de si no final daquela década de difícil classificação situada entre os anos 1960 e a era Reagan. "Como desejamos A Palavra", escreveu Henry Allen em um perfil de Lasch para o *Washington Post*, "como ansiamos por alguém capaz de definir tudo, que embrulhasse os anos 1970 em papel de presente." A manchete do texto de Allen, como era de se esperar, chamava Lasch de "O profeta do apocalipse da década do eu". A revista *Newsweek* publicou uma resenha do livro com a manchete "Eu, eu, eu", dando o tom para boa parte dos comentários futuros e alegando que o texto possuía "a força de um Jeremias". Lasch não pretendia ser um profeta bíblico, tampouco julgava esse papel compatível com suas obrigações de historiador. "Hoje, estou convencido de que qualquer livro com conclusões pessimistas acaba sendo

---

* Christopher Lasch, "Politics and Social Theory: A Reply to the Critics", op. cit., pp. 194-5.
** Frank Kermode, op. cit.

tratado de uma determinada maneira", ele disse a Allen. "O uso de palavras como 'Jeremias' é parte dessa tendência."*

Todo o contexto em torno do livro conspirou para fazer de Lasch uma celebridade intelectual, levando-o a figurar até mesmo na revista *People*, na qual dividiu espaço de destaque com a cantora pop Olivia Newton-John. ("Meu Deus, que fenômeno", um amigo de Lasch escreveu a ele, "você falando sobre narcisismo na revista *People*!!")**

Eis uma prova da transformação de crítico radical em homem sábio de 46 anos: enquanto o presidente Jimmy Carter pensava no seu discurso sobre o "mal-estar", de julho de 1979 — Carter jamais utilizou a palavra "mal-estar", embora ela apareça neste livro —, o presidente consultou Lasch. (Faz sentido que o livro definitivo sobre o discurso de Carter em si tenha sido escrito por Mattson, aluno de Lasch.)*** Eric Miller, biógrafo de Lasch, conta que este foi convidado para um jantar privado na Casa Branca na companhia de um grupo, do qual faziam parte o sociólogo Daniel Bell, o líder de direitos civis e futuro candidato presidencial Jesse Jackson e os jornalistas Haynes Johnson e Bill Moyers.

"Para Lasch, o jantar teve certa ironia, pois ele havia construído uma carreira denunciando intelectuais que trocavam o distanciamento crítico pela influência política direta", observou Miller. Carter disse ao escritor que havia lido *Narcisismo*,

---

* Henry Allen, "Doomsayer of the Me Decade", *The Washington Post*, 24 jan. 1979. Disponível em <www.washingtonpost.com/archive/lifestyle/1979/ 01/24/ doomsayer-of-theme-decade/57f252a0-5a2b-4cdc-a9ff-c432e9bb 2767/?utm_ term=.a2fd658eb9e3.>. Acesso em: 17 out. 2022.

** A matéria na revista *People*, incluindo a nota do amigo de Lasch, é descrita em Eric Miller, *Hope in a Scattering Time: A Life of Christopher Lasch*. Grand Rapids: Eerdmans, 2010, pp. 222-3.

*** Kevin Mattson, *"What the Heck Are You Up To, Mr. President?": Jimmy Carter, America's "Malaise," and the Speech That Should Have Changed the Country*. Nova York: Bloomsbury, 2009.

bem como livros dos demais convidados, pois havia "dominado a arte da leitura dinâmica".* (Esta obra é envolvente, mas não recomendamos para tal abordagem.)

Lasch nunca abriu mão de seu distanciamento. Ele ficou decepcionado com o discurso de Carter e escreveu para Pat Caddell, um conselheiro de Carter que havia ficado muito impressionado com seu livro, comentando que o presidente havia distorcido sua perspectiva. Sempre professoral, Lasch disse temer até que ponto "a elite gerencial e profissional [...] acaba abocanhando a maioria das benesses sociais e econômicas na distribuição vigente de poder". Aqui vemos mais um prenúncio dos debates na era Trump. "Essas pessoas venderam a todos nós seu modo de vida", prossegue Lasch,

> mas trata-se, acima de tudo, do modo de vida deles, um reflexo dos valores deles, da existência desarraigada deles, do seu anseio por novidades e do seu desprezo pelo passado, de sua confusão entre realidade e imagens eletronicamente mediadas da realidade.

A escolha que se apresentava ao país, ele escreveu, era "entre centralização e concentração de poder, de um lado, e localismo e 'democracia participativa', de outro".** Mais uma vez, democracia radical. É a ideia da qual ele jamais se afastou.

ENTENDENDO LASCH

"O narcisismo é uma ideia difícil que parece fácil — um bom recipiente para confusões", Lasch escreveu em seu livro seguin-

---

* Eric Miller, op. cit., pp. 240-1.
** Id. Ibid, p. 244.

te, *O mínimo eu*, ao tentar dar conta das muitas (e más) interpretações motivadas por esta obra. Ele ofereceu uma definição concisa e provisória do termo: "a disposição de ver o mundo como um espelho, mais particularmente, como uma projeção dos próprios medos e desejos".*
Narcisismo, como Lasch diria reiteradamente, não era sinônimo de egoísmo. Pelo contrário, era indício de fraqueza e dependência. Mattson resumiu bem a posição de Lasch: "[Os] narcisistas [...] tinham muito pouco eu ou self dos quais fugir".** Lasch reafirmava sua crença ferrenha na "autoafirmação", que opunha à "busca atual pela sobrevivência física". Mas a autoafirmação autêntica requeria "um núcleo de individualidade que não se encontre sujeito à determinação do ambiente".*** Ele manifestou uma sensação de perda porque "as pessoas de hoje não ambicionam a salvação pessoal [...], mas o sentimento, a ilusão momentânea, de bem-estar pessoal, saúde e segurança física". Lasch achava que os seres humanos poderiam ser muito mais do que suas necessidades.

Para entendermos as paixões de Lasch, seja nestas páginas ou no trabalho desenvolvido ao longo de sua vida, precisamos entender seu comprometimento com a autodeterminação individual — liberdade em relação às pressões burocráticas e forças corporativas — e com a democracia participativa, com ênfase no poder local e no respeito às famílias, comunidades e tradições que amparam as pessoas em sua autoafirmação. Em suas palavras, ele buscava uma política "composta de cidadãos, e não de clientes e consumidores".****

---

* Christopher Lasch, *O mínimo eu: sobrevivência psíquica em tempos difíceis*. Trad. de João Roberto Martins Filho. Rio de Janeiro: Brasiliense, 1986, pp. 17, 24.
** Kevin Mattson, "An Oracle for Trump's America?", op. cit.
*** Christopher Lasch, *O mínimo eu*, op. cit., p. 49.
**** Eric Miller, op. cit., p. 243.

Um dos poucos ícones liberais a contar com admiração genuína de Lasch era Martin Luther King Jr. Luther King refletia os impulsos democratas radicais de Lasch não só por sua atividade política, mas também pelos laços estabelecidos com sua própria comunidade e por sua capacidade de compreender "a experiência da penúria e da exploração", mesmo quando ela também "afirmava a retidão de um mundo repleto de penúrias imerecidas". Em um elogio muito autorrevelador, Lasch escreveu sobre King em *The True and Only Heaven*: "Ele se tornou um herói liberal — o último herói liberal? — sem esquecer suas raízes".*

A família e as raízes eram importantes para Lasch não só enquanto categorias abstratas de pensamento, mas também do ponto de vista pessoal. Foi assim até seus momentos finais. Na luta contra o câncer, ele recusou a quimioterapia porque queria continuar escrevendo, e trabalhou ombro a ombro com a filha historiadora em seus últimos projetos.

"Que meu pai tenha escolhido trabalhar até o último momento", escreveu Elisabeth Lasch-Quinn a respeito dele, "e continuar suas atividades cotidianas normais, mesmo em face desses imensos obstáculos, demonstra seu comprometimento com o projeto transcendente de atividade cultural — um projeto que não começa em nosso nascimento e tampouco acaba com nossa morte."

"Além disso", ela prossegue, "sua opção reflete a crença de que o trabalho com significado é indissociável da vida em si; quando os dois andam juntos, podem propiciar satisfação profunda, alegria e até diversão."**

A cultura do narcisismo é descrito muitas vezes como um livro sombrio e melancólico. Contudo, a abrasadora crítica

---

* Christopher Lasch, *The True and Only Heaven*, op. cit., p. 392.
** Elisabeth Lasch-Quinn, Introdução a *Women and the Common Life*, p. xxvi.

social de Lasch se baseia na esperança transcendental de que ainda é possível reorganizar a sociedade, propiciando "trabalhos criativos e com significado" aos estadunidenses apartados do conforto do mundo acadêmico. Ele desejava a todos os cidadãos algum nível de controle sobre a própria vida, para que pudessem se desatrelar da sociedade de consumo e obter "satisfação profunda, alegria e até diversão".

E. J. DIONNE JR., ABRIL DE 2018

PREFÁCIO À EDIÇÃO BRASILEIRA

Em defesa da vida em comum

A reedição de *A cultura do narcisismo* chega em boa hora ao Brasil. A despeito de ter sido publicado há mais de quarenta anos nos Estados Unidos, o livro lança luz sobre nossas questões atuais mais agudas.

Escrevo este prefácio em meio à insurreição golpista que nos assola. Semanas antes, uma frase estampada em camisetas à venda nos arredores de um quartel em São Paulo chamava atenção: "foda-se o sistema". A ideia parece ter animado quem se regozijou ao vandalizar e profanar obras de arte e relíquias pátrias na invasão da Praça dos Três Poderes no dia 8 de janeiro de 2023. Selfies e vídeos registraram até mesmo pessoas urinando e defecando na sala do Supremo Tribunal Federal. A euforia juvenil era visível, e o desejo de compartilhar a própria performance superou qualquer receio de prisão em flagrante.

Qualquer semelhança com o espírito de 1968 não é coincidência. Hoje, o conhecido slogan da esquerda da época, "é proibido proibir", tornou-se central para a rebeldia de extrema direita, como bem registrou a escritora Angela Nagle,* leitora de Christopher Lasch.

---

* Angela Nagle, *Kill All Normies: Online Culture Wars from 4chan and Tumblr to Trump and the Alt-right*. Reino Unido: John Hunt Publishing, 2017.

No início dos anos 2000, direitistas reunidos em fóruns digitais circulavam ideias inusitadas, absurdas, ou mesmo odiosas e violentas. O objetivo era demolir as estruturas ideológicas do establishment a partir da periferia da esfera pública. A esquerda era vista como hipócrita, corrompida e vendida à sociedade de consumo, e a direita tradicional, tida como abobalhada, tediosa e incapaz de fazer frente aos avanços da esquerda no campo cultural.

Com o tempo, a partir da circulação crescente de memes, discursos até então restritos a livros e fanzines obscuros começaram a atingir cada vez mais pessoas. Mas foi apenas quando a internet se massificou, e privilégios históricos começaram a ser questionados na esfera pública tradicional, expandindo o alcance do chamado "politicamente correto", que parcelas mais amplas da sociedade passaram a fazer coro à rebeldia de direita.

Para um segmento expressivo de trabalhadores, os avanços progressistas incomodam em várias frentes. Em primeiro lugar, há o incômodo com a possibilidade de que outros setores oprimidos possam roubar seu lugar na fila do pão, como apontou a socióloga Arlie Russell Hochschild. Depois, a percepção de que a família e a religião, suas principais fontes de proteção e acolhimento frente à violência e insegurança cotidianas, teriam passado a ser vilipendiadas. Mas mais do que isso, seu próprio modo de ser e estar no mundo, e seu orgulho, estariam sendo atacados de forma insistente e pedante pelo "politicamente correto".

O sentimento é o de que qualquer deslize pode provocar brigas na família, com amigos e conhecidos, ou até mesmo a perda do trabalho. Daí a sensação constante de repressão e a catarse provocada por políticos e influenciadores que "mandam a real, sem papas na língua", alardeando uma suposta liberdade absoluta contra uma "ditadura do politicamente correto capitaneada por esquerdistas". Porém, o que ocorre de fato é que o mesmo "ímpeto civilizatório" empregado nas redes sociais para defender grupos que historicamente são alvo de discriminação e violência não costuma se estender à defesa de trabalhadores comuns. Sobretudo daqueles tidos como ignorantes e atrasados.

Para além disso, a esquerda no poder não consegue enfrentar de fato as opressões econômicas e existenciais vivenciadas por largos setores da população, que incluem justamente as pessoas tachadas de ignorantes e atrasadas. Na prática, o que prevalece é o que a teórica política Nancy Fraser qualifica como neoliberalismo progressista,* que, na visão de vários trabalhadores, equivale a defender os interesses dos ricos e o "politicamente correto". E, assim, o homem comum fica sem reconhecimento e redistribuição, abandonado à própria sorte e aos extremistas de direita, que aparentam ser mais "sensíveis" às suas angústias.

Porém, foi justamente ao homem comum que Christopher Lasch dedicou boa parte de suas investigações, bem como sua empatia crítica. O historiador marxista sempre alertou para o abismo cada vez maior que apartava o homem comum de elites cosmopolitas, refratárias à valorização de instituições caras às classes populares, como a família e a religião.

Em *A revolta das elites e a traição da democracia*, publicado em 1994, Lasch aponta que tal fenômeno teve início em virtude da crescente valorização do trabalho "criativo", em detrimento do trabalho manual honesto. Com o tempo, a única relação que as elites passaram a ter com o trabalho produtivo foi a de consumidoras, o que agravou seu afastamento progressivo da vida comum. Ao conviverem apenas entre si, passaram a reforçar

---

* Nancy Fraser, "From Progressive Neoliberalism to Trump and Beyond", *American Affairs*, I, n. 4, inverno de 2017, pp. 46-64.

seus próprios valores e modos de vida, se apartando progressivamente de trabalhadores comuns, que não partilhavam do mesmo *lifestyle*.

Nos Estados Unidos, após a eleição de Barack Obama e a ascensão de Donald Trump, o fosso social e político se tornou praticamente intransponível. Aos olhos das elites cosmopolitas do Norte, os apoiadores de Trump seriam "ignorantes, atrasados, *rednecks*, perdedores, racistas, sexistas, homofóbicos, e talvez gordos", conforme afirmou uma integrante do Tea Party em entrevista a Arlie Russell Hochschild.[*] O fato de vários membros do movimento direitista serem trabalhadores pobres que residem em regiões ambientalmente degradadas, como a Louisiana, onde a professora emérita da Universidade de Berkeley conduziu sua investigação, não é suficiente para despertar maior compaixão.

Poucos foram capazes de analisar de forma crítica e aprofundada os processos estruturais que levaram a tal estado de coisas, bem como às suas consequências mais nefastas, como o fez Christopher Lasch. Foi esse projeto intelectual que motivou a escrita dos ensaios reunidos em *A cultura do narcisismo* a partir de um mesmo fio condutor: o narcisismo como "a melhor forma de lidar com as tensões e ansiedades da vida moderna". Passadas mais de quatro décadas da publicação de sua primeira edição, suas passagens lapidares ilustram com perfeição a paisagem contemporânea composta pela popularização de *influencers*, a autoestima para consumo imediato, e a erosão de valores tão caros a Lasch, como disciplina, dignidade, responsabilidade e autocontrole, tidos por ele como alicerces morais da vida em comum.

---

[*] Arlie Russell Hochschild, *Strangers in Their Own Land: Anger and Mourning on the American Right*. Nova York: New Press, 2016.

Não foi à toa que o livro rapidamente se tornou um best-seller e rendeu ao autor o National Book Awards, em 1980. Mesmo quem discorda de seus posicionamentos, dificilmente não se impressiona com os insights arrebatadores. A façanha de permanecer tão atual só foi possível porque as análises combinam o melhor da história cultural, da psicologia social e da economia política. Tal enfoque permite dissecar com rara habilidade os impactos culturais e psíquicos de mudanças estruturais de longa duração. Daí o potencial profético de muitas de suas formulações, seja sobre a era digital, em que a performance narcísica voltada à reprodução da sociedade de consumo é onipresente, seja aquelas relacionadas a temas caros às direitas contemporâneas: o colapso da autoridade, as relações de gênero e a dependência do Estado.

É uma tarefa onerosa compreender o imaginário da direita atual sem o auxílio de Lasch. Crítico voraz do progressismo ingênuo, ele aponta como o abandono de quaisquer perspectivas para o futuro, e o desprezo pelo manancial de conhecimento advindo de experiências e costumes passados, coincidem com a superficialidade e o vazio da contemporaneidade. Em sua visão, a família e a religião, justamente as instituições que atuariam como esteios da existência humana, teriam passado a ser cada vez mais desautorizadas e (mal) substituídas por uma burocracia terapêutica, orientada para garantir a autoestima de desajustados em potencial em meio ao estado de constante ansiedade e profundo desamparo.

Por conta de seus posicionamentos críticos ao pensamento bem-intencionado predominante, suas ideias sempre foram de difícil classificação, a despeito do compromisso inarredável com um horizonte socialista. Se por um lado Lasch pode ser lido como um pensador radical alheio a rótulos, por outro, acredito que sua vinculação a determinadas tradições de pensamento de fato auxilia na compreensão de sua obra.

Tendo em vista as reflexões realizadas pelos sociólogos Michel Löwy e Robert Sayre em *Revolta e melancolia: o romantismo na contracorrente da modernidade*, publicado em 1995, é inequívoca a classificação de Christopher Lasch como romântico. O romantismo é um fenômeno diverso e extremamente contraditório. Por conta disso, Löwy e Sayre o definem com base em duas referências fundamentais, o conceito de "visão de mundo" (*Weltanschauung*), elaborado por Lucien Goldmann, e a ideia de que o romantismo seria essencialmente anticapitalista, inspirada pela obra de Georg Lukács. Assim, o pensamento romântico não se resumiria apenas a uma reação à sociedade de consumo, mas também ensejaria, necessariamente, uma crítica radical da civilização capitalista moderna em nome de valores do passado:

> A visão romântica apodera-se de um momento do passado real — no qual as características nefastas da modernidade ainda não existiam e os valores humanos, sufocados por esta, continuavam a prevalecer —, transforma-o em utopia e vai modelá-lo como encarnação das aspirações românticas. É nesse aspecto que se explica o paradoxo aparente: o "passadismo" romântico pode ser também um olhar voltado para o futuro: a imagem de um futuro sonhado para além do mundo em que o sonhador inscreve-se, então, na evocação de uma era pré-capitalista.*

Isso não significa que os românticos sejam, necessariamente, revolucionários ou reacionários. Afinal, o romantismo é um fenômeno que abrange diversos posicionamentos ideológicos à esquerda e à direita. Daí, inclusive, a possibilidade de formular

---

* Michel Löwy e Robert Sayre, *Revolta e melancolia: o romantismo na contracorrente da modernidade*. São Paulo: Boitempo, 1995, p. 34.

"tipos ideais" românticos no sentido weberiano. Löwy e Sayre propõem uma distinção entre o romantismo restituicionista, o conservador, o fascista, o resignado, o reformador e o revolucionário/utópico, sendo que dentro de cada tipo existiriam tendências distintas. O romantismo revolucionário/utópico, por sua vez, abrigaria ao menos cinco: a jacobina-democrática, a socialista utópico-humanista, a libertária, a marxista e a populista, que, a despeito de suas diferenças, estão baseadas no apreço pelos melhores valores do homem comum, os mesmos defendidos de forma tão brilhante e apaixonada por Christopher Lasch.

CAMILA ROCHA
Pesquisadora do Centro Brasileiro de Análise e Planejamento. Doutora em ciência política, é autora de Menos Marx, mais Mises: o liberalismo e a nova direita no Brasil *(Todavia, 2021), pelo qual foi finalista do 64º Prêmio Jabuti na categoria ciências humanas.*

Introdução

Pouco mais de um quarto de século após Henry Luce ter proclamado "o século americano", a confiança dos estadunidenses despencou a um patamar baixíssimo. As mesmas pessoas que pouco tempo atrás sonhavam com o poder mundial já não têm mais sequer a esperança de governar a cidade de Nova York. A derrota no Vietnã, a estagnação econômica e o iminente esgotamento de recursos naturais implantaram um clima de pessimismo nos círculos mais elevados, sentimento que se espalha pelo resto da sociedade conforme as pessoas vão perdendo a fé em seus líderes. Essa mesma crise de confiança também assola outros países capitalistas. Na Europa, a força crescente dos partidos comunistas, o ressurgimento de movimentos fascistas e uma onda de terrorismo demonstram, cada um à sua maneira, a fraqueza dos regimes estabelecidos e o esgotamento da tradição consagrada. Até mesmo o Canadá, há muito um bastião da estólida confiabilidade burguesa, vê hoje no movimento separatista do Quebec uma ameaça à sua mera existência enquanto nação.

O alcance internacional desse mal-estar indica não se tratar de uma fraqueza estadunidense. Em toda parte, a sociedade burguesa parece ter esgotado seu arcabouço de ideias construtivas: ela perdeu a capacidade, e também a vontade, de confrontar as dificuldades que ameaçam suplantá-la. A crise política do capitalismo reflete uma crise geral da cultura ocidental, manifesta na desesperança generalizada de compreender o curso da história moderna ou de submetê-la ao controle racional. O liberalismo, teoria política da burguesia ascendente, perdeu há muito a capacidade de explicar os acontecimentos no mundo do Estado de bem-estar social e das corporações multinacionais; nada surgiu para ocupar seu lugar. Além do fracasso político, o liberalismo também enfrenta um fracasso intelectual. A ciência que ele ensejou, antes segura de sua capacidade de dispersar a escuridão dos tempos, já não consegue oferecer explicações satisfatórias para os fenômenos que se dispõe a elucidar. A teoria econômica neoclássica não consegue explicar a coexistência de desemprego e inflação; a sociologia se afasta da tentativa de delinear uma teoria geral da sociedade moderna; a psicologia acadêmica se distancia do desafio de Freud, refugiando-se em frivolidades. As ciências naturais, antes afeitas a promessas exageradas, agora anunciam sua incapacidade de oferecer curas milagrosas para problemas sociais.

Nas ciências humanas, a desmoralização chegou ao ponto de muitos afirmarem que o estudo humanístico em nada contribui para a compreensão do mundo moderno. Os filósofos não explicam mais a natureza das coisas, tampouco se dispõem a nos dizer como viver. Alunos de literatura tratam o texto não como representação do mundo real, mas como reflexo do estado mental interno do artista. Os historiadores confessam uma "sensação de irrelevância da história", nas palavras de David Donald,[1] "e de desolação pela nova era na qual estamos entrando". A cultura liberal sempre foi muito dependente do estudo da história; portanto, o colapso da fé histórica, que antes conferia aos registros de acontecimentos públicos uma aura de dignidade moral, patriotismo e otimismo político, é um exemplo emblemático do colapso dessa cultura. Os historiadores do passado presumiam que os homens aprendiam com seus erros prévios. Agora, com um futuro que se apresenta incerto e problemático, o passado parece "irrelevante" até mesmo aos olhos de quem dedicou a vida a investigá-lo. "A idade da abundância acabou", escreve Donald.

As "lições" ensinadas pelo passado estadunidense são hoje não apenas irrelevantes, mas perigosas [...]. Talvez minha função mais útil seja desencantar [os estudantes] do feitiço da história, ajudá-los a ver a irrelevância do passado [...] [para] lembrá-los dos limites do controle que os humanos exercem sobre o próprio destino.

Esse é o panorama — uma visão desesperadora do futuro compartilhada hoje por muitos dos que governam a sociedade, moldam a opinião pública e supervisionam o conhecimento científico do qual a sociedade depende. Se, por outro lado, perguntarmos ao homem comum quais são suas perspectivas, encontraremos muitos indícios confirmando a impressão de que o mundo moderno oferece um futuro sem esperanças; mas também veremos o outro lado da moeda, oferecendo maiores nuances e sugerindo que a civilização ocidental ainda é capaz de produzir recursos morais para transcender sua crise atual. A desconfiança geral com relação àqueles no poder tornou a sociedade cada vez mais difícil de governar, e a classe governante reclama disso o tempo todo, incapaz de compreender como ela própria contribui para tal dificuldade. No entanto, essa mesma desconfiança pode servir de base para uma nova capacidade de autogoverno, eliminando a necessidade de uma classe governante. Talvez o que os cientistas políticos veem como apatia dos eleitores represente uma forma saudável de ceticismo com relação a um sistema político em que mentir para o público se tornou prática corriqueira. A falta de confiança nos especialistas pode ajudar a reduzir a dependência nesses mesmos especialistas, fenômeno prejudicial para a autonomia do cidadão.

A burocracia moderna minou as antigas tradições de ação local, e o resgate e disseminação dessas tradições constituem hoje a única esperança de uma sociedade decente surgida dos escombros do capitalismo. A inadequação de soluções impostas de cima obriga as pessoas a inventarem soluções de baixo. O desencantamento com as burocracias governamentais começou a se estender também às burocracias corporativas — os verdadeiros centros de poder na sociedade contemporânea. Nas pequenas cidades, nos bairros urbanos de alta densidade e até mesmo nos subúrbios abastados, homens e mulheres deram início a pequenos experimentos de cooperação desenvolvidos a fim de defender seus direitos contra as corporações e o Estado. A "fuga da política", conforme vista pelas elites política e administrativa, pode indicar uma resistência crescente por parte dos cidadãos a participar do sistema político na condição de consumidores de um espetáculo pré-fabricado. Pode significar, em outras palavras, algo muito distante de uma retirada da política: o início de uma revolta política geral.

Muito pode ser escrito sobre os sinais de uma nova vida nos Estados Unidos. Este livro, contudo, descreve um modo de vida que está morrendo — a cultura do individualismo competitivo, cuja derrocada transformou a lógica individualista em uma guerra de todos contra todos, e a busca da felicidade em um beco sem saída de preocupação narcísica com o self. Estratégias de sobrevivência narcísicas se apresentam hoje como emancipação das condições repressivas do passado, dando origem a uma "revolução cultural" que reproduz os piores elementos da civilização em colapso que ela diz criticar. O radicalismo cultural está tão em voga, e é tão pernicioso seu apoio inconsciente ao status quo, que qualquer crítica da sociedade contemporânea, se não quiser ser superficial, deve criticar também boa parte do que hoje se entende por radicalismo.

Os acontecimentos tornaram as críticas libertárias da sociedade moderna, bem como boa parte da crítica marxista prévia, incrivelmente datadas. Muitos radicais ainda voltam sua indignação à família autoritária, à moralidade sexual repressiva, à censura literária, à disciplina de trabalho e a outros pilares da ordem burguesa enfraquecidos, quando não destruídos, pelo próprio capitalismo avançado. Esses radicais não veem que a "personalidade autoritária" já não representa o protótipo do homem econômico. O homem econômico deu lugar em nossos tempos ao homem psicológico — o produto final do individualismo burguês. O novo narcisista é assombrado não pela culpa, mas pela ansiedade. Ele não busca inculcar suas próprias certezas nos outros, mas encontrar sentido na vida. Liberto das superstições do passado, ele duvida até mesmo da realidade de sua própria existência. Tranquilo e tolerante na superfície, vê pouca utilidade nos dogmas de pureza étnica e racial, mas, ao mesmo tempo, abdica da segurança das lealdades de grupo e encara todos os outros como rivais na disputa pelas benesses concedidas por um Estado paternalista. Sua conduta sexual é permissiva ao invés de puritana, muito embora a emancipação dos tabus antigos não lhe traga paz sexual. Avidamente competitivo em seu desejo de aprovação e aclamação, ele não confia na concorrência, pois associa-a inconscientemente a uma ânsia desenfreada de destruição. Daí que repudie as ideologias competitivas vigentes em estágios anteriores de desenvolvimento do capitalismo e desconfie até mesmo de sua manifestação mais amena, expressa nos jogos e no esporte. Ele exalta a cooperação e o trabalho em equipe, ao passo que abriga impulsos profundamente antissociais. Enaltece o respeito a regras e regulamentos, nutrindo a crença secreta de que nada disso vale para ele. Ganancioso no sentido de que seus desejos são ilimitados, ele não acumula bens e provisões para o futuro, como ocorria na economia política de ganância individualista do século 19; em vez disso, exige gratificação imediata e vive em uma situação de desejo constante e eternamente insaciável.

O narcisista não tem interesse no futuro, em parte porque se interessa pouco pelo passado. Tem dificuldade para internalizar evocações alegres ou criar um acervo de boas memórias para visitar na reta final da vida, que, mesmo na melhor das hipóteses, é sempre um período de dor e tristeza. Em uma sociedade narcisista — sociedade que estimula e valoriza cada vez mais traços narcísicos —, a desvalorização cultural do passado reflete não só a pobreza das ideologias predominantes, que perderam o contato com a realidade e abandonaram a tentativa de dominá-la, mas também a pobreza da vida interior do narcisista. A mesma sociedade que fez da "nostalgia" um produto comercializável nas trocas culturais não hesita em repudiar insinuações de que a vida tenha sido melhor no passado em qualquer aspecto relevante. Após trivializarem o passado equiparando-o a modismos, posturas e estilos de consumo já ultrapassados, as pessoas hoje se ofendem quando alguém evoca o passado em uma discussão séria sobre as condições contemporâneas ou tenta usar o passado como referência para avaliar o presente. Os dogmas críticos atuais classificam qualquer alusão ao passado como mera manifestação nostálgica. Como observou Albert Parr, essa linha de raciocínio "descarta de imediato qualquer insight ou valor obtido por meio da experiência pessoal, dado que tais experiências estão sempre situadas no passado e, portanto, situadas no campo da nostalgia".[2]

Discutir as complexidades de nossas relações com o passado sob o rótulo da "nostalgia" implica fazer propaganda da crítica social objetiva à qual essa postura busca se vincular. O desdém a qualquer rememoração afetuosa do passado, hoje considerado de bom-tom, tenta explorar os preconceitos de uma sociedade pseudoprogressista em benefício do status quo. Mas agora sabemos — graças ao trabalho de Christopher Hill, E. P. Thompson e outros historiadores — que muitos movimentos radicais do passado devem sua força e vigor ao mito da memória de uma era dourada, situada em um passado ainda mais longínquo. Essa descoberta histórica reforça o insight psicanalítico segundo o qual as memórias afetivas atuam como recurso psicológico indispensável na maturidade e, portanto, aqueles incapazes de evocá-las são vítimas de um sofrimento escabroso. Acreditar que o passado foi mais feliz sob certos aspectos não é de modo algum uma ilusão sentimental; tampouco gera uma paralisia retrógrada e reacionária da vontade política.

Minha visão do passado é o exato oposto daquela apresentada por David Donald. Longe de considerá-lo um estorvo inútil, vejo o passado como um arcabouço político e psicológico do qual extraímos os recursos (não necessariamente na forma de "lições") de que precisamos para lidar com o futuro. A indiferença de nossa cultura para com o passado — que descamba com facilidade para hostilidade e rejeição ativa — conforma a prova mais explícita da falência dessa cultura. A postura predominante, muito alegre e voltada para o futuro na superfície, deriva do empobrecimento narcísico da psiquê e da incapacidade de estabelecer nossas necessidades a partir de experiências de contentamento e satisfação. Em vez de nos basearmos em nossa própria experiência, permitimos que especialistas definam nossas necessidades por nós, para depois nos perguntarmos por que tais necessidades nunca parecem ser satisfeitas.

"Conforme as pessoas se tornam bons pupilos na arte de viver", escreve Ivan Illich, "a capacidade de moldar desejos a partir da satisfação vivida se torna uma rara habilidade, restrita aos muito ricos ou aos severamente necessitados."[3]

À luz de tudo isso, a desvalorização do passado se tornou um dos sintomas mais importantes da crise cultural explorada neste livro, que não raro busca na experiência histórica os meios para explicar os problemas de nosso cenário atual. Uma análise mais cuidadosa dessa negação do passado, otimista e progressista em sua superfície, demonstra como essa postura corporifica o desespero de uma sociedade incapaz de encarar o futuro.

O movimento de consciência e a invasão social do self

> *O ser marivaudiano, segundo Poulet, é um homem sem passado e sem futuro, renascido a cada instante. Os instantes são pontos concatenados em uma linha, mas o que importa é o instante, não a linha. Em certo sentido, o ser marivaudiano não tem história. Nada decorre de acontecimentos anteriores. Ele é surpreendido o tempo todo. É incapaz de prever suas próprias reações aos acontecimentos. É dominado o tempo todo pelos acontecimentos. Pairam sobre ele o deslumbre e o espanto.*
>
> Donald Barthelme[1]
>
> *É irritante pensar que gostaríamos de estar em outro lugar. Estamos aqui, agora.*
>
> John Cage[2]

O DECLÍNIO DO SENTIMENTO DE TEMPO HISTÓRICO

Conforme o século 20 se aproxima do fim, cresce a percepção de que muitas outras coisas também estão chegando ao fim. Alertas de tempestade, augúrios e insinuações catastróficas assombram nosso tempo. A "sensação de encerramento" que moldou boa parte da literatura do século 20 também permeia agora o imaginário popular. O holocausto nazista, a ameaça de aniquilação nuclear, a exaustão dos recursos naturais e previsões bem fundamentadas de desastre ecológico cumpriram a profecia poética, fornecendo substância histórica concreta para o pesadelo, ou desejo de morte, expressa primeiramente pelos artistas de vanguarda. A dúvida de se o mundo acabará em fogo ou gelo, com estrondo ou em um gemido, já não interessa somente aos artistas. O desastre iminente se tornou uma preocupação cotidiana, tão lugar-comum e familiar que ninguém pensa muito em como evitá-lo. Em vez disso, as pessoas ocupam seu tempo com estratégias de sobrevivência, medidas desenvolvidas para prolongar suas próprias vidas ou programas que garantem boa saúde e paz mental.*

Aqueles que montam abrigos antibomba para uso próprio têm a esperança de sobreviver cercando-se dos produtos mais recentes da tecnologia moderna. Os moradores de comunidades no interior seguem um plano oposto: livrar-se da dependência tecnológica e, assim, sobreviver ao colapso ou à destruição. Um visitante de uma comunidade na Carolina do Norte escreveu: "Todos parecem sentir a iminência do dia do juízo final". Stewart Brand, editor da *Whole Earth Catalogue*, relata que "as

---

* Frank Kermode escreve: "A sensação de encerramento [...] é [...] endêmica ao que chamamos de modernismo. [...] Em geral, parecemos mesclar uma percepção de decadência da sociedade — como evidenciado pelo conceito de alienação, que, impulsionado pelo interesse renovado nos primeiros trabalhos de Marx, jamais gozou de tanta estima — com um utopismo tecnológico. Nossas formas de pensar o futuro guardam contradições que, se analisadas francamente, poderiam instigar esforços de complementaridade. Mas, via de regra, elas estão enterradas bem fundo" (*The Sense of an Ending: Studies in the Theory of Fiction*. Nova York: Oxford University Press, 1967, pp. 98-100 e ss.). E Susan Sontag, ao observar que "as pessoas digerem a notícia de sua condenação de diversas formas", contrasta a imaginação apocalíptica de períodos anteriores e a de hoje. No passado, as expectativas apocalípticas muitas vezes alimentavam "a ocasião para uma desfiliação radical da sociedade", enquanto, em nosso tempo, provocam "uma resposta inadequada" e são recebidas "sem grande rebuliço" ("The Imagination of Disaster" [1965]. In: *Against Interpretation*. Nova York: Dell, 1969, pp. 212-8).

vendas do *Survival Book* [Livro de sobrevivência] decolaram; é um dos nossos produtos de mais saída".[3] As duas estratégias refletem uma desesperança de transformar, ou mesmo entender, a sociedade, fenômeno que também está por trás do culto à consciência expandida, à saúde e ao "crescimento" pessoal tão em voga nos dias de hoje.

Após o turbilhão político dos anos 1960, os estadunidenses buscaram refúgio em preocupações puramente pessoais. Não tendo a esperança de melhorar suas vidas de modo significativo, as pessoas se convenceram de que o importante é o autoaprimoramento psíquico: conectar-se com os próprios sentimentos, comer comida saudável, participar de aulas de balé ou dança do ventre, banhar-se de sabedoria oriental, correr, aprender a "estabelecer laços", superar seu "medo do prazer". Embora inofensivos por si só, esses propósitos, se convertidos em programa e embebidos da retórica de autenticidade e consciência, implicam o abandono da política e o repúdio ao passado recente. De fato, os estadunidenses parecem querer esquecer não só os anos 1960, as revoltas, a nova esquerda, os protestos nos campi universitários, o Vietnã, o caso Watergate e a gestão Nixon, mas todo o seu passado coletivo, até mesmo a versão asséptica celebrada durante o Bicentenário da Independência (em 1976). O filme *O dorminhoco*, de Woody Allen, lançado em 1973, captou com precisão o clima da década de 1970. Apresentado — muito apropriadamente — como uma paródia de ficção-científica futurista, o filme encontra muitos modos de transmitir a mensagem de que "as soluções políticas não funcionam", como Allen anuncia sem rodeios em dado momento. Quando perguntado sobre o que ele acredita, Allen, tendo descartado a política, a religião e a ciência, declara: "acredito no sexo e na morte — duas experiências que só ocorrem uma vez na vida".

Viver no momento é a paixão predominante — viver para si, e não para seus antecessores ou para a posteridade. Estamos perdendo depressa a noção de continuidade histórica, a noção de pertencermos a uma sucessão de gerações com origem no passado que avança rumo ao futuro. É esse declínio da noção de tempo histórico — sobretudo a corrosão de qualquer preocupação robusta com a posteridade — que diferencia a crise espiritual dos anos 1970 do surgimento anterior de religiões milenares, com o qual guarda alguma semelhança superficial. Muitos estudiosos partiram dessa semelhança para tentar compreender a "revolução cultural" contemporânea, ignorando os aspectos que a diferenciam das religiões do passado. Alguns anos atrás, Leslie Fiedler proclamou "uma nova era da fé".[4] Mais recentemente, Tom Wolfe interpretou o novo narcisismo como um "terceiro grande despertar",[5] uma efusão de religiosidade extasiante e orgíaca. Jim Hougan, em um livro que a um só tempo critica e celebra a decadência contemporânea, compara o clima atual ao milenarismo do final da Idade Média. "As ansiedades da Idade Média não são muito diferentes das atuais", escreve. "Tanto à época como agora, o levante social deu origem a 'seitas milenaristas'."*

Tanto Houghan como Wolfe, contudo, fornecem inadvertidamente indícios que sabotam uma interpretação religiosa do "movimento da consciência". Hougan aponta que a sobrevivência se tornou "o mote dos anos 1970" e o "narcisismo co-

---

* O livro de Jim Hougan reflete a crença atual na futilidade de "soluções meramente políticas" ("a revolução não conseguiria nada além de uma mudança na gestão da doença") e serve de exemplo para a resposta inadequada ao desastre que Sontag considera tão característico de nossa época. "É incrivelmente simples", Hougan anuncia logo de início. "As coisas desmoronam. Não há nada que você possa fazer. Que um sorriso no rosto lhe sirva de guarda-chuva" (*Decadence: Radical Nostalgia, Narcissism, and Decline in the Seventies*. Nova York: Morrow, 1975, pp. 32-7, 137, 144, 151, 186-8, 234).

letivo", a inclinação predominante. Como "a sociedade" não tem futuro, faz sentido vivermos apenas pelo momento, direcionarmos o olhar para nossa "performance privada", tornarmo-nos catedráticos de nossa própria decadência, cultivando um "autocentramento transcendental". Não se trata de atitudes historicamente associadas aos levantes milenaristas. Os anabatistas do século 16 não esperavam o apocalipse imersos em um autocentramento transcendental, mas com uma impaciência mal disfarçada pela chegada da era dourada que, conforme acreditavam, ele inauguraria. Tampouco eram indiferentes ao passado. As tradições populares antigas do "rei adormecido" — o líder que retornará a seu povo e restaurará uma era dourada perdida — alimentavam as ideias dos movimentos milenaristas do período. O Revolucionário do Alto Reno, autor anônimo do *Book of a Hundred Chapters* [Livro de cem capítulos], declarou: "Os alemães já tiveram o mundo inteiro em suas mãos, e voltarão a ter, com poder ainda maior do que antes".[6] Ele profetizou que o rei Frederico II ressuscitaria como "imperador dos últimos dias" para reinstaurar a religião primitiva germânica, transpor a capital da cristandade de Roma para Trier, abolir a propriedade privada e igualar pobres e ricos.

Essas tradições, muitas vezes associadas à resistência nacional contra conquistas estrangeiras, prosperaram em muitos momentos e sob muitas formas, dentre as quais se inclui a visão cristã do Juízo Final. Seu conteúdo igualitário e pseudo-histórico sugere que mesmo as religiões mais radicalmente místicas do passado abrigavam esperança de justiça social e um sentimento de continuidade com as gerações anteriores. A ausência desses valores caracteriza a mentalidade sobrevivencialista dos anos 1970. A "visão de mundo que emerge entre nós", escreve Peter Marin, concentra-se "apenas no eu" e tem "a sobrevivência individual como seu único bem".[7] Em uma tentativa de identificar as características peculiares da religiosidade contemporânea, o próprio Tom Wolfe observa que "historicamente, a maioria das pessoas *não* viveu suas vidas pensando 'só tenho uma vida para viver'. Em vez disso, viveram como se vivessem a vida de seus ancestrais e de seus rebentos...". Essas observações se aproximam muito do cerne da questão, mas colocam em xeque sua caracterização do novo narcisismo como terceiro grande despertar.*

A SENSIBILIDADE TERAPÊUTICA

O clima contemporâneo é terapêutico, não religioso. As pessoas hoje não têm fome de salvação pessoal, muito menos de restaurar uma antiga era dourada, mas sim da sensação e da ilusão momentânea de bem-estar pessoal, saúde e segurança psíquica. Mesmo o radicalismo dos anos 1960 serviu, para muitos dos que participaram dele, a motivações pessoais, e não políticas — não como substituto à religião, mas como forma de terapia. A política radical preencheu vidas vazias, atribuindo-lhes propósito e significado. Em suas memórias sobre o grupo radical Weathermen,** Susan Stern descreveu a atratividade

---

* Como exemplo dessa nova inclinação, que repudia a visão do self "como parte de um grande fluxo biológico", Wolfe cita um anúncio publicitário de tintura de cabelos: "se tenho apenas uma vida, deixem-me vivê-la como loira!". Poderíamos citar outros exemplos ad infinitum: o slogan da Schlitz ("você só passa pela vida uma vez, então precisa se dar a todos os luxos que puder"); o título de uma novela popular, *One Life to Live* [Uma só vida para viver] e assim por diante.

** Weather Underground Organization, mais conhecida por Weather Underground e depois por The Weathermen, era um grupo político que tinha por objetivo central criar um partido revolucionário que derrubasse o imperialismo americano. Aliados dos Panteras Negras e opositores da Guerra do Vietnã, tiveram sua primeira manifestação pública em outubro de 1969. (N.T.)

do grupo em termos mais próprios da psiquiatria e da medicina do que da religião. Quando tentou descrever seu estado mental durante os protestos de 1968 na Convenção Nacional Democrata de Chicago, acabou falando de sua saúde. "Eu me sentia bem. Sentia o corpo magro, forte e esguio, pronto para correr diversas milhas, e minhas pernas se moviam com agilidade e decisão."[8] Algumas páginas depois, ela diz: "Eu me sentia real". Ela explica diversas vezes que o envolvimento com pessoas importantes a fazia sentir-se importante. "Eu me sentia parte de uma ampla rede de pessoas intensas, brilhantes e estimulantes." Quando os líderes que ela idealizava a decepcionavam, como sempre acontecia, ela procurava novos heróis para substituí-los, esperando encontrar conforto em seu "brilhantismo" e superar sua sensação de insignificância. Na presença deles, ela às vezes se sentia "forte e robusta" — mas, após o episódio seguinte de desencantamento, ela se sentia repelida pela "arrogância" daqueles que antes admirava e por seu "desprezo por todos ao seu redor".

Muitos dos detalhes no relato de Stern sobre os Weathermen soariam familiares para estudantes de mente revolucionária de períodos anteriores: o fervor de seu comprometimento revolucionário, os embates intermináveis acerca de ínfimos detalhes do dogma político, a impiedosa "autocrítica" à qual os membros da seita se submetiam constantemente, a tentativa de remodelar todas as facetas da própria vida em conformidade com a fé revolucionária. Mas todo movimento revolucionário partilha da cultura de seu tempo e, neste caso, tal cultura abrigava elementos que a identificavam imediatamente como produto da sociedade estadunidense em uma era de expectativas decrescentes. A atmosfera em que os Weathermen viviam — de violência, perigo, drogas, promiscuidade sexual e caos físico e moral — tinha menos a ver com a antiga tradição revolucionária e mais com o tumulto e a angústia narcísica dos Estados Unidos na contemporaneidade. A preocupação dela com seu estado de saúde mental, somada à dependência dos outros para garantir seu senso de individualidade, distingue Susan Stern do religioso que recorre à política para alcançar uma salvação secularizada. Ela precisava estabelecer uma identidade, em vez de submergir sua identidade em uma causa maior. O narcisista também difere, por tênues características de sua identidade, de um tipo anterior de individualista estadunidense, o "Adão americano" analisado por R. W. B. Lewis, Quentin Anderson, Michael Rogin e estudiosos do século 19 como Tocqueville.[9] O narcisista contemporâneo, com seu egocentrismo e seus delírios de grandeza, guarda uma semelhança superficial com o "self imperial" tão celebrado na literatura estadunidense do século 19. O Adão americano, como seus atuais sucessores, buscava se libertar do passado e estabelecer o que Emerson chamou de "uma relação original com o universo". Os escritores e oradores do século 19 reafirmavam o tempo todo, nas mais variadas formas, a doutrina de Jefferson segundo a qual a terra pertence aos vivos. A ruptura com a Europa, a abolição da primogenitura e o afrouxamento dos laços familiares deu substância a sua crença (muito embora, no fim das contas, se tratasse de uma ilusão) de que, dentre todos os povos do mundo, apenas os americanos poderiam escapar da influência pegajosa do passado. Eles imaginavam, segundo Tocqueville, que "seu destino inteiro está em suas mãos". As condições sociais dos Estados Unidos, escreveu Tocqueville, romperam o laço que unia uma geração a outra. "A trama dos tempos se esgarça a cada instante, e o vestígio das gerações se apaga. As pessoas esquecem facilmente os que precederam, e não têm a menor ideia dos que sucederão. Apenas os mais próximos interessam."[10]

Alguns críticos descreveram o narcisismo dos anos 1970 em termos similares. As novas terapias geradas pelo movimento do potencial humano, segundo Peter Marin, ensinam que "a vontade do indivíduo é todo-poderosa e determina totalmente o seu destino"; assim, elas intensificam o "isolamento do self".[11] Essa linha de argumentação integra uma tradição estadunidense bem-estabelecida de pensamento social. O apelo de Marin pelo reconhecimento do "imenso meio-termo da comunidade humana" lembra Van Wyck Brooks em sua crítica aos transcendentalistas da Nova Inglaterra por ignorarem "o genial meio-termo da tradição humana".[12] O próprio Brooks foi influenciado em sua análise da cultura estadunidense por críticos anteriores como Santayana, Henry James, Orestes Brownson e Tocqueville.* A tradição crítica deixada por eles ainda tem muito a nos dizer sobre os males do individualismo desenfreado, mas precisa ser reformulada de modo a dar conta das diferenças entre o adamismo do século 19 e o narcisismo de nossos tempos. A crítica ao "privatismo", embora ajude a manter viva a necessidade de uma comunidade, tornou-se cada vez mais desorientadora conforme foi diminuindo a possibilidade de privacidade genuína. O estadunidense contemporâneo pode ter fracassado, assim como seus predecessores, em estabelecer qualquer tipo de vida comum, mas, ao mesmo tempo, as tendências integradoras da sociedade industrial

* Em 1857, Brownson criticou o individualismo atomizador da vida moderna em palavras que antecipavam reclamações semelhantes do século 20. "O trabalho da destruição inaugurado pela Reforma, que deu início a uma era de crítica e revolução, já havia sido levado, a meu ver, longe o bastante. Tudo o que era solúvel havia sido dissolvido. Tudo o que era destrutível havia sido destruído, e já era tempo de começar o trabalho de reconstrução — um trabalho de reconciliação e amor. [...] A primeira coisa a ser feita é cessar nossa hostilidade para com o passado." (Apud Perry Miller [Org.], *The American Transcendentalists: Their Prose and Poetry*. Nova York: Doubleday, 1957, pp. 40-1).

moderna sabotaram seu "isolamento". Após entregar a maioria de suas competências técnicas na mão das corporações, ele se tornou incapaz de suprir suas necessidades materiais. Enquanto a família perde não apenas suas funções produtivas, mas também boa parte de suas funções reprodutivas, homens e mulheres se tornam incapazes até mesmo de criar seus filhos sem a ajuda de especialistas certificados. A atrofia das antigas tradições de autossuficiência foram corroendo as habilidades de cada âmbito cotidiano, um após o outro, tornando o indivíduo dependente do Estado, das corporações e de outras burocracias.

O narcisismo representa a dimensão psicológica dessa dependência. A despeito de suas ilusões esporádicas de onipotência, o narcisista depende dos outros para validar sua autoestima. Ele não consegue viver sem uma plateia de admiradores. Sua aparente liberdade com relação a laços familiares e constrangimentos institucionais não o libertam para que siga seu próprio caminho ou se regozije em sua individualidade. Pelo contrário, alimenta a insegurança que o narcisista só consegue superar ao ver seu "self grandioso" refletido na atenção dos outros ou se associando a pessoas dotadas de celebridade, poder e carisma. Para o narcisista, o mundo é um espelho, enquanto o individualista rústico o via como uma imensidão vazia a ser moldada conforme suas vontades.

No imaginário estadunidense do século 19, o vasto continente que se estendia para oeste simbolizava a um só tempo a promessa e a ameaça de uma fuga do passado. O Oeste representava a oportunidade de construção de uma nova sociedade, mas também a tentação de jogar a civilização na sarjeta e retornar à selvageria. Por meio de uma indústria compulsiva e uma repressão sexual inclemente, os estadunidenses do século 19 obtiveram um frágil triunfo sobre o id. A violência imposta aos indígenas e à natureza não tinha sua origem em um impulso irrefreável, mas no supereu anglo-saxão branco, que temia o mundo selvagem do Oeste por ver materializado nele o mundo selvagem que todo indivíduo tem dentro de si. Ao mesmo tempo que celebravam o romance da fronteira na literatura popular, na prática, os estadunidenses impunham ao mundo selvagem uma nova ordem desenhada para manter os impulsos sob controle e, ao mesmo tempo, deixar a ganância de rédeas soltas. O acúmulo de capital sublimou o apetite e subordinou os interesses pessoais ao trabalho em prol das gerações futuras. No calor da batalha de conquista do Oeste, o pioneiro estadunidense deu total vazão à sua voracidade e crueldade assassina, mas sempre almejou como resultado — não sem apreensões, expressas em um culto nostálgico à inocência perdida — uma comunidade pacífica, respeitável e carola, segura para mulheres e crianças. Ele imaginava que seus rebentos, criados sob influência de uma "cultura" feminina de refinamento moral, tornar-se-iam cidadãos sensatos, respeitadores da lei e domesticados, e a ideia de que essa seria sua herança bastava para justificar suas penúrias e também para perdoar, ao menos assim pensava, seus lapsos frequentes de brutalidade, sadismo e estupro.

Hoje os estadunidenses não são mais dominados por um sentimento de possibilidades infinitas, mas pela banalidade da ordem social que erigiram em oposição a elas. Tendo internalizado os constrangimentos sociais criados para manter as possibilidades dentro de limites civilizados, eles se sentem esmagados por um tédio aniquilador, como animais cujos instintos languesceram em cativeiro. A ameaça de um regresso à selvageria é tão pequena que eles anseiam justamente por uma existência instintiva mais vigorosa. As pessoas agora se queixam da incapacidade de sentir. Cultivam experiências mais vívidas, tentam dar vida à sua carne preguiçosa, buscam reavivar seus apetites exauridos. Condenam o supereu e exaltam a vida perdida dos sentidos. As pessoas do século 20 ergueram tantas barreiras psicológicas para se defender de emoções fortes, e dedicaram a tais defesas uma parcela tão grande das energias provenientes de impulsos proibidos, que não conseguem mais lembrar como era a sensação de serem tomadas pelo desejo. Elas tendem, ao invés disso, a ser consumidas pela raiva, uma raiva oriunda de suas defesas contra os desejos e que dá origem a novas defesas contra a própria raiva. Insossas, submissas e sociáveis se vistas de fora, elas abrigam dentro de si uma raiva fervente com poucas válvulas de escape legítimas em uma sociedade burocrática, densa e superpopulosa.

O aumento da burocracia cria uma intricada rede de relações pessoais, premia as habilidades sociais e torna insustentável o egoísmo desenfreado do Adão Americano. Ao mesmo tempo, porém, ela erode todas as formas de autoridade patriarcal e, assim, enfraquece o supereu social, outrora representado pelos pais, professores e sacerdotes. A derrocada da autoridade institucionalizada em uma sociedade ostensivamente permissiva não leva, contudo, a um "declínio do supereu" nos indivíduos. Na realidade, ela estimula o desenvolvimento de um supereu cruel e punitivo que, na ausência de proibições sociais com caráter de autoridade, extrai a maioria de sua energia psíquica dos impulsos destrutivos e agressivos internos ao id. Elementos inconscientes e irracionais do supereu passam a controlar seu funcionamento. Conforme as figuras de autoridade da sociedade moderna perdem sua "credibilidade", o supereu dos indivíduos deriva cada vez mais das fantasias primitivas da criança acerca de seus pais — fantasias carregadas de raiva sádica —, em vez dos ideais internalizados do eu formados por experiências posteriores com modelos queridos e respeitados de conduta social.*

A luta para manter o equilíbrio psíquico em uma sociedade que exige submissão às regras de relação social, mas se recusa a amparar essas regras em um código de conduta moral, estimula uma forma de ensimesmamento que pouco tem em comum com o narcisismo primeiro do self imperial. Cada vez mais, elementos arcaicos tomam conta da estrutura de personalidade, e "o self se retrai", nas palavras de Morris Dickstein, "em um estado passivo e primitivo em que o mundo ainda não está criado, ainda não está formado".[13] O self imperial egomaníaco, devorador de experiências, retrocede a um self vazio, grandioso, narcisista, infantil: um "buraco negro e úmido", como Rudolph Wurlitzer escreveu em *Nog*, "onde tudo acaba mais cedo ou mais tarde. Eu permaneço perto da entrada, manuseando os bens conforme eles são jogados para dentro, escutando e assentindo. Vou me dissolvendo lentamente dentro dessa cavidade".

* O supereu, agente da sociedade na mente, consiste, via de regra, em representações internalizadas dos pais e de outros símbolos de autoridade, mas é importante diferenciar as representações que derivam de impressões arcaicas e pré-edipianas daquelas baseadas em impressões posteriores que, portanto, refletem uma avaliação mais realista dos poderes parentais. Em termos estritos, essas últimas contribuem para a formação do "eu ideal" — a internalização das expectativas dos outros e os traços que amamos e admiramos neles; enquanto o supereu, distintamente do eu ideal, deriva de fantasias anteriores que contêm uma grande mistura de raiva e agressão, originada do inevitável fracasso dos pais em satisfazer todas as exigências instintivas da criança. Não obstante, a parte agressiva, punitiva e mesmo autodestrutiva do supereu geralmente é modificada por experiências posteriores, que abrandam as fantasias iniciais dos pais enquanto monstros devoradores. Se essa experiência não estiver presente — como acontece tantas vezes em uma sociedade na qual toda forma de autoridade passou por uma desvalorização radical —, é de se esperar que o supereu sadista se desenvolva às custas do eu ideal, e o supereu destrutivo, às custas da voz interna severa, mas solícita, que chamamos consciência.

Assolado por ansiedade, depressão, descontentamentos vagos e um sentimento de vazio interno, o "homem psicológico" do século 20 não busca nem o autoengrandecimento, nem a transcendência espiritual, mas a paz mental, e o faz sob condições que dificultam cada vez mais essa empreitada. Os terapeutas ocuparam o lugar dos sacerdotes, pregadores populares de autoajuda e modelos de sucesso, como os capitães de indústria, tornando-se seu principal aliado na luta pela serenidade; é a eles que o homem psicológico recorre com o intuito de obter o equivalente moderno da salvação, a "saúde mental". Os terapeutas se consolidaram como sucessores do individualismo rústico e da religião; mas isso não significa que o "triunfo da terapêutica" se tornou uma nova religião em si. A terapia constitui uma antirreligião, nem sempre, é verdade, por aderir a explicações racionais ou métodos científicos de cura, como seus praticantes gostariam que acreditássemos, mas porque a sociedade moderna "não tem futuro" e, portanto, não pensa em nada além de suas necessidades imediatas. Mesmo quando os terapeutas falam da necessidade de "amor" e "significado", eles definem amor e significado simplesmente como a realização dos requisitos emocionais do paciente. Raramente passa pela cabeça deles — e tampouco haveria motivos para tanto, dada a natureza da empreitada terapêutica — estimular o paciente a sujeitar seus interesses e necessidades aos dos outros, aos de alguém ou ao de alguma causa ou tradição externa a si. O "amor" enquanto autossacrifício ou autodegradação, o "significado" enquanto submissão a uma lealdade superior — essas sublimações parecem, à sensibilidade terapêutica, intoleravelmente opressivas, ofensivas ao senso-comum e injuriosas à saúde e ao bem-estar pessoais. Libertar a humanidade dessas concepções ultrapassadas de amor e dever passou a ser a missão das terapias pós-freudianas e, sobretudo, de seus convertidos e divulgadores, para quem saúde mental é sinônimo da destituição de inibições e de gratificação imediata a todos os impulsos.

DA POLÍTICA AO AUTOESCRUTÍNIO

Tendo desbancado a religião enquanto estrutura organizadora da cultura estadunidense, a visão terapêutica também ameaça desbancar a política, último refúgio da ideologia. A burocracia transforma as queixas coletivas em problemas pessoais suscetíveis à intervenção terapêutica. Elucidar esse processo de banalização do conflito político foi uma das mais importantes contribuições da nova esquerda dos anos 1960 para o entendimento político. Nos anos 1970, contudo, muitos ex-radicais abraçaram a sensibilidade terapêutica. Rennie Davis deixou a política radical para seguir o guru adolescente Maharaj Ji. Abbie Hoffman, antigo líder dos Yippies,* decidiu que organizar a própria mente era mais importante que mobilizar multidões. Seu aliado de outrora, Jerry Rubin, ao chegar à temida idade dos trinta e se ver frente a frente com seus medos e ansiedades privados, mudou-se de Nova York para São Francisco, onde esbaldou-se vorazmente — valendo-se de recursos aparentemente interminavéis — nos supermercados espirituais da Costa Oeste. "Em cinco anos", diz Rubin, "de 1971 a 1975, experimentei pessoalmente EST,** terapia Gestalt, bioenergética, *rolfing*, massagem, corrida, alimentação saudável, tai chi, Esalen, hipnose, dança moderna, meditação, Método Silva de Controle Men-

---

* Young International Party, um partido de jovens da contracultura estadunidense. (N.T.)

** Sigla para Erhard Seminars Training, como era chamada a organização fundada por Werner Erhard a qual tinha por objetivo o aprimoramento e transformação do modo de viver dos participantes. (N.T.)

tal, Arica, acupuntura, terapia sexual, terapia reichiana e More House — um rodízio de Nova Consciência."

Em seu livro de memórias, batizado com falsa modéstia de *Growing (Up) at Thirty-seven* [Crescendo aos trinta e sete],[14] Rubin presta seu depoimento em favor dos efeitos salutares de seu regime terapêutico. Após negligenciar seu corpo por anos, ele deu a si mesmo "permissão para ser saudável" e logo perdeu catorze quilos. Comidas saudáveis, corridas, ioga, banhos de sauna, quiropraxia e acupuntura fizeram-no se sentir, aos 37 anos, "como se tivesse 25". O progresso espiritual se mostrou igualmente gratificante e indolor. Ele se despiu de sua armadura protetiva, seu sexismo, seu "vício em amor" e aprendeu "a me amar o suficiente para não precisar de outra pessoa para me fazer feliz". Ele passou a entender que sua política revolucionária ocultava um "condicionamento puritano", que às vezes o deixava desconfortável com a fama e as recompensas materiais. Ao que tudo indica, não foi preciso qualquer esforço psíquico para convencer Rubin de que "não há problema em desfrutar das recompensas da vida que o dinheiro traz".[15]

Ele aprendeu a colocar o sexo "em seu devido lugar" e a desfrutá-lo sem investigar seu significado "simbólico". Sob a influência de uma procissão de curandeiros psíquicos, rebelou-se contra os próprios pais e o "juiz" íntegro e rigoroso que havia dentro dele, aprendendo enfim a "perdoar" seus pais e seu supereu. Ele cortou o cabelo, fez a barba e "gostei do que vi". Hoje "entro em uma sala e ninguém sabe quem eu fui, porque não me enquadro na imagem que eles têm de mim. Eu tinha 35 anos, mas parecia ter 23".

Rubin vê sua "jornada ao interior de si" como parte do "movimento da consciência" dos anos 1970. Ainda assim, seu "intenso autoescrutínio" gerou poucos indícios de autocompreensão, fosse ela pessoal ou coletiva. A autoconsciência permanece acorrentada a clichês libertários. Rubin discute a "fêmea dentro de mim", a necessidade de uma visão mais tolerante da homossexualidade e a necessidade de "fazer as pazes" com os pais, como se esses lugares-comuns fossem insights a respeito da condição humana obtidos a duras penas. Habilidoso em manipular platitudes, autodeclarado "viciado em mídia" e propagandista, ele presume que todas as ideias, traços de personalidade e padrões culturais derivam da propaganda e de "condicionamentos". Desculpando-se por sua heterossexualidade, ele escreve: "Os homens não me excitam porque fui exposto desde criança à propaganda segundo a qual a homossexualidade é doentia". Na terapia, ele buscou reverter "a programação negativa da infância". Ao se convencer de que a reversão de um condicionamento coletivo servirá de base para mudanças políticas e sociais, ele tentou criar uma ponte precária entre sua ação política nos anos 1960 e sua preocupação atual com o corpo e os "sentimentos". Como muitos ex-radicais, só o que conseguiu foi substituir os slogans políticos que costumava vociferar por slogans terapêuticos atuais, mantendo o mesmo descaso em relação a seu conteúdo.

Rubin alega que "a revolução interior dos anos 1970" foi resultado da consciência de que o radicalismo da década anterior havia sido incapaz de dialogar com questões culturais ou da qualidade de vida pessoal, baseando-se na crença equivocada de que o "crescimento pessoal", nas palavras dele, poderia ficar "para depois da revolução". Essa acusação tem algo de verdade. A esquerda serviu muitas vezes de refúgio contra os terrores da vida interior. Outro ex-radical, Paul Zweig, disse ter se tornado comunista no final dos anos 1950 porque o comunismo "o libertou [...] das salas decrépitas e dos vasos quebrados de uma vida exclusivamente privada".[16] Enquanto os movimentos políticos exercerem uma atração fatal sobre aqueles que buscam sufocar uma sensação de fracasso pessoal por meio da ação coletiva — como se a ação coletiva excluísse de alguma forma o cuidado com a qualidade de vida pessoal —, os movimentos políticos pouco terão a dizer sobre a dimensão pessoal das crises sociais. No entanto, a nova esquerda (ao contrário da antiga esquerda) começou a tratar desse problema durante o breve período de seu florescimento, em meados dos anos 1960. Havia então um entendimento crescente — de nenhum modo restrito àqueles envolvidos com a nova esquerda — de que as crises pessoais, dada sua dimensão à época, constituíam um problema político por si só e, portanto, uma análise minuciosa da sociedade e da política modernas teria por obrigação explicar, dentre outras coisas, por que o crescimento e o desenvolvimento pessoais haviam se tornado tão difíceis; por que o medo de crescer e envelhecer assombra nossa sociedade; por que as relações pessoais se tornaram tão instáveis e precárias; e por que a "vida interior" já não oferece qualquer refúgio contra os perigos ao nosso redor. O surgimento nos anos 1960 de uma nova forma literária combinando crítica cultural, reportagem política e reminiscências pessoais representava uma tentativa de explorar essas questões, iluminando a intersecção entre a vida pessoal e a política, entre a história e a experiência privada. Livros como *Os Exércitos da Noite*, de Norman Mailer, com frequência lançavam mão de convenções jornalísticas, como a objetividade, para ir mais fundo nos acontecimentos do que os relatos escritos por observadores ditos imparciais. A ficção do período, marcada por escritores que não faziam nenhum esforço para disfarçar sua presença ou ponto de vista, demonstrava como o ato de escrever podia ser ele próprio tema da ficção. A crítica cultural assumiu um caráter pessoal e autobiográfico que, em seus piores momentos, descambou para o exibicionismo, mas, em seus pontos altos, mostrou como a tentativa de compreender a cultura precisa incluir uma análise das maneiras pelas quais ela molda a consciência do próprio crítico. Os levantes políticos se embrenharam em todas as discussões, tornando os elos entre cultura e política impossíveis de se ignorar. Ao abalar a ilusão da cultura como desdobramento autônomo e avulso, imune à influência da distribuição de poder e riqueza, o turbilhão político dos anos 1960 também tendia a borrar as distinções entre alta cultura e cultura popular, tornando esta última objeto de debates sérios.

CONFISSÃO E ANTICONFISSÃO

A popularidade do modo confessional é sem dúvida emblemática do novo narcisismo que permeia toda a cultura estadunidense; mas as melhores obras desse filão utilizam justamente a autoexposição no intuito de obter distanciamento crítico do self e alcançar uma nova perspectiva em relação às forças históricas, reproduzidas de forma psicológica, que tornaram a própria concepção de eu cada vez mais problemática. O mero ato de escrever já pressupõe certo desprendimento do self; e a objetificação de nossa própria experiência, como demonstram estudos psiquiátricos sobre o narcisismo, permitem "às fontes profundas de grandiosidade e exibicionismo — após serem apropriadamente alvejadas, inibidas, domesticadas e neutralizadas — encontrar acesso"[17] à realidade.* Ainda assim,

---

* O trabalho útil e criativo que confronta o indivíduo com "problemas estéticos e intelectuais não resolvidos" e, assim, mobiliza o narcisismo em prol de atividades externas ao eu, fornece ao narcisista, segundo Heinz Kohut, a melhor esperança de transcender seu dilema. "Uma quantia módica de potencial criativo — por menor que seja o seu escopo — encontra-se no âmbito da experiência de muitas pessoas, e a natureza narcísica do ato criativo (o fato de que o objeto do interesse criativo é investido de libido narcísica) pode ser abordada por meio da auto-observação comum e da empatia."

a interpenetração cada vez maior entre ficção, jornalismo e autobiografia sugere, para além de qualquer contestação, que muitos escritores de hoje têm mais dificuldade para atingir o desprendimento indispensável para a arte. Em vez de ficcionalizarem material de ordem pessoal ou reordená-lo de alguma forma, eles passaram a apresentá-lo de forma não digerida, deixando que o leitor crie suas próprias interpretações. Em vez de trabalhar com suas memórias, muitos escritores agora recorrem somente à autoexposição para manter o interesse do leitor, apelando não à sua compreensão, mas a uma curiosidade impudica a respeito da vida privada de pessoas famosas. Nas obras de Mailer e de muitos de seus imitadores, o que começa como uma reflexão crítica acerca das próprias ambições do escritor — uma aposta franca e admitida na imortalidade literária — muitas vezes acaba em um monólogo gárrulo, no qual o escritor explora sua própria celebridade e preenche páginas e páginas sem oferecer nada além de sua associação a um nome famoso em troca da atenção do leitor. Depois de se tornar conhecido, o autor passa a circular em um mercado pré-pronto de confissões reais. Assim, Erica Jong, após conquistar seu público escrevendo sobre sexo com a insensibilidade de um homem, logo produziu um segundo romance sobre uma jovem mulher que se torna celebridade literária.

Mesmo os melhores escritores confessionais percorrem uma linha tênue entre a autoanálise e a autoindulgência. Seus livros — *Advertisements for Myself* [Conselhos para mim], de Mailer, *Making It* [Fazendo isto], de Norman Podhoretz, *O complexo de Portnoy*, de Philip Roth, *Three Journeys* [Três jornadas], de Paul Zweig, e *A Fan's Notes* [Anotações de um fã], de Frederick Exley — oscilam entre revelações pessoais conquistadas a duras penas, purificadas pela angústia dessa conquista, e o tipo de confissão espúria cujo único esforço para conquistar a atenção do leitor é descrever acontecimentos de interesse imediato para o autor. Quando se deparam com algum insight, esses escritores muitas vezes escorregam na autoparódia, buscando antecipar as críticas a fim de desarmá-las. Em vez de reivindicar significância para sua narrativa, eles tentam apenas enfeitiçar o leitor. Empregam o humor não tanto para se afastarem do material narrativo, quanto para jogar confete sobre si mesmos, conquistando a atenção do leitor sem pedir que, em troca, este leve o escritor ou a narrativa a sério. Muitos contos de Donald Barthelme, a despeito de sua brilhante e comovente *"Critique de la Vie Quotidienne"* [Crítica da vida cotidiana], sofrem pela inabilidade que ele tem de resistir ao riso fácil. Em Perpetua, por exemplo, sua sátira dos recém-divorciados que lançam mão da sociabilidade para passar o tempo e adotam "estilos de vida" pseudolibertários, descamba para o humor despropositado.

> Após o concerto ela [...] veste seu jeans suede, sua camisa composta de diversos cachecóis justapostos, seu colar de madeira entranhada e sua capa D'Artagnan de linha prateada.
> Perpetua não consegue separar o que aconteceu neste ano do que aconteceu no ano passado. As coisas recém tinham acontecido, ou aconteceram muito tempo atrás? Ela conheceu muitas pessoas novas. "Você é diferente", Perpetua disse a Sunny Marge. "Quase nenhuma das meninas que eu conheço tem o rosto de Marshal Foch tatuado nas costas."[18]

Woody Allen, mestre nas paródias de clichês terapêuticos e do ensimesmamento que lhes dá origem, subverte frequentemente suas próprias ideias fazendo uso de um humor perfunctório, incontornável, autodepreciativo, que se tornou marca do jeito estadunidense de conversar. Em suas paródias da pseudointrospecção em um mundo *Sem plumas* — sem esperanças —, Allen sabota a ironia com piadas que fluem com frequência excessiva de uma fonte inesgotável.

> Meu Deus, por que me sinto tão culpado? Será pelo ódio a meu pai? Talvez tenha alguma coisa a ver com o incidente do bife à milanesa. Seja como for, o que o bife estava fazendo em sua carteira? [...] Que homem triste! Quando minha primeira peça, *Um quisto para Gus*, foi encenada no colégio, compareceu à estreia usando casaca e máscara contra gases.
> O que há na morte para me deprimir tanto? (Provavelmente o horário.)
> [...] Vejam só, pensou. Cinquenta anos de idade. Meio século. No ano que vem, terei cinquenta e um. Depois, cinquenta e dois. Por este mesmo raciocínio, ele era capaz de adivinhar sua idade até pelos próximos cinco anos.[19]

A forma confessional permite a escritores honestos como Exley ou Zweig elaborar um relato penoso da desolação espiritual de nossos tempos, mas também permite que escritores preguiçosos se entreguem ao "tipo de autorrevelação imodesta que, ao fim e ao cabo, esconde muito e admite pouco". O pseudoinsight do narcisista acerca de sua própria condição, geralmente expresso através de clichês psiquiátricos, serve como instrumento para escapar das críticas e negar a responsabilidade pelas próprias ações. "Estou ciente de que este livro é incrivelmente chauvinista", escreve Dan Greenburg em seu *Scoring: A Sexual Memoir* [Pontuando: memórias sexuais]. "Bem, o que posso dizer? [...] Quer dizer, somos isso aí mesmo — então, qual a novidade? Não estou justificando essa postura, é apenas uma constatação." A certa altura, Greenburg descreve como fez amor com uma mulher desmaiada em coma alcoólico e incapaz de se defender, somente para informar o leitor no capítulo seguinte de que "nada era verdade" naquele relato.

Como você se sente com relação a isso agora? Está contente? Com o incidente imaginário com Irene, você pensou que não conseguiria continuar lendo meu livro, de tão depravado e desprezível que eu era? Imagino que não, pois se leu este capítulo você obviamente seguiu em frente. [...]
Talvez você se sinta traído, talvez comece a pensar que, se menti sobre uma coisa, posso muito bem ter mentido sobre outras. Não pensei nisso — todo o restante deste livro [...] é absolutamente verdadeiro, e você pode ou não acreditar nisso, como preferir.[20]

Em *Snow White* [Branca de Neve], Donald Barthelme recorre a um dispositivo semelhante que, mais uma vez, implica o leitor na invenção do escritor. No meio do livro, o leitor encontra um questionário solicitando sua opinião acerca do desenrolar da história e alertando-o sobre as diferentes maneiras como o autor se afasta do conto de fadas original. Quando T.S. Eliot incluiu notas de referência em *A terra inútil*, ele foi um dos primeiros poetas a chamar a atenção para sua própria transformação imaginativa da realidade, mas fez isso com o intuito de tornar o leitor mais consciente quanto a suas evocações e criar uma ressonância imaginativa maior — e não, como nesses exemplos recentes, de demolir a confiança no autor.

O narrador não confiável e seletivamente cego é outro dispositivo literário de longa tradição. No passado, contudo, os romancistas o utilizaram para justapor ironicamente a percepção falha do narrador sobre os eventos e a visão mais apurada do próprio autor. Hoje, as convenções do narrador ficcional foram abandonadas nos textos mais experimentais. O autor fala com sua própria voz, mas alerta o leitor para que não confie em sua versão da verdade. "Nada neste livro é verdadeiro", anuncia Kurt Vonnegut já nas primeiras páginas de *Cama de gato*. Chamando a atenção para si como performer, o escritor mina a capacidade de suspensão de descrença do leitor. Ao misturar os limites da verdade e ilusão, ele pede que o leitor acredite em sua história não porque soa verdadeira, nem porque afirma que é verdadeira, mas apenas porque, segundo diz, ela bem poderia ser verdade — ao menos em parte —, contanto que o leitor decida acreditar nisso. O escritor renuncia ao direito de ser levado a sério, e assim escapa da responsabilidade de ser levado a sério. Ele não pede do leitor compreensão, mas indulgência. Ao aceitar a confissão de que o escritor mentiu, o leitor, por sua vez, abdica do direito de cobrar dele responsabilidade pela verdade do relato. Assim, o escritor tenta enfeitiçar o leitor em vez de convencê-lo, apostando no potencial instigante de pseudorrevelações para manter o interesse do leitor.

Nessa abordagem evasiva, a escrita confessional degenera para o anticonfessionalismo. O registro da vida interior se torna uma paródia involuntária dela. Embora pareça destacar a introspecção, esse gênero literário, na realidade, nos diz justamente que não é mais possível levar a vida interior a sério. Isso explica por que Allen, Barthelme e outros sátiros tantas vezes parodiam, em uma estratégia literária deliberada, o estilo confessional de tempos anteriores, quando os artistas desvelavam seus conflitos internos por acreditar que representavam um microcosmo do mundo. As "confissões" dos artistas de hoje são marcadas apenas por sua absoluta banalidade. Woody Allen escreve uma paródia das cartas de Van Gogh[21] para seu irmão, convertendo o pintor em um dentista preocupado com a "profilaxia bucal", "trabalhar no canal" e "ensinar-lhe como escovar os dentes". A viagem para dentro de si não revela nada além de um vazio. O escritor não vê mais a vida refletida em sua própria mente. Pelo contrário: enxerga o mundo, mesmo o mundo vazio, como espelho de si mesmo. Ao registrar suas experiências "interiores", ele não pretende fornecer um relato objetivo acerca de uma parcela representativa da realidade, mas conquistar a atenção, simpatia e aclamação dos outros e, assim, encontrar um ponto de apoio para seu senso periclitante do self.

O VAZIO INTERIOR

Embora as confissões contemporâneas sejam cercadas de mecanismos de defesa, os livros citados muitas vezes nos permitem vislumbrar a angústia causada pela busca de paz psíquica. Paul Zweig fala de sua crescente "convicção, quase uma fé, de que a minha vida foi organizada ao redor de um núcleo de amenidades que garantiu o anonimato de tudo em que toquei"; de "uma hibernação emocional que durou quase até os meus trinta anos"; da insistente "suspeita de vazio pessoal, que rodeio e adorno com todas as minhas falas e tentativas ansiosas de agradar sem jamais conseguir penetrá-lo, ou sequer chegar perto dele".[22] Na mesma pegada, Frederick Exley escreve: "Sendo ou não um escritor, eu [...] cultivei o instinto de um, uma aversão à manada, sem, em meu infeliz caso, ter a capacidade de domar e articular essa aversão".[23]

A mídia de massa, com seu culto à celebridade e sua tentativa de cercá-la de glamour e excitação, transformou os Estados Unidos em uma nação de fãs, de frequentadores de cinema. A mídia substancia — e assim intensifica — os sonhos narcísicos de fama e glória, encorajando o homem comum a se identificar com as estrelas e a odiar a "manada", e torna cada vez mais difícil para ele aceitar a banalidade da existência diária. Frank Gifford e os New York Giants, escreve Exley, "sustentaram a minha ilusão de que a fama era possível". Assombrado e, segundo ele mesmo, destruído por "esse terrível sonho de fama", por essa "ilusão de que eu poderia escapar do anonimato banal de minha vida", Exley retrata a si mesmo, ou a seu narrador — como de costume, a distinção não é clara — como um vácuo sonolento, uma fome insaciável, um vazio esperando para ser preenchido com as ricas experiências reservadas a uns poucos escolhidos. Um homem comum na maioria dos sentidos, "Exley" sonha com

> um destino grandioso o bastante para mim! Como o Deus de Michelangelo estendendo o braço para Adão, não desejo menos que estender o braço através das eras e meter meus dedos sujos na posteridade! [...] Não há nada que eu não queira! Eu quero *isso*, e eu quero *aquilo*, e eu quero... ora, tudo!

A propaganda moderna das mercadorias e da boa vida sancionou a gratificação impulsiva e desobrigou o id de se desculpar por seus desejos ou disfarçar suas proporções excessivas. Mas essa mesma propaganda tornou o fracasso e a derrota insuportáveis. Quando o novo Narciso finalmente cogita poder "não só viver sem fama, mas também sem self, viver e morrer sem que seus pares jamais reconheçam o espaço microscópico que ocupa neste planeta", essa descoberta gera decepção e abala sua noção de self. "A ideia quase me derrubou", escreve Exley, "e quando meditava sobre isso eu era tomado por uma depressão indescritível."[24]

Diante de seu vazio e insignificância, o homem de capacidades comuns tenta encontrar consolo no brilho refletido das estrelas. Em *Pages from a Cold Island* [Páginas de uma ilha gelada], Exley discorre sobre seu fascínio por Edmund Wilson e conta como tentou se aproximar do ídolo após sua morte entrevistando pessoas próximas dele. Como o registro dessas entrevistas diz muito mais a respeito de Exley que de Wilson, e dado que

Exley elogia os feitos literários de Wilson o tempo todo usando uma retórica convencional de homenagem — "um dos grandes homens do século 20"; "cinquenta anos de dedicação incansável ao ofício"; "As Letras Americanas [...] nunca tinham visto algo como ele" —, fica claro que Wilson representa para Exley uma presença mágica, mesmo em morte, e que a associação com ele atribui uma importância secundária a seus admiradores literários e seu séquito póstumo. O próprio Exley diz que agiu como se "a proximidade a Wilson fosse me trazer sorte".[25]

Outros autobiógrafos descrevem, sem a autoconsciência de Exley, tentativas semelhantes de viver indiretamente através de pessoas mais brilhantes que eles. Susan Sterne dá a impressão de ter se juntado aos Weathermen porque a associação com estrelas midiáticas como Mark Rudd e Bernardine Dohrn faziam-na sentir que finalmente havia encontrado seu "nicho na vida". Dohrn a deixou bastante impressionada: Sterne a viu como uma "rainha", uma "alta sacerdotisa" cujo "esplendor" e "nobreza" a diferenciavam do "segundo" e "terceiro escalão de lideranças" do Students for a Democratic Society (SDS). "Eu desejava ter todas as características dela. Queria ser admirada e respeitada como Bernardine." Quando o julgamento dos sete de Seattle transformou a própria Stern em celebridade midiática, ela sentiu que enfim era "alguém", "porque havia tanta gente amontoada ao meu redor, fazendo perguntas, vindo atrás de mim em busca de respostas ou apenas me olhando, oferecendo-se para fazer coisas por mim e absorver um pouco da luz dos holofotes". Agora, em seu "ápice", ela via a si mesma (e tentava transmitir essa impressão) como "vulgar e espalhafatosa, dura e engraçada, agressiva e dramática". "As pessoas me amavam aonde quer que eu fosse." Sua proeminência dentro da ala mais violenta da esquerda estadunidense a permitia interpretar, diante do grande público, a fantasia da raiva destrutiva subjacente ao seu desejo de fama. Ela se imaginava como uma Fúria vingadora, uma amazona, uma Valquíria. Na parede de sua casa, pintou "uma mulher nua de dois metros e meio de altura com cabelos verde-loiros esvoaçantes e uma bandeira estadunidense em chamas saindo da vagina!". Em seu "frenesi ácido", nas palavras dela, "tinha pintado o que, em algum recôndito profundo de minha mente, eu queria ser; alta e loira, nua e armada, consumindo — ou descartando — os Estados Unidos em chamas".[26]

Nem as drogas nem as fantasias de destruição — mesmo quando essas se materializam na "práxis revolucionária" — apaziguam a fome interior da qual germinam. As relações pessoais baseadas no reflexo da glória e na necessidade de admirar e ser admirada são passageiras e insubstanciais. As amizades e os casos amorosos de Stern geralmente acabavam em desilusão, animosidade, recriminação. Ela se queixa de sua incapacidade de sentir qualquer coisa: "me tornei mais fria por dentro, mais animada por fora". Embora sua vida orbitasse a política, em suas memórias o mundo político parece desprovido de realidade, figurando apenas como projeção de sua raiva e inquietação, como sonho de ansiedade e violência. Muitos outros livros de nossos tempos, mesmo os que são produtos de levantes políticos, transmitem essa mesma sensação de irrealidade da política. Paul Zweig, que passou dez anos em Paris durante os anos 1950 e 1960 e participou das agitações contra a Guerra Argelina, escreve que a guerra "se tornou pouco a pouco um ambiente que perpassava todos os âmbitos" de sua existência; ainda assim, os acontecimentos externos têm papel coadjuvante em sua narrativa. Sua atmosfera é alucinatória, servindo como vago pano de fundo de "terror e vulnerabilidade". No auge dos protestos violentos contra a Guerra Argelina, "ele relembrou uma frase lida certa feita em um livro a respeito da sensação interna de esquizofrenia. O paciente, com a pungência de um oráculo, havia dito: '*La terre bouge, elle ne m'inspire aucune confiance*'". A mesma sensação, diz Zweig, tomou conta dele mais tarde no deserto do Saara, onde tentou superar sua "secura interior" em uma provação solitária perante o rigor da natureza. "A Terra se move, não posso confiar nela."[27]

No relato de Zweig sobre sua vida, amigos e amantes propiciam momentos de uma suposta realidade, mas sua presença é incapaz de deter "o giro livre de sua existência interior". Ele viveu por um tempo com uma garota chamada Michelle, que "enfrentava em vão sua impassibilidade". Uma cena construída em minúcias, que tem por objetivo demonstrar a natureza da conexão entre os dois, também capta o caráter elusivo da narrativa de Zweig, o deboche de si mesmo pensado para seduzir e desarmar a crítica e a terrível convicção de inautenticidade por trás disso:

> Como se quisesse zombar da angústia no recinto, o vulto acinzentado de Notre-Dame paira sobre a noite a uma distância preenchida por carros mágicos que resmungam baixinho. A garota está sentada no chão ao lado de pincéis espalhados e uma paleta de madeira com tintas de cores turvas. O rapaz, feito em pedaços, ou é assim que ele se sente, deitado na cama, diz em um sussurro teatral e estrangulado: "*Je ne veux pas être un homme*", eu não quero ser um homem. Para deixar mais claro o que quer dizer, ou seja, para transpor sua ansiedade ao âmbito intelectual, ele repete: "*Je ne veux pas 'être un homme*'", eu não quero ser "um homem", aludindo a uma questão de princípio que a garota, aparentemente, é obtusa demais para captar, pois ela profere um lamento e começa a chorar.

Seis anos mais tarde, "os dois se casaram e divorciaram dentro de algumas poucas e duras semanas". O exílio de Zweig chegou ao fim, e com ele sua tentativa de "interpretar sua existência com a agilidade de alguém sem nada a perder".

O vazio interior, contudo, permanece: "a sensação de carregar um vácuo, o sentimento apavorante de que em certo nível de existência eu não sou ninguém, de que minha identidade desmoronou e, no fundo, não há ninguém ali". Caberá a Swami Muktananda, guru muito apreciado pelos nova-iorquinos sedentos por cura espiritual, ensinar a Zweig como colocar seu "duplo" para dormir. "Baba" — pai — ensina "a futilidade dos processos mentais". Sob suas instruções, Zweig experimentou "o delírio da libertação". Como Jerry Rubin, ele atribui essa "cura", a sensação de estar "curado e vicejante", à destruição de suas defesas psíquicas. "Não [estando] mais preso à tarefa da autodefesa", ele anestesiou sua parte "feita de ocupação mental [...] cimentada pelo pensamento obsessivo e movida pela ansiedade."

A CRÍTICA PROGRESSISTA DO PRIVATISMO

A popularização dos modos psiquiátricos de pensamento, a propagação do "novo movimento de consciência", o sonho de fama e a sensação angustiante de fracasso, todos elementos que contribuíram para a urgência da busca por panaceias espirituais, compartilham uma intensa preocupação com o self. Esse ensimesmamento define o clima moral da sociedade contemporânea. A conquista da natureza e a busca por novas fronteiras deram lugar à busca por autorrealização. O narcisismo se tornou um dos temas centrais da cultura estadunidense, como Jim Hougan, Tom Wolfe, Peter Marin, Edwin Schur, Richard Sennett e outros escritores recentes sugeriram de diversas formas. Contudo, se não estivermos dispostos a nos contentarmos com um moralismo disfarçado sob jargão psiquiátrico, precisaremos empregar esse conceito com um rigor maior do que aquele visto na crítica social popular, e tendo maior consciência de suas implicações clínicas.

Os críticos do narcisismo contemporâneo e da nova sensibilidade terapêutica condenam equivocadamente a orientação psiquiátrica como um ópio da classe média alta. O ensimesmamento, segundo Marin, blinda os estadunidenses abastados dos horrores ao seu redor — pobreza, racismo, injustiça — e "alivia suas consciências pesadas".[28] Schur ataca a "onda de consciência" sob a alegação de que ela aborda problemas peculiares aos ricos, negligencia os problemas dos pobres e transforma "descontentamento social em inadequação pessoal".[29] Considera "criminoso" que "cidadãos brancos de classe média se preocupem complacentemente consigo mesmos enquanto seus compatriotas estadunidenses menos afortunados enfrentam dificuldades e passam fome". Mas a preocupação consigo mesmo capitalizada pelo movimento da consciência não vem da complacência, mas do desespero; tampouco é verdade que esse desespero se restringe à classe média. Schur parece achar que o caráter transiente e provisório das relações pessoais é um problema apenas para executivos endinheirados em constante movimento. Devemos acreditar que as coisas são diferentes para os pobres? Que os casamentos da classe operária são felizes e livres de conflitos? Que o gueto produz amizades ternas, estáveis e não manipuladoras? Estudos sobre a vida nas classes mais baixas demonstraram diversas vezes que a pobreza prejudica o casamento e as amizades. O colapso da vida pessoal tem origem não nos tormentos espirituais da riqueza, mas na guerra de todos contra todos que agora se espalha das classes mais baixas, nas quais já ocorre há muito tempo sem interrupções, para o resto da sociedade.

Como as novas terapias são em geral caras, Schur supõe, e erra ao fazê-lo, que elas tratam de problemas exclusivos aos ricos e, portanto, são triviais e "irreais" por natureza. Ele critica escritores como George e Nena O'Neill (apóstolos do "casamento aberto") por terem "uma visão incrivelmente etnocêntrica da crise pessoal, ao que tudo indica baseada em seus próprios valores e experiências de classe média". Os especialistas em consciência, queixa-se, jamais pensam que "os recursos econômicos poderiam ajudar uma pessoa a confrontar uma crise, ou mesmo a evitá-la de todo". Esses especialistas escreveriam como se as classes sociais e o conflito social não existissem. Por isso, Schur acha "difícil de imaginar" que o movimento da consciência, a despeito das tentativas de popularização por meio de manuais baratos e atendimentos gratuitos, possa se tornar atraente para os pobres.

De fato, é plausível que mesmo uma pessoa pobre se sinta um pouco melhor graças a alguma dessas novas técnicas de autorrealização. Mas, no melhor dos cenários, essa felicidade tenderia a durar pouco. Seduzido a interiorizar seus problemas, o pobre acabaria distraído da tarefa mais urgente de lutar por seus interesses coletivos reais.

Ao traçar uma oposição muito simplista entre questões "reais" e pessoais, Schur ignora que as questões sociais também se apresentam inevitavelmente como questões pessoais. O mundo real se reflete nas experiências pessoais e familiares, responsáveis por delinear o modo como o percebemos. Experiências de vazio interior, solidão e inautenticidade não são de modo algum irreais, nem são, convém salientar, desprovidas de conteúdo social; tampouco são resultado exclusivo de "condições de vida das classes média e alta". Elas surgem das condições belicosas que permeiam a sociedade estadunidense, dos perigos e da incerteza que nos rodeiam e da perda de confiança no futuro. Os pobres sempre tentaram viver no presente, mas agora uma preocupação desesperada com a sobrevivência pessoal, por vezes disfarçada de hedonismo, também acomete a classe média. O próprio Schur observa que "o que parece emergir em última análise dessa mensagem bastante ambígua, é uma ética de autopreservação". Entretanto, sua condenação da ética de sobrevivência como "um refúgio no privatismo" não atinge o cerne da questão. Quando as relações pessoais são conduzidas sem outro objetivo que o da sobrevivência psíquica, o "privatismo" deixa de servir como porto seguro contra um mundo inclemente. Pelo contrário, a vida privada assume as mesmas qualidades da ordem social anárquica contra a qual supostamente serviria de refúgio. É a devastação da vida pessoal, e não o refúgio no privatismo, que precisa ser criticada e condenada. O problema não é que o movimento da consciência aborde questões triviais ou irreais, mas que lhes ofereça soluções que implicam a derrota do self. Partindo de uma insatisfação difusa com a qualidade das relações pessoais, ele aconselha as pessoas a não investirem demais no amor e na amizade, a evitarem a dependência excessiva dos outros e a viverem para o momento — as exatas condições responsáveis por criar a crise das relações pessoais.

A CRÍTICA DO PRIVATISMO: RICHARD SENNETT SOBRE O DECLÍNIO DO HOMEM PÚBLICO

A crítica de Richard Sennett ao narcisismo, embora mais sutil e aprofundada que a insistência de Schur de que "o narcisismo é o oposto do amor-próprio forte", implica uma desvalorização semelhante do âmbito pessoal. As melhores coisas da tradição cultural do Ocidente, na visão de Sennett, derivam das convenções antes responsáveis por regular as relações impessoais de caráter público. Essas convenções, hoje condenadas por seu caráter cerceador, artificial e mortífero para qualquer espontaneidade emocional, estabeleceram em tempos anteriores os limites civilizados entre as pessoas, restringindo as demonstrações públicas dos sentimentos e promovendo o cosmopolitismo e a civilidade. Em Londres e Paris no século 18, a sociabilidade não exigia intimidade. "Estranhos que se encontrassem nos parques ou nas ruas poderiam falar uns com os outros, sem qualquer embaraço".[30] Eles partilhavam de um fundo comum de signos públicos que permitiam a pessoas de classes díspares conduzir uma conversa civilizada e cooperar em projetos públicos sem se sentirem impelidas a expor seus segredos mais íntimos. No século 19, contudo, essas reservas caíram por terra, e as pessoas passaram a ver nas ações públicas um retrato da personalidade dos agentes. O culto romântico à sinceridade e à autenticidade arrancou as máscaras que as pessoas usavam em público, erodindo a separação entre as vidas pública e privada. O âmbito público passou a ser visto como espelho do eu, e as pessoas perderam a capacidade de distanciamento e, por consequência, de encontros lúdicos, que pressupõem certo distanciamento do self.

Em nossos tempos, segundo Sennett, as relações em público, vistas como forma de autorrevelação, passaram a ser coisa séria. As conversas adquirem caráter de confissão. A consciência de classe diminui; as pessoas percebem sua posição social como reflexo de suas próprias capacidades e culpam a si mesmas pelas injustiças infligidas a elas. A política se degenera em uma luta não por mudança social, mas por autorrealização. Quando os limites entre o self e o resto do mundo desmoronam, a busca de interesses próprios esclarecidos, que outrora influenciava todas as etapas da atividade política, torna-se impossível. O homem político de tempos anteriores sabia exigir em vez de desejar (é essa a definição de maturidade psicológica para Sennett) e sopesava a política, e a realidade em geral, para ver "o que tinha a ganhar, e não com o que podia se identificar". O narcisista, por outro lado, "ostenta os interesses do eu" em um delírio de desejo.

Muito mais intricada e instigante do que é possível sugerir em um resumo breve, a argumentação de Sennett tem muito a nos ensinar sobre a importância do distanciamento nos jogos e na reconstrução dramática da realidade, sobre a projeção da busca pelo self na política e sobre os efeitos perniciosos da ideologia da intimidade.

Não obstante, a ideia de Sennett de que a política ativa a busca por interesses próprios esclarecidos, caracterizada pelo cálculo cuidadoso de vantagens pessoais e de classe, não faz jus aos elementos irracionais que sempre marcaram as relações entre as classes dominantes e subordinadas. Ele dedica pouquíssima atenção à capacidade dos ricos e poderosos de associar sua influência a princípios morais elevados, tornando qualquer forma de resistência não só crime contra o Estado, mas também contra a humanidade. As classes governantes sempre buscaram fazer com que seus subordinados vivenciassem a própria exploração e privação material sob a forma de culpa, inculcando neles a ilusão de que seus próprios interesses materiais coincidem com aqueles da humanidade como um todo. Mesmo ignorando a validade questionável da associação entre o funcionamento satisfatório do eu e a capacidade de "tomar em vez de desejar" proposta por Sennett, que parece ver na voracidade a única alternativa ao narcisismo, o fato é que os homens jamais viram seus interesses próprios com perfeita clareza e, portanto, apresentaram ao longo de toda a história a tendência de projetar aspectos irracionais do self no âmbito político. Culpar o narcisismo, a ideologia da intimidade ou a "cultura da personalidade" pelos atributos irracionais da política moderna é não apenas exagerar o papel da ideologia no desenvolvimento histórico, mas também subestimar a irracionalidade da política em épocas passadas.

O entendimento de Sennett de que a política adequada seria a do interesse próprio ecoa a tradição pluralista de Tocqueville, da qual claramente derivam alguns de seus elementos ideológicos originais. Essa análise tende a exaltar o liberalismo burguês como única forma civilizada de vida política e a "civilidade" burguesa como única forma incorruptível de diálogo público. Do ponto de vista pluralista, as imperfeições confessas da sociedade burguesa não podem ser corrigidas pela política, dado que a vida política é vista inerentemente como âmbito de imperfeição radical. Assim, quando homens e mulheres exigem alterações estruturais do sistema político, estariam, na realidade, projetando ansiedades pessoais na política. Dessa forma, o liberalismo se define como limite último da racionalidade política, e todas as tentativas de superar o liberalismo — incluindo toda a tradição revolucionária — são descartadas por seu suposto narcisismo. A perspectiva tocquevilliana de Sennett o torna incapaz de distinguir a política radical no final dos anos 1960, corrompida por elementos irracionais da cultura estadunidense, de muitos objetivos radicais válidos. Seu método de análise torna todo o radicalismo — todas as formas de política que busquem criar uma sociedade não baseada na exploração — automaticamente suspeito. Apesar de sua idealização da vida pública do passado, o livro de Sennett se soma ao movimento atual de aversão à política — ou seja, aversão à esperança de usar a política como instrumento de transformação social.

A ânsia de Sennett para restaurar a distinção entre vida pública e privada, ademais, ignora que as duas sempre estiveram entrelaçadas. A sociabilidade dos jovens reproduz a dominação política ao nível da experiência pessoal. Em nossos tempos, essa invasão da vida privada pelas forças da dominação organizada se tornou tão comum que a vida pessoal quase deixou de existir. Invertendo causa e feito, Sennett atribui os males contemporâneos à invasão da ideologia da intimidade no âmbito público. Para ele, assim como para Marin e Schur, a atual preocupação com a autodescoberta, o crescimento psíquico e os encontros pessoais íntimos indicam um grau jamais visto de ensimesmamento e um romanticismo descontrolado. Na verdade, o culto da intimidade não é resultado da afirmação da personalidade, mas de seu colapso. Longe de glorificarem o self, os poetas e romancistas de hoje narram sua desintegração. As terapias dedicadas a tratar eus despedaçados transmitem a mesma mensagem. Nossa sociedade, em vez de estimular a primazia da vida privada sobre a vida pública, tornou cada vez mais difícil o surgimento de amizades, relacionamentos amorosos e casamentos profundos e duradouros. Conforme a vida social foi se tornando cada vez mais belicosa e bárbara, as relações pessoais, fonte clara de alívio para essa realidade, assumem os contornos de um combate. Algumas das novas terapias conferem dignidade a esse combate, referindo-se a ele como "assertividade" ou "uma luta justa no amor e no casamento". Outras celebram as ligações emocionais impermanentes sob os termos "casamento aberto" e "relacionamentos abertos". Assim, agravam a doença que se dispunham a curar. Mas elas não fazem isso desviando a atenção de problemas sociais para problemas pessoais, de questões reais para questões falsas, mas camuflando as origens sociais de um sofrimento (não confundi-lo com o ensimesmamento complacente) percebido — de forma enganosa, mas não por isso menos dolorosa — como de caráter estritamente privado e pessoal.

A personalidade narcísica em nossos tempos

O NARCISISMO ENQUANTO METÁFORA DA CONDIÇÃO HUMANA

As críticas recentes ao novo narcisismo não só confundem causa e efeito, atribuindo a um culto do privatismo os desdobramentos resultantes da desintegração da vida pública, como também empregam o termo "narcisismo" de forma tão pouco rigorosa que o conceito retém hoje pouco de seu conteúdo psicológico. Erich Fromm, em *O coração do homem*,[1] despe a ideia de seu significado clínico e a expande para cobrir todas as formas de "vaidade", "autoadmiração", "autossatisfação" e "autoglorificação" nos indivíduos e em todas as formas de provincianismo, preconceito étnico ou racial e "fanatismo" dentro de grupos. Em outras palavras, Fromm emprega o termo como sinônimo do individualismo "associal" que, segundo sua versão do dogma "humanista" e progressista, sabota a cooperação, o amor fraternal e a busca por lealdades mais amplas. O narcisismo, assim, figura simplesmente como antítese de um amor fluido pela humanidade (o desinteressado "amor pelos desconhecidos") defendido por Fromm sob o nome de socialismo.

A discussão de Fromm sobre o "narcisismo individual e social", publicada apropriadamente no contexto de uma coleção de livros dedicada a "perspectivas religiosas", fornece um exemplo excelente da tendência em nossa era terapêutica de revestir platitudes moralistas com trajes psiquiátricos. ("Vivemos em um período histórico caracterizado por uma discrepância aguda entre o desenvolvimento intelectual do homem [...] e seu desenvolvimento mental-emocional, o que o deixa preso a um estado de pronunciado narcisismo com todos os seus sintomas patológicos.") Enquanto Sennett nos lembra que o narcisismo está mais próximo do autodesprezo que da autoadmiração, Fromm ignora até mesmo esse fato clínico bastante conhecido em seu ímpeto de pregar um sermão sobre as bênçãos do amor fraternal.

Como em toda obra de Fromm, o problema começa em uma tentativa equivocada e desnecessária de salvar o pensamento de Freud da base "mecanicista" do século 19 e remodelá-lo em prol do "realismo humanístico". Na prática, isso significa substituir o rigor teórico por slogans e sentimentos eticamente edificantes. Fromm observa de passagem que o conceito original de narcisismo em Freud presumia que a libido começa no eu, visto como um "grande reservatório" de amor-próprio indiferenciado, quando, pelo contrário, o austríaco decidiu em 1922 que "temos de reconhecer o id como o grande reservatório da libido".[2] Fromm, porém, passa por cima desse aspecto ao observar que "a questão teórica de se a libido se origina do id ou do eu não tem importância substancial para o significado do conceito [de narcisismo] em si". Na verdade, a teoria estrutural da mente, apresentada por Freud em *Psicologia das massas* e em *O eu e o id*, exigiu modificações de suas ideias anteriores que tiveram grandes implicações para a teoria do narcisismo. A teoria estrutural levou Freud a abandonar a dicotomia simples entre instinto e consciência e reconhecer os elementos inconscientes do eu e do supereu, a importância dos impulsos não sexuais (agressão ou "instinto de morte") e a aliança entre o supereu e o id, o supereu e a agressão. Essas descobertas, por sua vez, possibilitaram uma compreensão do papel das relações de objeto no desenvolvimento do narcisismo, revelando assim que este seria essencialmente uma defesa contra impulsos agressivos, e não contra o amor-próprio.

A precisão teórica sobre o narcisismo é importante não só porque essa noção é muito suscetível ao exagero moralista, mas também porque a prática de equiparar o narcisismo a qualquer ato egoísta e censurável age contra sua especificidade histórica. O homem sempre foi egoísta, os grupos sempre foram etnocêntricos; não ganhamos nada atribuindo rótulos psiquiátricos a essas características. A emergência dos distúrbios de personalidade como forma mais proeminente de patologia psiquiátrica, contudo, somada à mudança na estrutura de personalidade do qual é reflexo, deriva de mudanças bem específicas em nossa sociedade e nossa cultura — da burocracia, da proliferação de imagens, das ideologias terapêuticas, da racionalização da vida interior, do culto ao consumo e, em última instância, de mudanças na vida familiar e de padrões de sociabilidade em transformação. Tudo isso é deixado de lado quando se trata o narcisismo meramente como "a metáfora para a condição humana", como Shirley Sugerman, em outra interpretação existencial e humanista, sugere em *Sin and Madness: Studies in Narcissism* [Pecado e loucura: estudos sobre narcisismo].[3]

A recusa de críticos recentes do narcisismo a discutir a etiologia do narcisismo ou a dedicar maior atenção ao crescente corpus de literatura clínica referente ao tema resulta provavelmente de uma decisão deliberada, motivada pelo temor de que a ênfase nos aspectos clínicos da síndrome narcísica prejudique a utilidade do conceito para análises sociais. Essa decisão, todavia, mostrou-se equivocada. Ao ignorarem a dimensão psicológica, esses autores também deixam de ver o social. Eles falham em explorar qualquer um dos traços caracteristicamente associados ao narcisismo patológico, que, em suas formas menos extremas, figura em muitos aspectos da vida cotidiana de nossa era: a dependência do calor vicário fornecido pelos outros somada ao medo da dependência, a sensação de vazio interior, a raiva reprimida e ilimitada e os desejos orais não satisfeitos. Eles tampouco discutem aquilo que poderíamos denominar traços secundários do narcisismo: as pseudodescobertas sobre si, os cálculos de sedução e o humor nervoso e autodepreciativo. Assim, eles abrem mão de qualquer base útil para estabelecer conexões entre a personalidade narcísica e certos padrões característicos da cultura contemporânea, como o medo intenso da velhice e da morte, a noção temporal alterada, a fascinação pela celebridade, o medo da competição, o declínio do espírito lúdico e a corrosão das relações entre homens e mulheres. Para esses críticos, o narcisismo é, em seu sentido mais geral, sinônimo de egoísmo, e, em seu sentido mais estrito, nada além de uma metáfora para descrever o estado mental de quem vê o mundo como espelho do self.

PSICOLOGIA E SOCIOLOGIA

A psicanálise lida com indivíduos, não com grupos. Tentativas de extrapolar as descobertas clínicas para o comportamento coletivo sempre esbarram na complicação de que os grupos têm uma vida própria. A mente coletiva, se é que tal coisa existe, reflete as necessidades do grupo como um todo, e não as necessidades psíquicas do indivíduo, que precisam ser subordinadas às demandas da vida coletiva. É precisamente a submissão dos indivíduos ao grupo que a teoria psicanalítica se dispõe a esclarecer a partir de suas repercussões psíquicas. Conduzindo uma análise intensiva de casos individuais com base em evidências clínicas, e não em impressões de senso comum, a psicanálise nos revela aspectos do funcionamento interior da sociedade como um todo, e faz isso dando as costas à sociedade para mergulhar no inconsciente individual.

Toda sociedade reproduz sua cultura — suas normas, suas premissas subjacentes, seus modos de organizar a experiência — no indivíduo, na forma da personalidade. Como disse Durkheim, a personalidade é o individual socializado. O processo de sociabilidade executado pela família e, secundariamente, pela escola e outras instituições de formação, modifica a natureza humana para conformá-la às normas sociais vigentes. Cada sociedade tenta resolver as crises universais da infância — o trauma da separação da mãe, o medo de abandono, a dor de disputar com os outros o amor da mãe — à sua maneira, e o modo como lida com esses eventos psíquicos produz uma forma característica de personalidade, uma forma característica de deformação psicológica pela qual o indivíduo se reconcilia com a privação do instinto e se submete às demandas da existência social. A insistência de Freud na continuidade entre saúde e enfermidade psíquica nos permite encarar as neuroses e psicoses em dado sentido como expressão característica de uma determinada cultura. "A psicose", escreveu Jules Henry, "é o desfecho final de tudo o que há de errado em uma cultura."[4]

A psicanálise melhor esclarece a conexão entre sociedade e indivíduo, cultura e personalidade, justamente quando se restringe a uma análise criteriosa dos indivíduos. Ela nos revela mais acerca da sociedade quando está menos determinada a fazê-lo. A extrapolação, por Freud, dos princípios psicanalíticos para a antropologia, a história e a biografia pode ser ignorada com tranquilidade pelos estudiosos da sociedade, mas suas investigações clínicas constituem um arcabouço indispensável de ideias, uma vez compreendido que a mente inconsciente representa a modificação da natureza pela cultura, a imposição da civilização ao instinto. Segundo Adorno:

> Não se deve reprovar Freud por ter desprezado o concretamente social, mas sim por ter se contentado de forma fácil demais com a origem social daquela abstração, com a fixidez do inconsciente, apreendida por ele com o caráter incorruptível do pesquisador da natureza. [...]. Na passagem das *imagines* psicológicas para a realidade histórica, Freud esquece as próprias modificações, descobertas por ele, de todo o real no inconsciente, e assim conclui equivocadamente por realidades factuais, como o parricídio pela horda primitiva.*

Aqueles que desejam entender o narcisismo contemporâneo como fenômeno cultural e social devem recorrer antes ao corpo crescente de escritos clínicos sobre o assunto, que não reivindica para si nenhuma relevância cultural ou social e repudia deliberadamente a proposição de que "mudanças na cul-

---

* E Adorno acrescenta: "Existe ou existiu um domínio pátrio psicanalítico com evidência específica; quanto mais a psicanálise se distancia dele, tanto mais suas teses são ameaçadas pelas alternativas da superficialidade ou do sistema delirante. Quando alguém comete um ato falho e deixa escapar uma palavra com coloração sexual; quando alguém tem fobia de lugares ou uma mulher é sonâmbula, então a análise possui não apenas suas melhores chances terapêuticas, como também seu objeto próprio: o indivíduo relativamente autônomo, monadológico, como palco do conflito inconsciente entre moção pulsional e proibição. Quanto mais ela se distancia desta zona, tanto mais precisa proceder de forma ditatorial, tanto mais tem que arrastar para o reino das sombras da imanência psíquica o que pertence à realidade. Sua ilusão aí não é de forma alguma diferente da que existe na 'onipotência dos pensamentos', que ela mesma criticou como infantil. (Theodor W. Adorno, "Sobre a relação entre sociologia e psicologia". In: *Ensaios sobre psicologia social e psicanálise*. Trad. de Verlaine Freitas. São Paulo: Editora Unesp, 2015, pp. 96, 125)

tura contemporânea", como escreve Otto Kernberg, "afetam os padrões das relações concretas".* Na literatura clínica, o narcisismo não é simples metáfora para o ensimesmamento. Como formação psíquica na qual "o amor rejeitado se volta para o self sob a forma do ódio",[5] o narcisismo passou a ser reconhecido como elemento importante para os assim chamados distúrbios de personalidade, que atraíram boa parte da atenção clínica antes direcionada à histeria e às neuroses obsessivas. Foi desenvolvida uma nova teoria do narcisismo tendo como base o ensaio bastante conhecido de Freud sobre o assunto (que trata o narcisismo — o investimento libidinoso do self — como pré-condição necessária do objeto amoroso), mas dedicada não ao narcisismo primário, mas ao narcisismo secundário ou patológico: a incorporação de imagens de objetos grandiosos como defesa contra a culpa e a ansiedade.[6] Ambos os tipos de narcisismo borram os limites entre o self e o mundo dos objetos, mas existe uma diferença importante entre eles. O infante recém-nascido — o narcisista primário — ainda não percebe em sua mãe uma existência separada da sua, e, portanto, confunde

---

* Aqueles que argumentam, em oposição à tese do presente estudo, que não houve nenhuma mudança subjacente na estrutura da personalidade, citam este trecho de Kernberg (Otto F. Kernberg, *Borderline Conditions and Pathological Narcissism*. Nova York: Jason Aronson, 1975, p. 223) para embasar a alegação de que, embora "vejamos certas constelações de sintomas e distúrbios de personalidade com maior ou menor frequência do que nos tempos de Freud, [...] essa mudança de percepção ocorre em primeiro lugar devido a uma mudança de nossa ênfase clínica, tendo em face os imensos avanços em nossa compreensão da estrutura de personalidade". À luz dessa controvérsia, é importante observar que Kernberg acrescenta uma ressalva a essa observação: "Isso não quer dizer que tais mudanças nos padrões de intimidade [e das relações concretas em geral] não poderiam ocorrer ao longo de um período de diversas gerações, contanto que as mudanças nos padrões culturais afetassem a estrutura familiar a ponto de influenciar o mais tenro desenvolvimento da infância". É exatamente isso que argumentarei no capítulo "Socialização da reprodução e colapso da autoridade" (p. 253).

a dependência da mãe, que satisfaz suas necessidades tão logo surgem, com sua própria onipotência. "São necessárias diversas semanas de desenvolvimento pós-natal [...] antes que o infante perceba que a fonte de sua necessidade [...] é interna ao self, enquanto a fonte de sua satisfação está lá fora."[7]

O narcisismo secundário, por outro lado, "tenta anular a dor da decepção com o amor [objeto]"[8] e nulificar a raiva da criança contra aqueles que não respondem de imediato às suas necessidades; contra aqueles que agora são vistos respondendo a outros que não a criança e, portanto, parecem tê-la abandonado. O narcisismo patológico, "que não pode ser considerado uma simples fixação no nível do narcisismo primitivo normal",[9] surge apenas quando o eu já se desenvolveu ao ponto de se diferenciar dos objetos circundantes. Se, pelo motivo que for, a criança vivenciar esse trauma de separação com especial intensidade, ela pode tentar reestabelecer relações anteriores criando em suas fantasias um pai ou mãe onipotente que se mescla a imagens de seu próprio self. "Com a internalização, o paciente busca recriar uma relação amorosa muito desejada que talvez tenha existido um dia e, ao mesmo tempo, anular a ansiedade e a culpa geradas por impulsos agressivos voltados contra o objeto frustrante e decepcionante".[10]

O NARCISISMO NA LITERATURA CLÍNICA RECENTE

Ao desviarem sua ênfase do narcisismo primário para o secundário, os estudos clínicos refletem a um só tempo a transformação da teoria psicanalítica (do estudo do id para o estudo do ego) e uma mudança do perfil dos pacientes que buscam tratamento psiquiátrico.[11] Com efeito, a transição de uma psicologia dos instintos para a psicologia do eu foi alimentada pelo entendimento de que os pacientes que começaram a se apresentar para tratamento nos anos 1940 e 1950 "muito raramente lembravam as neuroses clássicas descritas com tanta minúcia por Freud".[12] Nos últimos 25 anos, o paciente limítrofe, que confronta o psiquiatra não com sintomas bem definidos, mas com insatisfações difusas, tornou-se cada vez mais comum. Ele não sofre de fixações debilitantes, de fobias ou da conversão de energia social reprimida em doenças dos nervos; em lugar disso, queixa-se de "insatisfações vagas e difusas com a vida"[13] e sente que sua "existência amorfa é fútil e despropositada". Descreve "sentimentos experimentados de forma sutil, mas difusa, de vazio e depressão",[14] "oscilações violentas de autoestima"[15] e "uma incapacidade geral de se relacionar com os outros".[16] Ele vivencia "uma sensação de autoestima ampliada apenas quando se associa a figuras fortes que admira — figuras por quem deseja ser aceito e por quem precisa se sentir apoiado".[17] Embora cumpra com suas responsabilidades diárias e até alcance certo reconhecimento, a alegria escapa entre seus dedos, e muitas vezes ele sente que sua vida não vale a pena.

A psicanálise, terapia surgida da experiência com diversos indivíduos gravemente reprimidos e moralmente rígidos que precisam fazer as pazes com um rigoroso "censor" interno, hoje se vê cada vez mais confrontada com uma "personalidade caótica e impulsiva". Ela precisa lidar com pacientes que "encenam" seus conflitos em vez de reprimi-los ou sublimá-los. Esses pacientes, embora muitas vezes agradáveis, tendem a cultivar uma superficialidade protetora em suas relações emocionais. Eles não têm capacidade de luto, pois a intensidade de sua raiva contra objetos de amor perdidos, sobretudo contra os pais, impede-os de reviver experiências felizes ou guardá-las com carinho na memória. Embora não sejam reprimidos, e sim sexualmente promíscuos, têm dificuldade para "elaborar o impulso sexual"[18] ou encarar o sexo com espírito lúdico. Evitam o envolvimento íntimo, que poderia liberar sentimentos intensos de raiva. Boa parte de sua personalidade é formada por defesas contra essa raiva e contra o sentimento de privação oral que se origina do estágio pré-edipiano do desenvolvimento psíquico. Com frequência, esses pacientes sofrem de hipocondria e se queixam de uma sensação de vazio interior. Eles nutrem fantasias de onipotência e acreditam fortemente em seu direito de explorar os outros e serem gratificados. Elementos arcaicos, punitivos e sádicos predominam nos supereus desses pacientes, que se conformam às normas sociais mais por medo de punição que por sentimento de culpa. Eles consideram seus próprios apetites e necessidades, ambos embebidos de raiva, muito perigosos, e erigem defesas tão primitivas quanto os desejos que buscam aplacar.

Partindo do princípio de que a patologia representa uma versão intensificada da normalidade, o "narcisismo patológico" verificado nesse tipo de distúrbio de personalidade tem algo a dizer sobre o narcisismo enquanto fenômeno social. Estudos sobre distúrbios de personalidade situados no limite entre a neurose e a psicose, embora sejam escritos para clínicos e não se proponham a jogar luz sobre questões sociais ou culturais, relatam um tipo de personalidade imediatamente reconhecível, ainda que sob forma mais branda, para os observadores da cena cultural contemporânea: incompetente para administrar as impressões que desperta nos outros; ávido por admiração (embora desdenhe daqueles que manipula para obtê-la); dotado de uma fome implacável de experiências emocionais para preencher um vazio interior; aterrorizado pela morte e pelo envelhecimento.[19]

As explicações mais convincentes para as origens psíquicas dessa síndrome limítrofe se baseiam na tradição teórica estabelecida por Melanie Klein. Em suas investigações psicanalíticas das crianças, Klein descobriu que sentimentos primitivos de raiva sobrepujante dirigidos sobretudo à mãe, vista como um monstro voraz, impedem que a criança sintetize imagens parentais "boas" ou "más". Com medo de ser agredida por pais maus — projeções de sua própria raiva —, ela idealiza os pais bons que virão em seu resgate.[20]

Imagens internalizadas dos outros, enterradas na mente inconsciente em uma idade tenra, também se transformam em autoimagens. Caso as experiências posteriores fracassem em qualificar ou introduzir elementos de realidade nas fantasias arcaicas da criança acerca dos pais, ela terá dificuldade para distinguir as imagens do self e dos objetos externos ao self. Essas imagens se fundem para constituir uma defesa contra as representações negativas do self e dos objetos, fundidos de modo semelhante em um supereu cruel e punitivo. Melanie Klein analisou um garoto de dez anos que pensava inconscientemente em sua mãe como um "vampiro" ou "pássaro terrível" e internalizava esse medo sob a forma de hipocondria. Ele temia que as presenças más dentro dele devorassem as boas. A separação rígida entre imagens boas e más do self e dos objetos, por um lado, e a fusão de imagens do self e do objeto, por outro, surgiram da incapacidade do garoto de tolerar ambivalências e ansiedades. Como sua raiva era muito intensa, ele não conseguia admitir que havia acumulado sentimentos agressivos contra pessoas amadas. "O medo e a culpa relativos a essas fantasias destrutivas moldaram toda a sua vida emocional."[21]

Uma criança tão seriamente ameaçada por seus próprios sentimentos agressivos (projetados nos outros e, mais tarde, internalizados outra vez como "monstros" interiores) tenta compensar suas experiências de raiva e inveja com fantasias de riqueza, beleza e onipotência. Essas fantasias, junto a outras imagens internalizadas de pais bons que a criança evoca ao tentar se defender, tornam-se o núcleo de uma "concepção grandiosa do self".[22] Uma espécie de "otimismo cego", segundo Otto Kernberg,[23] protege a criança narcisista dos perigos ao seu redor e dentro de si — sobretudo da dependência dos outros, sempre vistos como descartáveis. "Projeções constantes de imagens 'totalmente ruins' do self e do objeto perpetuam um mundo de objetos perigosos e ameaçadores, no qual autoimagens 'totalmente boas' são usadas como defesa e são construídas imagens ideais e megalomaníacas do self."[24] A separação entre imagens determinadas por sentimentos agressivos e imagens derivadas de impulsos libidinais impede que a criança reconheça sua própria agressão, sinta culpa ou preocupação por objetos investidos simultaneamente de libido e agressão e viva o luto pelos objetos perdidos. Nos pacientes narcisistas, a depressão assume a forma não do luto acrescido de culpa, descrito por Freud em *Luto e melancolia*, mas de raiva impotente e "sentimentos de derrota por forças externas".[25]

Dado que o mundo intrapsíquico desses pacientes é tão pouco habitado (consistindo somente do "self grandioso", nas palavras de Kernberg, "de imagens ensombrecidas e desvalorizadas do self e dos outros e de potenciais perseguidores"),[26] eles experimentam sentimentos intensos de vazio e inautenticidade. Embora o narcisista possa funcionar cotidianamente e, muitas vezes, agradar outras pessoas (inclusive com seus "pseudoinsights[27] acerca de sua própria personalidade"), sua desvalorização dos outros, somada à falta de curiosidade acerca deles, empobrece sua vida pessoal e reforça a "experiência subjetiva de vazio". Desprovido de qualquer envolvimento intelectual verdadeiro com o mundo — a despeito de uma estimativa não raro exagerada de suas próprias capacidades intelectuais —, ele tem baixa capacidade de sublimação. Assim, depende de injeções constantes de aprovação e admiração vindas dos outros. Ele "precisa atrelar [a si mesmo] a alguém, levando uma [existência] quase parasitária".[28] Ao mesmo tempo, seu medo da dependência emocional, acompanhado de uma abordagem exploratória e manipuladora das relações pessoais, torna essas mesmas relações insípidas, superficiais e profundamente insatisfatórias. "Para mim, a relação ideal seria uma relação de dois meses", disse um paciente limítrofe. "Assim, não haveria compromisso. Passados dois meses, eu terminaria."[29]

Assolado por um tédio crônico, sempre dedicado a uma busca incansável pela intimidade instantânea — pela excitação emocional sem dependência ou envolvimento —, o narcisista é promíscuo e, muitas vezes, também pansexual, dado que a fusão de impulsos edipianos pré-genitais a serviço da agressão estimula a perversidade polimórfica. As imagens más internalizadas também o deixam em estado de permanente inquietação em relação à própria saúde, e sua hipocondria lhe garante uma afinidade especial com a terapia e os grupos e movimentos terapêuticos.

Enquanto paciente psiquiátrico, o narcisista é um grande candidato à análise interminável. Ele busca na análise uma religião ou um modo de vida,[30] e espera encontrar na relação terapêutica o apoio externo para suas fantasias de onipotência e juventude eterna. A força de suas defesas, contudo, o tornam resistente a uma análise bem-sucedida. A superficialidade de sua vida emocional não raro o impede de estabelecer uma conexão profunda com o analista, muito embora ele "muitas vezes utilize seus insights intelectuais para concordar verbalmente com o analista, e recapitule em suas próprias palavras o que foi analisado em sessões anteriores". Ele usa o intelecto para se evadir, e não em prol da autodescoberta, recorrendo a algumas das mesmas estratégias de ofuscação encontradas nos escritos confessionais de décadas recentes. "O paciente utiliza as interpretações analíticas, mas logo as despe de vida e significado, restando apenas palavras desprovidas de sentido. Então o paciente sente que as palavras são uma posse sua, e as idealiza para adquirir um senso de superioridade." Embora os psiquiatras já não considerem os distúrbios narcísicos inanalisáveis por natureza, poucos deles têm uma perspectiva otimista de sucesso. Segundo Kernberg, o grande argumento para se tentar a terapia nesses casos, tendo em vista as muitas dificuldades apresentadas pelos pacientes narcisistas, é o efeito devastador do narcisismo na segunda metade da vida — a certeza de um sofrimento terrível à espera. Em uma sociedade com pavor da velhice e da morte, o envelhecimento reserva um terror especial para aqueles que temem depender dos outros e cuja manutenção da autoestima exige a admiração geralmente dispensada à beleza, à juventude, à celebridade ou ao charme. As defesas costumeiras contra o efeito devastador da idade — identificação com valores éticos ou artísticos para além de nossos interesses imediatos, curiosidade intelectual, o calor emocional consolador proveniente de relações felizes do passado — nada podem fazer pelo narcisista. Incapaz de extrair qualquer conforto de uma identificação com a continuidade histórica, ele acha impossível

> aceitar o fato de que uma geração mais nova agora possui muitas das fontes de gratificação que ele estimava: beleza, riqueza, poder e, sobretudo, criatividade. A habilidade de desfrutar da vida, em um processo que envolve uma identificação crescente com a felicidade e as conquistas de outras pessoas, está tragicamente além das capacidades das personalidades narcísicas.

INFLUÊNCIAS SOCIAIS DO NARCISISMO

Toda época desenvolve suas próprias formas peculiares de patologia, que expressam de forma exagerada sua estrutura de personalidade subjacente. Na época de Freud, a histeria e a neurose obsessiva extremavam traços de personalidade associados à ordem capitalista de um estágio de desenvolvimento anterior — ganância, devoção fanática ao trabalho e uma repressão feroz da sexualidade. Em nossos tempos, os distúrbios de personalidade borderline ou pré-esquizofrênicos têm atraído gradualmente mais atenção, assim como a própria esquizofrenia. Essa "mudança de forma das neuroses foi observada e descrita desde a Segunda Guerra por um número crescente de psiquiatras". Segundo Peter L. Giovacchini, "os clínicos se deparam o tempo todo com um número de pacientes cada vez maior, ao que tudo indica, de pacientes que não se enquadram nas categorias de diagnóstico atuais" e sofrem não de "sintomas definitivos", mas de "queixas vagas e mal definidas". "Quando me refiro a 'esse tipo de paciente'", escreve, "praticamente todo mundo sabe a que me refiro."[31] A crescente proeminência de "distúrbios de personalidade" parece indicar uma mudança subjacente na organização da personalidade, do que vem sendo chamado de direcionamento interior ao narcisismo.

Allen Wheelis argumentou em 1958 que a mudança "nos padrões de neurose" se enquadrava "na experiência pessoal de psicanalistas mais velhos", enquanto os mais jovens "tomaram conhecimento dela a partir da discrepância entre as antigas descrições de neuroses e os problemas apresentados pelos pacientes que entram a cada dia em seus consultórios. Houve uma transição da neurose sintomática para os distúrbios de personalidade".[32] Heinz Lichtenstein, no entanto, questionou a alegação de que isso refletiria uma mudança na personalidade e escreveu em 1963 que a "mudança nos padrões neuróticos" já constituía "um fato conhecido".[33] Nos anos 1970, esses relatos foram se tornando mais e mais comuns. "Não é por acaso", aponta Herbert Hendin, "que nos tempos correntes os principais acontecimentos da psicanálise sejam a redescoberta do narcisismo e a nova ênfase na significância psicológica da morte."[34] Michael Beldoch escreve:

> O que a histeria e as neuroses obsessivas representaram para Freud e seus primeiros colegas [...] no início deste século, os distúrbios narcísicos representam para o analista médio nessas últimas décadas antes do próximo milênio. Os pacientes de hoje não sofrem em sua maioria de paralisia histérica das pernas ou de uma compulsão de lavar as mãos; ao invés disso, eles sentem que é o seu próprio self psíquico que está entorpecido, ou que deve ser esfregado repetidamente em um esforço exaustivo e interminável de limpeza.

Esses pacientes sofrem com "sensações penetrantes de vazio e distúrbios profundos de autoestima".[35] Burness E. Moore aponta que os distúrbios narcísicos se tornaram mais e mais comuns. Segundo Sheldon Bach, "costumávamos receber gente com compulsão de lavar as mãos, fobias ou neuroses familiares. Hoje, o que mais vemos são narcisistas".[36] Gilbert J. Rose sustenta que a perspectiva psicanalítica, "transplantada inapropriadamente da prática analítica" para a vida cotidiana, contribuiu para uma "permissividade global" e para a "domesticação excessiva do instinto" que, por sua vez, contribui para a proliferação de "distúrbios de identidade narcísicos".[37] Segundo Joel Kovel, o estímulo de desejos infantis pela publicidade, a usurpação da autoridade parental pela mídia e pela escola e a racionalização da vida interior acompanhada da falsa promessa de realização pessoal criaram um novo tipo de "indivíduo social".

> O resultado não são as neuroses clássicas, nas quais um impulso infantil é suprimido pela autoridade patriarcal, mas uma versão moderna em que o impulso é estimulado e pervertido sem rece-

ber um objeto adequado para satisfazê-lo nem formas coerentes de controle. [...] Todo o complexo, desenrolado em um cenário de alienação (e não de controle direto), perde a forma clássica do sintoma, eliminando a clássica oportunidade terapêutica de simplesmente devolver um impulso ao nível consciente.[38]

O aumento relatado do número de pacientes narcisistas não indica necessariamente que os distúrbios narcísicos sejam mais comuns do que antes, nem que tenham se tornado mais comuns do que as neuroses conversivas clássicas. Talvez elas apenas estejam recebendo atenção psiquiátrica mais depressa. Ilza Veith sustenta que

> com a consciência crescente de reações conversivas e a popularização da literatura psiquiátrica, as manifestações somáticas de histeria 'à moda antiga' se tornaram suspeitas aos olhos das classes mais sofisticadas e, portanto, a maioria dos médicos aponta que hoje os sintomas conversivos óbvios quase não são mais vistos; quando isso acontece, é sempre dentre os menos instruídos.[39]

A atenção dispensada aos distúrbios de personalidade por uma crescente literatura clínica provavelmente deixou os psiquiatras mais atentos à sua presença. Mas essa possibilidade não reduz de modo algum a importância do depoimento psiquiátrico acerca da prevalência do narcisismo, sobretudo quando esses depoimentos surgem no mesmo momento em que os jornalistas começam a conjecturar sobre o novo narcisismo e a tendência nada salutar ao ensimesmamento. Dentre alguns dos motivos para que o narcisista receba atenção dos psiquiatras estão as próprias razões que o levam a buscar posições de proeminência não só nos movimentos de consciência e em outros cultos, mas também em corporações empresariais, organizações políticas e burocracias governamentais. Apesar do sofrimento interior que causam, muitos traços narcísicos ajudam os narcisistas a alcançar o sucesso em instituições burocráticas, nas quais a manipulação de relações interpessoais garante recompensas, os laços pessoais profundos são desencorajados e, ao mesmo tempo, o narcisista recebe toda a aprovação de que precisa para validar sua autoestima. O narcisista pode até recorrer a terapias que prometam dar um sentido à vida e ajudar a superar seu sentimento de vazio; em sua carreira profissional, contudo, não é raro que ele obtenha considerável sucesso. O gerenciamento de impressões pessoais lhe é natural, e seu domínio desses meandros é muito útil em organizações políticas e empresariais, nas quais a performance já não é mais tão importante quanto a "tração", a "visibilidade" [40] e o histórico de vitórias. Com a substituição do "homem organizacional" pelo "manipulador" burocrático — e a transição na economia estadunidense da "era da lealdade" para a era do "jogo executivo do sucesso" —, o narcisista passou a se sentir em casa.

Em um estudo com 250 gestores de doze grandes empresas, Michael Maccoby descreve o novo líder corporativo, não sem certa simpatia, como alguém que trabalha com pessoas em vez de materiais e não busca construir um império ou acumular riquezas, mas viver "o júbilo de comandar sua equipe e conquistar vitórias". Esse líder quer "ser visto como um vencedor, e seu medo mais profundo é ser tachado de perdedor". Em vez de enfrentar tarefas materiais ou problemas que requerem soluções, ele enfrenta os outros, movido por uma "necessidade de estar no controle".[41] Conforme descrito em um manual recente para gestores, sucesso hoje significa "não apenas dar um passo à frente", mas também "estar à frente dos outros".[42] O novo executivo, juvenil, brincalhão e "sedutor", deseja, nas palavras de Maccoby, "manter a ilusão de opções ilimitadas". Ele tem pouca capacidade de "intimidade pessoal e comprometimento social". Sente pouca lealdade inclusive em relação à empresa para a qual trabalha. Um executivo diz que vivencia o poder "como modo de não ser conduzido pela empresa". Em sua corrida rumo ao topo, esse homem cultiva clientes poderosos e tenta utilizá-los contra a própria empresa. "Você precisa de um cliente muito grande", segundo seus cálculos, "que esteja sempre em apuros e exija mudanças da empresa. Assim, você automaticamente terá poder dentro da empresa e junto ao cliente. Gosto de manter minhas opções em aberto."[43] Um professor de gestão endossa essa estratégia. "A identificação excessiva" com a empresa, a seu ver, "resulta em uma corporação com imenso poder sobre as carreiras e os destinos de seus crentes fiéis."[44] Quanto maior a empresa, mais importante ele considera que os executivos "gerenciem suas carreiras a partir de suas próprias [...] escolhas livres" e "mantenham o maior leque de opções possível".*

Segundo Maccoby, o homem de artimanhas "está aberto a novas ideias, mas não possui convicções". Ele fará negócio com qualquer regime, mesmo que desaprove seus princípios. Mais

---

* Não é apenas o homem manipulador que "teme se sentir preso". Seymour B. Sarason detecta a prevalência desse sentimento entre profissionais e estudantes em preparação para carreiras profissionais. Ele também sugere uma conexão entre o medo de se ver preso e o valor cultural atribuído à mobilidade na carreira e seu equivalente psíquico, o "crescimento pessoal". "'Siga solto', 'mantenha suas opções em aberto', 'não se envolva muito' — esses alertas provêm do sentimento de que a sociedade oferece armadilhas de toda sorte, que roubam a liberdade sem a qual é impossível crescer." Esse medo de acabar preso ou estagnado está intimamente relacionado, por sua vez, ao medo do envelhecimento e da morte. A mania de mobilidade e o culto ao "crescimento" podem ser vistos, eles próprios, em parte como expressão do medo de envelhecer que se tornou tão intenso na sociedade estadunidense. A mobilidade e o crescimento garantem ao indivíduo que ele ainda não chegou à morte em vida da idade avançada (Seymour B. Sarason, *Work, Aging, and Social Change*. Nova York: Free Press, 1977, cap. 12).

independente e engenhoso que o homem corporativo, ele tenta usar a empresa para seus próprios fins, temendo que, caso contrário, ele acabe "totalmente emasculado pela corporação". Ele evita a intimidade por ver nela uma armadilha, preferindo a "atmosfera sexy e excitante" da qual o executivo moderno se cerca no trabalho, "no qual secretárias devotas que vestem minissaias flertam com ele o tempo todo".[45] Em todas as suas relações pessoais, o homem manipulador depende do medo ou da admiração que inspira nos outros para validar suas credenciais de "vencedor". Conforme fica mais velho, ele tem cada vez mais dificuldade para atrair a atenção de que se alimenta. Ele atinge um platô e, a partir dali, não consegue mais progredir no trabalho, talvez porque os cargos mais altos, como observa Maccoby, continuam indo para "aqueles capazes de renunciarem à rebeldia adolescente e se tornarem, ao menos até certo ponto, seguidores da organização".[46] O trabalho começa a não dar mais gosto. Pouco interessado na maestria profissional, o novo estilo de executivo deixa de sentir prazer por seus feitos tão logo começa a perder o encanto adolescente que lhe servia de alicerce. A meia-idade desaba sobre ele como um desastre: "Desaparecida sua juventude, seu vigor e até mesmo seu prazer em vencer, ele fica deprimido e carente de objetivos, passando a questionar o propósito de sua vida. Não mais galvanizado pelo empenho de equipe e incapaz de se dedicar a algo que julga fora do seu alcance [...], ele se vê amargamente só". Dada a predominância desse padrão de carreira, não surpreende que a psicologia popular retorne com tanta frequência ao tema da "crise de meia-idade" e a maneiras de combatê-la.

No romance de Wilfrid Sheed, *Office Politics* [Política de escritório], uma esposa pergunta: "O sr. Fine e o sr. Tyler têm um problema sério, não é mesmo?".[47] O marido dela responde que são problemas triviais; "a verdadeira questão é a disputa de egos". O estudo de Eugene Emerson Jennings sobre gestão, que celebra o fim do homem organizacional e o advento da nova "era da mobilidade", insiste que a "mobilidade [corporativa] é mais do que a mera performance no trabalho". O que conta é o "estilo [...], as bravatas [...], a capacidade de dizer e fazer quase qualquer coisa sem antagonizar os outros". O executivo em processo de ascensão, segundo Jennings, sabe como manejar as pessoas ao seu redor. O "enxugador de gelo" que sofre de "uma paralisia de carreira" e inveja o sucesso; o que "aprende rápido", o "superior em ascensão". O "executivo em ascensão meteórica" aprendeu a "ler" as relações de poder em seu escritório e "a ver as facetas menos audíveis e menos visíveis de seus superiores, sobretudo seu status junto aos pares e superiores". Ele

> consegue inferir, a partir de pouquíssimas pistas, quem são os centros de poder, e busca conquistar grande exposição e visibilidade junto a eles. Ele cultiva assiduamente o status e busca oportunidades junto aos superiores, agarrando-se a qualquer chance de aprender com eles. Ele usa essas oportunidades no mundo social para medir os homens que atuam como grandes fiéis da balança do mundo corporativo.[48]

Comparando constantemente o "jogo de sucesso executivo" a uma competição atlética ou partida de xadrez, Jennings trata a substância da vida executiva como se ela fosse tão arbitrária e irrelevante para o sucesso quanto a tarefa de chutar uma bola em direção ao gol ou mover as peças em um tabuleiro de xadrez. Ele jamais menciona as repercussões sociais e econômicas das decisões gerenciais ou o poder exercido pelos diretores sobre a sociedade como um todo. Para o diretor corporativo em formação, o poder não consiste em dinheiro e influência, mas em "impulso", em uma "imagem vencedora", uma reputação de vencedor. O poder está nos olhos de quem vê e, portanto, não possui nenhuma referência objetiva.*

A visão de mundo do gestor, conforme descrita por Jennings, Maccoby e pelos próprios gestores, é a de um narcisista que vê o mundo como espelho de si e não possui nenhum interesse pelos acontecimentos externos, exceto quando fornecem um reflexo de sua própria imagem. O denso ambiente interpessoal da burocracia moderna, no qual o trabalho adquire uma qualidade abstrata quase totalmente desassociada da performance, provoca — e muitas vezes recompensa — uma resposta narcísica. A burocracia, contudo, é apenas uma das diversas influências sociais que vêm conferindo proeminência cada vez maior a um tipo narcísico de personalidade organizacional. Outra influência desse tipo é a reprodução mecânica da cultura, a proliferação de imagens visuais e auditivas na "sociedade do espetáculo". Vivemos em um redemoinho de imagens e ecos que interrompe a experiência para reproduzi-la em câmera lenta. Câmeras e gravadores não só transcrevem a experiência como também alteram seu substrato, conferindo a boa parte da vida moderna os atributos de uma imensa câmara de eco ou de um jogo de espelhos. A vida se apresenta como sucessão de imagens ou sinais eletrônicos, de impressões gravadas e reproduzidas por meio de fotografias, filmes, televisão e sofisticados aparatos de gravação. A vida moderna é mediada de forma tão completa pelas imagens eletrônicas que não conseguimos deixar de reagir aos outros como se suas ações — e também

---

* De fato, ele não contém nenhuma referência a nada externo ao self. O novo ideal de sucesso é desprovido de conteúdo. "A performance significa chegar", diz Jennings. O sucesso equivale ao sucesso. Reparemos na convergência entre o sucesso nos negócios e a celebridade na política ou no mundo do entretenimento, que também depende de "visibilidade" e "carisma" e só pode ser definida como ela própria. O único aspecto importante da celebridade é o fato de que ela é celebrada; ninguém sabe dizer por quê.

as nossas — estivessem sendo gravadas e transmitidas simultaneamente para uma plateia invisível, ou armazenadas para maior escrutínio em algum momento posterior. "Sorria, você está sendo filmado!" A intromissão na vida cotidiana desse olho que tudo vê já não nos pega de surpresa ou com a guarda baixa. Não precisamos ser lembrados para sorrir. Nossos rostos carregam sorrisos permanentes, e já sabemos qual é o seu melhor ângulo nas fotografias.

A proliferação de imagens gravadas erode nosso senso de realidade. Como Susan Sontag observa em seu estudo sobre a fotografia,[49] "a realidade passou a se parecer cada vez mais com aquilo que as câmeras mostram". Desconfiamos de nossas percepções enquanto não forem verificadas por uma câmera. A imagem fotográfica nos fornece prova de nossa existência, sem a qual teríamos dificuldade até mesmo para reconstruir nossa história pessoal. As famílias burguesas dos séculos 18 e 19, aponta Sontag, posavam para fotos para afirmar seu status, enquanto o álbum de família dos dias de hoje verifica a existência dos indivíduos: o registro documental de seu desenvolvimento desde a infância fornece a única evidência de sua vida reconhecida como válida. Dentre os "muitos usos narcísicos" que Sontag atribui à câmera, a "autovigilância" figura dentre os mais importantes, não só porque fornece os meios técnicos para um autoescrutínio incessante, mas também porque condiciona a noção de individualidade ao consumo de imagens do self, ao mesmo tempo que põe em questão a realidade do mundo externo.

Ao preservar imagens do self em diversos estágios do desenvolvimento, a câmera ajuda a enfraquecer a velha ideia de desenvolvimento como educação moral e a promover uma ideia mais passiva, segundo a qual o desenvolvimento consiste em passar por estágios da vida no momento certo e na ordem certa.

O fascínio atual com o ciclo da vida incorpora a noção de que o sucesso na política e nos negócios depende do cumprimento de certas metas dentro de um cronograma; mas também reflete a facilidade de registrar eletronicamente o desenvolvimento. Isso nos leva a outra mudança cultural que instiga uma resposta narcísica amplamente difundida e, neste caso, confere a ela uma sanção filosófica: a emergência da ideologia terapêutica que sustenta um cronograma normativo de desenvolvimento psicossocial e, assim, estimula ainda mais o autoescrutínio ansioso. O ideal do desenvolvimento normativo cria o medo de que qualquer desvio da norma tenha origem patológica. Os médicos criaram um culto ao check-up periódico — mais uma vez, uma investigação realizada por meio de câmeras e outros instrumentos de registro — e inculcaram em seus pacientes a noção de que a saúde depende da vigilância eterna e da detecção precoce de sintomas, conforme verificados pela tecnologia médica. O paciente não se sente mais física ou psicologicamente seguro enquanto um aparelho de raio-X não confirmar que sua saúde está em dia.

    A medicina e a psiquiatria — de modo mais geral, a perspectiva e a sensibilidade terapêuticas que permeiam a sociedade moderna — reforçam o padrão criado por outras influências culturais, em que o indivíduo examina a si mesmo infinitamente em busca de sinais de envelhecimento ou problemas de saúde, à procura de sintomas reveladores de estresse físico, de culpas e fraquezas que possam reduzir sua atratividade ou, por outro lado, de indícios para tranquilizá-lo de que sua vida está correndo conforme o programado. A medicina moderna dominou as pragas e epidemias que antes tornavam nossas vidas muito precárias, apenas para criar novas formas de insegurança. Do mesmo modo, a burocracia tornou a vida previsível e até entediante ao mesmo tempo que reavivou, sob forma renovada, a guerra de todos contra todos. Nossa sociedade de organização excessiva, na qual as organizações de grande porte predominam (embora tenham perdido a capacidade de impor lealdade), está mais próxima em certos aspectos da condição de animosidade universal do que o capitalismo primitivo que serviu de molde para o estado da natureza de Hobbes. As condições sociais de hoje estimulam uma mentalidade de sobrevivência, manifestada de forma mais crua nos filmes de catástrofes ou em fantasias de viagem espacial, que permitem a fuga indireta de um planeta condenado. As pessoas já não sonham em superar as dificuldades, mas apenas em sobreviver a elas.

Nos negócios, segundo Jennings, "a luta é pela sobrevivência emocional" — para "preservar ou expandir nosso eu ou identidade".[50] O conceito normativo de estágios de desenvolvimento estimula uma visão da vida como prova de obstáculos: o objetivo é simplesmente atravessar a pista com o mínimo possível de dor e incômodo. A habilidade de manipular aquilo a que Gail Sheehy se refere, utilizando uma metáfora médica, como "sistemas de suporte à vida" agora parece representar a mais elevada forma de sabedoria: o conhecimento que nos faz seguir em frente, segundo ela, sem entrarmos em pânico. Aqueles que dominam a "abordagem antipânico para o envelhecimento" e para os traumas do ciclo de vida definidos por Sheehy podem dizer, nas palavras de um de seus seguidores, "eu sei que posso sobreviver [...]. Eu não entro mais em pânico". Isso, contudo, está muito longe de propiciar uma satisfação exultante. "A ideologia atual", escreve Sheehy, "parece uma mistura de sobrevivência pessoal, resgate religioso e cinismo"; no entanto, seu guia de imensa popularidade para enfrentar "as crises previsíveis da vida adulta", com sua ode superficialmente otimista ao crescimento, desenvolvimento e "autoatualização", não desafia essa ideologia, limitando-se a reformulá-la de forma mais "humanística". "Crescimento" tornou-se eufemismo para sobrevivência.[51]

A VISÃO DE MUNDO DO RESIGNADO

Novas formas sociais requerem novas formas de personalidade, novos modos de socialização, novas formas de organizar a experiência. O conceito de narcisismo nos fornece não um determinismo psicológico pré-fabricado, mas uma maneira de compreender o impacto psicológico das mudanças sociais recentes — presumindo que tenhamos em mente não apenas suas origens clínicas, mas também o contínuo entre patologia e normalidade. Ele nos fornece, em outras palavras, um retrato de razoável precisão da personalidade "liberta" de nossos tempos, com seu charme, sua parcial consciência acerca da própria condição, sua pansexualidade promíscua, seu fascínio pelo sexo oral, seu medo da mãe castradora (Sra. Portnoy), sua hipocondria, sua futilidade protetora, sua evasão da dependência, sua incapacidade de luto e seu pavor da velhice e da morte.

O narcisismo parece representar com realismo a melhor forma de lidar com as tensões e ansiedades da vida moderna, e, portanto, as condições sociais predominantes tendem a despertar traços narcísicos que estão presentes, em grau variável, em todos nós. Essas condições também transformaram a família que, por sua vez, molda a estrutura subjacente à personalidade. É pouco provável que uma sociedade com medo de não ter futuro dedique muita atenção às necessidades da geração seguinte, e o sentimento sempre presente de descontinuidade histórica — o flagelo de nossa sociedade — tem um efeito particularmente devastador para a família. A tentativa dos pais modernos de fazer com que seus filhos se sintam amados e desejados não basta para ocultar a frieza implícita — o afastamento daqueles que têm pouco a deixar para a próxima geração e, de qualquer modo, priorizam seu próprio direito de autorrealização. A combinação de desprendimento emocional com tentativas de convencer os filhos de seu papel privilegiado dentro da família é uma boa receita para estruturas narcísicas de personalidade.

Por intermédio da família, os padrões sociais se reproduzem na personalidade. Os arranjos sociais vicejam no indivíduo, enfurnados na mente em nível subconsciente, mesmo após terem se tornado objetivamente indesejáveis ou desnecessários — assim como reconhecemos ser o caso de muitos de nossos arranjos atuais. A percepção do mundo como local perigoso e ameaçador, embora se origine de uma consciência realista da insegurança da vida social contemporânea, é reforçada pela projeção narcísica de impulsos agressivos para o exterior. A crença de que a sociedade não tem futuro, embora se ampare em certo realismo acerca dos perigos por vir, também incorpora a incapacidade narcísica de se identificar com a posteridade ou sentir-se parte do fluxo histórico.

O enfraquecimento de laços sociais, cuja origem está no estado predominante de belicosidade social, reflete, por sua vez, uma defesa narcísica contra a dependência. Uma sociedade que replica o estado de guerra tende a produzir homens e mulheres essencialmente antissociais. Não deveríamos nos surpreender, portanto, ao descobrirmos que, embora o narcisista se conforme às normas sociais por temer castigos externos, ele muitas vezes vê a si mesmo como um fora da lei, e também é assim que vê os outros: "como pessoas basicamente desonestas e não confiáveis, ou confiáveis apenas em razão das pressões externas". "Os sistemas de valores das personalidades narcísicas são em geral corruptíveis", escreve Kernberg, "contrastando com a moralidade rígida da personalidade obsessiva."[52]

A ética de autopreservação e sobrevivência psíquica está enraizada, por conseguinte, não apenas em condições objetivas de conflito econômico, índices crescentes de criminalidade e caos social, mas também em uma experiência subjetiva de vazio e isolamento. Ela reflete a convicção — a um só tempo projeção de ansiedades internas e percepção do modo como as coisas de fato são — de que mesmo as relações mais íntimas são dominadas por inveja e exploração. O culto das relações pessoais, que vai ganhando intensidade conforme a esperança de soluções políticas diminui, abriga um desencantamento total com as próprias relações pessoais, da mesma forma como o culto da sensualidade implica o repúdio da sensualidade em todas as formas senão as mais primitivas. A ideologia do crescimento pessoal, otimista na superfície, irradia um desespero e uma resignação profundos. É a fé dos que não têm fé.

Novos modos de alcançar o sucesso: de Horatio Alger à Happy Hooker

A sociedade estadunidense é marcada pelo destaque central dedicado às conquistas pessoais, sobretudo conquistas ocupacionais seculares. É difícil pensar em algo mais distintivamente estadunidense que a "história de sucesso" ou o respeito ao self-made man. [...] [A sociedade estadunidense] apoiou Horatio Alger e glorificou o lenhador que se tornou presidente.

Robin Williams[1]

O homem de ambições ainda está entre nós, como sempre esteve, mas agora precisa de uma iniciativa mais sutil, de uma capacidade mais profunda de manipular a democracia das emoções, caso queira manter uma identidade distinta e incrementá-la de modo significativo por meio do sucesso. [...] Os problemas sexuais dos neuróticos, que disputavam os afagos efêmeros da Manhattan na metade do século, são muito diferentes dos problemas dos neuróticos de Viena na virada do século. A história muda a manifestação da neurose, muito embora não mude seus mecanismos subjacentes.

Philip Rieff[2]

O SENTIDO ORIGINAL DA ÉTICA DO TRABALHO

Até pouco tempo atrás, a ética de trabalho protestante se destacava como um dos sustentáculos mais importantes da cultura estadunidense. Segundo o mito do empreendimento capitalista, a poupança e o esforço seriam a chave para o sucesso material e a realização espiritual. A reputação dos Estados Unidos como terra de oportunidades embasava-se na alegação de que a destruição de obstáculos hereditários para o progresso criara as condições necessárias para que a mobilidade social dependesse apenas da iniciativa individual. O self-made man, personificação arquetípica do sonho americano, devia sua prosperidade ao esforço, sobriedade, moderação e autodisciplina, e também ao hábito de evitar endividamento. Ele vivia para o futuro, abrindo mão de luxos em prol do acúmulo meticuloso e paciente; e, enquanto os prospectos coletivos parecessem bons, ele encontrava nessa postergação de recompensas sua principal gratificação, e também uma fonte abundante de lucros. Numa economia em crescimento, era possível esperar que o valor dos investimentos se multiplicasse com o tempo, o que os palestrantes de autoajuda ao exaltarem o trabalho como uma recompensa em si mesma, raramente esqueciam de apontar.

Em uma era de expectativas decrescentes, as virtudes protestantes já não despertam entusiasmo. A inflação corrói investimentos e poupanças. A publicidade afugenta o pânico da dívida, estimulando o consumidor a comprar agora e pagar depois. Com um futuro incerto e ameaçador pairando no horizonte, apenas os tolos deixam para amanhã a diversão que podem ter hoje. Uma alteração profunda em nossa percepção do tempo transformou os hábitos de trabalho, os valores e a definição de sucesso. A autopreservação substituiu o autoaprimoramento enquanto meta da existência terrena. Em uma sociedade sem lei, violenta e imprevisível, na qual as condições normais da vida cotidiana passaram a lembrar aquelas antes restritas ao submundo, os homens vivem na base do jogo de cintura. Sua esperança não é tanto prosperar, mas antes sobreviver, embora até mesmo a simples sobrevivência exija uma renda cada vez maior. Em tempos anteriores, o self-made man se orgulhava do seu juízo de caráter e de sua probidade; hoje, ele escrutina ansioso o rosto dos colegas não tanto para avaliar a credibilidade deles, mas para medir a suscetibilidade que têm à bajulação. Ele pratica a arte clássica da sedução com igual indiferença pelas benesses morais na esperança de ganhar afeto enquanto rouba a carteira de alguém. A *Happy Hooker* toma o espaço de Horatio Alger* enquanto protótipo do sucesso pessoal. Se Robinson Crusoé personificava o tipo ideal de homem econômico e representava o herói da sociedade burguesa em ascensão, é o espírito de Moll Flanders quem simboliza sua decrepitude.

A nova ética de autopreservação vem ganhando forma há muito tempo; ela não surgiu da noite para o dia. Nos primeiros três séculos de nossa história, a ética de trabalho mudou constantemente de significado; essas vicissitudes, não raro imperceptíveis à época, prenunciaram sua derradeira transformação em uma ética de sobrevivência pessoal. Para os puritanos, o homem temente a Deus trabalhava com diligência conforme sua vocação, não tanto para acumular riquezas pessoais quanto

---

* Referências estadunidenses prototípicas dos modelos de comportamento que o autor descreve. *The Happy Hooker* é o título do livro de Xaviera Hollander, uma ex-prostituta de Nova York que narra suas memórias. O livro teve sucesso internacional e foi adaptado para filme, o qual ficou conhecido no Brasil como *A alegre libertina* (1975). Já Horatio Alger é autor de romances para jovens sobre ascensão social de meninos pobres por meio de boas ações. (N.T.)

para ampliar o conforto e conveniência da comunidade. Todo cristão tinha uma "vocação geral" para servir a Deus e uma "vocação pessoal", nas palavras de Cotton Mather, "pelas quais sua utilidade para sua vizinhança sobressai". Essa vocação pessoal originou-se da circunstância de "Deus ter feito o homem uma Criatura Social". Os puritanos reconheciam que um homem poderia enriquecer com sua vocação, mas viam o engrandecimento pessoal como algo colateral ao trabalho social — a transformação coletiva da natureza e o progresso de ofícios e conhecimentos úteis. Eles instruíam os homens prósperos a não se imporem a seus vizinhos. O verdadeiro cristão, segundo as concepções calvinistas de Deus e de existência honrosa, encarava a fortuna e o infortúnio da mesma forma, contentando-se com o que lhe coubesse. "Assim aprendera a fazer", afirmou John Cotton: "se Deus o fizesse próspero, ele aprendera a não se envaidecer, e se exposto à necessidade, suportá-lo-ia sem se queixar. O mesmo ato de descrença leva o homem a se queixar perante a cruz ou a se jactar na prosperidade."[3]

Fossem quais fossem as reservas morais com as quais os calvinistas envolviam a busca por riqueza, muitos de seus praticantes, sobretudo na Nova Inglaterra, prosperaram e engordaram com o comércio de rum e escravizados. Conforme o puritano deu lugar ao ianque, uma versão secularizada da ética protestante veio à tona. Enquanto Cotton Mather pregava contra o endividamento por julgar que ele prejudicava o credor ("Que seja desconfortável para você, a qualquer momento, pensar que *possuo tantos bens de outro homem em minhas mãos, e para seu prejuízo mantenho-os longe dele*"), Benjamin Franklin argumentava que o endividamento prejudicava o próprio devedor, pois ele ficava entregue às mãos do credor. Os sermões puritanos sobre vocação citavam a Bíblia copiosamente; Franklin codificou o senso comum popular nos escritos de *Almanaque do pobre Ricardo*. *Deus ajuda quem ajuda a si mesmo. O tempo perdido jamais é recuperado. Nunca deixe para amanhã o que pode fazer hoje. Se deseja conhecer o valor do dinheiro, tente arranjar um pouco emprestado; pois quem pede emprestado sofre um bocado.* Os puritanos exaltavam a importância do trabalho útil à sociedade; o ianque priorizava o autoaprimoramento. Não obstante, ele entendia o autoaprimoramento como algo mais do que ganhar dinheiro. Esse importante conceito também implica autodisciplina, treinamento e cultivo de talentos concedidos por Deus e, sobretudo, cultivo da razão. O ideal de prosperidade do século 18 não se restringia ao conforto material: incluía também boa saúde, bom temperamento, sabedoria, utilidade e satisfação por merecer a estima dos outros. Na seção de sua *Autobiografia* devotada à "arte da virtude", Franklin resumiu os resultados de uma vida dedicada ao autoaprimoramento[4] moral:

> À temperança ele atribui sua duradoura saúde, e o que ainda lhe resta de uma boa complexão. À diligência e à frugalidade, a facilidade inicial de suas circunstâncias, e a aquisição de sua fortuna, com todo o conhecimento que lhe possibilitou ser um cidadão útil, e obter para si algum grau de reputação dentre os instruídos. À sinceridade e à justiça, a confiança em seu país, e o honorável emprego que este lhe confere. E à influência conjunta de toda a massa de virtudes, constância de temperamento, e aquela alegria nas conversas que fazem com que ainda busquem sua companhia, e o torna agradável mesmo para seus conhecidos mais jovens.

A virtude compensa, na versão da ética de trabalho do século 18; mas sua compensação não pode ser medida só em dinheiro. A verdadeira recompensa da virtude é chegar ao fim da vida com pouco de que se desculpar ou se arrepender. A riqueza deve ser valorizada, mas, sobretudo, porque age como pré-condição necessária para o cultivo moral e intelectual.*

DA AUTOAPRECIAÇÃO À AUTOPROMOÇÃO POR "IMAGENS VITORIOSAS"

No século 19, o ideal do aprimoramento pessoal degenerou-se em um culto à indústria da compulsão. P. T. Barnum, que fez fortuna com uma vocação cuja natureza os puritanos teriam condenado ("Toda vocação, por instrumento da qual Deus será desonrado; toda vocação, por instrumento da qual nada senão a luxúria do homem será alimentada: [...] toda vocação dessa sorte há de ser rejeitada"),[5] proferiu muitas vezes uma palestra com o título franco "A arte de ganhar dinheiro", uma boa epítome para a concepção de sucesso mundano vigente no século 19. Barnum citava Franklin livremente, embora não tivesse a mesma preo-

---

* Os esforços para reduzir a "arte da virtude" de Franklin a uma ética puramente prudencial de acúmulo de dinheiro e progresso pessoal ignoram seus contornos mais requintados. "Todas as advertências morais de Franklin", escreveu Max Weber em A ética protestante e o espírito do capitalismo, "são de cunho utilitário [...]. As virtudes [...] só são virtudes para Franklin na medida em que forem, in concreto, úteis ao indivíduo [...]. O ser humano em função do ganho como finalidade de vida." (Max Weber, A ética protestante e o espírito do capitalismo. Trad. de José Marcos Mariani de Macedo. Ed. Antônio Flávio Pierucci. São Paulo: Companhia das Letras, 2004, p. 46) D. H. Lawrence manifestou uma opinião semelhante sob alguns aspectos em seu Studies in Classic American Literature [Estudos sobre literatura clássica americana]. Essas interpretações ignoram as conexões, tão importantes no panorama burguês do século 18, entre o ato de ganhar dinheiro, a sociabilidade e o progresso dos ofícios úteis; entre o espírito do capitalismo e o espírito da invenção e do produto do trabalho. O aprimoramento pessoal e progresso pessoal não são sinônimos aos olhos de Franklin; por sinal, no século 18, a ambição era uma virtude muito mais Hamiltoniana que Frankliana ou Jeffersoniana.

cupação de Franklin com a obtenção de sabedoria ou divulgação de conhecimentos úteis. "A informação" interessava a Barnum apenas como meio de dominar o mercado. Assim, ele condenava a "falsa economia" da mulher fazendeira que apaga sua vela ao crepúsculo em vez de acender outra para continuar lendo, sem perceber que a "informação" adquirida por meio da leitura vale muito mais que o preço das velas. "Leia sempre um jornal confiável", Barnum recomendava aos jovens em formação, "para se manter atualizado a respeito das transações no mundo. Quem não lê jornal está desconectado de sua espécie."

Barnum valorizava a estima dos outros não como sinal de utilidade, mas como forma de obter crédito. "A integridade inflexível de caráter não tem preço." O século 19 tentou expressar todos os valores em termos monetários. Tudo tinha um preço. A caridade era uma obrigação moral porque "o homem liberal angariará uma clientela, enquanto o sórdido e mesquinho avarento acabará sendo evitado". O orgulho era pecado não porque ofendia a Deus, mas porque implicava gastos extravagantes. "Um espírito de orgulho e vaidade, quando deixado de rédeas soltas, é uma sanguessuga imortal que drena a vitalidade de todas as posses terrenas do homem."

O século 18 fez da temperança virtude, mas não condenava indulgências moderadas a serviço da sociabilidade. "As conversas racionais", pelo contrário, pareciam representar para Franklin e seus contemporâneos um valor importante por si só. O século 19 condenava a própria sociabilidade, alegando que esta poderia interferir nos negócios. "Quantas boas oportunidades se foram, para nunca mais voltar, enquanto um homem virava um 'copo socialmente' com seu amigo!" Os discursos de autoajuda se embeberam do espírito do empreendedorismo compulsivo. Henry Ward Beecher definia "o *beau* ideal de felicidade" como um estado mental em que "um homem [está] tão ocupado que não sabe se é ou não feliz".[6] Russell Sage observou que "o trabalho foi a principal e, bem poderia dizer, a única fonte de prazer em minha vida".[7]

Mesmo no ápice da Era de Ouro, contudo, a ética protestante não perdeu todo o seu sentido original. Em manuais de sucesso, como os livros de McGuffey e Parley ou os escritos exortatórios dos próprios grandes capitalistas, as virtudes protestantes — diligência, parcimônia, temperança — seguiram figurando não só como degraus para o sucesso, mas como recompensas em si.

O espírito do autoaprimoramento sobreviveu, sob forma corrompida, no culto da autoapreciação, entendida como cuidado e treinamento adequados do corpo e da mente, cultivo da mente pela leitura de "grandes livros" e desenvolvimento de "caráter". A contribuição social da acumulação individual seguiu sendo tendência em razão da celebração do sucesso, e as condições sociais dos primeiros anos do capitalismo industrial, em que a busca por riqueza inegavelmente ampliou a circulação de objetos úteis, deu certa substância à afirmação de que "capital acumulado significa progresso".[8] Ao condenar a especulação e a extravagância e defender a importância da diligência paciente, exortando os jovens a começarem de baixo e se dedicarem à "disciplina da vida cotidiana",[9] mesmo os expoentes mais despudorados do enriquecimento pessoal se aferraram à ideia segundo a qual o valor da riqueza deriva de sua contribuição para o bem geral e a felicidade das gerações futuras.

O culto ao sucesso do século 19 depositava surpreendentemente pouca ênfase na competição. Ele não sopesava os feitos individuais em comparação aos feitos de outros, mas com relação a um ideal abstrato de disciplina e autoprivação. Na virada do século, todavia, os discursos sobre o sucesso começaram a destacar a vontade de vencer. A burocratização das carreiras corporativas alterou as condições do progresso pessoal; agora os jovens ambiciosos precisavam competir com seus pares pela atenção e aprovação de seus superiores. O embate para superar a geração anterior e amparar a seguinte deu lugar a uma rivalidade entre irmãos, em que homens de habilidades semelhantes trocam empurrões na disputa por um número limitado de vagas. Agora o avanço dependia da "força de vontade, da autoconfiança, da energia e da iniciativa" — qualidades exaltadas em escritos exemplares de George Lorimer como *Letters from a Self-Made Merchant to His Son* [Cartas de um comerciante self-made ao seu filho]. "Ao final do século 19", escreve John Cawelti em seu estudo do mito do sucesso, "os livros de autoajuda eram dominados pelo éthos dos vendedores e propagandistas. O magnetismo pessoal, qualidade que supostamente permitia a um homem influenciar e dominar outros, tornou-se uma das chaves principais do sucesso."[10] Em 1907, tanto o *Saturday Evening Post* de Lorimer como a revista *Success*, de Orison Swett Marden, inauguraram seções de instrução na "arte da conversação", moda e "cultura". O gerenciamento das relações interpessoais passou a ser visto como a essência do progresso pessoal. O capitão de indústria deu lugar ao homem de confiança, mestre em causar boas impressões. Os jovens foram ensinados a se vender para serem bem-sucedidos.

De início, o teste das próprias capacidades por meio da competição permaneceu quase indiscernível da autodisciplina moral ou da autoapreciação, mas a diferença se tornou inconfundível quando Dale Carnegie e, mais tarde, Norman Vincent Peale reformularam e transformaram a tradição de Mather, Franklin, Barnum e Lorimer. Na fórmula para o sucesso, ganhar amigos e influenciar pessoas era muito diferente de demonstrar diligência e parcimônia. Os profetas do pensamento positivo depreciaram "o velho adágio segundo o qual o trabalho duro por si só é a chave mágica que irá destrancar a porta de nossos desejos".[11] Eles enalteciam o amor pelo dinheiro como um incentivo útil, o que era condenado oficialmente até mesmo pelos materialistas mais toscos da Era de Ouro. "Talvez você nunca chegue a ter uma grande quantidade de riquezas", escreveu Napoleon Hill em seu *Pense e enriqueça*, "a não ser que desperte dentro de si um *desejo* irrefreável por dinheiro."[12] A busca pela riqueza perdeu as poucas pitadas de sentido moral que ainda restavam. Antes, as virtudes protestantes pareciam ter um valor independente próprio. Mesmo após elas terem se tornado meramente instrumentais (durante a segunda metade do século 19), o sucesso conservou implicações morais e sociais em virtude de sua contribuição para a soma total de conforto e progresso humano. Agora o sucesso passara a figurar como fim em si, uma vitória sobre os concorrentes capaz de propiciar por si só um sentimento de autoaprovação. Os manuais mais recentes de sucesso são ainda mais radicais que seus antecessores (superam até mesmo o cinismo de Dale Carnegie e Peale) ao aceitarem a necessidade de explorar e intimidar os outros, ignorarem a substância do sucesso e insistirem de forma sincera que as aparências — as "imagens vitoriosas" — são mais importantes que a performance, e o reconhecimento é mais importante que os feitos. Um autor parece insinuar que o self consiste em pouco mais que sua "imagem" refletida nos olhos dos outros. "Embora eu não esteja dizendo nenhuma novidade, tenho certeza de que você concordará que o modo como vê a si mesmo é um reflexo da imagem que os outros têm de você."[13] Nada é mais bem-sucedido que a aparência de sucesso.

O ECLIPSE DAS CONQUISTAS

Em uma sociedade em que o sonho do sucesso perdeu qualquer significado externo a si, os homens não têm mais parâmetro para medir suas próprias conquistas além das conquistas dos outros. A autoaprovação depende de reconhecimento e aclamação públicos, e o caráter dessa aprovação também passou por importantes mudanças. A boa estima de amigos e vizinhos, antes indícios de uma vida útil, baseava-se na apreciação dos feitos de um homem. Hoje, os homens buscam ser exaltados não por suas ações, mas por atributos pessoais. Mais do que estimados, desejam ser admirados. Desejam ardentemente não a fama, mas o glamour e a excitação da celebridade. Desejam ser invejados em vez de respeitados. O orgulho e a ganância, pecados do capitalismo em ascensão, deram lugar à vaidade. A maioria dos estadunidenses ainda definiria o sucesso como uma soma de riqueza, fama e poder, mas suas ações mostram que eles pouco se interessam pela essência dessas realizações. O que um homem faz não é tão importante quanto "ter chegado lá". Enquanto a fama depende da performance de feitos notáveis aclamados em biografias e volumes de história, a celebridade — a recompensa daqueles que projetam uma imagem externa vívida e agradável ou atraem atenção de alguma outra forma — é aclamada nos noticiários, nas colunas de fofocas, em talk shows e em revistas dedicadas a "personalidades". Ela também é evanescente, como as próprias notícias, que perdem seu interesse tão logo não sejam mais novidade. O sucesso mundano sempre carrega certa pungência, a consciência de que "você não leva nada ao morrer"; mas, em tempos como o nosso, quando o sucesso é em grande parte uma função da juventude, do glamour e da novidade, a glória se tornou mais efêmera que nunca, e aqueles que ganham a atenção do público sentem o tempo todo medo de perdê-la.

    O sucesso em nossa sociedade precisa ser ratificado pelo âmbito público. O magnata de vida reservada e o construtor de impérios que controla os destinos de nações nos bastidores são figuras em extinção. Até mesmo agentes públicos não eleitos, preocupados ostensivamente com questões da alta política, precisam se manter sempre à vista; toda política se tornou uma forma de espetáculo. É sabido que a Madison Avenue* embrulha políticos para vendê-los como se fossem cereal ou desodorante; mas a arte das relações públicas perpassa a vida política de modo ainda mais profundo, transformando a própria prática política. O príncipe moderno não está muito preocupado se "há trabalho a ser feito", como dizia o slogan do capitalismo estadunidense em um estágio anterior e mais empreendedor de seu desenvolvimento; interessa-lhe apenas que "plateias relevantes",[14] na linguagem dos papéis do Pentágono, sejam persuadidas, convencidas, seduzidas. Ele confunde a conclusão bem-sucedida de uma tarefa com a impressão que causa, ou espera causar, nos outros. Assim, os agentes políticos estadunidenses se envolveram na Guerra do Vietnã porque foram incapazes de diferenciar os interesses militares e estratégicos do país de "nossa reputação como fiador", nas palavras de um deles. Mais preocupados com as aparências que com a realidade do poder, eles se convenceram de que não intervir danificaria a "credibilidade" estadunidense. Eles tomaram emprestada a retórica da teoria dos jogos para conferir dignidade à sua obsessão com as aparências, argumentando que a política estadunidense no Vietnã precisava se dirigir às "'plateias' relevantes das ações dos EUA — os comunistas, os sul-vietnamitas, "nossos aliados (que devem confiar em nós enquanto 'subscritores')" e à opinião pública estadunidense.

Quando a elaboração de políticas, a busca por poder e o desejo de riqueza não têm outro objetivo além de causar inveja ou admiração, os homens perdem seu senso de objetividade (já precário mesmo nas melhores circunstâncias). As impressões ofuscam as conquistas. Homens públicos se afligem quanto à

---

* Avenida de Nova York onde estão concentradas as agências de publicidade, tal como Wall Street concentra o mercado financeiro. (N.T.)

sua capacidade de enfrentar crises, projetar uma imagem decidida e executar uma performance convincente de poder de execução. Seus críticos recorrem aos mesmos padrões: quando começaram a surgir dúvidas quanto à capacidade de liderança da gestão Johnson, eles focaram no "déficit de credibilidade". As relações públicas e a propaganda exaltaram a imagem e o pseudoacontecimento. As pessoas "falam o tempo todo", escreveu Daniel Boorstin, "não das coisas em si, mas de suas imagens".[15] Nas estruturas corporativas, assim como no governo, a retórica da conquista, da devoção unívoca a uma tarefa em questão — a retórica da performance, da eficiência e da produtividade — já não oferece uma descrição precisa da luta pela sobrevivência pessoal. O "trabalho duro", segundo Eugene Emerson Jennings,[16] "constitui uma causa necessária, mas não suficiente para a ascensão. Não é um caminho rumo ao topo". Um homem com experiência no jornalismo e no Conselho Regional do Sul relatou que "em nenhum dos dois, percebi, as pessoas no comando se importavam com a qualidade de minha performance [...]. O importante não eram as metas, mas ir tocando a organização".[17] Nem mesmo o bem-estar da organização, contudo, é capaz de despertar o mesmo entusiasmo dos anos 1950. O "homem empresarial que sacrificava a si mesmo", escreve Jennings,[18] se tornou um "óbvio anacronismo".* O executivo corporativo em ascensão "não se

---

* Nos anos 1950, o homem organizacional pensava que uma mulher atraente e com dotes sociais era um recurso importante para sua carreira. Os executivos de hoje são alertados do "conflito sério e evidente entre o casamento e uma carreira de diretor". Um relatório recente compara os "times de elite de diretores profissionais" aos janízaros, soldados de elite do Império Otomano tirados de seus pais ainda crianças para serem criados pelo Estado e jamais autorizados a se casar. "Um jovem que cogite uma carreira [de diretor] precisa pensar em si mesmo como um janízaro dos tempos modernos — e pesar com muito, muito cuidado se o casamento se adequa de alguma forma à vida que ele escolheu" (O. William Battalia e John J. Tarraut, *The Corporate Eunuch*. Nova York: Crowell, 1973, pp. 65, 71).

vê como um homem organizacional". Sua "postura antiorganizacional", na realidade, resulta de sua "principal característica". Ele vai galgando posições dentro da estrutura não por servir à organização, mas porque convence seus pares de que possui os atributos de um "vencedor".

Conforme o objeto da carreira corporativa muda "da dedicação e capacidade de executar tarefas para o controle dos movimentos dos demais agentes", nas palavras de Thomas Szasz, o sucesso passa a depender de "informações sobre a personalidade dos outros agentes". Quanto melhor um executivo ou burocrata corporativo entender as características pessoais de seus subordinados, melhor poderá explorar seus erros a fim de controlá-los e restabelecer sua própria supremacia. Se ele sabe que seus subordinados estão mentindo, essa mentira comunica uma informação importante: eles o temem e desejam agradá-lo. "Ao aceitar a propina (pois disso se tratava) de adulação, bajulação ou completa subserviência implícita no fato de mentirem para ele, o receptor da mentira postula, na prática, sua disposição a permutar esses itens pela verdade."[19] Por outro lado, o aceite da mentira garante ao mentiroso que ele não será punido, ao mesmo tempo que o lembra de sua dependência e subordinação. "Dessa forma, as duas partes ganham certa medida [...] de segurança." No romance *Alguma coisa mudou*, de Joseph Heller, o chefe do protagonista deixa claro que deseja de seus subordinados não um "bom trabalho", mas "colite espasmódica e exaustão nervosa".[20]

Puta merda, quero que as pessoas que trabalham pra mim se deem pior que eu, não melhor. É para isso que pago vocês tão bem. Quero ver vocês no limite. Quero isso de maneira bem visível. Quero ouvir vocês gaguejando, aturdidos, com a voz embargada. [...] Não confiem em mim. Não confio em bajulações, lealdade e sociabilidade. Não confio em deferência, respeito e cooperação. Confio no medo.

Segundo Jennings, a "ética da lealdade" entrou em declínio no mundo empresarial estadunidense, dentre outras razões, porque a lealdade pode "ser muito facilmente simulada ou falsificada por aqueles mais determinados a vencer".[21] O argumento de que as organizações burocráticas dedicam mais energia à manutenção das relações hierárquicas que à eficiência industrial ganha força se levarmos em conta que a produção capitalista moderna surgiu não necessariamente por ser mais eficiente que outros métodos de organização do trabalho, mas por trazer mais lucro e poder aos capitalistas. A defesa do sistema fabril, segundo Stephen Marglin, não se baseava em sua superioridade tecnológica sobre a produção manufatureira, mas no controle mais eficiente da força de trabalho garantida ao empregador. Nas palavras de Andrew Ure, o filósofo das manufaturas, a introdução do sistema fabril permitiu ao capitalista "subjugar os temperamentos refratários dos trabalhadores".[22] Conforme a organização hierárquica do trabalho invade a própria função gerencial, o escritório assume as características de uma fábrica, e a imposição de linhas claramente demarcadas de dominância e subordinação dentro da estrutura de gerência adquire a mesma importância da subordinação do trabalho à gerência como um todo. Na "era da mobilidade corporativa", contudo, as linhas de superioridade e subordinação flutuam o tempo todo, e o burocrata de sucesso sobrevive não porque agrada às autoridades de seu escritório, mas porque estabelece um padrão de movimento ascendente, cultivando o afeto de superiores em ascensão e ministrando "doses homeopáticas de humilhação"[23] àqueles que deixa para trás em seu caminho rumo ao topo.

A ARTE DA SOBREVIVÊNCIA SOCIAL

A transformação do mito do sucesso — da definição de sucesso e das qualidades que, acredita-se, desaguam nele — é um desdobramento de longo prazo advindo não de acontecimentos históricos particulares, mas de mudanças gerais na estrutura da sociedade: a mudança de ênfase da produção capitalista para o consumo; o crescimento das grandes organizações e burocracias; as condições cada vez mais perigosas e belicosas da vida social. Mais de 25 anos se passaram desde que David Riesman argumentou que a transição da "mão invisível" para a "mão contente" marcou uma mudança fundamental na organização da personalidade, do tipo voltado para seu interior, que predominava no século 19, para o tipo voltado para os outros, de hoje. Outros acadêmicos daquele período, quando o interesse pelos estudos da cultura e personalidade era mais forte do que é agora, propuseram descrições semelhantes das mudanças na estrutura de personalidade da sociedade capitalista avançada. O "homem organizacional" de William H. Whyte, a "personalidade voltada para o mercado" de Erich Fromm, a "personalidade neurótica de nossos tempos" de Karen Horney e os estudos da personalidade nacional estadunidense de Margaret Mead e Geoffrey Gorer conseguiram todos captar aspectos do novo homem: sua disposição para se dar bem com os outros; sua necessidade de organizar até mesmo a vida privada conforme as exigências de grandes organizações; sua tentativa de vender a si como se sua própria personalidade fosse uma mercadoria com valor de mercado atribuível; sua necessidade neurótica de afeto, conforto emocional e gratificação oral; seus valores corruptíveis. Em um aspecto, contudo, esses estudos da cultura e da personalidade estadunidenses criaram uma imagem enganosa das mudanças que ocorriam sob o que Riesman chamou de "superfície amena da sociabilidade estadunidense". Os críticos dos anos 1940 e 1950 confundiram essa superfície com a realidade mais profunda.[24] Segundo Erich Fromm, os estadunidenses haviam perdido a capacidade de sentimentos espontâneos, até mesmo de sentir raiva. Uma das "metas essenciais do processo educacional" era eliminar o antagonismo, cultivar uma "afabilidade comercializada". "Se você não sorri, as pessoas julgam que você não possui uma 'personalidade amigável' — e é fundamental ter uma personalidade amigável se você quiser vender seus serviços, seja como garçom, vendedor ou médico."[25] Como muitos cientistas sociais, Fromm exagerava até que ponto é possível socializar impulsos agressivos; ele enxergava o homem como produto exclusivo da socialização, e não como criatura cujos ímpetos instintivos parcialmente reprimidos ou sublimados ameaçam vir à tona com toda sua ferocidade original. O culto estadunidense à amizade disfarça, mas não erradica, a disputa assassina por bens e posições; e essa competição se tornou ainda mais selvagem em uma era de expectativas decrescentes.

Nos anos 1950, a riqueza material, o tempo livre e a "qualidade de vida" se impunham como grandes questões. O Estado de bem-estar social supostamente havia erradicado a pobreza, as grandes desigualdades econômicas e os conflitos criados por ele próprio. Os aparentes triunfos do capitalismo americano deixaram aos críticos sociais pouco com que se preocupar além do declínio do individualismo e a ameaça do conformismo. A personagem Willy Loman de Arthur Miller, um vendedor que não deseja nada da vida além de ser "benquisto", simboliza as questões que assolavam o período pós-guerra. Nos anos 1970, um período mais duro, parecia ser a prostituta, e não o vendedor, quem melhor exemplificava as qualidades indispensáveis para o sucesso na sociedade estadunidense. Ela também se vende, mas sua capacidade de sedução não sugere qualquer desejo de ser benquista. Ela deseja ser admirada, mas despreza aqueles que a admiram, e, portanto, é pouca a satisfação que extrai de seus êxitos sociais. Ela tenta comover os outros e, ao mesmo tempo, não se comover. O fato de viver em um ambiente de relações interpessoais não faz dela uma conformista ou um tipo "voltado para os outros". Ela permanece solitária, dependente dos outros apenas pelo fato de que o gavião depende das galinhas. Ela explora a ética do prazer que substituiu a ética dos feitos, mas, acima de tudo, sua carreira nos lembra que o hedonismo contemporâneo, do qual é símbolo supremo, origina-se não da busca pelo prazer, mas da guerra de todos contra todos, em que mesmo os encontros mais íntimos se tornam uma forma de exploração mútua.

Não é só que o prazer, tendo sido definido como fim em si, assuma as características do trabalho, como Martha Wolfenstein observou em seu ensaio sobre a "moralidade da diversão" — [26] que a diversão agora é "medida por padrões de sucesso antes aplicáveis somente ao trabalho". A mensuração da "performance" sexual, a insistência de que a satisfação social depende de uma "técnica" adequada e a crença generalizada de que pode ser "alcançada" apenas por uma equação de esforço, prática e estudo são todos indícios claros da invasão do lazer pela retórica do sucesso. Mas aqueles que deploram a transformação da diversão em performance restringem sua atenção à superfície do lazer — nesse caso, à superfície dos encontros sexuais. Por baixo da preocupação com a performance jaz uma determinação mais profunda de manipular os sentimentos dos outros em benefício próprio. A busca por vantagens competitivas através da manipulação emocional molda cada vez mais as relações pessoais e as relações no trabalho; é por isso que a sociabilidade agora pode atuar como extensão do trabalho por outros meios. A vida pessoal, não servindo mais de refúgio para as privações sofridas no trabalho, tornou-se tão anárquica, belicosa e estressante quanto o próprio mercado. As festas reduzem a sociabilidade ao combate social. Especialistas escrevem manuais táticos sobre a arte de sobrevivência social, instruindo aqueles que frequentam festividades à caça de status a assumirem uma posição de comando no recinto, rodeando-se de um batalhão de leais servidores e evitando dar as costas ao campo de batalha.

A recente popularidade das "terapias de assertividade", programa de condicionamento das reações desenvolvido para equipar o paciente com defesas contra a manipulação, apela à percepção atual de que a agilidade nas relações interpessoais leva a algo que, na superfície, é parecido com o sucesso. Os treinamentos de assertividade tentam libertar o paciente de "sentimentos de ansiedade, ignorância e culpa [...] usados de modo eficiente por outras pessoas para nos levar a fazer o que elas querem". Outras formas de terapias lúdicas alertam os pacientes para o "jogo que as pessoas jogam" para tentar promover "uma intimidade sem jogos".[27] A importância desses programas, contudo, não está tanto em seus objetivos, mas na ansiedade responsável por sua atratividade e na visão de realidade em que se baseiam: o entendimento de que o sucesso depende da manipulação psicológica e de que o núcleo de tudo na vida, inclusive o ambiente de trabalho ostensivamente voltado para as conquistas, é uma batalha por vantagens interpessoais, um jogo mortífero de intimidação de amigos e sedução de pessoas.

A APOTEOSE DO INDIVIDUALISMO

O medo que assombrava os críticos e teóricos sociais dos anos 1950 — de que o individualismo rústico havia sucumbido ao conformismo e à "sociabilidade de baixa pressão" — parece, em retrospecto, ter sido prematuro. Em 1960, David Riesman queixou-se[28] de que os jovens já não tinham muita "presença social" e sua educação não lhes havia fornecido "uma personalidade polida, mas um temperamento afável, casual e adaptável, adequado à frágil articulação e à imensa instabilidade do trabalho nas organizações em expansão de uma sociedade afluente". É verdade que um "hedonismo voltado para a presença", como Riesman argumentou, substituiu a ética de trabalho "nas mesmas classes que, em estágios anteriores da industrialização, estavam voltadas para o futuro, para metas distantes e gratificações posteriores". Mas esse hedonismo é uma fraude; a busca por prazer camufla uma batalha pelo poder. Os estadunidenses não se tornaram mais sociáveis e cooperativos, como os teóricos da outra direção e do conformismo gostariam que acreditássemos; eles apenas estão mais dispostos a explorar as convenções das relações interpessoais em benefício próprio. Muitas vezes, atividades que aparentam ter a diversão como único objetivo ocultam o objetivo real de tirar proveito dos outros. É sintomático do tom subjacente à vida estadunidense que termos vulgares para relações sexuais também signifiquem levar a melhor sobre alguém: tirar o couro, passar alguém para trás, impor vontades goela abaixo, decepcionar ou usar a força. Verbos associados ao prazer sexual adquiriram uma carga que vai além dos contornos costumeiros de violência e abuso físico. No mundo violento dos guetos, cuja linguagem se espraia hoje por toda a sociedade estadunidense, a violência associada ao ato sexual é dirigida com especial intensidade por homens contra mulheres, sobretudo contra suas mães. A linguagem da agressão ritualizada e do abuso lembram seus utilizadores de que o abuso é a regra geral e que alguma forma de dependência é o destino comum; de que "o indivíduo", nas palavras de Lee

Rainwater, "não é forte o suficiente ou adulto o suficiente para alcançar seu objetivo de modo legítimo, parecendo-se mais com uma criança, dependente dos outros que toleram suas manobras infantis";[29] em conformidade com isso, os homens — inclusive os adultos — dependem muitas vezes das mulheres para apoio e subsistência. Muitos deles precisam ganhar a vida como proxenetas, envolvendo-se com mulheres para extorquir dinheiro delas; as relações sexuais, assim, tornam-se manipuladoras e predatórias. A satisfação depende de obter o que se quer, e não da espera pelo que se merece. Tudo isso adentra o discurso cotidiano por meio de uma linguagem que atrela o sexo a agressões e a agressão sexual a sentimentos muito ambivalentes a respeito das mães.*

Em certos aspectos, a sociedade de classe média se tornou uma cópia desgastada dos guetos negros, como a apropriação da linguagem deste nos sugere. Não é preciso minimizar a pobreza do gueto ou o sofrimento imposto aos negros pelos brancos para vermos que as condições cada vez mais perigosas e imprevisíveis da vida de classe média deram origem a estratégias semelhantes de sobrevivência. De fato, a atratividade da cultura negra para

---

* No final dos anos 1960, brancos radicais adotaram com entusiasmo o slogan "Mãos na parede, filho da puta!". Mas o termo perdeu há muito suas conotações revolucionárias, assim como ocorreu com outras expressões negras popularizadas entre os brancos graças a radicais políticos e porta--vozes da contracultura, e, sob forma levemente pasteurizada, passou a ser tão corrente que o termo "filho da mãe" se tornou em todos os ambientes, até mesmo entre adolescentes, um termo de descontraída familiaridade ou desprezo. De modo similar, os Rolling Stones e outros expoentes do hard rock e do acid rock, que usaram a obscenidade do gueto para transmitir uma postura de alienação militante, deram lugar a grupos que cantam em tom mais suave, embora ainda com os sotaques do gueto, sobre um mundo onde cada um ganha aquilo que está preparado para ganhar. Dissipada a pretensão de solidariedade revolucionária, com a festa chapada do amor da "Nação Woodstock" descambando no caos assassino de Altamont, o cinismo subjacente vem à tona com mais clareza que nunca. É cada filho da mãe por si!

os brancos indispostos sugere que agora a cultura negra ecoa a condição geral, cuja característica mais importante é a perda generalizada de confiança no futuro. Os pobres sempre tiveram que viver para o presente, mas agora uma preocupação desesperada com a sobrevivência pessoal, por vezes disfarçada de hedonismo, engole também a classe média. Hoje, quase todo mundo vive em um mundo perigoso sem muita escapatória. O terrorismo internacional e uma rotina de chantagens, bombardeios e sequestros afetam aleatoriamente ricos e pobres na mesma medida. Crime, violência e guerras de gangue tornam as cidades inseguras e ameaçam se espalhar para os subúrbios. A violência racial nas ruas e nas escolas cria uma atmosfera de tensão crônica e ameaça explodir a qualquer instante em um conflito racial de máxima escala. O desemprego se alastra dos pobres para a classe de colarinho-branco, enquanto a inflação abocanha as poupanças de quem tinha esperanças de uma aposentadoria confortável. Muito do que conhecemos eufemisticamente por classe média, reconhecida como tal somente pelas roupas chiques que veste para trabalhar, foi reduzida a condições proletárias de existência. Muitos trabalhos de colarinho-branco já não requerem mais habilidades, e inclusive pagam menos que os trabalhos de colarinho azul, e conferem pouco status ou estabilidade aos profissionais. A propaganda de morte e destruição que emana incessantemente da mídia de massa contribui para a atmosfera predominante de insegurança. Ondas de fome longínquas, terremotos em regiões distantes, guerras e revoltas em locais remotos atraem a mesma atenção que os acontecimentos próximos de casa. O sentimento de arbitrariedade nas reportagens sobre desastres reforça a arbitrariedade da própria experiência, e a ausência de continuidade na cobertura dos eventos, dado que as crises de hoje abrem caminho para uma nova crise amanhã sem qualquer relação com as anteriores, alimentam a sensação de descontinuidade histórica — a sensação de vivermos em um mundo em que o passado não orienta o presente e o futuro se tornou completamente imprevisível. As concepções mais antigas de sucesso pressupunham um mundo em rápido movimento, no qual fortunas eram ganhadas e perdidas depressa e novas oportunidades surgiam a cada dia. Ainda assim, pressupunha-se certa estabilidade e um futuro com alguma semelhança com o presente e o passado. O crescimento da burocracia e o culto ao consumo com suas recompensas imediatistas, mas, acima de tudo, a ruptura com o senso de continuidade histórica, transformaram a ética protestante e levaram os princípios subjacentes da sociedade capitalista à sua conclusão lógica. A busca por interesses pessoais, antes identificada com a busca racional pelo ganho e acúmulo de riquezas, transformou-se em busca por prazer e sobrevivência física. As condições sociais agora se aproximam da visão de sociedade republicana concebida pelo Marquês de Sade nos primórdios da época republicana. Em muitos sentidos, o profeta mais visionário do individualismo revolucionário — e, sem dúvida, o mais perturbador —, Sade defendia[30] a autoindulgência ilimitada como clímax lógico da revolução nas relações de propriedade como única forma de alcançar a fraternidade revolucionária em sua forma mais pura. Ao retornar, por meio de seus escritos, ao nível mais primitivo da fantasia, Sade vislumbrou de forma assombrosa todos os desenvolvimentos posteriores da vida pessoal sob o capitalismo, que resultaria não em uma fraternidade revolucionária, mas em uma sociedade de irmãos que sobreviveram e repudiaram suas origens revolucionárias.

Sade imaginou uma utopia sexual na qual todos têm direitos sobre todos os outros, na qual os seres humanos, reduzidos a seus órgãos sexuais, tornam-se absolutamente anônimos e intercambiáveis. Sua sociedade ideal reafirmava assim o princípio capitalista de que os seres humanos são, em última instância, redutíveis a objetos intercambiáveis. Ele também incorporou a descoberta de Hobbes segundo a qual a destruição do paternalismo e a subordinação de todas as relações ao mercado haviam varrido todos os constrangimentos restantes e ilusões mitigadoras da guerra de todos contra todos, chegando a uma nova e surpreendente conclusão. No estado de anarquia organizada resultante, o prazer, como Sade foi o primeiro a perceber, torna-se a única preocupação da vida — um prazer, contudo, indistinguível do estupro, do assassinato e da agressão irrestrita. Em uma sociedade que reduziu a razão a meros cálculos, essa mesma razão já não é capaz de impor limites à busca pelo prazer e à satisfação imediata de todo o desejo, por mais perverso, insano, criminoso ou simplesmente imoral que seja. Pois os padrões que condenam os crimes ou a crueldade derivam da religião, da compaixão ou de um tipo de razão que rejeita aplicações puramente instrumentais; e nenhuma dessas formas démodé de pensar ou de sentir tem espaço lógico em uma sociedade baseada na produção de mercadorias. Em sua misoginia, Sade percebeu que o esclarecimento burguês, levado às suas conclusões lógicas, condenava até mesmo o culto sentimental à condição feminina e à família, que a própria burguesia havia levado a extremos sem precedentes.

Ao mesmo tempo, ele entendia que essa condenação do "culto à mulher" precisava andar acompanhada de uma defesa dos direitos sexuais das mulheres — seu direito de dispor do próprio corpo, como diriam as feministas de hoje. Se o exercício desse direito é reduzido na utopia de Sade ao dever de servir como instrumento para o prazer de outra pessoa, não é tanto porque Sade odiava mulheres, mas porque odiava a humanidade. Ele percebia, com maior clareza que as feministas, que todas as liberdades sob o capitalismo acabam resumidas à mesma coisa, à mesma obrigação universal de desfrutar e ser desfrutado. Em uma única tacada, e sem violar sua própria lógica, Sade exigia que as mulheres tivessem o direito de "satisfazer plenamente todos os seus desejos" e "a todas as partes do seu corpo", afirmando categoricamente que "todas as mulheres devem se submeter ao nosso prazer". Assim, o individualismo puro fornecia o mais radical repúdio à individualidade. "Todos os homens, todas as mulheres se assemelham uns aos outros", segundo Sade; e acrescentava então um alerta fatídico a seus compatriotas, futuros republicanos: "Não pensem que para fazer bons republicanos basta retirar de suas famílias os filhos que devem pertencer apenas à República". A defesa burguesa da privacidade culmina — não só no pensamento de Sade, mas na história por vir, tão bem antevista justamente pelo excesso, loucura e infantilidade de suas ideias — no ataque mais completo à privacidade; e na glorificação do indivíduo, na sua aniquilação.

A banalidade da pseudoautoconsciência: o teatro da política e a existência cotidiana

A morte da consciência não é a morte da autoconsciência.

Harry Crosby[1]

A PROPAGANDA DAS MERCADORIAS

Nos primeiros tempos do capitalismo industrial, os empregadores viam os trabalhadores como meros burros de carga — "um homem parecido com um boi", nas palavras do especialista em eficiência Frederick W. Taylor.[2] Os capitalistas viam o trabalhador somente como produtor e não davam a mínima para suas atividades no tempo de ócio (o pouco tempo de ócio restante após jornadas fabris de doze ou catorze horas). Os empregadores tentavam supervisionar a vida do trabalhador durante o expediente, mas seu controle acabava assim que o trabalhador deixava a fábrica ao final do dia. Mesmo Henry Ford, ao criar o Departamento Sociológico da Ford Motor Company em 1914, encarava a supervisão das vidas privadas dos trabalhadores apenas como jeito de converter os homens em produtores sóbrios, frugais e laboriosos. Os sociólogos de Ford tentaram impor uma moralidade protestante fora de moda à força de trabalho, censurando o tabaco, a bebida e o desperdício.[3]

Apenas um punhado de empregadores naquela época entendia que um funcionário podia ser útil ao capitalista enquanto consumidor, que era preciso incutir nele um gosto por coisas mais elevadas, que uma economia baseada na produção em massa exigia não apenas a organização capitalista da produção, mas também a organização do consumo e do lazer. "A produção em massa", disse em 1919 o magnata de lojas de departamento em Boston Edward A. Filene, "exige a instrução das massas; as massas precisam aprender a se comportar como seres humanos em um mundo de produção em massa. [...] Não basta serem alfabetizados, precisam ser cultos."[4] Em outras palavras, o manufatureiro moderno precisava "educar" as massas para a cultura do consumo. A produção em massa de mercadorias e a abundância crescente exigiam um mercado de massa para absorvê-las.

Tendo atingido o ponto em que a tecnologia já era capaz de satisfazer suas necessidades materiais básicas, a economia estadunidense agora dependia da criação de novas demandas do consumidor — ou seja, dependia de convencer as pessoas a comprar coisas das quais não sabiam precisar antes que a "necessidade" lhes fosse apresentada à força pela mídia de massa. A publicidade, disse Calvin Coolidge, "é o método para criar um desejo por coisas melhores".[5] A tentativa de "civilizar" as massas deu origem a uma sociedade dominada pelas aparências, a sociedade do espetáculo. No período de acumulação primitiva, o capitalismo subordinou o ser ao ter e o valor de uso das mercadorias ao seu valor de troca. Agora, ele subordina a própria posse à aparência, avaliando o valor de troca de uma mercadoria por sua capacidade de conferir prestígio — pela ilusão de prosperidade e bem-estar. "Quando a necessidade econômica sucumbe à necessidade de desenvolvimento econômico ilimitado", escreve Guy Debord, "a satisfação das necessidades humanas básicas e amplamente reconhecidas dá lugar à fabricação ininterrupta de pseudonecessidades."[6]

Em tempos mais simples, a publicidade se limitava a destacar o produto e exaltar suas vantagens. Agora, ela manufatura seu próprio produto: um consumidor eternamente insatisfeito, inquieto, ansioso e entediado. A publicidade serve menos para divulgar produtos e mais para promover o consumo enquanto modo de vida. Ela "educa" as massas a manter um apetite insaciável não só por bens, mas também por novas experiências e pela realização pessoal. Ela aclama o consumo como resposta para descontentamentos antiquíssimos, como a solidão, a doença, o cansaço e a falta de satisfação sexual, ao mesmo tempo que cria novas formas de descontentamento peculiares aos tempos modernos. Ela explora de modo sedutor os males da civilização industrial. Seu trabalho é entediante e sem sentido? Deixa-o exausto ou sentindo-se fútil? Sua vida é vazia? O consumo promete saciar esse vácuo doloroso; daí à tentativa de envolver as mercadorias em uma aura de romance, com alusões a locais exóticos e experiências vivas e imagens de seios femininos dos quais jorram todas as bênçãos.

A propaganda das mercadorias cumpre uma função dupla. Em primeiro lugar, exalta o consumo como alternativa ao protesto ou à rebelião. Paul Nystrom, um dos pioneiros no estudo do marketing moderno, apontou que a civilização industrial dá à luz uma "filosofia da futilidade", uma fadiga difusa, uma "decepção com as conquistas" que encontra sua válvula de escape na substituição das "coisas mais superficiais, nas quais a moda impera".[7] O trabalhador cansado, em vez de tentar mudar suas condições de trabalho, busca renovar-se tornando seu entorno mais aprazível com a obtenção de novos bens e serviços.

Em segundo lugar, a propaganda do consumo transforma a própria alienação em mercadoria. Dirige-se à desolação espiritual da vida moderna e oferece o consumo como cura. Não só promete apaziguar toda a velha infelicidade de que a carne é herdeira:* ela cria ou exacerba novas formas de infelicidade, como a insegurança pessoal, a ansiedade relativa ao status, a ansiedade dos pais quanto a sua capacidade de atender às necessidades de seus rebentos. Seus vizinhos acham você desleixado? Seu carro é pior que o deles? Os filhos deles são mais saudáveis, mais populares, vão melhor no colégio? A publicidade institucionaliza a inveja e as ansiedades que a acompanham.

Embora seja serva do status quo, a publicidade integrou uma mudança generalizada de valores, uma "revolução de modos e moral" que teve início nos primeiros anos do século 20 e perdura até o presente. As demandas da economia do consumo de massa tornaram a ética de trabalho obsoleta até mesmo para os trabalhadores. Antes, os guardiões da saúde pública e da moralidade exigiam que o operário trabalhasse por obrigação moral; agora, eles o ensinam a trabalhar para que possa partilhar dos frutos do consumo. No século 19, apenas as elites seguiam as leis da moda, substituindo suas antigas posses por outras sem outro motivo além do fato de terem ficado defasadas. A ortodoxia econômica condenava o resto da sociedade a uma vida de labuta e mera subsistência. A produção massiva de itens de luxo agora leva esses hábitos aristocráticos ao povo. O aparato de divulgação em massa ataca ideologias cuja base é a postergação da gratificação; ele se alia à "revolução" sexual; associa-se, ou finge se associar, às mulheres contra a opressão masculina, e aos jovens contra a autoridade dos mais velhos. A lógica da criação de demandas requer que as mulheres fumem e bebam em público, desloquem-se livremente e afirmem seu direito à felicidade em vez de viverem para os outros. A indústria

---

* Expressão shakespeariana que aparece pela primeira vez em Hamlet. Consagrou-se como expressão de uso poético para significar algo que nos aflige. (N.T.)

publicitária estimula, assim, a pseudoemancipação das mulheres, adulando-as com um lembrete insinuativo, "you've come a long way, baby" [Você percorreu um longo caminho, meu bem],* e tratando a liberdade de consumo como autonomia genuína. De modo similar, bajula e glorifica a juventude na esperança de promover os jovens ao status de consumidores plenos por direito, cada um com seu próprio telefone, aparelho de televisão e equipamento de som no quarto. A "educação" das massas alterou o equilíbrio de forças dentro da família, fragilizando a autoridade do marido em relação à esposa e dos pais em relação aos filhos. Todavia, ela emancipa as mulheres e as crianças da autoridade patriarcal somente para sujeitá-las ao novo paternalismo da indústria publicitária, da corporação industrial e do Estado.**

VERDADE E CREDIBILIDADE

O papel da mídia de massa na manipulação da opinião pública já recebeu grandes doses de angustiada — mas equivocada — atenção. Muitas análises presumem que o desafio consiste em evitar a circulação de inverdades óbvias; contudo, é evidente, como apontaram os críticos mais aprofundados da cultura de

---

* Slogan da marca de cigarros Virginia Slim's, da Philip Morris, veiculado entre os anos 1960 e 1970. (N.T.)

** A vida familiar, segundo Nystrom, tem uma tendência inerente de promover o costume, a antítese da moda. "A vida domiciliar privada é mais facilmente governada pelo costume que a vida pública ou semipública." Por outro lado, "o conflito dos jovens com as convenções" estimula mudanças rápidas das vestimentas e dos estilos de consumo. Em geral, argumenta Nystrom, a vida rural, o analfabetismo, a hierarquia social e a inércia servem de base para o costume, enquanto a moda (a cultura do consumo) deriva das forças progressistas em ação na sociedade moderna: educação pública, liberdade de expressão, circulação de ideias e informações, a "filosofia do progresso".

massa, que a ascensão da mídia de massa torna as categorias de verdade e falsidade irrelevantes para uma avaliação de sua influência. A verdade deu lugar à credibilidade, os fatos, a afirmações que soam fidedignas, mas não transmitem informações fidedignas. Anúncios de que determinado produto é o preferido de grandes sumidades, sem informar por que essas o preferem; alegações da superioridade de um determinado produto em relação a concorrentes não especificados; insinuações de que determinadas características são exclusividade do produto em questão quando, na verdade, também estão presentes na concorrência — tudo isso serve para ofuscar a distinção entre verdade e falsidade em um nevoeiro de plausibilidade. Essas afirmações são "verdadeiras", embora radicalmente enganosas. O secretário de imprensa do presidente Nixon, Ron Ziegler, demonstrou o uso político dessas técnicas quando admitiu que suas afirmações anteriores a respeito de Watergate haviam se tornado "inoperantes". Muitos comentaristas presumiram que Ziegler procurava um eufemismo para dizer que havia mentido. O que ele quis dizer, contudo, é que suas afirmações anteriores já não eram críveis. Não era a falsidade, mas a impossibilidade de serem aceitas que as tornaram "inoperantes". A questão de serem ou não verdade não vinha ao caso.

PUBLICIDADE E PROPAGANDA

Como Daniel Boorstin apontou,[8] vivemos em um mundo de pseudoacontecimentos e quase-informações, cuja atmosfera está saturada de afirmações nem verdadeiras, nem falsas, mas apenas críveis. Contudo, mesmo Boorstin minimiza até que ponto as aparências — as "imagens" — dominam a sociedade estadunidense. Recuando diante das implicações mais perturbadoras de seu estudo, ele traça uma falsa distinção entre publicidade e propaganda que lhe permite postular uma esfera de racionalidade tecnológica — o que inclui operações do Estado e boa parte da rotina da indústria moderna — na qual a irracionalidade da criação de imagens é incapaz de penetrar. A propaganda, que Boorstin atribui exclusivamente aos regimes totalitários, consiste em "informações intencionalmente tendenciosas"; a informação, além disso, "depende em primeiro lugar de seu apelo emocional — enquanto o pseudoacontecimento representa uma "verdade ambígua" que apela ao "nosso desejo honesto de nos informarmos". Essa distinção não se sustenta. Ela se baseia em uma concepção rudimentar da propaganda moderna, arte que há muito tempo incorporou as técnicas mais avançadas da publicidade moderna.

O propagandista mestre, assim como o expert em publicidade, evita apelos emocionais óbvios e se empenha para encontrar um tom adequado às características prosaicas da vida moderna — o jeito seco e insosso de quem só declara verdades. Tampouco é verdade que o propagandista circule informações "intencionalmente tendenciosas". Ele sabe que as verdades parciais rendem instrumentos de enganação mais eficazes que as mentiras. Assim, tenta impressionar o público com estatísticas referentes ao crescimento econômico ocultando o ano base utilizado como referência e fornecendo dados precisos, mas desprovidos de significado, acerca dos padrões de vida — com dados brutos e não interpretados, em outras palavras, dos quais o público é convidado a extrair a incontornável conclusão de que as coisas estão melhorando e, portanto, o regime atual merece a confiança das pessoas, ou, por outro lado, que as coisas estão piorando tão depressa que o regime atual deveria receber poderes emergenciais para lidar com a crise em andamento. Utilizando-se de detalhes precisos para sugerir um retrato geral enganoso, o destro propagandista, conforme foi dito, faz da verdade a principal forma de falsidade.

Na propaganda, como na publicidade, o importante a se considerar não é se a informação descreve com precisão uma situação objetiva, mas se soa verdadeira. Às vezes, é necessário suprimir informações, mesmo quando beneficiam o governo, pela única razão de que os fatos soam implausíveis. Jacques Ellul explica, em seu estudo sobre a propaganda, por que em 1942 os alemães não revelaram que o invencível general Rommel não estava no Norte da África durante a vitória de Montgomery: "todos achariam que isso era uma mentira para explicar a derrota e provar que Rommel não havia sido derrotado de fato". A Secretaria de Informações de Guerra dos Estados Unidos (OWI, na sigla em inglês), ávida por explorar atrocidades para atiçar a opinião pública contra a Alemanha, evitou deliberadamente a mais horrenda de todas as atrocidades, o extermínio dos judeus, seguindo o raciocínio de que essa história seria "confusa e desorientadora caso parecesse afetar apenas o povo judeu". Verdades que soassem como propaganda deviam ser escondidas. "Uma matéria noticiosa só deve ser omitida", diz um manual utilizado pelos Aliados na Segunda Guerra, "quando não for crível." [9]

É verdade que a propaganda apela sutilmente às emoções. Ellul observa que a propaganda usa os fatos não para defender argumentos, mas para exercer pressão emocional. Entretanto, o mesmo vale para a publicidade. Em ambos os casos, o apelo emocional é mudo e indireto; atrela-se aos próprios fatos; não é inconsistente com o "desejo honesto de nos informarmos". Ciente de que um público instruído busca os fatos e não há nada que valorize tanto quanto a ilusão de estar bem-informado, o propagandista moderno evita o uso de slogans muito grandiosos: ele raramente apela a um destino mais elevado, e quase nunca recorre ao heroísmo e ao sacrifício ou lembra seu público de um passado glorioso. Ele se atém aos "fatos". Assim, a propaganda se funde à "informação".

Uma das principais funções da inchadíssima burocracia governamental é satisfazer a demanda por esse tipo de informação. A burocracia não apenas fornece informações supostamente confiáveis a ocupantes de cargos elevados, como também leva desinformação ao público. Quanto mais técnico e recôndito for o produto, mais convincente soará. Daí a onipresença, em nossa cultura, do jargão ofuscante da pseudociência. Essa linguagem permeia tanto as afirmações de gestores como de anunciantes, conferindo-lhes uma aura de distanciamento científico. Ainda mais importante é uma linguagem calculadamente obscura e ininteligível — qualidades que a direcionam para um público que se sente informado e atordoado. Em um de seus pronunciamentos característicos, durante uma coletiva de imprensa em maio de 1962, John F. Kennedy proclamou o fim da ideologia em palavras que apelavam para essas duas necessidades do público — de acreditar que as decisões políticas estão nas mãos de especialistas suprapartidários desprovidos de paixões, e que os problemas com os quais os especialistas lidam são incompreensíveis para o leigo.

A maioria de nós foi condicionada durante muitos anos a ter um ponto de vista político — republicano ou democrata, liberal, conservador ou moderado. A questão é que a maioria dos problemas [...] que precisamos encarar agora são problemas técnicos, problemas administrativos. Eles requerem julgamentos muito sofisticados, e são inadequados para a grande corrente de movimentos apaixonados que mobilizaram este país tantas vezes no passado. [Eles] lidam com questões que, hoje, estão além da compreensão da maioria dos homens.[10]

A POLÍTICA COMO ESPETÁCULO

Analistas de sistemas e "contabilistas sociais" presumem, por questão de fé, que "com o crescimento da complexidade da sociedade", como escreveu certa feita um deles, Albert Biderman, a "experiência imediata dos acontecimentos tem papel cada vez menor enquanto fonte de informação e base para juízos, em contraste com a informação simbolicamente mediada acerca desses acontecimentos".[11] Mas a substituição da informação simbolicamente mediada pela experiência imediata — dos pseudoacontecimentos pelos acontecimentos reais — não tornou o governo mais racional e eficiente, como presumem os críticos e tecnocratas. Pelo contrário, criou um ar muito difuso de irrealidade que acaba atordoando os próprios tomadores de decisão. A epidemia de ininteligibilidade se espalha por todos os níveis de governo. O problema não se limita a propagandistas vitimados por sua própria propaganda: ele é bem mais profundo. Quando políticos e gestores não têm outro objetivo senão vender sua liderança ao público, acabam abrindo mão de qualquer padrão inteligível para definir as metas de políticas específicas ou avaliar seu sucesso ou fracasso. A ascensão do prestígio e da credibilidade como única medida de eficácia permitiu, dentre outras coisas, que a política estadunidense no Vietnã fosse conduzida sem levar em conta a importância estratégica do Vietnã ou o cenário político do país. Como não havia nenhum objetivo claramente definido em vista, nem sequer era possível dizer como identificar uma derrota ou vitória; a única certeza era que o prestígio dos Estados Unidos não deveria ser abalado. Já de saída, definiu-se a preservação da credibilidade estadunidense como objeto dos EUA no Vietnã. Essa consideração, que se tornou obsessão, sobrepôs-se muitas vezes aos princípios mais elementares da diplomacia, como evitar riscos excessivos, avaliar as chances de sucesso e calcular as consequências políticas e estratégicas de uma derrota.

A arte da gestão de crises, hoje amplamente reconhecida como essência da diplomacia, deve sua aceitação à mescla entre política e espetáculo. A propaganda busca incutir no público um sentimento crônico de crise que, por sua vez, justifica a expansão do poder executivo e do sigilo em torno dele. O executivo afirma então suas qualidades "presidenciais", manifestando sua determinação de fazer frente à crise, demonstrar valentia, não recuar diante do perigo e agir com coragem e firmeza mesmo quando a ocasião pede cautela e prudência. As carreiras de Kennedy e Nixon são provas da obsessão predominante com a gestão de crise e de impressões. Kennedy, ansioso para superar sua imagem de fraqueza após o fiasco da baía dos Porcos — ele próprio resultante do medo persistente de que a Revolução Cubana houvesse sabotado o prestígio americano na América Latina —, vangloriou-se diante de Nikita Khrushchov em Viena, proclamou Berlim "o grande local de teste da coragem e da vontade ocidentais" e arriscou começar uma guerra nuclear por causa da crise dos mísseis em Cuba, muito embora os mísseis soviéticos na ilha, por mais que fossem provocações deliberadas, não alterassem em nada o equilíbrio de poder militar. Em muitos sentidos, contudo, o evento mais importante da gestão Kennedy — seu ponto alto, a partir do qual tudo representou um constante declínio — foi sua posse, espetáculo que solidificou o mito de Camelot antes que Camelot sequer existisse.* "A tocha foi passada a uma nova geração de estadunidenses, nascidos neste século,

---

* A comparação com rei Arthur e Camelot foi estabelecida por Jacqueline Kennedy depois da morte do marido, a fim de criar uma lenda de que o legado de Kennedy seria insuperável e ele, o maior presidente da história do país. (N.T.)

recrudescidos pela guerra, disciplinados por uma paz árdua e dura." Com essas palavras, Kennedy evocou sua preocupação com a provação, a disciplina e o recrudescimento dando voz à crença — logo despedaçada — de toda uma geração que se acreditava às portas da grandeza. "Não pergunte o que seu país pode fazer por você; pergunte o que você pode fazer por seu país." Nenhum outro presidente exemplificou de forma tão completa a subordinação da política ao prestígio nacional, à aparência e à ilusão de grandeza nacional.[12]

Com Nixon, a política do espetáculo atingiu um novo clímax tragicômico. Sem interesse em programas ou princípios, guiado somente pela ambição e por um vago ressentimento contra o establishment liberal da Costa Leste, Nixon dedicou a maior parte de sua carreira à arte de impressionar uma plateia invisível com seus poderes de liderança. Nos momentos decisivos de sua carreira, durante as "crises" sobre as quais escreveu de modo tão revelador, ele se sentiu tentado a fugir da raia. Mas sempre sobreviveu, executando em cada um dos casos uma performance pública para demonstrar que estava à altura da ocasião. Com sua concepção teatral da política, Nixon orgulhava-se de sua habilidade para diferenciar uma performance convincente de outra ruim, como no caso Hiss, quando teve certeza de que Whittaker Chambers dizia a verdade porque "não senti que [sua performance] fosse encenação". Após assistir às audiências de Army-McCarthy na televisão, ele observou com desdém: "prefiro atores profissionais a amadores". Nixon saiu de seu famoso debate na cozinha com Nikita Khrushchov certo de que Khrushchov "estava encenando" e, mais tarde, repreendeu o marechal Georgi Zhukov por subestimar a inteligência do povo soviético. "Eles não são bobos. Eles sabem quando alguém está encenando e quando a coisa é pra valer — sobretudo quando a encenação é tão amadora."

Em um de seus debates com Kennedy televisionados em 1960, Nixon denunciou Kennedy por exigir um apoio mais ativo às forças anti-Castro em Cuba — a mesma estratégia executada em sigilo, em parte por iniciativa do próprio Nixon, pela gestão Eisenhower. Ainda mais memorável que essa performance, em que Nixon formulou as críticas mais reveladoras de uma política com a qual ele próprio concordava inteiramente, é o distanciamento com que Nixon discute a questão em *Six Crises* [Seis crises].[13] Ele comenta o seu próprio desempenho com a mesma objetividade usada para comentar o desempenho de Hiss e Chambers, e revela, não sem deleite — mas total indiferença à ironia da situação —, ter dito "o exato oposto da verdade" com tanta eficácia que diversos jornais liberais lhe deram forte respaldo, e até forçaram Kennedy a mudar de posicionamento.

Como presidente, Nixon herdou as tensões e confusões domésticas geradas pelo espetáculo culminante dos anos 1960, a Guerra do Vietnã. Ele não se limitou, contudo, a tentar conter a oposição e destruir a esquerda. Em vez disso, preparou um ataque de força-total contra um único indivíduo (Daniel Ellsberg), instituiu um elaborado programa de segurança para evitar novos vazamentos do que considerava informações vitais de segurança e se convenceu de que Ellsberg estava de alguma forma mancomunado com o principal adversário democrata à presidência. Essas medidas de "segurança", embora muito irracionais, provavelmente se originaram da crença, bastante plausível, de que o poder presidencial se tornara dependente da capacidade de manipular informações e, para garantir sua eficácia, precisava ser considerado indivisível por todos os demais. Depois que Watergate se tornou uma "crise" plena, Nixon se esforçou para convencer a nação de que estava à altura da emergência. Ele encarou suas dificuldades até o fim como um problema de relações públicas. Em longas conversas com seu chefe de gabinete, ele próprio profissional de relações públicas, Nixon e H. R. Haldeman demonstraram uma indiferença pela verdade que vai além do cinismo — indiferença justificável apenas pela pressuposição de que o conceito de verdade, para homens que exercem o poder de modo irresponsável, perdeu quase todo significado. "Acho que precisamos achar um jeito de fazer uma declaração", Nixon disse a certa altura,

> qualquer tipo de declaração [...], o mais vaga possível [...], só para que alguém possa dizer que [...] o presidente emitiu uma declaração, e a base dessa declaração é que ele confia em sua equipe [...]. Eu não fiz isso, não fiz aquilo, blá blá blá, blá blá blá, blá blá blá, blá blá blá. Haldeman não fez isso, Ehrlichman não fez aquilo. Colson não fez isso.[14]

A resposta de Haldeman — "a meu ver, essa não é toda a verdade" — mostra que ele ainda era capaz de diferenciar a verdade da falsidade, mas isso não muda o fato de que palavras escolhidas somente por seu efeito não demoram a perder qualquer conexão com a realidade. Discussões políticas baseadas nesses princípios descambam para uma ladainha sem sentido, mesmo quando ocorrem a portas fechadas.

O RADICALISMO ENQUANTO TEATRO DAS RUAS

Além de transformar a prática política em publicidade, rebaixar o discurso político e converter as eleições em eventos esportivos nos quais cada lado diz estar em um momento melhor, a degeneração da política em espetáculo também tornou mais difícil organizar uma oposição política. Quando as imagens do poder ofuscam a realidade, aqueles sem poder se veem lutando contra fantasmas. Especialmente em uma sociedade em que o poder se apresenta como ser benevolente — na qual o governo quase nunca recorre ao uso bruto da força —, é difícil identificar o opressor, e ainda mais personificá-lo ou nutrir junto à massa um sentimento de revolta contra as injustiças. Nos anos 1960, a nova esquerda tentou superar essa imaterialidade do establishment recorrendo à política do confronto. Ao provocar deliberadamente a repressão violenta, ela esperava evitar a cooptação dos dissidentes. A tentativa de dramatizar a repressão oficial, contudo, aprisionou a esquerda em uma política teatral de gestos dramáticos, de estilo sem substância — uma imagem espelhada da política da irrealidade, quando o objetivo da esquerda deveria ser desmascarar essa mesma política.

Os teóricos da Guerra Fria viam na tática do "agravamento" uma forma de impressionar "plateias relevantes" com a força de determinação do país; os estrategistas da esquerda, também obcecados pelas aparências, acreditavam que o agravamento dos gestos de oposição acabaria deixando o establishment de joelhos. Em ambos os casos, a política parecia um jogo cujo objetivo seria comunicar ao oponente o custo crescente de suas próprias políticas. Segundo essa visão, quando estivesse suficientemente impressionado com o custo, o adversário abandonaria sua postura intransigente em prol da conciliação. Assim, os oponentes da Guerra do Vietnã anunciaram com grande estardalhaço em 1967 que pretendiam ir além da "resistência dissidente", na esperança de atrair medidas repressivas intoleráveis para a opinião liberal. "Haverá muito sangue", disse um radical ao defender um protesto fútil, "mas o sangue deixa os liberais loucos."[15] Longe de provocar uma reação liberal, entretanto, a política do teatro das ruas consolidou a oposição à esquerda e criou uma demanda crescente por lei e ordem. O agravamento das táticas militantes fragmentou a esquerda e impeliu os elementos mais "revolucionários" a confrontos suicidas com a polícia e a Guarda Nacional. "Estamos trabalhando para construir uma força de guerrilha em um ambiente urbano", anunciou o secretário nacional do Grupo Estudantes para uma Sociedade Democrática (SDS, na sigla em inglês) em 1967.[16] De fato, o SDS estava preparando o terreno para seu próprio colapso dois anos mais tarde.[17]

A ilusão de que o teatro das ruas constituía a mais nova forma de guerrilha ajudou seus defensores a ignorarem o fato incômodo de que ela nada mais era que uma estratégia de autopromoção usada pelas estrelas midiáticas da esquerda para ganharem atenção nacional e colherem as recompensas disso. Um dos expoentes do "teatro de guerrilha", após exortar seus seguidores a se virarem por conta própria, logo explicou que "viver com astúcia não significa viver como os vigaristas, que são os capitalistas da classe baixa, mas seguir o exemplo da guerrilha latino-americana, composta de socialistas da classe baixa".[18] Essa fala não se destinava apenas a tranquilizar os fiéis, mas também a agradar a "plateia relevante" de militantes negros e do terceiro mundo, para quem a esquerda branca havia se tornado indevidamente sensível, e para quem essa mesma esquerda estava desesperada para impressionar com sua máscula virilidade revolucionária. A retórica do black power prejudicou em igual medida a esquerda branca e a esquerda negra, substituindo a luta por direitos civis, antes travada até a morte nos estados do Sul, por uma política midiática. Os porta-vozes do black power cooptaram o movimento de direitos civis e também cativaram os liberais brancos, que desejavam aplacar a culpa associada ao "privilégio branco" adotando os gestos e a linguagem da militância negra. Tanto brancos como pretos abraçaram o estilo radical em detrimento da substância radical.

Em 1968, quando a nova esquerda se reuniu para o seu "festival da vida" em frente à Convenção Nacional Democrata em Chicago, a proeminência do Partido Internacional da Juventude (YIP, na sigla em inglês), liderado por Jerry Rubin e Abbie Hoffman, deixou claro que uma concepção teatral da política havia limado as concepções mais racionais. "O Yippie [membro do YIP] é o teatro da gestalt das ruas", clamou Rubin, "conclamando as pessoas através do exemplo a mudarem sua consciência. Adentrar uma sessão do Congresso vestindo uma fantasia de Paul Revere ou comparecer com trajes de magistrado a uma sessão do tribunal é uma forma de interpretar fantasias e dar fim a repressões."[19] No entanto, interpretar fantasias não dá fim a repressões, e serve apenas para dramatizar os limites permissíveis do comportamento antissocial. Nos anos 1960 e início dos 1970, os radicais que transgrediam esses limites, sob a ilusão de fomentarem a insurreição ou "submeterem a nação à terapia gestalt", nas palavras de Rubin, muitas vezes pagavam um preço alto: pauladas, prisão, assédio policial ou mesmo a morte, no caso dos terroristas — os Weathermen e os recrutas do Exército Simbionês de Libertação (SLA, na sigla em inglês) — que levaram a lógica do teatro de guerrilha até seu inevitável desfecho. Ainda assim, tão poucos foram os resultados práticos obtidos por esses radicais em troca de seu sacrifício que nos vemos obrigados a concluir que seu principal motivo para abraçar a política radical não era a promessa de resultados práticos, mas sua utilidade como nova forma de dramatização do self.

ADORAÇÃO DOS HERÓIS E IDEALIZAÇÃO NARCÍSICA

Às margens dos movimentos radicais, muitos espíritos atormentados buscaram ativamente o martírio, que teve seu poder de atração redobrado pelo glamour da publicidade moderna. A esquerda, com sua visão de levante social, sempre atraiu uma boa parcela de lunáticos, mas a mídia conferiu uma curiosa espécie de legitimidade aos atos antissociais pelo simples fato de noticiá-los. O homem nu que invade uma partida de futebol se torna por um instante o centro de todas as atenções. O criminoso que assassina ou sequestra uma celebridade bebe o glamour de sua vítima. A gangue de Manson, com o assassinato de Sharon Tate e seus amigos, e o SLA, com o sequestro de Patty Hearst, apresentam uma psicologia semelhante à dos assassinos de presidentes, frustrados ou bem-sucedidos, em anos recentes. Essas pessoas exibem, de forma exagerada, uma obsessão predominante pela fama e a determinação de alcançá-la mesmo ao custo dos próprios interesses e segurança. O narcisista divide a sociedade em dois grupos: os ricos, grandiosos e famosos, de um lado, e a manada comum, do outro. Os pacientes narcísicos, segundo Kernberg, "têm medo de não pertencer ao grupo dos grandiosos, ricos e poderosos, mas ao bando dos 'cidadãos médios', termo que usam para designar os imprestáveis e desprezíveis, e não os 'comuns' no sentido usual do termo".[20] Eles adoram os heróis, mas dão-lhe as costas quando eles os decepcionam. "Inconscientemente obcecados por um objeto-self idealizado que desejam incessantemente, [...] tais pessoas se entregam a uma busca permanente por poderes exteriores onipotentes, para então extrair força do apoio e aprovação desses mesmos poderes."[21] Assim, o assassino presidencial estabelece com sua vítima uma intimidade mortífera, segue seus movimentos e se atrela à sua estrela ascendente. O maquinário de promoção em massa estimula essa identificação, a um só tempo exaltando e humanizando os membros do Olimpo[22] e atribuindo-lhes os mesmos apetites e excentricidades que identificamos em nossos vizinhos. Através de seu ato desesperado, o assassino ou assassino frustrado se junta à sua requintada companhia. Os assassinatos se tornam uma forma de espetáculo em si, e a vida íntima dos criminosos — as dificuldades de Oswald com Marina, o estado de alma registrado por Bremer em seu diário —* propiciam o mesmo entretenimento popular que as vidas particulares de suas vítimas ou quase-vítimas.

Pacientes narcisistas, segundo Kernberg, "muitas vezes admiram algum herói ou indivíduo proeminente" e "sentem fazer parte da vida dessa pessoa proeminente". Eles veem o indivíduo admirado como "mera extensão de si mesmos". Se são rejeitados por essa pessoa, "experimentam medo ou ódio imediatos, e reagem depreciando o antigo ídolo".[23] Assim como o heroísmo apresenta diferenças sutis em relação à fama, a adoração do herói, que exalta suas ações e espera recriá-las ou, ao menos, mostrar-se digna de seu exemplo, deve ser diferenciada da idealização narcísica. O narcisista admira e se identifica com os "vencedores" movido por seu medo de ser tachado de perdedor. Ele busca se aquecer em seu brilho refletido, mas seus sentimentos abrigam uma boa dose de inveja, e a admiração muitas vezes se transforma em ódio quando seu objeto faz alguma coisa para lembrar o narcisista de sua própria insignificância. Ao narcisista falta a confiança em suas próprias habilidades, que poderiam estimulá-lo a se moldar segundo o exemplo exaltado. Assim, a fascinação narcísica com a celebridade, fenômeno galopante em nossa sociedade, coincide historicamente com o que Jules Henry chama de "erosão da capacidade de imitação, perda da capacidade de nos modelarmos de forma consciente

---

* Referências a Lee Harvey Oswald, assassino do presidente John Kennedy, a Marina Prusakova, esposa de Oswald e a Arthur Bremer, condenado por tentativa de assassinato do candidato americano à presidência George Wallace, em 1972. (N.T.)

conforme outra pessoa". Um dos alunos de ensino médio entrevistados por Henry disse de forma clara: "acho que uma pessoa não deveria se modelar a partir de outra". Henry escreve:

> Escolher alguém para servir de modelo para o próprio self é um ato agressivo de verdade, e Bill é ansioso e passivo demais para isso. [...] Quando o cinismo, a resignação e a passividade adentram nossas vidas, o primeiro faz com que todas as escolhas de imitação pareçam vãs, e a resignação e a passividade exaurem a vontade necessária para uma decisão dessas. Mas não há dúvidas de que, para se escolher imitar de maneira sólida, do ponto de vista moral, é preciso ter alguma fé em si mesmo; certa dose de otimismo ingênuo e certo montante de vontade.[24]

Quando o supereu já não consiste tanto em ideais conscientes do eu, mas antes em fantasias arcaicas e inconscientes acerca de pais com dimensões sobre-humanas, a imitação se torna quase totalmente inconsciente e expressa não a busca por modelos, mas o vazio das autoimagens. O protagonista de *Alguma coisa mudou*, de Heller, que não possui nenhum "otimismo ingênuo" ou senso de si, experimenta um

> instinto quase escravizador de ser exatamente como todas as pessoas com quem me vejo. Isso ocorre não só em termos de fala, mas também de ações físicas. [...] Tudo ocorre de forma inconsciente [...] com determinação própria, apesar de minha aversão e vigilância, e normalmente não percebo que assumi a personalidade de outra pessoa até que já estou lá.[25]

O narcisista é incapaz de se identificar com alguém sem ver o outro como extensão de si, sem obliterar a identidade do outro. Incapaz de se identificar, em primeira instância, com os pais e outras figuras de autoridade, ele acaba incapaz também de adorar um herói ou suspender sua descrença de modo a viabilizar a intrusão imaginativa na vida dos outros reconhecendo, ao mesmo tempo, sua existência independente. Uma sociedade narcisista adora a celebridade em vez da fama e substitui pelo espetáculo as formas mais antigas de teatro, que estimulavam a identificação e a imitação mantendo com cuidado certa distância entre a plateia e os atores, entre o adorador do herói e o herói.

NARCISISMO E O TEATRO DO ABSURDO

Ao passo que a vida pública, e mesmo a vida privada, assumem as características do espetáculo, um contramovimento se esforça para modelar o espetáculo, o teatro e, na realidade, todas as formas de arte, em uma tentativa de obliterar a própria separação entre vida e arte. Ambos os fenômenos popularizam uma sensação de absurdo, aspecto distintivo da sensibilidade contemporânea. Repare-se a conexão íntima entre a abundância de espetáculos, a consciência cínica de ilusão que isso cria mesmo nas crianças, a imunidade ao choque ou surpresa e a decorrente indiferença pela distinção entre ilusão e realidade. Joyce Maynard escreve sobre si mesma e a filha de quatro anos que levou ao circo:

> Somos cínicas que enxergam o fundo falso na apresentação de mágica, o travesseiro na barriga do Papai Noel do Exército da Salvação, os truques de câmera nos comerciais ("Não é a mão de um gênio de verdade saindo da máquina de lavar roupa", Hanna me disse, "é só um ator usando luva.") Então, no circo [...] ela se recostou no assento acolchoado, minha filha de quatro anos [...],

antevendo falhas cômicas, durona, esperta, triste, sábia, moldada pela desilusão dos anos, mais interessada no algodão-doce que pelo maior espetáculo da Terra. [...] Já vimos espetáculos maiores sem nos emocionarmos, todo o nosso mundo era um excesso visual, um circo de dez picadeiros com o qual nem mesmo os Ringling Brothers poderiam competir. Um homem enfiou a cabeça na boca de um tigre e eu o apontei, mais maravilhada do que me sentia de fato, para minha amiga fria e imperturbável, e como ela não olhava [...] virei a cabeça em sua direção, forcei-a a olhar. O tigre poderia ter arrancado a cabeça do domador, creio eu, poderia ter engolido o homem inteiro e o transformado em macaco, e nem assim ela se dignaria a piscar. Assistimos a uns vinte palhaços saindo de um fusca e Hanna não entendeu o sentido disso. Mas Hanna não deixa de olhar só por saber que eles saem de um alçapão sob a serragem. Mesmo se não soubesse a explicação para o truque, não teria dado a mínima.[26]

A exposição excessiva a ilusões fabricadas logo destrói a potência de representação delas. A ilusão se dissolve não em um senso ampliado de realidade, como poderíamos esperar, mas em uma marcante indiferença pela realidade. Curiosamente, nosso senso de realidade parece se fiar em nossa disposição a sermos enganados por ilusões encenadas da realidade. Mesmo uma compreensão racional das técnicas usadas para produzir determinada ilusão não destrói necessariamente nossa capacidade de vivenciá-la como representação da realidade. A ânsia por entender os truques de um mágico, assim como o interesse recente pelos efeitos especiais de filmes como *Star Wars*, compartilham com o estudo da literatura um desejo de aprender com os mestres da ilusão lições sobre a realidade. Mas a total indiferença até mesmo com relação às mecânicas ilusórias anuncia o colapso da própria ideia de realidade, que depende em todos os aspectos da distinção entre natureza e artifício, realidade e ilusão. Essa indiferença revela o declínio da capacidade de se interessar por qualquer coisa externa ao self. Assim, a criança conhecedora do mundo, impassível, empanturra-se de algodão--doce e "não teria dado a mínima" nem mesmo se descobrisse que os 24 palhaços haviam de fato entrado em um carro só.

A história da inovação teatral ilustra o princípio de que o senso de realidade prospera em meio às convenções de ilusão formalizadas e perece quando essas convenções colapsam. O teatro experimental trava há muito tempo uma guerra contra a ilusão, tentando derrubar as convenções teatrais que estimulam o espectador a aceitar a peça como retrato da realidade. Henrik Ibsen, mestre dessas convenções, disse sobre seu trabalho: "A ilusão que eu desejava criar era de realidade". Os dramaturgos de vanguarda do século 20, por outro lado, acreditam que a própria realidade é uma ilusão e, portanto, não tentam criar nenhum tipo de ilusão em seu trabalho. As peças de Luigi Pirandello exploravam a relação entre fato e ilusão, ao passo que "questionavam o direito do mundo banal de ser considerado mais real que o mundo fictício da peça". Bertolt Brecht, em vez de tentar disfarçar as convenções de palco, direcionava a atenção para elas de propósito a fim de subverter a suspensão de descrença. Do mesmo modo, romancistas experimentais fizeram todo o possível para alienar o leitor e impedi-lo de se identificar com os personagens em suas peças, lembrando-os em todas as oportunidades de que a arte — como a própria vida — é uma ficção: a imposição arbitrária de sentido a experiências que, não fosse assim, nada significariam. Os escritores modernos inverteram a fórmula de Ibsen: a realidade que desejam recriar em seus trabalhos é a da ilusão.

Os realistas do século 19 entendiam que a verossimilhança dependia em parte da capacidade do artista de manter certa distância entre público e obra de arte. Essa distância, exemplificada de forma mais visível na separação física entre autores e plateia no teatro, paradoxalmente permitia ao espectador encarar os acontecimentos no palco como cenas da vida real. "O efeito da peça", escreveu Ibsen, "depende em grande parte de fazer com que o espectador sinta que está de fato sentado, olhando e observando eventos transcorridos na vida real." Ele se queixou porque uma produção de *Ghosts* em 1883 deixou muito pouco espaço entre os espectadores e o palco. Em Bayreuth, Wagner construiu um segundo arco de proscênio na extremidade do fosso da orquestra, que se somava ao arco sobre o palco para criar um "golfo místico" entre a plateia e o palco. "Isso faz com que o espectador imagine que o palco está bem distante, embora consiga vê-lo com clareza de sua posição; por sua vez, isso faz com que surja a ilusão de que as pessoas que aparecem nele são de estatura maior, quase sobre-humana."[27]

Conforme abandona sua tentativa de criar ilusões em torno da plateia e apresentar uma versão ampliada da realidade, a arte tenta transpor o vão entre a plateia e os atores. Às vezes, justifica-se esse procedimento por teorias que retraçam as origens do drama ao ritual religioso, à comunhão orgíaca. Infelizmente, a tentativa de restaurar um senso de adoração coletiva não consegue restaurar a unidade de crença que outrora deu vida a essas formas. A fusão entre plateia e atores não faz do espectador um comunicante; ela apenas fornece a ele — quando não o afugenta do teatro — uma chance de admirar a si mesmo em um novo papel de pseudoartista, uma experiência não diferente, em termos qualitativos (mesmo quando revestida da retórica de vanguarda) daquela da plateia de estúdio em performances televisivas, que se regozija quando a própria imagem espoca de tempos em tempos nos monitores. Nas performances do Living Theater, na muito aclamada produção de *Dionysus in 69*, e nas febres de curta duração do final dos anos 1960, atores insultavam alternadamente os espectadores e faziam amor com eles, convidando-os a subir no palco com os atores para participar de pseudo-orgias ou gestos de solidariedade política. "Não quero interpretar Antígona", disse Judith Malina, "quero interpretar Judith Malina." Essas estratégias abolem a plateia, observou Eric Bentley,[28] e, como resultado, ampliam a companhia de teatro.

O surgimento do teatro do absurdo, argumentou-se, "parece refletir a mudança na forma predominante de distúrbios mentais observados e descritos desde a Segunda Guerra por um número cada vez maior de psiquiatras".[29] Enquanto o drama "clássico" de Sófocles, Shakespeare e Ibsen acionava conflitos associados às neuroses clássicas, o teatro do absurdo de Edward Albee, Samuel Beckett, Eugène Ionesco e Jean Genet se concentra no vazio, no isolamento, na solidão e no desespero experimentados pela personalidade borderline. A afinidade entre o teatro do absurdo e o "medo de relações próximas", os "decorrentes sentimentos de desesperança, perda e raiva", o "medo dos impulsos destrutivos" e a "fixação com a onipotência primeva" do paciente borderline pertence não só ao conteúdo dessas peças, mas — como é mais relevante para a atual discussão — também à sua forma. A dramaturgia contemporânea abandona o esforço de retratar verdades coerentes e reconhecíveis para o público em geral e apresenta a intuição de verdade pessoal do poeta. A desvalorização característica da linguagem, a imprecisão de tempo e espaço, o cenário esparso e a ausência de enredo evocam o mundo estéril do borderline, sua falta de fé no crescimento ou desenvolvimento de relações-objeto, sua "lembrança constante de que não importam as palavras, apenas as ações" e, acima de tudo, sua crença de que o mundo é feito de ilusões. "Em vez do personagem neurótico com conflitos bem estruturados em torno do sexo proibido, da autoridade ou da dependência e independência dentro de um contexto familiar, vemos personagens carregados de incertezas acerca do que é real." Agora, essa incerteza invade todas as formas de arte e se cristaliza em uma imagética do absurdo que volta a adentrar a vida diária, estimulando uma abordagem teatral da existência, uma espécie de teatro do absurdo do self.

O TEATRO DA VIDA COTIDIANA

Algumas correntes históricas convergiram em nossos tempos para produzir não só nos artistas, mas também nos homens e mulheres comuns um ciclo crescente de autoconsciência — o senso de self de um ator sob escrutínio constante de amigos e estranhos. Erving Goffman, o sociólogo do self performático, escreve em um trecho emblemático:

> Enquanto seres humanos, presume-se que sejamos criaturas de impulsos variáveis com humores e energias que mudam de um momento para outro. Enquanto personagens atuando diante de uma plateia, contudo, não podemos ficar à mercê desses altos e baixos. [...] Espera-se certa burocratização do espírito, para que os outros possam confiar que ofereceremos uma performance perfeitamente homogênea em todos os compromissos marcados.[30]

Essa "burocratização do espírito" se tornou cada vez mais opressiva e hoje é amplamente reconhecida, graças a Goffman, como um importante elemento do mal contemporâneo.

Essa autoconsciência que debocha de todas as tentativas de ação ou de desfrute espontâneo resulta, em última instância, do declínio da crença na realidade de um mundo externo, que perdeu seu imediatismo nessa sociedade permeada de "informações simbolicamente mediadas". Quanto mais o homem se objetifica em seu trabalho, mais a realidade adquire a aparência de ilusão. Enquanto o funcionamento da economia e da ordem social modernas se torna cada vez mais incompreensível para a inteligência média, a arte e a filosofia deixam a tarefa de explicá-lo para as ciências supostamente objetivas da sociedade; mas estas também desistiram do esforço de dar conta da realidade, refugiando-se no campo dos conhecimentos gerais. Assim, a realidade se apresenta, tanto para leigos como para "cientistas", como rede impenetrável de relações sociais — uma "interpretação de papéis", como "apresentação de si na vida cotidiana". Para o self performático,[31] só existe uma realidade: a identidade que ele constrói a partir dos materiais fornecidos pela publicidade e pela cultura de massa, pelos filmes e ficções populares e por fragmentos pinçados de uma ampla gama de tradições culturais, todas elas igualmente contemporâneas para a mente contemporânea.* Para lapidar e aperfeiçoar o pa-

---

* Em *Matadouro cinco*, romance escrito "à forma telegráfica-esquizofrênica dos contos" (isso é, com deliberada negligência pelo senso temporal convencional), Kurt Vonnegut comenta de passagem algo que ilustra o caráter eclético da sensibilidade moderna perante a cultura do passado. "O que nos agrada em nossos livros é a profundidade de muitos momentos maravilhosos, vistos todos de uma só vez." (Kurt Vonnegut, *Matadouro cinco*. Trad. de Daniel Pellizari. Rio de Janeiro: Intrínseca, 2009) O impacto fragmentador da mídia de massa, segundo Marshall McLuhan, "torna todas as civilizações contemporâneas à nossa" (*The Mechanical Bride*. Nova York: Vanguard Press, 1951, p. 3). É interessante comparar essas manifestações alegres da sensibilidade contemporânea com a discordância por parte de dois críticos literários marxistas, William Phillips e Philip Rahv, de que o senso crítico seria necessariamente calcado no senso histórico, no senso de continuidade. "Não havendo uma continuidade do desenvolvimento, a crítica perde a consciência de sua própria história e passa a considerar toda a crítica do passado como ordem simultânea de ideias. Podemos encontrar em qualquer ensaio crítico ideias de Aristóteles, Hegel e Croce, por exemplo, justapostas sem maior cerimônia. [...] Dentro desse caos, a necessidade social se afirma, é claro [ou seja, as modas mudam; a consciência muda; novas gerações crescem e são influenciadas pelo peso acumulado do passado], mas apenas enquanto força cega e imprevisível, colaborando também para a confusão de críticos incapazes

pel que desenvolveu para si, o novo Narciso fita o próprio reflexo não tanto por admiração, mas por uma busca incansável por falhas ou sinais de fadiga e decadência. A vida se torna uma obra de arte, enquanto "a obra de arte primordial do artista", como disse Norman Mailer, "é o molde de sua própria personalidade".[32] O segundo desses princípios já foi adotado não só por quem escreve "anúncios de si mesmo" para publicação, mas também pelos artistas cotidianos que circulam nas ruas. Todos nós, atores e espectadores, vivemos cercados de espelhos. Neles, buscamos reforçar nossa capacidade de cativar ou impressionar os outros, procurando ansiosos por falhas desviantes da aparência que desejamos projetar. A indústria publicitária estimula deliberadamente essa preocupação com as aparências. Nos anos 1920,

> as mulheres dos anúncios estavam sempre observando a si mesmas, sempre com postura crítica. [...] Em uma parcela considerável dos anúncios de revista voltadas ao público feminino, as mulheres eram retratadas se olhando no espelho. [...] Os anúncios dos anos 1920 eram bem explícitos com relação a esse imperativo narcisista. Eles utilizavam descaradamente figuras de nus velados e mulheres em situações autoeróticas para estimular comparações e lembrar as mulheres da primazia de sua sexualidade.

→ de entender as correntes de mudanças incessantes." (William Phillips e Philip Rahv, "Some Aspects of Literaty Criticism", Science and Society, v. 1, p. 213, 1937) Embora tais reflexões se dirigissem ao humanismo literário dos anos 1920 e 1930, elas também se aplicam com igual força à revolta pós--modernista contra o tempo. "As pessoas não devem olhar para trás", escreve Vonnegut. "Eu é que não vou fazê-lo mais." Segundo o já citado estudo sobre a personalidade borderline e o teatro do absurdo, "Do ponto de vista clínico, muitos dos pacientes borderline manifestam essa incapacidade de integrar as experiências passadas ao presente, e experimentam um sentimento de quase-pânico quando forçados a fazê-lo" (Litowitz e Newman, op. cit., p. 275).

Um folheto anunciando produtos de beleza exibia na capa um nu com a legenda: "Sua obra-prima: Você mesma".[33]

Hoje esses temas são tratados de forma mais explícita que nunca; ademais, agora a publicidade estimula não só as mulheres, mas também os homens, a encararem a criação do self como forma mais elevada de criatividade. Em um estágio anterior do desenvolvimento capitalista, a industrialização reduziu o artesão ou camponês a proletário, destituindo-o de suas terras e ferramentas para lançá-lo ao mercado sem nada para vender além de sua força de trabalho. Em nossos tempos, a eliminação das habilidades envolvidas no trabalho manual, mas também em funções executivas, criaram as condições para que a personalidade, e não vigor ou inteligência, determine a força de trabalho. Homens e mulheres precisam projetar uma imagem atraente, agindo a um só tempo como atores desempenhando papéis e connoisseurs de sua própria performance.

Mudanças nas relações sociais de produção, que conferiram à sociedade uma aparência opaca e impenetrável, também deram origem à nova ideia de personalidade descrita por Richard Sennett em *O declínio do homem público*. Enquanto o conceito de personagem do século 18 destacava elementos comuns à natureza humana, o século 19 começou a encarar a personalidade como expressão única e idiossincrática dos traços individuais. As aparências externas, segundo essa visão, exprimiam involuntariamente o homem interior. Não demorou para que as pessoas ficassem obcecadas, segundo Sennett, pelo medo de se revelarem involuntariamente através de suas ações, expressões faciais e detalhes de vestimenta. No mesmo século, como demonstrou Edgar Wind, o crítico de arte Giovanni Morelli propôs a teoria segundo a qual as pinturas originais poderiam ser diferenciadas de falsificações pelo estudo cuidadoso de detalhes insignificantes — o acabamento característico de uma orelha ou de um olho — que deixavam entrever a mão do mestre. "Todo pintor", insistia Morelli, "tem suas próprias peculiaridades, que se manifestam sem que tenha ciência delas."[34]

Naturalmente, essas descobertas sobre a personalidade e sua expressão involuntária tiveram o efeito, tanto em artistas e críticos como no leigo, de estimular a autoconsciência e o autoescrutínio. Os artistas nunca mais conseguiriam resgatar sua inconsciência acerca dos detalhes; na verdade, a nova atenção ao detalhe, como apontou um crítico, obliterou a própria noção de detalhe.[35] De modo semelhante, na vida cotidiana, o homem comum se tornou connoisseur de sua própria performance e da dos outros, empregando habilidades de romancista na "análise de detalhes de aparências", como escreve Sennett a respeito de Balzac, "ampliando o detalhe e fazendo dele um emblema do homem inteiro".[36] Mas o domínio dessas novas habilidades sociais, embora tenha ampliado a satisfação estética, criou novas formas de ansiedade e inquietação. Aprisionado em sua autoconsciência, o homem moderno deseja a inocência perdida das sensações espontâneas. Incapaz de expressar emoções sem calcular seu efeito sobre os outros, ele duvida da autenticidade das emoções dos outros e, por consequência, encontra pouco conforto nas reações da plateia diante de sua performance, mesmo quando essa plateia alega estar profundamente comovida. Andy Warhol se queixa de que:

> Dia após dia eu olho no espelho e ainda vejo algo — uma nova espinha. [...] Umedeço um cotonete Johnson & Johnson com álcool Johnson & Johnson e esfrego o cotonete na espinha. [...] E enquanto o álcool seca eu não penso em nada. Como é sempre de bom-tom. Sempre é de bom gosto. [...] Quando o álcool seca, estou pronto

para aplicar meu remédio cor de pele para acne. [...] Então agora a espinha está coberta. Mas eu estou coberto? Preciso olhar no espelho em busca de mais pistas. Não há nada faltando. Está tudo ali. A gaze invisível. [...] O langor entediado, a palidez desolada. [...] Os lábios acinzentados. O cabelo desgrenhado de um branco prateado, suave e metálico. [...] Não há nada faltando. Sou tudo o que meu álbum de recortes diz que sou.[37]

A sensação de segurança fornecida pelo espelho se mostra efêmera. Cada nova confrontação com o espelho traz novos riscos. Warhol confessa que "ainda sou obcecado pela ideia de me olhar no espelho e não encontrar ninguém, nada".

A análise das relações interpessoais no teatro da vida cotidiana — análise que deliberadamente se atém à superfície das trocas sociais, sem empreender qualquer tentativa de revelar suas profundidades psicológicas — leva a conclusões semelhantes às da psicanálise. A descrição psicanalítica do narcisista patológico, cujo senso de self depende da validação das mesmas pessoas que ele despreza, coincide em muitos aspectos com a descrição do self-ator presente na crítica literária e na sociologia da vida cotidiana. Os desdobramentos que levaram a uma nova consciência das motivações e expressões involuntárias — dentre os quais figura, inclusive, a popularização dos modos psiquiátricos de pensamento — é indissociável das mudanças históricas que produziram um novo conceito de personalidade, e também uma nova forma de organização da personalidade. O narcisista patológico revela, em um nível mais profundo, as mesmas ansiedades que, sob forma mais amena, tornaram-se tão corriqueiras nas trocas cotidianas. As formas predominantes de vida social, como vimos, estimulam muitas formas de comportamento narcísico. Além disso, elas alteraram o processo de socialização — como veremos no capítulo

"Socialização da reprodução e colapso da autoridade" (p. 253) — de modo a estimular ainda mais os padrões narcísicos vinculando-os às primeiras experiências do indivíduo.

DISTANCIAMENTO IRÔNICO COMO ESCAPE DA ROTINA

Ainda não esgotamos, contudo, as possibilidades de aprendizado da teoria da encenação. Em nossa sociedade, o autoescrutínio ansioso (não o confundir com o autoexame crítico) serve não só para regular as informações sinalizadas para os outros e interpretar os sinais recebidos, mas também para estabelecer um distanciamento irônico da rotina mortífera da vida cotidiana.[38] Por um lado, a degradação do trabalho faz da habilidade e da competência artigos cada vez mais irrelevantes para o sucesso material, estimulando a apresentação do self como mercadoria; por outro lado, desestimula o comprometimento com o trabalho e leva as pessoas a vê-lo com distanciamento autocrítico, pois essa é sua única alternativa ao tédio e ao desespero. Quando o trabalho consiste em pouco mais que uma sucessão de movimentos sem sentido e as rotinas sociais, antes dignificadas sob forma de ritual, degeneram-se e se tornam encenação de papéis, o trabalhador — esteja ele labutando em uma linha de montagem ou desempenhando um ofício de alta remuneração em uma grande burocracia — tenta escapar do consequente sentimento de inautenticidade estabelecendo uma distância irônica de sua rotina diária. Ele tenta transformar a intepretação de papéis em uma elevação simbólica da vida cotidiana. Refugia-se em piadas, no deboche e no cinismo. Se pedem que execute uma tarefa desagradável, deixa claro que não acredita nos objetivos de eficiência ampliada e maior produtividade da organização. Se vai a uma festa, demonstra com suas ações que tudo não passa de um jogo — falso, artificial, insincero; uma grotesca caricatura da socialização. À sua maneira, tenta se tornar imune às pressões da situação. Recusando-se a levar a sério as tarefas rotineiras de sua obrigação, nega a capacidade delas de lesá-lo. Embora presuma que é impossível alterar os limites férreos impostos pela sociedade, a consciência distanciada desses limites parece torná-los menos importantes. Ao desmistificar a vida diária, ele transmite a si mesmo e aos outros a impressão de estar acima de tudo isso, ao mesmo tempo que cumpre suas funções e faz o que se espera dele.

À medida que mais e mais pessoas ocupam funções muito aquém de suas capacidades, e o lazer e a sociabilidade assumem características típicas do trabalho, o distanciamento cínico se torna o estilo dominante nas trocas diárias. Muitas formas de arte popular apelam a esse senso de astúcia e, assim, acabam por reforçá-lo. A arte parodia papéis e temas familiares, convidando a plateia a se sentir superior àqueles ao redor. Formas populares começam a parodiar a si mesmas: os faroestes imitam faroestes; telenovelas como *Fernwood*, *Soap* e *Mary Hartman, Mary Hartman* debocham das convenções das telenovelas para assegurar o espectador de sua própria sofisticação. Ainda assim, boa parte da arte popular segue romântica e escapista, evitando esse teatro do absurdo para prometer uma fuga da rotina, em vez de um distanciamento irônico dela. A publicidade e os romances populares deslumbram o público com visões de experiências ricas e aventuras. Eles não prometem distanciamento cínico, mas uma dose de ação, uma participação no drama ao invés da audiência cínica. Emma Bovary, consumidora prototípica da cultura de massa, ainda sonha; e seus sonhos, compartilhados por milhões, intensificam a insatisfação com os trabalhos e a rotina social.

A acomodação irrefletida à rotina se torna cada vez mais difícil. Enquanto a indústria moderna condena as pessoas a trabalhos que insultam sua inteligência, a cultura de massa do escapismo romântico preenche suas mentes com visões de experiências além de suas possibilidades — e também além de suas capacidades emocional e imaginativa —, contribuindo assim para uma desvalorização ainda maior da rotina. A disparidade entre romance e realidade, entre o mundo das pessoas bonitas e o mundo prosaico, dá origem a um distanciamento irônico que entorpece a dor, mas também compromete a vontade de mudar as condições sociais, de promover até mesmo melhorias modestas no trabalho e no lazer, e de devolver o sentido e a dignidade à vida cotidiana.

SEM SAÍDA

O escape por meio da ironia e da autoconsciência crítica é, em toda instância, uma ilusão por si só, na melhor das hipóteses capaz apenas de propiciar um alívio momentâneo. O próprio distanciamento não demora a se tornar rotina. A percepção de ter percebido cria um ciclo acirrante de autoconsciência que inibe a espontaneidade. Isso intensifica o sentimento de inautenticidade oriundo sobretudo do ressentimento pelos papéis sem sentido atribuídos pela indústria moderna. Os papéis de criação própria acabam se tornando tão limitadores quanto os papéis sociais dos quais os primeiros deveriam propiciar um distanciamento irônico. Desejamos fugir de nossa autoconsciência, da postura pseudoanalítica que se tornou nossa segunda natureza; mas nem a arte, nem a religião — os grandes emancipadores históricos da prisão do self — conservam o poder de esvaziar a descrença. Em uma sociedade tão fortemente baseada em aparências e ilusões, as maiores ilusões — a arte e a religião — não têm futuro. *Credo quia absurdum*,* o paradoxo da experiência religiosa no passado, tem pouco sentido em um mundo no qual tudo parece absurdo, e não só os milagres associados à fé e à prática religiosas. Quanto à arte, além de fracassar na tentativa de criar ilusões de realidade, ela sofre da mesma crise de autoconsciência que aflige os homens nas ruas. Romancistas e dramaturgos destacam a artificialidade de suas próprias criações e desestimulam a identificação do leitor com suas personagens. Por meio da ironia e do ecletismo, o escritor se afasta de seu tema, mas, ao mesmo tempo, fica tão consciente dessas técnicas de distanciamento que passa a ter cada vez mais dificuldade para escrever sobre qualquer outra coisa que não a dificuldade de escrever. A escrita sobre a escrita se torna então um objeto de autoparódia, como quando Donald Barthelme insere em um de seus contos esta amarga reflexão: "outro conto sobre escrever um conto! Outro *regressus ad infinitum*! Quem não prefere uma arte que ao menos replique abertamente algo além de seu próprio processo? Que não proclame o tempo inteiro: 'Não se esqueça, sou um artifício!'".

Na mesma pegada, John Barth pergunta, enquanto escreve uma novela:

> Como se escreve uma novela? Como encontrar esse canal perdido entre fendas e córregos? Contar histórias não é a minha; não é a de ninguém; meu enredo não ganha ou perde força em cenas significativas, mas [...] cai em digressões, recua, hesita, geme com seu completo et cetera, desmorona, morre.

A "retirada emocional" do escritor experimental, segundo Morris Dickstein, ameaça se desintegrar em uma catatonia.

* Em latim no original: "Acredito porque é absurdo". (N.T.)

Ao desistir da tentativa de "dominar a realidade", o escritor se refugia em uma autoanálise superficial que veda não apenas o mundo externo, mas também a subjetividade mais profunda "que permite à imaginação alçar voo. [...] Suas incursões no self são tão vazias como suas digressões sobre o mundo".[39]

A análise psicológica reforça mais uma vez o que aprendemos com a sociologia da arte e a sociologia da interpretação de papéis na vida cotidiana. Embora a incapacidade de suspender a descrença se origine de convenções artísticas em transformação e da autoconsciência por meio da qual tentamos nos distanciar da vida cotidiana (e acaba nos aprisionando), esse escrutínio de autovigilância muitas vezes tem também uma base psicológica. Aqueles que confiam na capacidade do eu de controlar o id, segundo Kohut,[40] sentem prazer ao suspenderem momentaneamente o processo secundário (por exemplo, durante o sono ou a atividade sexual), pois sabem que podem recuperá-lo assim que desejarem. O narcisista, por outro lado, acha os próprios desejos tão ameaçadores que não raro enfrenta grandes dificuldades para dormir ou elaborar o impulso sexual em fantasias ("a prova cabal para a capacidade de uma pessoa de desapegar-se dos processos secundários") ou ao suspender a realidade atual durante sessões psicanalíticas. O narrador de *Alguma coisa mudou*, de Heller, confessa:

> Não raro me apavoro ao acordar de um sono profundo e sem sonhos e perceber como eu estava longe da vida, e como estive desprotegido no tempo passado lá. [...] Talvez eu não conseguisse voltar. Não gosto de perder de todo o contato com a consciência.

Em sessões psiquiátricas, assim como no cinema, as convenções que envolvem o encontro psicanalítico costumam apoiar "o desafeiçoar-se da realidade atual": a "diminuição de estímulos dos arredores imediatos" permite ao paciente se voltar "para um mundo de memórias trabalhadas imaginativa e artisticamente". Com alguns pacientes, porém, a "incapacidade de tolerar o desafeiçoar-se da realidade atual e de aceitar a ambiguidade da situação analítica" se torna o próprio problema central da análise. Como de costume, acrescenta Kohut, não há vantagem em confrontar o paciente com um argumento moral contra essa incapacidade ou de persuadi-lo ou incentivá-lo a mudar seu modo de agir.

O ataque recente à ilusão teatral, que sabota a religião da arte no século 20 com a mesma eficácia que o ataque às ilusões religiosas no século 19 sabotou a própria religião, é parte do medo da fantasia associado à resistência a "desapegar-se da realidade atual". Quando arte, religião e, por fim, até mesmo o sexo perdem seu poder de alívio imaginativo contra a realidade diária, a banalidade da pseudoautoconsciência se torna tão esmagadora que o homem perde a capacidade de vislumbrar qualquer tipo de alívio, exceto o completo vazio e ausência de sentido. Warhol oferece uma boa descrição do estado mental decorrente disso:

> O melhor amor é o amor sobre o qual não é preciso pensar. Algumas pessoas conseguem fazer sexo e esvaziar suas mentes para preenchê-las com sexo; outras nunca conseguem esvaziar a mente e preenchê-la com sexo, e por isso pensam durante o sexo "Será que sou eu mesmo? Estou mesmo fazendo isso? Isso é muito estranho. Cinco minutos atrás eu não estava fazendo isso. Daqui a pouco não estarei fazendo isso. O que minha mãe diria? Como as pessoas sequer cogitaram fazer isso?". Assim, o primeiro tipo de gente [...] se dá melhor. O outro tipo tem que encontrar outra coisa para relaxar e se deixar levar.[41]

Aprisionado em sua pseudoconsciência de si, o novo Narciso ficaria alegre em se refugiar em uma *idée fixe*, uma compulsão neurótica, uma "obsessão extravagante" — qualquer coisa para desviar a mente da própria mente. Mesmo a resignação irrefletida à labuta diária, cada vez mais pertencente ao passado histórico, vai se tornando um estado da mente quase invejável. Uma característica do horror peculiar à vida contemporânea é o fato de que ele transforma os piores elementos de tempos anteriores — o estupor das massas, as vidas definidas e obsessivas da burguesia — parecerem desejáveis por comparação. O capitalista do século 19, compulsivamente diligente em sua tentativa de resistir às tentações, sofria dos tormentos impostos por seus demônios internos. O homem contemporâneo, torturado pela autoconsciência, volta-se para novos cultos e terapias não para se livrar de obsessões, mas para encontrar sentido e propósito na vida, para encontrar uma razão de viver, justamente para abraçar uma obsessão, se não a *passion maîtresse* da própria terapia. Ele trocaria sua autoconsciência pelo esquecimento, e sua liberdade de criar novos papéis por alguma forma de ditadura externa (quanto mais arbitrária, melhor). O herói dos romances recentes renuncia à livre escolha e vive conforme os ditames do acaso: "Inculquei em minha mente, naquele instante e para todo o sempre, o princípio jamais questionado de que aquilo que os dados ditarem, eu farei".[42] Antes os homens protestavam contra as ironias do destino; agora, preferem-na à ironia da autoconsciência incessante. Enquanto as épocas anteriores buscaram substituir as ordens arbitrárias vindas de dentro e de fora pela razão, o século 20 encara a razão, sob sua corrompida faceta contemporânea da autoconsciência irônica, como um mestre severo, e busca resgatar formas anteriores de escravidão. Em nossos tempos, a vida aprisionada do passado soa como libertação.

A degradação do esporte

ESPÍRITO LÚDICO × ÍMPETO DE EXALTAÇÃO NACIONAL

Entre todas as atividades usadas pelo homem como forma de alívio da vida cotidiana, os jogos representam, em muitos sentidos, a mais pura forma de escape. Como o sexo, as drogas e a bebida, eles obliteram a consciência da realidade diária, mas não o fazem reduzindo a consciência, e sim levando-a a uma nova intensidade de concentração. Além disso, eles não causam efeitos colaterais, ressacas ou complicações emocionais. Os jogos satisfazem simultaneamente a necessidade de livre fantasia e a busca por dificuldades gratuitas; combinam a exuberância infantil com complicações deliberadamente criadas. Ao estabelecer condições de igualdade entre os jogadores, segundo Roger Caillois, os jogos tentam substituir por condições ideais a "confusão normal da vida diária".[1] Eles recriam a liberdade, a perfeição da lembrança da infância, e a separam da vida normal pela imposição de limites artificiais, dentro dos quais as regras, às quais os jogadores se submetem por livre vontade, são a única restrição. Os jogos exigem inteligência, habilidade e determinação para atividades inúteis, que em nada contribuem para o embate do homem contra a natureza, para o conforto e riqueza da humanidade ou para sua sobrevivência física.

A inutilidade dos jogos torna-os ofensivos para os reformistas sociais, discípulos da moral pública ou críticos funcionalistas da sociedade como Veblen, que via na futilidade dos esportes de classe alta a sobrevivência anacrônica do militarismo e da coragem. No entanto, é a "futilidade" do jogo, e nada além dela, que explica seu apelo — sua artificialidade, os obstáculos arbitrários que estabelece somente para desafiar os jogadores a superá-los, a ausência de qualquer objetivo utilitário ou edificante. Os jogos logo perdem o charme quando postos a serviço da educação, do aprimoramento de caráter ou de avanços sociais.

Hoje, a visão oficial dos efeitos benéficos e sadios do esporte, substituta das muitas ideologias utilitaristas do passado, destaca sua contribuição para a saúde, o preparo físico e, portanto, para o bem-estar nacional, considerado como soma dos "recursos humanos" da nação. A versão "socialista" dessa ideologia não difere em quase nada da versão capitalista propagada, por exemplo, por John F. Kennedy em seus cansativos pronunciamentos sobre o condicionamento físico. Tentando justificar a criação de seu Conselho Presidencial para o Condicionamento Físico do Jovem (chefiado pelo técnico de futebol americano de Oklahoma, Bud Wilkinson), Kennedy citou o contínuo declínio da força e do condicionamento físico segundo os resultados de testes padronizados. "Nossa crescente moleza e nosso crescente déficit de condicionamento físico são ameaças à nossa segurança." Esse ataque à "moleza" anda de mãos dadas com a condenação da condição de espectador.

A semelhança dessa fala com os pronunciamentos socialistas é deprimente.[2] O governo cubano anunciou em 1967 que o esporte deveria ser considerado parte do "elemento indissociável de educação, cultura, saúde, defesa, felicidade e desenvolvimento do povo e de uma nova sociedade". Em 1925, o Comitê Central do Partido Comunista Soviético declarou que o esporte deveria ser usado de forma consciente "como meio de reunir as massas de trabalhadores e camponeses em torno das várias organizações de sovietes do partido e sindicatos, por meio dos quais essas massas de trabalhadores e camponeses devem ser cooptadas para atividades sociais e políticas". Por sorte, os povos de todas as nações tendem a resistir por instinto a tais exortações. Eles sabem que os jogos permanecem gloriosamente inúteis e que, além disso, assistir a uma competição atlética empolgante pode ser quase tão exaustivo do ponto de vista emocional quanto participar dela — está longe de ser a experiência "passiva" que os guardiões da saúde e da virtude públicas querem dar a entender.

HUIZINGA SOBRE O *HOMO LUDENS*

Após a indústria moderna reduzir quase todos os trabalhos à rotina, o significado dos jogos em nossa sociedade foi potencializado. Os homens buscam nos jogos dificuldades e demandas — tanto físicas como intelectuais — que já não encontram no trabalho. Talvez não seja a rotina e a monotonia por si só que tiram o desfrute do trabalho (pois qualquer trabalho que valha a pena envolve certa dose de labuta), mas sim as condições peculiares predominantes em grandes organizações burocráticas e, cada vez mais, também nas fábricas modernas. Quando perde suas características tangíveis e palpáveis, seu caráter de transformação da matéria por meio da engenhosidade humana, o trabalho se torna de todo abstrato e interpessoal. A intensa subjetividade do trabalho moderno, exemplificada pelo escritório ainda melhor do que pela fábrica, leva homens e mulheres a duvidarem da realidade do mundo externo e a se encasularem em si mesmos, conforme vimos no capítulo anterior, em uma casca protetora de ironia. O trabalho apresenta hoje tão poucos traços lúdicos, e a rotina diária, tão poucas oportunidades de escape da autoconsciência irônica — a ponto de assumir ela própria características de rotina —, que as pessoas procuram se abandonar aos jogos mais do que antes. "Em uma época na qual *imagem* é uma das palavras empregadas com maior frequência na escrita e nos discursos estadunidenses", observa Joseph Epstein em um ensaio recente sobre esportes, "não é tão comum nos depararmos com coisas reais."

A história da cultura, como Huizinga demonstrou em seu clássico estudo sobre os jogos, *Homo Ludens*,[3] parece, de certa perspectiva, consistir na erradicação gradual do elemento lúdico de todas as formas culturais — da religião, da lei, da guerra e, sobretudo, do trabalho produtivo. A racionalização dessas atividades deixa pouco espaço para o espírito de invenção arbitrária ou para a disposição de entregar as coisas ao sabor do acaso. O risco, a ousadia e a incerteza — componentes importantes do jogo — não têm espaço na indústria ou em atividades permeadas por padrões industriais, que buscam justamente prever e controlar o futuro e eliminar o risco. Em conformidade com isso, os jogos assumiram uma importância sem precedentes até mesmo quando comparado à Grécia Antiga, onde boa parte da vida social girava em torno de competições. O esporte, que também satisfaz a necessidade faminta de esforço físico — para uma renovação do sentido da base física da vida —, tornou-se não só motivo de entusiasmo das massas, mas também daqueles que se colocam como elite cultural.

O processo de crescimento que deu aos esportes com plateia sua atual importância coincide historicamente com o crescimento da produção em massa, que intensifica as necessidades satisfeitas pelo esporte e, ao mesmo tempo, cria capacidade técnica e promocional para o mercado de competições atléticas com grande público. Segundo uma crítica frequente ao esporte moderno, contudo, esses mesmos desdobramentos destruíram o valor das atividades atléticas. A comercialização transformou o jogo em trabalho, subordinou o prazer do atleta ao do espectador e reduziu esse mesmo espectador a uma passividade vegetativa — a perfeita antítese de saúde e vigor que o esporte idealmente promove. A mania pela vitória levou à ênfase exagerada no aspecto competitivo do esporte, excluindo experiências mais modestas, mas também mais satisfatórias, de cooperação e competência. O culto da vitória, proclamado por técnicos de futebol americano como Vince Lombardi e George Allen, transformou os jogadores em selvagens e os torcedores, em chauvinistas raivosos. A violência e o sectarismo do esporte moderno fizeram com que alguns críticos insistissem que o esporte incute valores militaristas nos jovens, exaltando o orgulho local e nacional no espectador e servindo como um dos bastiões mais fortes do chauvinismo masculino.

O próprio Huizinga, que antecipou alguns desses argumentos, e os articulou de forma muito mais persuasiva, discutindo que os jogos modernos e os esportes haviam sido arruinados por uma "tendência fatal para o excesso de seriedade". Ao mesmo tempo, sustentou que o jogo havia perdido seu elemento de ritual, tornando-se "profano" e, consequentemente, deixando de oferecer qualquer "ligação orgânica com a estrutura da sociedade". As massas agora anseiam por "divertimentos vulgares e de sensacionalismo", e se lançam a essas buscas com uma intensidade desproporcional a seu mérito intrínseco. Em vez de jogar com a liberdade e a intensidade das crianças, eles jogam com uma "mistura de adolescência e barbárie" que Huizinga chama de puerilismo, dotando os jogos de um fervor patriótico e marcial e tratando tarefas sérias como jogos. "Estamos em um estágio avançado de contaminação entre ludismo e seriedade", segundo Huizinga.

As duas esferas se misturam. Nos comportamentos que deveriam ser sérios, lá está oculta e escusa a parte de jogo. Já o que é reconhecido como jogo, por outro lado, por conta do excesso de organização técnica e por ser levado demasiado a sério, já não consegue conservar o seu caráter autenticamente lúdico, perdidas as qualidades imprescindíveis da isenção, do natural e da alegria.[4]

A CRÍTICA DO ESPORTE

A análise da crítica do esporte moderno, seja em sua forma vulgar ou na versão mais refinada de Huizinga, traz à tona diversos equívocos comuns acerca da sociedade moderna e esclarece algumas das questões centrais deste estudo, sobretudo a natureza do espetáculo e a diferença entre ele e outros tipos de performance, ritual e competição. Um grande volume de escritos sobre esportes foi elaborado em anos recentes, e a sociologia do esporte se consolidou como ramificação secundária das ciências sociais. Boa parte desses comentários não tem outro propósito senão promover o esporte ou explorar o mercado jornalístico criado por ele, mas alguns têm como ambição a crítica social. Entre os formuladores de acusações hoje conhecidas do esporte organizado estão o sociólogo Harry Edwards, o psicólogo e ex-jogador de tênis Dorcas Susan Butt (para quem o esporte deveria promover a competência em vez da competição), atletas profissionais desiludidos como Dave Meggyesy e Chip Oliver e críticos radicais da cultura e da sociedade, com destaque para Paul Hoch e Jack Scott.[5]

Discutir o trabalho deles nos ajuda a isolar aquilo que é historicamente específico ao mal-estar cultural contemporâneo. Os críticos do esporte, em seu ímpeto de revelar indícios de declínio e corrupção, atacam elementos intrínsecos da prática esportiva, essenciais para seu apelo em todos os períodos e lugares, baseando-se no equívoco de que a violência, a apreciação passiva e a competição refletem condições peculiares aos tempos modernos. Por outro lado, eles ignoram a notável contribuição da sociedade contemporânea para a degradação do esporte e, portanto, confundem a natureza dessa degradação. Eles se concentram em questões como o "excesso de seriedade", fundamentais para a compreensão do esporte, e até mesmo para a própria definição do jogar, mas secundárias ou irrelevantes para seu desenvolvimento histórico e sua transformação contemporânea.

Peguemos a queixa comum de que os esportes modernos são "voltados para o público e não para os participantes". Os espectadores, segundo essa visão, são irrelevantes para o sucesso do jogo. Como é ingênua a teoria da motivação humana que isso implica! A aquisição de certas habilidades inevitavelmente cria uma ânsia por exibi-las. Em um nível mais elevado de maestria, o executor já não deseja apenas exibir seu virtuosismo — pois o verdadeiro conhecedor é capaz de distinguir rapidamente o exibido que joga para a torcida do artista superior que se entrega ao pleno rigor de sua própria arte —, mas também ratificar um feito de suprema dificuldade, dar prazer e estabelecer um laço entre ele e a plateia, que consiste em sua apreciação comum por um ritual executado à perfeição, com profundo senso de estilo e proporção.

Em todos os jogos, sobretudo nas competições atléticas, a exibição e a representação constituem um elemento central — um lembrete de conexões anteriores entre jogo, ritual e drama. Os jogadores não se limitam a competir; eles encenam uma cerimônia familiar para reafirmar valores comuns. Cerimônias exigem testemunhas: uma plateia de entusiastas familiarizados com as regras da performance e seu significado subjacente. Longe de destruir o valor dos esportes, a presença dos espectadores os completa. Por sinal, uma das virtudes do esporte contemporâneo é sua resistência à erosão dos padrões e sua capacidade de interessar uma plateia iniciada. Norman Podhoretz argumentou[6] que a plateia esportiva segue mais criteriosa que o público das artes, e que a "excelência é relativamente incontroversa enquanto forma de julgar a performance". Ainda mais importante, todos concordam quanto aos padrões pelos quais se deve medir a excelência. A plateia esportiva ainda é formada em grande parte por homens que praticaram esportes quando crianças e, portanto, adquiriram noções do jogo e a capacidade de discernir os vários níveis de excelência.

Não se pode dizer o mesmo da plateia de performances artísticas, muito embora músicos, dançarinos, atores e pintores amadores ainda constituam uma pequena parcela da plateia. A experimentação constante nas artes criou tanta confusão acerca dos padrões que a única medida de excelência restante é a novidade e o valor de choque, que, em tempos de saturação, se manifestam muitas vezes por meio da feiura e banalidade absolutas de uma obra. No esporte, por outro lado, as novidades e modismos têm pouca importância sobre o apelo dos jogos para uma plateia criteriosa.*

---

* Isso não significa que o virtuosismo seja o principal componente do esporte. Ao insinuar uma comparação, aqui e em outros lugares, entre as performances esportivas e as musicais, desejo provar justamente o contrário. Um executor que busca apenas impressionar a plateia exibindo seu brilhantismo técnico atua no nível mais baixo de compreensão, abstendo-se dos riscos decorrentes do envolvimento emocional intenso com o próprio material. Nas performances mais satisfatórias, o executor perde a consciência da plateia e se perde em sua função. No esporte, o momento crucial é aquele que um ex-jogador de

No entanto, mesmo ali os padrões já começaram a ser contaminados. Confrontados com a elevação de custos, os donos dos times buscam ampliar a plateia de eventos esportivos com placares explosivos, transmitindo a filmagem de grandes embates, distribuindo capacetes e bastões e cercando o espectador de *cheerleaders*, *usherettes* e dançarinas. A televisão ampliou a plateia esportiva e, ao mesmo tempo, reduziu o nível médio de compreensão dos esportes; ao menos é o que presumem os comentaristas esportivos em atividade, que despejam nos espectadores um fluxo interminável de explicações sobre aspectos básicos do jogo e dos organizadores, os quais reformulam cada modalidade para adequá-las ao gosto de uma plateia supostamente incapaz de desfrutar de seus melhores aspectos. A adoção pela Liga Americana de Beisebol da regra do batedor designado, que exime os lançadores da tarefa de rebater e reduz a importância da estratégia de gestão, é um exemplo particularmente escandaloso da diluição dos esportes pelas exigências da promoção em massa. Outra é o "Devil-Take-the-Hindmost Mile", evento de corrida em trilha inventado pelo

→ basquete descreveu como o instante "em que todo o povo na arquibancada não importa". O jogador em questão, hoje acadêmico, abandonou esse esporte de grande visibilidade após perceber que esperavam que ele não tivesse vida fora dali; mas ele acumulou mais insights acerca da natureza dos jogos que Dave Meggyesy, Chip Oliver e outros ex-atletas. Rejeitando o radicalismo simplório segundo o qual a "comercialização" corrompeu o esporte, ele afirma: "O dinheiro [no esporte profissional] não tem nada a ver com capitalismo, donos dos times ou profissionalismo. É o aspecto que em alguns jogos faz com que não importe quem esteja assistindo, e só interesse o instante em que o modo como você joga determina qual equipe ganhará e qual perderá". Se o virtuosismo fosse a essência do esporte, poderíamos não ligar para os jogos de basquete como um todo e nos contentarmos só com demonstrações de dribles e enterradas. Mas dizer que o verdadeiro talento consiste não em uma técnica espantosa, mas no trabalho em equipe, no timing, em um senso de momento, uma compreensão do meio e a capacidade de se entregar ao jogo não significa, por óbvio, que os jogos teriam o mesmo significado se ninguém assistisse a eles. Significa apenas que a performance superior passa despercebida.

periódico *San Francisco Examiner*, no qual o último competidor a completar os primeiros estágios da corrida precisa deixar a prova — regra que estimula um embate inicial para evitar a desclassificação, mas reduz a qualidade geral do evento. Quando as redes de televisão descobriram o surfe, elas insistiram para que os eventos fossem realizados de acordo com um calendário pré-estipulado, sem levar em conta as condições climáticas. Um surfista reclamou: "A televisão está destruindo nosso esporte. Os produtores de TV estão transformando um esporte e forma de arte em circo".[7] Ações análogas produzem os mesmos efeitos sobre outros esportes, forçando jogadores de beisebol, por exemplo, a jogarem partidas da World Series em noites congelantes de outubro. A substituição do gramado por superfícies artificiais no tênis, que reduziu a velocidade dos jogos, premia a confiabilidade e a paciência e reduz o elemento de brilhantismo tático e imposição pela velocidade — tudo para agradar produtores de televisão, pois isso permite partidas de tênis sob quaisquer condições climáticas e permite que sejam jogadas em locais fechados, em santuários do esporte como o Caesar's Palace de Las Vegas. A televisão reorganizou o calendário esportivo e, assim, usurpou o esporte de sua conexão familiar com as estações, reduzindo seu potencial de evocar lembranças e alusões.

Conforme seu conhecimento médio dos jogos a que assiste diminui, o espectador passa a se guiar por sensações e a sentir uma sede de sangue. O aumento da violência no hóquei no gelo, a um ponto tal em que deixa de desempenhar qualquer função no jogo, coincidiu com a expansão do hóquei profissional em cidades sem qualquer tradição no esporte — cidades onde, na realidade, as condições climáticas sempre impediram uma tradição do jogo. Mas essas mudanças não indicam que os esportes devam ser organizados, como imaginam alguns críticos recentes, somente em prol da edificação dos jogadores, nem que a corrupção se instala quando os esportes começam a ser jogados diante de espectadores em troca de lucro. Ninguém nega que a participação nos esportes é desejável — não porque estes construam corpos fortes, mas porque trazem alegria e prazer. Ao assistirmos ao mais alto nível de maestria de um esporte, contudo, estabelecemos padrões para medirmos a nós mesmos. Ao ingressarmos imaginativamente em seu mundo, vivenciamos de forma ampliada a dor da derrota e o triunfo da persistência frente às adversidades. A performance esportiva, assim como as demais performances, evoca um rico fio de fantasias e associações, moldando as percepções inconscientes da vida. Ao sermos espectadores, não somos mais "passivos" do que quando sonhamos acordados, pois a qualidade da performance provoca uma resposta emocional.

É um erro supor que o esporte profissional sirva, em qualquer ocasião, apenas aos interesses dos jogadores, ou que a profissionalização corrompa inevitavelmente todos os participantes. Ao glorificarem o amadorismo, equiparando a participação em uma plateia à passividade, e deplorarem a competição, as críticas recentes ao esporte ecoam o falso radicalismo da contracultura, da qual provêm muitos de seus elementos. Essa crítica desdenha da excelência e propõe o fim da distinção "elitista" entre jogadores e espectadores. Ela propõe substituir o esporte competitivo profissional, que, a despeito de suas deficiências, exalta padrões de competência e bravura (e não fosse assim talvez acabassem extintos), por um regime insosso de diversões cooperativas do qual todos podem participar, independentemente de idade ou nível de habilidade — "novos esportes para os não competitivos",[8] desprovidos de "qualquer objetivo real", como se ouve volta e meia, além de "reunir as pessoas para que curtam umas às outras". Esse radicalismo, em sua ânsia por extirpar da prática desportiva o elemento que sempre esteve por trás de seu apelo imaginativo — isto é, a rivalidade encenada de capacidades superiores —, dispõe-se a concluir o processo de degradação iniciada pela mesma sociedade que os radicais culturais alegam criticar e subverter. Vagamente desconfortáveis com a resposta emocional incitada pelo esporte competitivo, os críticos da plateia "passiva" desejam colocar o esporte a serviço do exercício físico saudável, refreando ou eliminando o elemento de fantasia, faz de conta e interpretação de papéis associado desde sempre aos jogos. A demanda por maior participação, assim como a desconfiança da competição, parece ter origem no medo de que impulsos e fantasias inconscientes acabem tomando conta de nós caso permitamos que se manifestem.*

A TRIVIALIZAÇÃO DA PRÁTICA ESPORTIVA

O que corrompe a performance esportiva, bem como qualquer outra performance, não é o profissionalismo ou a competição, mas a ruptura das convenções que envolvem o jogo. É nesse ponto que o ritual, o drama e os esportes se degeneram todos em espetáculo. A análise de Huizinga sobre a secularização do esporte ajuda a esclarecer esse aspecto. Na medida em que os eventos esportivos perdem o elemento de ritual e festividade pública, segundo Huizinga, eles se deterioram para se tornarem

---

* De qualquer modo, o debate tão em voga sobre a necessidade de maior participação no esporte é totalmente irrelevante para a discussão acerca de sua significância cultural. Isso seria tão eficaz quanto avaliar o futuro da música estadunidense contando o número de músicos amadores. Em ambos os casos, a participação pode ser uma experiência eminentemente satisfatória; mas em nenhum dos dois casos o nível de participação nos diz muita coisa sobre o estado da arte.

"divertimentos vulgares e de sensacionalismo".[9] No entanto, até mesmo Huizinga compreende mal a causa desse desdobramento. Ele não é explicado pela "tendência fatal para o excesso de seriedade". O próprio estudioso, ao escrever sobre a teoria do jogo e não sobre o colapso dos "jogos genuínos" em nossos tempos, entende muito bem que o jogo, sob sua melhor forma, é sempre sério; na verdade, a essência do jogo reside em levar a sério atividades sem nenhum propósito, sem nenhum fim prático. Ele nos lembra de que "a maioria das competições gregas era travada com a mais sincera franqueza" e inclui, dentro da categoria de jogo, duelos em que os competidores lutavam até a morte, esportes aquáticos cujo objetivo era afogar o oponente e torneios cujo treinamento e preparação consumiam toda a existência dos atletas.

Degradar o esporte, portanto, não significa levá-lo a sério demais, mas tomá-lo por trivial. O poder dos jogos vem da dedicação séria a uma atividade aparentemente trivial. Ao se submeter sem restrições às regras e convenções do jogo, os jogadores (e também os espectadores) cooperam para criar uma ilusão da realidade. Assim, o jogo se torna uma representação da vida, e a prática adquire também caráter de encenação. Em nossos tempos, os jogos — e os esportes em especial — estão perdendo depressa seu caráter de ilusão. Desconfortável na presença da fantasia e da ilusão, nossa era parece ter escolhido destruir as inofensivas gratificações substitutas que antes eram fonte de consolo e encantamento. No caso dos esportes, o ataque à ilusão vem dos jogadores, organizadores e espectadores em igual medida. Os jogadores, ansiosos para se apresentarem como *entertainers* (em parte para justificar seus salários inflados), negam a seriedade do esporte. Os organizadores incitam os fãs a se tornarem sectários raivosos, mesmo em esportes antes marcados pelo decoro, como o tênis. A televisão cria um novo público doméstico e transforma os espectadores "ao vivo" em participantes que acenam para a câmera e tentam chamar sua atenção exibindo faixas de comentários não só sobre as ações em campo, mas também sobre a cabine de imprensa. Às vezes, os torcedores se intrometem no jogo de forma mais agressiva, invadindo o campo ou destruindo o estádio após uma vitória importante. A violência crescente das multidões, cuja responsabilidade é atribuída rotineiramente à violência dos esportes modernos e ao hábito de levá-los a sério demais, advém, pelo contrário, do fracasso em levar o esporte suficientemente a sério — em aceitar as convenções que deveriam unir espectadores e jogadores. Após a empolgante partida entre Vilas e Connors na final do US Open de 1977[10] em Forest Hills, uma multidão indomável adentrou a quadra após o último ponto e, assim, deu fim às horas de tensão que deveriam ter sido encerradas com o tradicional aperto de mãos entre os jogadores — permitindo então que Connors escapasse do estádio sem reconhecer a vitória do rival nem participar da cerimônia de encerramento. Transgressões recorrentes como essa sabotam a ilusão criada pelos jogos. Quebrar as regras implica romper o encanto. A fusão entre jogadores e espectadores, na quadra ou no teatro, inviabiliza qualquer suspensão de descrença e, portanto, destrói o valor representacional do esporte profissional.

IMPERIALISMO E O CULTO À VIDA EXTENUANTE

A história recente dos esportes é a história de sua pronta submissão às demandas da realidade cotidiana. A burguesia do século 19 reprimiu os esportes e festivais populares durante sua campanha para estabelecer o reino da sobriedade. Feiras e partidas de futebol americano, touradas, rinhas de galo e lutas de boxe ofendiam os reformistas de classe média por sua crueldade e por bloquearem as vias públicas, perturbando a rotina dos negócios e distraindo as pessoas de seu trabalho ao mesmo tempo que estimulavam hábitos de ociosidade, extravagância e insubordinação e abriam caminho para a depravação e a libertinagem. Em nome do desfrute racional e do espírito de autoaprimoramento, esses reformistas conclamavam o homem trabalhador a abandonar os esportes e os extravasamentos públicos e a ficar em casa, no conforto respeitável de seu círculo doméstico. Quando essa conclamação fracassava, eles recorriam à ação política. Na Inglaterra do início do século 19, eles se depararam com a oposição de uma coalisão conservadora que se sobrepôs às diferenças de classe: os plebeus, ao defenderem seu entretenimento "imemorial", encontraram apoio de tradicionalistas da aristocracia, sobretudo a aristocracia provinciana ainda não infectada pela devoção evangélica, pelo humanitarismo sentimental e pelo dogma do empreendedorismo. Eles se perguntavam:

> Qual seria a consequência se todas essas diversões fossem banidas de vez? As pessoas comuns, vendo-se privadas de qualquer esperança desse entretenimento, ficariam desanimadas e entediadas [...]: e não só isso, pois movidas pela absoluta necessidade de se divertirem de vez em quando, adquiririam o vício de prazeres menos justificáveis.[11]

Nos Estados Unidos, a campanha contra diversões populares, intimamente associada à cruzada contra o álcool e à mobilização em prol de uma observância mais estrita dos domingos como dia de descanso, assumiu a forma de conflito não só de classe, mas também de etnia. A classe trabalhadora, em grande parte imigrante e católica, muitas vezes empenhava-se em uma incômoda aliança com o "elemento esportivo" e a "sociedade elegante", para defender o jogo e a bebida contra os ataques da classe média respeitável. Na Nova York de meados do século 19, por exemplo, o partido Whig* se identificava com o empreendedorismo, aprimoramento, sobriedade, fé religiosa, parcimônia, "hábitos sóbrios", "estudo livresco" e observância estrita do domingo; já os democratas, partido do reacionarismo rural e ao mesmo tempo das massas de imigrantes, apelava, dentre outros setores do eleitorado, aos fãs de esportes — na caracterização de Lee Benson, aos amantes de "bebidas pesadas, cavalos e mulheres ligeiros, e linguagem dura e apimentada".[12] A aprovação de leis dominicais, isto é, que restringiam determinadas atividades a dias específicos da semana, as quais tornaram ilegais muitas formas de entretenimento e relegaram-nas ao submundo, corrobora o fracasso político da associação do esporte ao requinte. Os reformistas de classe média, além de terem maior trânsito político, eram movidos por um propósito moral inarredável. O espírito no alvorecer da sociedade burguesa era profundamente contrário aos jogos. Além de não contribuírem em nada para o acúmulo de capital, os jogos incentivavam apostas e gastos imprudentes e envolviam um importante elemento de fingimento, ilusão, mimetismo e faz de conta. A desconfiança burguesa com relação aos jogos refletia uma desconfiança mais profunda relacionada ao requinte, ao histriônico, a modos e vestimentas elaborados. Veblen, cuja sátira da sociedade de classe média incorporou muitos valores do próprio ator e deu vazão a seu ódio pelos jogos inúteis e improdutivos, condenava os esportes de classe alta por sua

---

* Fundado entre 1883 e 1834, foi um partido inspirado nos Whigs britânicos, liberais que se opunham aos conservadores. O Whig estadunidense defendia o protecionismo e a modernização. (N.T.)

"futilidade"; ele não deixou de perceber a conexão entre esporte e demonstrações de histrionismo:

> É perceptível, por exemplo, que mesmo um homem de modos comedidos e senso prático que sai de casa para praticar tiro é capaz de carregar armamentos e apetrechos militares desnecessários somente para incutir em sua própria imaginação a ideia de que sua atividade é muito séria. Esses caçadores têm propensão a caminhar com altivez e histrionismo, exagerando os movimentos — sejam estes furtivos ou de ataque — envolvidos em seus atos de exploração.[13]

A tentativa de Veblen de satirizar a "classe ociosa" foi malograda; nos Estados Unidos, onde o ócio encontrava sua única justificativa na renovação do corpo e da mente para o trabalho, a classe alta recusou-se terminantemente a se tornar uma classe ociosa. Temendo ser desbancado pelos barões ladrões, esse grupo social aprendeu a arte da política de massas, afirmando seu controle sobre as corporações industriais emergentes e abraçando o ideal da "vida extenuante". O esporte desempenhou um papel importante nessa reabilitação moral da classe governante. Após suprimir ou relegar às margens da sociedade muitas das práticas recreativas do povo, a *haute bourgeoisie* se dedicou a adaptar os jogos de seus inimigos de classe para seus propósitos. Nas escolas privadas que preparavam seus filhos para as responsabilidades do império e dos negócios, o esporte era colocado a serviço da construção de caráter. A nova ideologia do imperialismo, tanto na Inglaterra como nos Estados Unidos, glorificava o campo de jogo como fonte de qualidades essenciais para a grandeza nacional e o sucesso marcial. Longe de cultivar o esporte como forma de exibição e esplêndida futilidade, a nova burguesia nacional — que, no fim do século, substituiu as elites locais de tempos anteriores — celebrava justamente sua capacidade de instilar a "vontade de vencer".*

Em uma época em que os pregadores populares do sucesso redefiniam a ética de trabalho e enfatizavam o elemento da competição, as competições esportivas adquiriram importância renovada na preparação para a batalha da vida. Em uma sequência interminável de livros escritos para atender à crescente demanda por ficção esportiva, autores populares exaltaram Frank Merriwell e outros atletas como modelos para a juventude estadunidense. O jovem produtivo, antes orientado a adentrar o mundo dos negócios em uma idade tenra e aprender a dominá-lo de cabo a rabo, agora aprendia o segredo do sucesso no campo do jogo, em uma competição ferrenha, mas amigável, com seus pares. Os proponentes da nova extenuação insistiam que a prática esportiva treinava uma juventude viril e corajosa e promovia não apenas o sucesso individual, mas também a ascendência à classe alta. "Na maioria dos países", segundo Theodore Roosevelt:

> A "burguesia" — a classe média moral, respeitável e envolvida com o comércio — é vista com certo desdém justificado por sua timidez e postura não beligerante. Mas, no instante em que a classe média despacha homens como Hawkins e Frobisher para os mares, ou

* O fundador das Olimpíadas modernas, Pierre de Coubertin, admirava os ingleses e atribuía seu sucesso imperial à influência da prática esportiva na formação de caráter. "O arnoldismo pode ser executado na França?", perguntava-se. Philip Goodhart e Christopher Chataway, em seu relato do surgimento desse novo culto ao esporte, império e desenvolvimento de caráter, deixam claro que a nova visão do esporte era uma visão de classe média que desabrochou em oposição tanto a tradições populares como aristocráticas. Enquanto o críquete, o turfe e o boxe eram associados às apostas, a classe média tentou usar o esporte para promover a respeitabilidade, o patriotismo e o vigor másculo (Philip Goodhart e Christopher Chataway, *War without Weapons*, pp. 4-5, 28-9).

produz homens como o soldado médio da União na Guerra Civil, ela conquista o respeito cordial que lhe é cabido".[14]

Roosevelt acreditava que o esporte ajudaria a produzir líderes assim; ao mesmo tempo, instruiu seus filhos a não encararem o futebol americano, boxe, tiro, equitação, caminhada ou remo como "o fim ao qual dedicar *todas* as suas energias, nem sequer a maior parcela delas".

A competição esportiva também estabeleceu os fundamentos da grandeza nacional, segundo ideólogos do novo imperialismo. Walter Camp, cujas inovações táticas em Yale constituem o marco inicial do futebol americano moderno, argumentou durante a Primeira Guerra Mundial que "foi o grandioso espírito de 'lutar até a morte' aprendido na linha de ataque de uma jarda que possibilitou o sucesso na batalha de Château-Thierry".[15] O general Douglas MacArthur ecoou essas platitudes na Segunda Guerra: "Nos campos das disputas amigáveis criamos as sementes que, em dias e campos diferentes, carregarão as sementes da vitória".[16] Nessa época, contudo, o culto à vida extenuante já era tão obsoleto quanto o racismo explícito que outrora alimentara a ideologia imperialista. O próprio MacArthur era um anacronismo, por sua extravagância e fé reacionária na vida limpa e no pensamento elevado. Conforme o imperialismo estadunidense se aliou a valores mais liberais, o culto às "artes masculinas" só permaneceu relevante para a ideologia da extrema direita. Nos anos 1960, ideólogos reacionários louvavam a prática esportiva como "fortaleza que manteve de pé uma barreira contra todos os elementos radicais", nas palavras do técnico de futebol americano da Washington State University; ou, como disse Spiro Agnew, "um dos poucos fragmentos de amálgama que ainda mantêm a sociedade unida". Max Rafferty, superintendente das escolas da Califórnia, defendia que "o trabalho de um técnico era transformar garotos recém-saídos das fraldas em homens" e tentou convencer a si mesmo de que

> o amor pelo esporte limpo e competitivo está enraizado bem fundo na matriz estadunidense, e está tão presente no esqueleto de nosso povo livre que não podemos entregá-lo nas mãos desses sujeitos de barba longa e olhos raivosos que queimam suas convocatórias de alistamento e odeiam ou invejam os atletas por serem algo que eles jamais poderiam ser — *homens*.

LEALDADE CORPORATIVA E CONCORRÊNCIA

Críticos do esporte à esquerda do espectro político fizeram dessas afirmações o foco de seu ataque — outra demonstração do modo como o radicalismo cultural, embora pose de ameaça revolucionária ao status quo, na realidade restringe sua crítica a valores já obsoletos e padrões do capitalismo estadunidense há muito suplantados. A crítica do esporte à esquerda oferece um dos exemplos mais vívidos do caráter essencialmente conformista da "revolução cultural" com a qual se identifica. Segundo Paul Hoch, Jack Scott, Dave Meggyesy e outros radicais culturais, o esporte seria "um espelho refletindo"[17] uma sociedade que doutrina os jovens com seus valores dominantes. Nos Estados Unidos, o esporte profissional ensinaria militarismo, autoritarismo, racismo e sexismo, perpetuando assim a "falsa consciência" das massas. Os esportes serviriam como "ópio" do povo, distraindo as massas de seus problemas reais com um "mundo de sonhos" repleto de glamour e empolgação. Eles promoveriam a rivalidade sexual entre os homens — com "virgens vestais" guiando a torcida à beira do campo — e, assim, impediriam o proletariado de atingir a solidariedade revolucionária em face de seus opressores. O esporte competitivo força o "id guiado pelo prazer" a se submeter à "hegemonia do eu reprimido" para respaldar a família nuclear — a forma básica de autoritarismo — e canalizar a energia sexual em serviço da ética de trabalho. Por todos esses motivos, a competição organizada deveria ser substituída pelo "esporte entre muros, cujo objetivo é transformar todos em jogadores". Se todos "tivessem trabalhos criativos e gratificantes, ninguém precisaria ir atrás da pseudossatisfação de ser torcedor".[18]

Essa acusação, ofensiva em primeiro lugar por presumir que os radicais culturais entendem os interesses e necessidades das massas melhor do que elas mesmas, também ofende todos os princípios da análise social. Ela confunde socialização com doutrinação e interpreta os pronunciamentos mais reacionários por seu valor nominal, como se os atletas assimilassem automaticamente as opiniões de direita de alguns de seus mentores e porta-vozes. O esporte tem um papel na socialização, mas as lições que ensina não são necessariamente aquelas que técnicos e professores de educação física buscam transmitir. A teoria de que o esporte seria um espelho, como todas as interpretações reducionistas da cultura, não prevê nenhum espaço para a autonomia das tradições culturais. No esporte, essas tradições são passadas de uma geração de jogadores a outra, e embora a prática esportiva reflita valores sociais, os atletas jamais assimilam a íntegra desses valores. Na verdade, eles resistem à assimilação com mais sucesso do que se vê em muitas outras atividades, pois os jogos aprendidos na juventude exercem suas próprias demandas e inspiram a lealdade ao próprio jogo, em detrimento dos programas que os ideólogos desejam impor.

De qualquer modo, os valores reacionários supostamente perpetuados pelo esporte já não refletem de modo algum as necessidades dominantes do capitalismo estadunidense. Se, em uma sociedade de consumidores, não existe a necessidade de uma ética de trabalho protestante, tampouco existe o apoio a uma ideologia de racismo, hombridade e valores marciais. O racismo serviu em outros tempos de amparo ideológico para o colonialismo e sistemas retrógrados de trabalho baseados na escravidão ou em trabalhos forçados. Essas formas de exploração eram respaldadas pela apropriação direta e escancarada da mais-valia pela classe dominante, que justificava seu domínio alegando que os estratos mais baixos, desqualificados para governarem a si mesmos por sua inferioridade racial ou de linhagem, precisavam e se beneficiavam da proteção de seus mestres. O racismo e o paternalismo eram dois lados da mesma moeda, o "fardo do homem branco".

O capitalismo substituiu gradualmente as formas diretas de dominação pelo livre mercado. Em países avançados, ele transformou o servo ou escravizado em trabalhador livre. Também revolucionou as relações coloniais: em vez de imporem regimes militares a suas colônias, as nações industriais agora governam através de Estados-clientes, ostensivamente soberanos, que mantêm a ordem em seu lugar. Essas mudanças tornaram o racismo e a ideologia de conquista marcial, vistos como apropriados em um estágio anterior da construção imperial, cada vez mais anacrônicos.

Nos Estados Unidos, a transição do jingoísmo de Theodore Roosevelt para o neocolonialismo liberal de Woodrow Wilson já anunciava a obsolescência da antiga ideologia de supremacia anglo-saxã. O colapso do racismo "científico" nos anos 1920 e 1930, a integração das Forças Armadas na Guerra da Coreia e o ataque à segregação racial nos anos 1950 e 1960 marcaram uma mudança ideológica muito bem assentada, calcada na mudança dos modos de exploração. Sem dúvida, a relação entre vida material e ideologia nunca é simples, muito menos no caso de uma ideologia tão irracional quanto o racismo. De qualquer modo, o racismo de facto continua vicejando mesmo na ausência da ideologia racial. Na verdade, é justamente o colapso do racismo de jure no Sul dos EUA e a descoberta do racismo de facto no Norte, respaldado por uma ideologia de tolerância, que caracteriza a fase mais recente do problema racial nos Estados Unidos. A ideologia da supremacia branca, contudo, já não parece cumprir nenhuma função social importante.

O "machismo marcial", como Paul Hoch o denomina, é igualmente irrelevante em uma era de guerras tecnológicas. Além disso, a ética militar exigia que o atleta ou soldado se submetesse a uma disciplina comum, sacrificando-se pelo bem de uma causa maior; e, portanto, sofre com a erosão generalizada da lealdade organizacional em uma sociedade na qual homens e mulheres veem as organizações como inimigas, inclusive as organizações para as quais trabalham. No esporte, assim como nos negócios, as lealdades de grupo já não moderam a competição. Os indivíduos buscam explorar a organização em vantagem própria e impor seus interesses em detrimento não só das organizações rivais, mas também de seus próprios companheiros de equipe. O jogador com espírito de equipe, como o homem organizacional, tornou-se um anacronismo. O argumento de que o esporte promove um espírito competitivo prejudicial precisa ser refinado. Na medida em que o esporte mede os feitos individuais em relação a padrões abstratos de excelência, encoraja a cooperação entre companheiros de equipe e impõe regras de fair play, ele dá vazão à ânsia competitiva, mas também ajuda a discipliná-la. A crise atual da competição esportiva deriva não da persistência da ética marcial, do culto da vitória ou da obsessão com conquistas (que alguns críticos[19] ainda veem como "o credo esportivo dominante"), mas do colapso das convenções que antes limitavam a rivalidade até mesmo ao glorificá-la.

O dito de George Allen — "vencer não é a coisa mais importante, é a única coisa" — representa a defesa derradeira do espírito de equipe contra sua deterioração. Tais pronunciamentos, geralmente citados como evidência de uma ênfase exagerada na competição, podem ajudar a mantê-la dentro de limites cabíveis. A intromissão do mercado em todos os cantos da cena esportiva, contudo, recria os antagonismos característicos da sociedade capitalista tardia. Com a livre negociação de atletas, o aumento de seus salários e o estrelato instantâneo concedido pela mídia ao sucesso desportivo, a competição entre organizações rivais se degenerou em um vale-tudo. Não surpreende que a crítica da competição tenha se tornado o assunto principal da emergente crítica do esporte. Hoje, as pessoas associam as rivalidades a agressões irrestritas e têm dificuldade de imaginar uma competição que não resulte diretamente em pensamentos assassinos. Kohut escreve sobre um de seus pacientes: "Mesmo criança, ele passou a ter medo da competitividade investida de carga emocional por temer as fantasias implícitas (quase ilusórias) de exercer um poder sádico e absoluto". Hebert Hendin diz que os estudantes que analisou e entrevistou em Columbia "eram incapazes de conceber uma competição que não resultasse na aniquilação de alguém".[20]

A prevalência desses medos ajuda a explicar por que as rivalidades se tornaram desconfortáveis para os estadunidenses, exceto quando acompanhadas pelo aviso de que vencer e perder não importa, ou de que os jogos não têm nenhuma importância. A identificação da competição com o desejo de aniquilar oponentes inspira a acusação de Dorcas Butt, para quem o esporte competitivo fez de nós uma nação de militaristas, fascistas e egoístas predatórios, estimulando um "espírito esportivo precário"[21] em todas as relações sociais e extinguindo a compaixão e a cooperação. Ela também inspira o lamento de Paul Hoch: "Por que se importar com a pontuação, ou mesmo com a vitória? Desfrutar do jogo não é o suficiente?". É bem provável que o mesmo receio esteja por trás do desejo de Jack Scott de encontrar o "equilíbrio" adequado entre competição e cooperação. "O esporte competitivo está em apuros", afirma Scott, "quando a balança pende para o lado da competição." O atleta deveria lutar por conquistas, segundo Scott, mas não "às custas dele próprio ou de outros". Essas palavras expressam uma crença de que a excelência geralmente é alcançada às custas dos outros, de que a competição tende a se tornar assassina caso não seja contrabalanceada pela cooperação, e de que a rivalidade esportiva, caso saia de controle, dá vazão à raiva interior que o homem contemporâneo busca reprimir desesperadamente.

BUROCRACIA E "TRABALHO DE EQUIPE"

O modo hoje predominante de interação social é a cooperação antagonista (como David Riesman a chamou em *The Lonely Crowd* [A multidão solitária]), na qual o culto ao trabalho em equipe disfarça a luta por sobrevivência dentro das organizações burocráticas. No esporte, a rivalidade entre as equipes, agora despojada de sua capacidade de evocar lealdades locais ou regionais, reduz-se (assim como faz a rivalidade entre corporações empresariais) a uma disputa por parcelas de mercado. O atleta profissional não se importa se sua equipe ganha ou perde (dado que os perdedores também compartilham dos lucros), contanto que permaneça em atividade.

 A profissionalização do esporte e o prolongamento do esporte profissional para o âmbito das universidades, que agora funcionam como sistema de incubação para as ligas principais, solapou o antigo "espírito escolar" e difundiu entre os atletas uma abordagem empresarial perante seu ofício. Agora, os atletas encaram os apelos motivacionais à moda antiga dos técnicos com cinismo e espanto; além disso, eles entregam-se prontamente à disciplina autoritária. A proliferação de franquias e a frequência com que se transferem de uma localidade a outra sabota as lealdades locais, tanto entre os participantes como entre os torcedores, desestimulando qualquer tentativa de moldar um "espírito de equipe" baseado no patriotismo. Em uma sociedade burocrática, todas as formas de lealdade corporativa perdem sua força, e embora os atletas ainda façam questão de subordinar seus próprios feitos aos da equipe, eles o fazem para fomentar uma boa relação com seus colegas, e não porque a equipe enquanto entidade corporativa transcenda os interesses individuais. Pelo contrário, o atleta enquanto *entertainer* profissional busca, acima de tudo, concretizar seus interesses próprios, e para tanto está disposto a vender de bom grado seus serviços para quem pagar mais. Os melhores atletas se tornam celebridades midiáticas e complementam seus salários com patrocínios não raro maiores que esses salários.

Todos esses desdobramentos tornam difícil pensar nos atletas como heróis locais ou nacionais, como representantes de sua classe ou raça, ou como qualquer tipo de personificação de alguma unidade corporativa mais ampla. Somente o reconhecimento de que os esportes passaram a servir como forma de entretenimento é capaz de justificar os salários pagos às estrelas e sua proeminência na mídia. Como Howard Cossel admitiu candidamente, o esporte não pode mais ser vendido ao público como "apenas esporte, nem como religião. [...] O esporte não é vida e morte. É entretenimento".[22] No entanto, embora o espectador televisivo exija a apresentação do esporte como forma de espetáculo, o ressentimento tão comum entre os fãs de esporte com relação às estrelas — direcionado para os polpudos salários negociados por seus agentes e para sua vontade de se tornarem garotos-propagandas, divulgadores e celebridades — indica a persistência da necessidade de acreditar que o esporte representa algo mais que entretenimento, algo que, embora não seja nem a vida, nem a morte, ainda conserva certa capacidade de dramatizar e esclarecer essas experiências.

ESPORTE E INDÚSTRIA DO ENTRETENIMENTO

A secularização do esporte, iniciada assim que a prática esportiva foi cooptada pela causa do patriotismo e da construção de caráter, só se completou com a transformação do esporte em objeto de consumo de massa. O primeiro estágio desse processo foi a implementação de atividades esportivas de alta performance na universidade e sua disseminação da Ivy League para as grandes instituições públicas e particulares, em um primeiro momento, e para o ensino médio, em um segundo. A burocratização da carreira de negócios, com sua ênfase sem precedentes na concorrência e no desejo de vencer, estimulou o crescimento dos esportes de outra forma: tornando a aquisição de credenciais educacionais essencial para uma carreira profissional ou empresarial e, assim, criando em grandes números um novo tipo de estudante, totalmente indiferente ao ensino superior, mas forçado a se submeter a ele por razões puramente econômicas. Os programas atléticos de grande escala ajudaram as faculdades a atraírem esses estudantes, disputando atletas com outras instituições e lutando para mantê-los engajados após a matrícula. Nos últimos anos do século 19, segundo Donald Meyer, o desenvolvimento de uma "cultura discente"[23] centrada em clubes, fraternidades, secretarias estudantis, incentivos financeiros, cerimônias de recepção e futebol americano, surgiu como resultado da necessidade das faculdades de arrecadar grandes montantes de dinheiro e, além disso, atrair "uma clientela para quem a sala de aula não tinha significado real, mas que não estava pronta para soltar seus filhos no mundo aos dezoito anos". Em Notre Dame, como Frederick Rudolph apontou, "o esporte intercolegial [...] foi desenvolvido de forma consciente nos anos 1890 como agência de recrutamento de estudantes". Já em 1878, o presidente de Princeton, McCosh, escreveu a seus alunos no estado do Kentucky:

> Vocês farão um grande favor a nós caso façam [...] a faculdade figurar nos jornais de Louisville. [...] Precisamos perseverar em nossos esforços para conquistar estudantes de sua região. [...] O sr. Brand Ballard construiu uma grande reputação para nós enquanto capitão da equipe de futebol americano que venceu Harvard e Yale.

A fim de acomodar as hordas crescentes de espectadores, as faculdades e universidades, em alguns casos auxiliadas pelos interesses de empreendimentos locais, construíram pomposas estruturas atléticas — imensos ginásios e estádios de futebol americano no estilo imperial pretensioso do início do século 20. O investimento crescente no esporte levou, por sua vez, a uma também crescente necessidade de manter um ciclo de vitórias: uma nova preocupação com sistematização, eficiência e eliminação de riscos. As inovações de Camp em Yale[24] enfatizavam o treino, a disciplina e o trabalho em equipe. Assim como na indústria, a tentativa de coordenar os movimentos de diversos homens criava uma demanda por "gerenciamento científico" e pela expansão do corpo gerencial. Em muitos esportes, o número de treinadores, técnicos, médicos e especialistas em relações públicas se tornou maior que o de jogadores. O acúmulo de elaborados registros estatísticos é resultado da tentativa por parte dos gestores de reduzir a vitória a um número, de medir a performance eficiente. A competição esportiva em si, envolta por um amplo aparato de informação e divulgação, agora parecia quase um detalhe no elevado custo da preparação necessária para executá-la.

A ascensão de um novo tipo de jornalismo — a imprensa marrom, que teve Hearst e Pulitzer como pioneiros e vendia sensações em vez de notícias — ajudou a profissionalização do esporte amador, a assimilação do esporte pela publicidade e a transformação do esporte profissional em um grande setor do mercado. Até os anos 1920, o esporte profissional, nos poucos lugares onde existia, atraía apenas uma pequena parcela da atenção pública dispensada ao futebol americano universitário. Mesmo o beisebol, o mais antigo e organizado dos esportes profissionais, sofria com associações ligeiramente repugnantes — seu apelo junto à classe trabalhadora e à massa de torcedores, suas origens rurais. Quando um aluno de Yale reclamou a Walter Camp da ênfase excessiva no futebol americano, não encontrou melhor forma de dramatizar esse perigo do que citar o exemplo do beisebol: "A linguagem e as cenas tão corriqueiramente vistas [em partidas de futebol americano] têm o potencial de degradar o estudante universitário e rebaixá-lo a um nível equivalente, ou mesmo inferior, à média dos jogadores de beisebol profissional".

O escândalo da World Series em 1919[*] confirmou a má reputação do beisebol, mas também pôs em marcha as reformas de Kenesaw Mountain Landis, o novo comissário recrutado pelos donos de times para limpar o jogo e atribuir a ele uma imagem

---

[*] Mais conhecido como escândalo Black Sox, trata-se do episódio de manipulação de jogos da liga principal de beisebol em que oito jogadores do time Chicago White Sox perderam propositalmente o campeonato de 1919 contra o Cincinatti Reds porque estavam envolvidos num esquema de apostas. (N.T.)

melhor junto ao público. O regime de Landis, o sucesso do eminentemente respeitável e eficiente New York Yankees e a idolatria de Babe Ruth logo tornaram o beisebol profissional "o passatempo número um dos Estados Unidos". Ruth foi o primeiro atleta profissional vendido ao público não só por suas notáveis habilidades, mas também por sua cor, sua personalidade e seu apelo junto às massas. Seu assessor de imprensa, Christy Walsh, criador de um sindicato de ghost-writers que vendia livros e artigos assinados por heróis do esporte, organizou turnês, patrocínios e participações em filmes, ajudando assim a tornar o "Sultão do Swat" uma celebridade nacional.

No quarto de século após a Segunda Guerra, os empreendedores aplicaram as técnicas de promoção em massa, aperfeiçoadas na divulgação do futebol americano universitário e do beisebol profissional, a outros esportes — com destaque para o hóquei, o basquete e o futebol americano. A televisão fez por esses esportes o mesmo que o rádio e o jornalismo de massa haviam feito pelo beisebol, elevando-os a um novo patamar de popularidade e, ao mesmo tempo, reduzindo-os a uma forma de entretenimento. Em seu estudo recente do esporte,[25] Michael Novak observa que a televisão rebaixou a qualidade do jornalismo esportivo, libertando os narradores da necessidade de descrever o campo de jogo e estimulando-os, em vez disso, a adotarem o estilo dos *entertainers* profissionais. A invasão do esporte pela "ética do entretenimento", segundo Novak, elimina as fronteiras entre o mundo ritualístico do jogo e a realidade sórdida da qual ele foi criado para oferecer um escape. Comentaristas como Howard Cosell, que incorpora a "paixão virulenta da nação pelo desencantamento", importam equivocadamente para a cobertura esportiva padrões críticos mais apropriados ao noticiário político. Os jornais relatam o "lado empresarial" do esporte nas páginas dedicadas a ele, em vez de confinar esse lado à seção de negócios, seu lugar de direito. "É importante", argumenta Novak, "[...] manter o esporte tão distante quanto possível dos negócios, do entretenimento, da política e até mesmo das fofocas. [...] A preservação de âmbitos de nossas vidas não absorvidos pela política e pelo trabalho é essencial para o espírito humano". Especialmente quando a política se tornou "uma atividade feia, brutal" e o trabalho (não o esporte) é o ópio do povo, a prática esportiva, na visão de Novak, é a única coisa capaz de oferecer um vislumbre das "coisas reais". Elas ocorrem em um "mundo fora do tempo" que deve ser blindado da corrupção circundante.

ÓCIO COMO ESCAPE

O lamento angustiado do verdadeiro torcedor, que leva ao esporte uma sensação real de admiração apenas para vê-la corroída desde dentro pela propagação da "ética do entretenimento", joga mais luz sobre a degradação do esporte do que a constrição dos críticos de esquerda, que desejam abolir a competição, destacar o valor do esporte enquanto exercício benéfico à saúde e promover uma concepção mais "cooperativa" da prática esportiva — em outras palavras, fazer do esporte instrumento de terapia pessoal e social. A análise de Novak, contudo, minimiza a dimensão do problema e tem questões de construção de argumento. Em uma sociedade dominada pela produção e pelo consumo de imagens, nenhuma parte da vida pode ser imune à invasão do espetáculo. Tampouco é possível culpar o espírito de desencantamento por essa invasão. Ela surge, de maneira paradoxal, justamente da tentativa de estabelecer uma esfera separada de ócio, não contaminada pelo mundo do trabalho e da política. O jogo sempre foi, por natureza, apartado da vida laboral; ainda assim, possui uma conexão orgânica com a vida da comunidade, em virtude de sua capacidade de dramatizar a realidade e oferecer uma representação convincente dos valores da comunidade. As conexões ancestrais entre jogos, rituais e festividades públicas sugerem que, embora os jogos ocorram dentro de limites arbitrários, eles têm suas raízes nas tradições e atuam como expressão objetiva dessas. Os jogos e as competições esportivas oferecem um comentário dramático sobre a realidade em vez de um escape — uma recriação exacerbada das tradições comunais, e não o repúdio delas. Somente quando os jogos e o esporte passam a ser valorizados apenas como forma de escape é que eles se tornam incapazes de fornecer esse escape.

O surgimento histórico de um conceito escapista de "ócio" coincide com a organização do ócio como extensão da produção de mercadorias. As mesmas forças que organizaram a fábrica e o escritório também organizaram o ócio, reduzindo-o a um apêndice da indústria. Em conformidade com isso, o esporte passou a ser dominado não tanto pela valorização excessiva da vitória, mas antes por uma ânsia desesperada de evitar a derrota. Os técnicos, e não os *quarterbacks*, definem as jogadas, e o aparato administrativo não mede esforços para eliminar o risco e a incerteza que contribuem de maneira tão central para o ritual e o sucesso dramático de qualquer contenda. Quando o esporte já não pode ser jogado com o devido desprendimento, ele perde a capacidade de animar o espírito dos jogadores e espectadores, de transportá-los para um âmbito mais elevado de existência. A prudência, a cautela e o cálculo, tão proeminentes na vida cotidiana, mas tão inimigos do espírito dos jogos, passam a moldar os esportes da mesma forma como o fazem com todo o resto.

Ao mesmo tempo que deplora a subordinação do esporte ao entretenimento, Novak dá por garantida a separação entre trabalho e ócio responsável por essa invasão do jogo pelos padrões do mundo laboral. Não percebe que a degradação dos jogos se origina da degradação do trabalho, que cria a um só tempo a necessidade e a oportunidade para a "recreação" comercializada. Como demonstrou Huizinga, é justamente quando o elemento lúdico desaparece da lei, da diplomacia e de outras formas culturais que os homens recorrem ao jogo, não para verem uma encenação dramática de sua vida comum, mas para experimentarem diversões e sensações. Nesse ponto, jogos e esportes, longe de se levarem a sério demais, conclui Huizinga equivocadamente, tornam-se, pelo contrário, "algo sem consequência". Como Edgar Wind demonstra em sua análise da arte moderna,[26] a banalização da arte já estava implícita na exaltação modernista da arte, que presumia que "a experiência da arte será mais intensa caso consiga afastar o espectador de seus hábitos e preocupações cotidianos". A estética modernista garante o status social marginal da arte e, ao mesmo tempo, abre a arte para a invasão do modismo estético comercializado — processo que irá culminar, seguindo uma lógica curiosa, mas inexorável, na demanda pós-modernista pela abolição da arte e por sua assimilação à realidade.

O desenvolvimento do esporte segue o mesmo padrão. A tentativa de criar um âmbito separado de jogo puro, totalmente isolado do trabalho, dá origem ao exato oposto — a insistência, nas palavras de Cosell, de que "os esportes não são separados e apartados da vida, um 'País das Maravilhas' em que tudo é puro e sagrado e está além da crítica",[27] mas um negócio que atende aos mesmos padrões e está aberto ao mesmo escrutínio de qualquer outra atividade. As posições representadas por Novak e Cosell estão simbioticamente relacionadas e resultam da mesma decorrência histórica: a emergência do espetáculo enquanto forma dominante de expressão cultural. O que começa como tentativa de conferir ao esporte um significado religioso ou, na verdade, de torná-lo ele próprio substituto da religião, termina na desmistificação do esporte, na assimilação do esporte pelo show business.

Escolaridade e o novo analfabetismo

A DISSEMINAÇÃO DO ESTUPOR

A ampliação do estudo formal de modo a abarcar grupos antes excluídos é um dos desdobramentos mais marcantes da história moderna. A experiência da Europa Ocidental e dos Estados Unidos nos últimos duzentos anos sugere que a educação de massa é um dos principais alicerces para o desenvolvimento econômico, e os agentes modernizadores das demais regiões do mundo tentaram replicar os feitos do Ocidente educando as massas. A fé nos maravilhosos poderes da educação se mostrou um dos componentes mais duradouros da ideologia liberal, facilmente assimilado por ideologias hostis ao restante do liberalismo. Não obstante, a democratização da educação pouco fez para justificar essa fé. Ela não ampliou o nível de compreensão popular da sociedade moderna, tampouco elevou a qualidade da cultura popular ou reduziu o desnível entre ricos e pobres, que permanece tão grande quanto sempre foi. Por outro lado, contribuiu para o declínio do pensamento crítico e o solapamento dos padrões intelectuais, forçando-nos a cogitar a possibilidade de que a educação de massa, como sempre argumentaram os conservadores, é intrinsicamente incompatível com a manutenção da qualidade educacional.

Críticos conservadores e radicais do sistema educacional concordam em um ponto central: os padrões intelectuais são elitistas por natureza. Os radicais atacam o sistema escolar argumentando que ele perpetua uma cultura livresca ultrapassada, a cultura "linear" da palavra escrita, impondo-a às massas. Esforços para manter padrões de expressão literária e coerência lógica, segundo essa visão, servem apenas para manter as massas em seu lugar. O radicalismo educacional ecoa de modo inconsciente o conservadorismo que presume que as pessoas comuns não podem ter a esperança de dominar a arte da razão ou alcançar a clareza de expressão, e de que sua exposição à alta cultura acabará, inevitavelmente, no abandono do rigor acadêmico. Os radicais culturais assumem a mesma posição, de fato, mas utilizam-na para justificar padrões mais baixos como um passo rumo à emancipação cultural do oprimido.

Forçados a escolher entre as duas posições, aqueles que acreditam no pensamento crítico como pré-condição indispensável ao progresso social ou político podem muito bem renunciar à própria possibilidade de progresso e se alinhar aos conservadores, que ao menos reconhecem a deterioração intelectual quando estão diante dela e não tentam disfarçá-la como forma de emancipação. Mas a interpretação conservadora do colapso dos padrões é simplista demais. Os padrões estão se deteriorando até mesmo em Harvard, Yale e Princeton, que não podem de modo algum ser descritas como instituições de educação em massa. Um comitê do corpo docente de Harvard relata que "o corpo docente de Harvard não se preocupa em ensinar".[1] Segundo um estudo sobre a educação geral em Columbia, os professores perderam "o senso comum e não sabem mais quanta ignorância está dentro do aceitável". Como resultado, "estudantes que leem

a descrição de Rabelais acerca das perturbações civis associam-
-nas à Revolução Francesa. Uma turma de 25 alunos jamais ou-
vira falar em complexo de Édipo — nem em Édipo. Apenas um
aluno de uma turma de quinze foi capaz de datar a Revolução
Russa dentro de uma margem de erro de uma década".
De qualquer modo, o declínio dos níveis de aptidão literária
não pode ser atribuído apenas ao fracasso do sistema educacional. As escolas da sociedade moderna servem em grande parte
para treinar as pessoas para o trabalho, mas a maioria dos trabalhos disponíveis, mesmo aqueles de melhor remuneração, não
requer um nível elevado de competência técnica ou intelectual.
Em realidade, a maioria dos trabalhos depende tanto da rotina,
e tão pouco de desenvoltura ou capacidade técnica, que qualquer
pessoa capaz de concluir algum curso se tornará "sobrequalifi-
cada" para a maioria das vagas disponíveis. A deterioração do
sistema educacional reflete, assim, a decrescente demanda social por iniciativa, empreendedorismo e desejo de realizar feitos.

Ao contrário do que diz a maioria dos teóricos educacionais e
seus aliados das ciências sociais, a sociedade industrial avançada
não se baseia mais em uma população preparada para grandes feitos. Pelo contrário, ela precisa de uma população estupefata, re-
signada a trabalhos triviais executados de qualquer jeito, predis-
posta a buscar a satisfação pessoal no tempo separado para o ócio.
Ao menos é nisso que acreditam, embora nem sempre o digam,
aqueles que detém a maior parte do poder nos Estados Unidos. "A
crise de nossa cultura", como observou R. P. Blackmur em 1954,[2]

> advém da falsa crença de que nossa sociedade requer apenas conhe-
> cimento suficiente para criar e cuidar das máquinas, acompanhado
> da completa inaptidão para o uso de outras máquinas — aquelas da
> nossa mídia de massa. Talvez essa seja a forma de sociedade mais cara
> e ineficaz em termos de talento humano que a humanidade já criou.

A análise de Blackmur ganhou força com o passar do tempo. Escrevendo às vésperas de uma expansão sem precedentes das instituições acadêmicas, ele enxergou o futuro além do boom acadêmico, prevendo a derrocada acadêmica dos anos 1970 e associando essa queda ao excedente de talento endêmico à sociedade industrial moderna.

O excedente de talento existente no proletariado acadêmico da Europa Ocidental [ou seja, o número crescente de pessoas recusadas por instituições de ensino superior que acreditam 'não existir nenhuma atividade séria a ser realizada com sua formação'] é apenas uma forma avançada do excedente que surgirá nos anos 1970, ao mais tardar, nos Estados Unidos.

Além da economia estadunidense não demandar mais um grande contingente de trabalhadores de alto nível de instrução — fato corroborado com eloquência pelas taxas crescentes de desemprego entre pós-graduados e bacharéis —, temos o fato de que o poder político não busca mais se cercar de legitimidade filosófica. Mesmo o ensino do patriotismo, outrora uma das tarefas mais importantes da escola, tornou-se supérfluo para a defesa do status quo. A deterioração do ensino de história, política e filosofia reflete o status cada vez mais marginalizado dessas disciplinas no aparato de controle social.

A ATROFIA DA COMPETÊNCIA

Mudanças sociais avassaladoras com reflexos na prática acadêmica se encontram, portanto, na base do sistema escolar e da consequente propagação da estupidez. A educação de massa, iniciada como tentativa promissora de democratizar a alta cultura das classes privilegiadas, acabou estupidificando os próprios privilegiados. A sociedade moderna atingiu taxas nunca vistas de alfabetização formal, mas, ao mesmo tempo, criou novas formas de analfabetismo. As pessoas são cada vez mais incapazes de utilizar a linguagem com facilidade e precisão, rememorar fatos básicos da história de seu país, elaborar deduções lógicas, entender qualquer texto escrito que não aqueles mais rudimentares ou até mesmo ter uma noção básica de seus direitos constitucionais. A transformação das tradições populares de autodependência em conhecimentos esotéricos ministrados por especialistas estimula a crença de que a competência básica em quase qualquer campo, mesmo o do autogoverno, está além do alcance do homem leigo. Os padrões de ensino decaem, as vítimas do ensino precário passam a concordar com os especialistas que os julgam pouco competentes e os educadores profissionais se queixam de estudantes incapazes de aprender.

Estudos após estudos documentaram o declínio constante das capacidades intelectuais básicas. Em 1966, veteranos do ensino médio pontuaram em média 467 na prova verbal do Teste de Aptidão Escolar (SAT, na sigla em inglês) — o que está longe de ser um resultado a se comemorar. Dez anos mais tarde, o resultado foi de apenas 429. A pontuação média na prova de matemática caiu de 495 para 470. Muitos editores simplificaram textos didáticos reagindo a reclamações de que a nova geração de estudantes, criados à base de televisão, filmes e o que um educador chamou de "suposições antilinguagem de nossa cultura" acham os livros didáticos existentes ininteligíveis. O declínio da competência intelectual não pode ser atribuído, como gostariam alguns comentaristas, à hipótese reacionária segundo a qual um número maior de alunos pertencentes a minorias e grupos de baixa renda estão fazendo os testes, frequentando faculdades e, doravante, prejudicando a pontuação média. A proporção desses estudantes permaneceu inalterada durante os últimos anos, enquanto o declínio dos feitos acadêmicos se espalhou por escolas de elite, faculdades comunitárias, escolas primárias e escolas públicas de ensino médio em igual medida. Todos os anos, de 40 a 60% dos estudantes da Universidade da Califórnia (UCLA, na sigla em inglês) precisam se inscrever no curso de aprimoramento da língua inglesa. Em Stanford, apenas um quarto dos estudantes ingressantes em 1975 conseguiu passar no teste de nivelamento de inglês da universidade, muito embora esses mesmos estudantes houvessem obtido bons resultados no SAT. Nas escolas privadas de ensino médio, a pontuação média em matemática e inglês caiu oito e dez pontos em um único ano, entre 1974 e 1975.

Esses estudos apenas confirmam o que todos os professores de ensino médio ou superior dos últimos dez ou quinze anos já sabiam. Mesmo nas escolas de ponta do país, o domínio por parte dos estudantes da utilização de seu próprio idioma, seu conhecimento de línguas estrangeiras, seu poder de raciocínio, seu arcabouço de informações históricas e seu conhecimento acerca dos principais clássicos da literatura passaram por um processo inclemente de deterioração. Segundo o reitor da Universidade do Oregon:

> Eles não leem mais tanto, e não tiveram prática suficiente de pensamento e escrita. O resultado prático disso é que, ao entrarmos hoje na sala de aula, não podemos esperar tanto de um estudante quanto esperávamos quinze anos atrás. Esse é um fato da vida profissional.

Um professor de psicologia da UCLA relata uma "preocupação quase universal dos docentes com a escrita, os ensaios paupérrimos e a imensa quantidade de alunos que precisam de aulas de reforço". Um professor de inglês da Ohio State University constatou "um aumento de queixas nos últimos três anos" entre os docentes da universidade "quanto ao analfabetismo funcional dos estudantes mais fracos". O analfabetismo funcional não se restringe a calouros e seus veteranos. A pontuação no Exame de Registro de Graduados (GRE, na sigla em inglês) também caiu.[3] Em face de todas essas evidências, não deveria nos surpreender que os estadunidenses estejam se tornando cada vez mais ignorantes a respeito de seus próprios direitos enquanto cidadãos.[4] Segundo pesquisa recente, 47% dos integrantes de um grupo amostral de jovens com dezessete anos, todos prestes a se tornarem eleitores em potencial, não sabiam o fato simples de que cada estado dos Estados Unidos elege dois senadores. Mais da metade dos jovens de dezessete anos escutados pela pesquisa, e mais de três quartos daqueles com treze anos, foram incapazes de explicar a relevância da proteção contra a autoincriminação garantida pela Quinta Emenda.

Um em cada oito jovens de dezessete anos acreditava que o presidente não precisa obedecer às leis, e um em cada dois estudantes de ambas as idades acreditava que o presidente designa os membros do Congresso. Metade do grupo de treze anos achava que as leis proíbem qualquer pessoa de criar um novo partido. Quase nenhum dos estudantes nos dois grupos foi capaz de explicar que medidas a Constituição permite serem tomadas pelo Congresso para impedir um presidente de travar uma guerra sem aprovação do poder legislativo. Se um eleitorado instruído é a melhor defesa contra governos arbitrários, a sobrevivência da liberdade parece estar em risco em nosso país, para dizermos o mínimo. Um imenso número de estadunidenses acredita agora que a Constituição sanciona arbitrariedades do poder executivo, e a história política recente, com um histórico de ampliação dos poderes presidencial, contribuiu para reforçar essa noção. O que aconteceu com o antigo sonho republicano? A educação universal pública, em vez de criar uma comunidade de cidadãos que governam a si mesmos, contribuiu para disseminar o torpor intelectual e a passividade política. As razões para essa anomalia jazem nas condições históricas peculiares de desenvolvimento do sistema educacional moderno.

ORIGENS HISTÓRICAS DO SISTEMA ESCOLAR MODERNO

A democratização da educação ocorreu por dois motivos: para fornecer ao Estado moderno cidadãos esclarecidos e para treinar uma força de trabalho eficaz. No século 19, predominavam as motivações políticas: a reforma educacional andava de mãos dadas com a ampliação do sufrágio, a secularização do Estado e a implementação de instituições republicanas. Como essas inovações, o sistema escolar comum cresceu a partir da revolução democrática, que criou um novo tipo de cidadania baseado na igualdade perante a lei e no governo limitado — um "governo de leis, não de homens". O cidadão-modelo das primeiras teorias republicanas conhecia seus direitos e defendia-os contra violações por parte de concidadãos e do Estado. Não era enganado por demagogos, nem se deixava impressionar por digressões de sábios profissionais e instruídos. Ostentações de autoridade não o impressionavam. Sempre alerta para enganações, ele conhecia as motivações dos homens, entendia os princípios do pensamento crítico e usava a linguagem com habilidade para detectar fraudes intelectuais sob qualquer forma que se manifestassem.

A formação desses cidadãos exemplares exigia, por óbvio, um novo sistema de educação — embora, para os teóricos da República, fosse muito mais importante o fato de que isso pressupunha uma nação de pequenos proprietários de terra e uma distribuição bastante igualitária de riqueza. A educação republicana tinha como objetivo, nas palavras de Thomas Jefferson, "difundir o conhecimento de modo mais geral entre as massas".[5] Ele destacava aquilo que, no século 18, viria a ser chamado de conhecimento útil, sobretudo história moderna e antiga, que, segundo Jefferson esperava, poderia ensinar os jovens a julgarem "as ações e os desígnios do homem, conhecer a ambição sob todos seus disfarces e, com isso, derrotar suas visões".

O contraste entre a sociedade estadunidense dos primeiros anos e Estados politicamente mais retrógrados demonstra as condições que a educação republicana objetivava superar. Na França, por exemplo, nem mesmo a revolução deu fim ao estupor vegetativo das massas, que os reformistas sociais viam como grande obstáculo para o progresso. A seus olhos, a população rural, além de analfabeta, tinha uma afeição irracional aos modos tradicionais, calcados na superstição. Michael Chevalier concluiu seu estudo da sociedade americana,[6] escrito nos anos 1830, com uma série de observações que cristalizam vividamente esse problema. O progresso da espécie humana, segundo Chevalier, só podia ser concebido como "iniciação" progressiva das massas nas descobertas intelectuais, as "conquistas da mente humana", inauguradas com a Reforma Protestante. Nos Estados Unidos, "as grandes descobertas da arte e da ciência" já haviam sido "expostas aos olhos do povo e colocadas ao alcance de todos". A França, por outro lado, sobretudo nas regiões rurais, representava um retrato deprimente de ignorância antiquada.

> Examinemos a população de nossos distritos rurais, investiguemos os cérebros de nossos camponeses, e veremos que o mecanismo por trás de todas as suas ações é uma mistura confusa de parábolas bíblicas com lendas de superstição rudimentar. Façamos o mes-

mo com um fazendeiro estadunidense e veremos que as grandes tradições das escrituras se combinam harmoniosamente em sua mente com os princípios da ciência moderna conforme ensinados por Bacon e Descartes, com a doutrina de independência moral e religiosa proclamada por Lutero, e com noções ainda mais recentes de liberdade política. Ele é um dos iniciados.

Após comentar a moralidade sexual superior e os hábitos domésticos mais regrados do fazendeiro estadunidense, Chevalier observou que também nos assuntos políticos

> a massa de estadunidenses atingiu um nível muito mais alto de iniciação se comparada à massa europeia, pois aquela não precisa ser governada; cada homem aqui [nos Estados Unidos] tem dentro de si o princípio do autogoverno em um nível muito mais elevado, e está muito mais apto a participar das questões públicas.

Essa diferença, segundo Chevalier, valia também para a vida econômica: o mecânico estadunidense era melhor trabalhador, em grande parte por ser independente e "cheio de respeito próprio".

DA DISCIPLINA INDUSTRIAL À SELEÇÃO DE MÃO DE OBRA

Ironicamente, essas observações foram feitas no exato momento em que as condições europeias estavam prestes a serem reproduzidas nos Estados Unidos devido à migração massiva de trabalhadores e camponeses europeus. Começando pelos irlandeses nos anos 1840, a imigração de elementos politicamente retrógrados, como costumavam designá-los, acentuou o medo, já subjacente no pensamento social estadunidense, de que os Estados Unidos retornariam ao odiado padrão de conflito de classes, pobreza hereditária e despotismo político visto no Velho Mundo. No contexto dessas ansiedades, reformistas educacionais como Horace Mann e Henry Barnard conseguiram uma audiência para apresentar sua proposta para um sistema nacional de educação obrigatória que ampliasse o currículo para além do treinamento puramente intelectual idealizado por reformistas anteriores. A partir daquele momento, o objetivo de aculturar a população imigrante nunca deixou de ser uma das questões centrais do projeto educacional estadunidense. A "americanização" se tornou um modelo singular de educação, concebido como iniciação à cultura moderna. Dado que a tarefa de iniciação se apresentou sob essa forma, a escola estadunidense, em contraste com as europeias, enfatizava muito os aspectos não acadêmicos do currículo. A meta democrática de levar os frutos da cultura moderna às massas deu lugar, na prática, à preocupação com a educação enquanto forma de controle social. Mesmo nos anos 1830, a escola comum já concebia a si mesma, em parte, como meio sutil de desestimular as massas a terem a "cultura" como objetivo.

Ao solicitarem apoio público, os reformistas do século 19 apelaram à crença de que a escola, sob a liderança profissional adequada, facilitaria a mobilidade social e a erradicação gradual da pobreza — ou, em outros casos, a uma esperança bem diferente: de que o sistema promoveria a ordem desestimulando ambições incompatíveis com a posição e as perspectivas dos estudantes. É provável que este último argumento fosse mais persuasivo que o primeiro para os benfeitores ricos e agentes públicos. Ambos levavam às mesmas conclusões: o melhor para a sociedade era um sistema de educação universal obrigatória que isolasse o estudante de outras influências e o submetesse a um regime regular, e que o sistema fosse operado por uma burocracia profissional centralizada.

As diferenças entre os sistemas europeu e estadunidense de educação pública não devem ser exageradas. Os sistemas europeus também deram atenção excessiva à instrução moral. Ambos serviram aos mesmos propósitos gerais: formar cidadãos autossuficientes, difundir princípios elementares da cultura moderna, superar o atraso provinciano e também (o que nem sempre era fácil discernir desses objetivos) unificar as nações modernas eliminando variações linguísticas e regionais, inculcando o patriotismo e incitando a lealdade aos princípios de 1789 [na França], 1776 [nos EUA], da Revolução Gloriosa [na Inglaterra] ou de algum outro evento simbolizando a criação do Estado. Ambos os sistemas, portanto, combinaram desde o início traços democráticos e não democráticos; conforme os objetivos políticos da educação pública deram lugar à crescente preocupação com os objetivos industriais, os traços não democráticos se tornaram cada vez mais pronunciados.

No início, os estudantes da sociedade no século 19 viam uma relação próxima entre "iniciação" política e econômica. Eles entendiam o treinamento industrial como extensão do treinamento exigido para a cidadania republicana. Os mesmos hábitos mentais que geravam bons cidadãos — autossuficiência, respeito próprio, versatilidade — pareciam essenciais ao bom trabalhador. Ao levar a cultura moderna às massas, o sistema escolar também inculcaria a disciplina industrial no sentido mais amplo do termo. Hoje, falar em disciplina industrial evoca conotações infelizes, como arregimentação, subordinação dos homens às máquinas, substituição das leis da natureza pelas leis do mercado. O significado da disciplina industrial para uma tradição democrática anterior, hoje quase extinta, foi muito bem expressa por um de seus últimos expoentes, Thorstein Veblen, para quem a indústria moderna alimentava nas classes produtivas hábitos mentais "iconoclastas" — ceticismo, postura crítica frente à tradição e à autoridade, mentalidade "materialista" e científica e desenvolvimento do "instinto de trabalho"[7] para além do que fora possível em formas anteriores de sociedade. Uma força de trabalho eficiente, do ponto de vista dessa tradição, não implicava trabalhadores dóceis e subservientes; pelo contrário, implicava uma força de trabalho, nos termos de Chevalier, que não precisava ser governada.

Durante a virada do século — mesmo período em que a "americanização" se tornou slogan semioficial dos educadores estadunidenses —, uma segunda (e muito mais crua) forma de educação industrial, focada no treinamento manual e na educação vocacional, embrenhou-se nas escolas públicas sob o mote da "eficiência". Segundo os educadores e porta-vozes industriais, as escolas tinham a responsabilidade de ensinar às camadas inferiores habilidades manuais, formando trabalhadores produtivos e cidadãos úteis. George Eastman, após reclamar que as pessoas negras eram "densamente ignorantes", concluiu que "a única esperança para a raça negra e a solução deste problema é através de uma educação adequada do tipo Hampton-Tuskegee, dirigida quase totalmente a fazer deles cidadãos úteis por meio da educação em linhas industriais".[8] Em 1908, um grupo de empresários pediu à Associação Nacional de Educação a abertura de mais disciplinas ligadas a assuntos comerciais e industriais no currículo básico. Setenta por cento dos pupilos das escolas básicas, apontaram eles, jamais chegavam ao ensino médio, e a melhor formação para esses estudantes era "utilitária em primeiro lugar, e cultural em segundo".

A formação de mão de obra guardava com a "disciplina industrial" de Veblen a mesma relação que a doutrinação política (ou "treinamento para a cidadania", como é chamada hoje) tem com a "iniciação" política. Ambas as inovações representaram versões corrompidas da prática democrática, benquista por aqueles ressentidos com uma suposta ênfase escolar excessiva na "cultura". As duas reformas integraram um movimento amplo para tornar a escola mais "eficiente". Em resposta à queixa pública pelos altos índices de fracasso acadêmico nas escolas — queixa que, em 1910, era um fenômeno generalizado —, os educadores introduziram sistemas de teste e acompanhamento cujo resultado foi relegar os "fracassados" acadêmicos a programas de treinamento manual e industrial (nos quais muitos seguiam fracassando). Protestos contra a cultura requintada, a ênfase excessiva em temas acadêmicos, a "educação cavalheiresca" e o "conforto culto em sala de aula, com silêncio e refinamento dignos dos salões sociais" não raro coincidiam com a insistência de que o ensino superior e a "cultura" não deviam ser, em situação alguma, "um objetivo da multidão". Assim, o período progressista testemunhou o pleno desabrochar da escola como principal agência de recrutamento, seleção e certificação industriais. Dos três fatores usados pela escola para formar uma força de trabalho eficiente — inculcação de disciplina industrial, treinamento vocacional e seleção —, o terceiro acabou se tornando de longe o mais importante: "preparar o homem para o trabalho", no jargão dos reformistas educacionais à época da Primeira Guerra.[9]

DA "AMERICANIZAÇÃO" AO "AJUSTE DE VIDA"

Mesmo no século 20, contudo, o sistema escolar não chegou nem perto de desestimular todos os que passaram por ele. Nos anos 1930 e 1940, os grupos de tradições culturais que valorizavam a educação formal, com destaque para os judeus, conseguiram utilizar o sistema, ainda que este estivesse cada vez mais voltado para o recrutamento industrial como alavanca para o autodesenvolvimento coletivo. Sob condições favoráveis, a ênfase da escola no "americanismo" e sua divulgação de normas universais teve um efeito libertador, ajudando indivíduos a romperem de forma frutífera com tradições étnicas paroquiais. Críticas recentes da escola, que às vezes equiparam a educação de massa a uma forma rígida de doutrinação e condicionamento totalitário, têm em comum uma visão sentimental da etnicidade. Elas deploram a desintegração da cultura folclórica e ignoram como, em muitos casos, a desintegração foi o preço a se pagar pela emancipação intelectual. Quando Randolph Bourne (um favorito dos historiadores radicais, que viam em sua crítica à educação uma precursora de suas próprias ideias) exaltava o pluralismo cultural,[10] o modelo que tinha em mente não era o das culturas imigrantes intactas dos guetos, mas a cultura dos intelectuais imigrantes duplamente desenraizados que encontrava em Columbia. Uma dessas intelectuais imigrantes, Mary Antin, escreveu um relato de sua experiência escolar que demonstra como a "americanização" podia criar, em alguns casos, um novo senso de dignidade. Estudar George Washington, diz ela, ensinou-a "que eu estava mais ligada a pessoas nobres do que jamais supus. Eu tinha parentes e amigos que eram pessoas notáveis, segundo os antigos padrões — jamais senti vergonha de minha família —, mas George Washington, que tinha morrido muito antes de eu nascer, era como um rei da grandeza, e ele e eu éramos compatriotas". Em tempos mais recentes, Norman Podhoretz descreveu seu primeiro contato com a cultura livresca, nos anos 1940, pelas mãos de uma professora que personificava todas as limitações da sensibilidade refinada, mas, ao mesmo tempo, transmitia a seus alunos um entendimento indispensável do mundo para além de suas experiências.

As reformas do período progressista deram origem a uma burocracia educacional de pouca imaginação e a um sistema de recrutamento industrial que acabou sabotando a capacidade da escola de atuar como agente da emancipação intelectual; mas levou muito tempo até que os efeitos negativos dessas mudanças se disseminassem. Conforme os educadores foram se convencendo, auxiliados por testes de inteligência, de que a maioria dos estudantes jamais poderia aprender um currículo acadêmico, eles julgaram necessário encontrar outras maneiras de ocupá-los. A criação de cursos de cuidados domésticos, saúde, cidadania e outros assuntos não acadêmicos, somada à proliferação de programas esportivos e atividades extracurriculares, refletia o dogma segundo o qual as escolas precisavam educar a "criança inteira", mas também a necessidade prática de preencher o tempo dos estudantes e mantê-los razoavelmente contentes. Esses programas se espalharam depressa pelas escolas públicas durante os anos 1920 e 1930, justificados muitas vezes pela necessidade de fazer da "boa cidadania", nas palavras do reitor do Teachers College, "o objetivo principal da escola pública americana". Os Lynds relataram em *Middletown*[11] que a educação vocacional, a contabilidade, a estenografia, o "inglês comercial", a economia doméstica, a educação física e as atividades extracurriculares — habilidades e passatempos antes realizados no âmbito doméstico ou ensinados em relações de aprendiz — ocupavam boa parte do tempo antes dedicado a grego, latim, história, gramática e retórica.

Os reformistas educacionais levaram o trabalho familiar para dentro da escola na esperança de fazer dele instrumento não só de educação, mas também de socialização. Reconhecendo vagamente que, em muitas áreas — sobretudo naquelas externas aos limites do currículo formal —, a experiência ensina mais que os livros, os educadores passaram a descartar os livros e importar experiências para o ambiente acadêmico, recriando modos de aprendizado antes associados à família, estimulando os estudantes a "aprender fazendo". Após imporem um currículo acadêmico estagnador para cada fase da experiência infantil, eles exigiram, tarde demais, que a educação fosse posta em contato com a "vida". Dois educadores escreveram em 1934, sem perceberem em nenhum instante a ironia de suas propostas:

> Ao trazer à escola os executores práticos do mundo [...] para suplementar e estimular o ensino daqueles cujo treinamento se deu na escola normal, podemos vitalizar a educação. Como podemos esperar que um indivíduo alcance o "domínio de suas ferramentas" se nunca foi exposto ao exemplo de um mestre? Por alguns desses meios, é possível colocar a educação em contato muito mais próximo com a vida, aproximando-a das vantagens da educação prática de tempos anteriores.[12]

Na prática, esse conselho preconizava a busca contínua por programas condescendentes de estudo. Essa busca atingiu um novo patamar nos anos 1940, quando o establishment educacional apresentou novas formas de panaceias — educação de "adaptação à vida". Em Illinois, os proponentes da adaptação à vida clamavam[13] para que as escolas dessem maior atenção a "problemas da juventude do ensino médio" como "o aprimoramento da apresentação pessoal", a "escolha de um dentista para a família" e o "desenvolvimento e manutenção de relações sadias entre moças e rapazes". Em outros locais, observadores relataram ter escutado discussões em sala de aula sobre temas tais quais "Como posso me tornar popular?", "Por que meus pais são tão rígidos?" e "Devo seguir minhas vontades ou obedecer a meus pais?".

Dado o comprometimento implícito dos estadunidenses com a escola de ensino médio integral — a recusa de especializar a preparação para a universidade e o treinamento técnico em instituições separadas —, os programas de ocupação do ócio, o atletismo, as atividades extracurriculares e a ênfase generalizada na sociabilidade do estudante corroeu não só os programas vocacionais e de adaptação à vida, mas também os cursos preparatórios para a universidade. O conceito de disciplina industrial se deteriorou ao ponto de fazer do treinamento intelectual, e até mesmo do manual, mero figurante em um processo de introjeção de hábitos de disciplina. Segundo relatório do Conselho Nacional de Força de Trabalho publicado em 1954, "a escola impõe cronogramas regulares ao determinar o horário de chegada e a frequência obrigatória, exige tarefas que devem ser concluídas, recompensa a diligência, a responsabilidade e as habilidades práticas, corrige os ineptos e incautos, estimula a ambição".[14] Quanto mais perto a educação chegava desse ideal vazio, contudo, mais desestimulava qualquer tipo de ambição exceto, talvez, a ambição de escapar da escola na primeira oportunidade. Ao extirpar do currículo os conteúdos acadêmicos e práticos, os educadores privaram os estudantes do trabalho desafiador, forçando-os a encontrar outras formas de preencher o tempo, mesmo que por lei devessem passar esse tempo na escola. A socialização compulsiva dos alunos de ensino médio, antes expressa no que Willard Waller chamou[15] de "complexo de encontros e avaliações" e, em tempos mais recentes, no uso de drogas, é em parte resultado do tédio causado pelo programa de estudos imposto. Embora muitas vezes lamentem a obsessão de seus alunos com a popularidade, os próprios gestores e professores estimulam-na ao exagerarem a importância de se dar bem com os outros — de dominar os hábitos cooperativos considerados indispensáveis ao sucesso industrial.

EDUCAÇÃO BÁSICA × EDUCAÇÃO DE DEFESA NACIONAL

Nos anos 1950, a banalização do currículo de ensino médio já era inquestionável. Surgiram dois grupos de críticos.[16] O primeiro, liderado por Arthur Bestor, Albert Lynd, Mortimer Smith e pelo Conselho de Educação Básica, atacava a expansão imperialista do sistema escolar. Eles não acreditavam que a escola devesse socializar a "criança inteira", assumir funções da Igreja e da família ou servir como agência de recrutamento industrial. Argumentavam que a única responsabilidade da escola era fornecer formação intelectual básica, formação que deveria ser levada a todos; deploravam o anti-intelectualismo, mas também condenavam o sistema de monitoramento. Segundo Smith, os educadores haviam adotado a ideia de Dewey, para quem a escola deveria atender às necessidades da criança, como pretexto para escapar do seu dever de levar educação básica a todas as crianças. Esse dogma permitia ao professor

> que achava o Joãozinho ou a Mariazinha um pouco apatetados para as questões acadêmicas pegar leve com eles, justificando-se por sua suposta falta de capacidade ou interesse, e empurrá-los para os cursos de aprimoramento manual, ofícios industriais ou economia doméstica, em que habilidades mecânicas prevalecem sobre o pensamento.

Um segundo grupo de críticos atacava a educação estadunidense não porque fosse a um só tempo anti-intelectual e não democrática, mas por ser incapaz de produzir cientistas e técnicos de alto nível em quantidades suficientes. Reformadores educacionais como Vannevar Bush, James B. Conant e o vice-almirante Hyman G. Rickover insistiam que os Estados Unidos estavam ficando para trás na corrida armamentista contra a União Soviética porque as escolas não tinham sido capazes de fornecer um sistema eficiente de seleção da força de trabalho. Após os russos lançarem uma cápsula espacial em 1957, esse tipo de crítica forçou os educadores a instituírem novos métodos de formação em ciência e matemática, incentivando a assimilação de conceitos básicos em vez da memorização dos fatos. Embora Conant, Rickover e seus seguidores clamassem por um retorno ao básico, seu programa pouco tinha em comum com as reformas defendidas pelo Conselho de Educação Básica. Eles não questionavam a função da escola enquanto instrumento de recrutamento militar e industrial; buscavam apenas tornar esse processo seletivo mais eficiente.

Tanto Conant como Bush se disseram favoráveis a um sistema de serviço militar universal em debates sobre o tema no final dos anos 1940. Eles viam esse sistema como um meio de alistar os jovens para servirem ao Estado e como dispositivo eficiente de triagem, por meio do qual era possível avaliar a competência da mão de obra à luz das necessidades militares. Quando a ideia de serviço militar universal foi finalmente derrotada pelos que relutavam em entregar aos militares o controle total do recrutamento da mão de obra, o país adotou um sistema de recrutamento que, em certo sentido, era ainda menos democrático. Com a Lei de Serviço Seletivo de 1951, aprovada durante o ápice da Guerra da Coreia, o serviço militar se tornou obrigação universal exceto para quem tivesse isenção acadêmica. O sistema de prorrogação acadêmica, quando combinado a reformas educacionais criadas para recrutar uma elite técnico-científica, criou um sistema nacional de seleção de mão de obra em que pobres e minorias forneciam recrutas para um grande exército em tempos de paz, enquanto a classe média, ansiosa para escapar do serviço militar, frequentava as universidades em números nunca antes vistos.

A Lei Nacional de Educação da Defesa Nacional de 1958, elaborada para acelerar a produção de cientistas e engenheiros, deu ainda mais impulso ao boom da educação superior, que durou até o início dos anos 1970. Enquanto isso, as escolas se dedicavam cada vez mais a identificar os estudantes aptos e desestimular os demais. Sistemas mais eficientes de monitoramento, somados à crescente ênfase nas ciências e em matemática, recrutavam números cada vez maiores de estudantes universitários, mas pouco fizeram para aprimorar sua formação. Os esforços para aplicar as técnicas aperfeiçoadas pelos professores da "nova matemática" às ciências sociais e humanas geraram estudantes com um déficit de conhecimento factual e intolerantes com qualquer instrução que não atendesse à sua necessidade de "criatividade" e "expressão pessoal". "Quando escrevíamos na escola", lembra Joyce Maynard ao relatar sua experiência no início dos anos 1960, "éramos incentivados a esquecer a gramática e nos preocuparmos com a livre expressão — talvez nem precisássemos escrever, mas apenas nos comunicarmos de forma não verbal."[17]

Seria possível citar um sem-número de evidências do espalhamento desses métodos e de seu efeito desastroso sobre a mente dos estudantes. Por baixo de um verniz de ideologia esclarecida, professores (bem como pais) adotaram a abordagem de menor resistência, esperando assim pacificar seus estudantes e suavizar o tempo passado na escola tornando a experiência o mais indolor possível. Na esperança de evitar brigas e enfrentamentos, eles deixam os estudantes sem orientação, tratando-os como se fossem incapazes de demonstrar qualquer empenho real. Frederick Exley,[18] que lecionou por um breve período nas escolas públicas do estado de Nova York, descreve os efeitos desmotivadores da regra não escrita segundo a qual "todos são aprovados":

> O corpo docente passou a ser visto como monstros morais. Ao mesmo tempo que nos instruíam a manter um olho sempre aberto para avaliarmos metade dos alunos com frieza e distanciamento, pediam que piscássemos o outro olho para o restante dos alunos, que passariam de ano em ano até acabarem em um mundo que os ensinaria alegremente, em sua errática jornada da decepção ao

desastre, o que as escolas deveriam tê-los ensinado desde o início: que mesmo nos Estados Unidos o fracasso faz parte da vida.*

As instituições de transmissão cultural (escola, Igreja, família), de quem talvez se esperasse um contraponto à tendência narcísica de nossa cultura, acabaram, em vez disso, moldadas à sua imagem, enquanto um corpus crescente de teorias progressistas justifica essa rendição argumentando que tais instituições servem melhor à sociedade ao atuarem como espelho dela. Em conformidade com isso, a decadência da educação pública continua: a diluição constante dos padrões intelectuais em nome da relevância e de outros slogans progressistas, o abandono das línguas estrangeiras, o abandono da história em favor dos "problemas sociais" e o recuo diante de qualquer tipo de disciplina intelectual, muitas vezes imposto pela necessidade de formas mais rudimentares de disciplina para garantir padrões mínimos de segurança.

O MOVIMENTO DE DIREITOS CIVIS E AS ESCOLAS

Nem mesmo a luta pela integração racial foi capaz de estancar esse declínio, embora tenha desafiado o status quo de outras

---

* Ao não exigirem nada dos jovens, os mais velhos tornam quase impossível seu amadurecimento. Um antigo aluno meu, revoltado com as condições que agora encara como professor no Evergreen State College em Washington, criticou mudanças recentes de currículo e escreveu uma declaração a seus colegas: "A traição à juventude em Evergreen começa com a pressuposição — compartilhada por muitos professores e gestores — de que os alunos do primeiro ano [...] só estão interessados em chafurdar na própria subjetividade e sentem repulsa ao trabalho acadêmico". Com o intuito de combater a queda nas matrículas, afirma ele, os docentes e a administração transformaram o currículo do primeiro ano em um 'cercadinho de exploração pessoal'".

formas. Nos anos 1960, porta-vozes do movimento de direitos civis e, mais tarde, do black power, atacaram a imensa injustiça do sistema educacional. A disparidade de performance acadêmica entre alunos brancos e negros escancarava mais o fracasso da educação estadunidense que qualquer outra coisa. Justamente por isso, os educadores sempre tentaram explicá-la com base na inferioridade racial ou, após o racismo se tornar cientificamente inaceitável, com base na "privação cultural". A antropologia cultural, que derrubou o racismo científico nos anos 1930, ofereceu aos educadores uma nova desculpa para sua incompetência ao educar crianças de classes mais baixas: elas provinham de contextos de privação cultural e, portanto, era impossível ensiná-las. Como Kenneth B. Clark apontou:

> os cientistas sociais e educadores, com o uso e a prática do conceito de privação cultural, municiaram de modo involuntário um establishment educacional já resistente a mudanças [...] com uma justificativa para sua contínua ineficiência, muito mais respeitável e aceitável em meados do século 20 que o racismo.[19]

A luta pelo fim da segregação trouxe à tona, por um lado, a contradição inerente entre o comprometimento dos Estados Unidos com a educação universal, e, por outro, as realidades de uma sociedade de classe. Os estadunidenses do século 19 haviam adotado um sistema de ensino universal sem deixarem de acreditar que a desigualdade social era inevitável. Haviam endossado o princípio do acesso igualitário à educação e, ao mesmo tempo, mantido um sistema educacional que estimulava os filhos das classes menos abastadas a se contentarem com uma formação correspondente ao seu estrato social e suas respectivas perspectivas. Embora houvessem se recusado a institucionalizar a desigualdade em um sistema de formação técnica segregado, eles recriaram muitas formas de discriminação de facto dentro do sistema escolar academicamente integrado que haviam elaborado como alternativa ao sistema europeu. Nos anos 1960, a exceção mais evidente ao igualitarismo oficial — o sistema de segregação de raças do ensino "separado, mas igual" — começou a sucumbir frente à investida conjunta dos tribunais, da Procuradoria Geral da República e da burocracia governamental, mas acabou dando lugar a novos padrões de discriminação em escolas ostensivamente integradas. A isso, somavam-se evidências inquestionáveis dessa mesma discriminação, e o resultado foi o empobrecimento educacional de crianças negras.

Os conflitos em torno das políticas de educação nos anos 1950 deixaram claro que o país estava diante de uma escolha entre educação básica para todos e uma complicada burocracia educacional que funcionava como agência de seleção de mão de obra. O mesmo problema, muitas vezes ofuscado por uma retórica exaltada, está por trás de alguns embates mais duros dos anos 1960 e 1970. Para as pessoas negras, sobretudo para os negros em ascensão social cuja paixão pela educação era tão intensa quanto a dos descendentes de puritanos ou imigrantes judeus, o fim da segregação representava a promessa de educação igualitária nas matérias básicas indispensáveis para a sobrevivência econômica em uma sociedade moderna, mesmo que esta fosse de resto iletrada: aprender a ler, escrever e fazer contas. Ao que parecia, pais negros aferravam-se ao que hoje parece um conceito ultrapassado — do ponto de vista dos "inovadores" educacionais, extremamente reacionário — de educação. Segundo essa visão supostamente tradicional, o melhor funcionamento da escola se dá quando ela transmite as habilidades básicas das quais depende a sociedade letrada, mantém padrões elevados de excelência acadêmica e possibilita que os alunos atinjam esses padrões por conta própria. A luta por uma educação não segregada implicava o ataque não só à discriminação racial, mas à proposição, há muito incorporada à prática das escolas, de que os padrões acadêmicos são inerentemente elitistas e, portanto, a educação universal requer a diluição dos padrões — o nivelamento por baixo dos padrões conforme as origens de classe e as expectativas sociais. A exigência do fim da segregação envolvia não só um comprometimento renovado com a igualdade de oportunidades, mas também o repúdio ao separatismo cultural e a crença de que o acesso a tradições culturais comuns ainda era uma pré-condição para o avanço dos grupos economicamente desprovidos.

O movimento pela educação igualitária, embora totalmente de classe média em suas derivações ideológicas, incorporava, não obstante, demandas que só poderiam ser alcançadas com uma reformulação radical de todo o sistema educativo — e de muitas outras coisas além dele. Ele ia contra práticas educacionais já muito estabelecidas, e continha implicações indigestas não só para os burocratas bem consolidados no campo da educação, mas também para os progressistas, para quem a educação precisava ser moldada às "necessidades" dos jovens, pois a ênfase especial em questões acadêmicas inibia a "criatividade", e o estímulo excessivo à competição acadêmica estimulava o individualismo em detrimento da cooperação. A tentativa dos negros e de outras minorias de resgatar o ensino básico ia contra as tendências da experimentação educacional — a sala de aula aberta, a escola sem paredes, a tentativa de promover a espontaneidade e desmontar o autoritarismo que, segundo alegava-se, proliferava nas salas de aula.

PLURALISMO CULTURAL E O NOVO PATERNALISMO

No final dos anos 1960, conforme o movimento pelos direitos civis dava lugar ao movimento black power, radicais do mundo da educação começaram a se identificar com uma nova teoria da cultura negra, uma versão invertida da teoria de privação cultural, que exaltava a subcultura dos guetos como adaptação funcional à vida nos guetos, e também uma alternativa atraente à cultura branca de classe média das conquistas competitivas. Agora, os radicais criticavam a escola por impor a cultura branca aos pobres. Os porta-vozes do movimento negro, ávidos por explorar a culpa dos brancos liberais, uniram-se ao ataque, exigindo programas separados de estudos negros e o fim da tirania da palavra escrita, bem como o ensino em inglês como segunda língua. O black power, manifestamente um confrontamento radical ao movimento de classe média em prol da integração racial, forneceu uma nova linha de argumentação para as escolas segregadas de segunda classe, assim como os críticos racionais do ensino "tradicional" caíram como uma luva para o establishment pedagógico por condenarem a educação básica, considerada por eles uma forma de imperialismo cultural. Em vez de criticar a expansão da burocracia educacional, esses críticos miraram a educação em si — um alvo mais seguro — e acabaram legitimando um novo rebaixamento de padrões em nome da criatividade pedagógica. Em vez de pedirem que as escolas apresentassem metas mais modestas e retomassem a educação básica, eles exigiram uma expansão ainda maior do currículo para que incluísse disciplinas de história negra, inglês negro, consciência cultural negra e orgulho negro.

O radicalismo educacional do final dos anos 1960, a despeito de sua militância revolucionária, em nada afetou o status quo — na verdade, ajudou a reforçá-lo. Com a omissão da crítica radical, coube aos moderados como Kenneth B. Clark propor o argumento genuinamente radical[20] segundo o qual nem as crianças negras, nem nenhum outro grupo de crianças seriam capazes de sentir orgulho apenas afirmando que o sentiam, cantando canções sobre isso ou afirmando que "sou negro e lindo" ou "sou branco e superior". O orgulho racial, insistiu Clark, vem de "feitos demonstráveis". Posicionando-se contrário ao "sentimentalismo positivo e farisaico" de reformistas escolares como Jonathan Kozol e Herbert Kohl, veteranos do movimento de direitos civis argumentaram que os professores não precisavam amar seus alunos, contanto que exigissem deles um bom trabalho. Segundo esses porta-vozes da tão difamada classe média negra, era mais fácil para os professores conquistar o respeito dos alunos exigindo deles padrões elevados do que demonstrando condescendência pela cultura dos guetos e buscando, nas palavras de Hylan Lewis, "dourar uma pílula de veneno".[21]

No longo prazo, as vítimas não se importam se a justificativa para um ensino de má qualidade é o preceito reacionário de que os pobres são incapazes de aprender matemática, lógica e redação ou se, por outro lado, os pseudorradicais condenam os padrões acadêmicos porque estes são parte de um aparato branco de controle social estruturado para impedir que negros e outras minorias percebam seu potencial criativo. Seja qual for o caso, reformistas muito bem-intencionados condenaram a classe baixa a uma educação de segunda linha e, assim, ajudaram a perpetuar as desigualdades que pretendiam abolir. Em nome da igualdade, eles preservam a forma mais traiçoeira de elitismo, que, independentemente do pretexto, julga as massas inaptas para a atividade intelectual. Todo o problema da educação nos Estados Unidos se resume a isso: na sociedade estadunidense, quase todos associam excelência intelectual a elitismo. Essa postura não só garante o monopólio das vantagens educacionais nas mãos de poucos, como também rebaixa a qualidade da própria educação de elite e ameaça implementar um reinado de ignorância universal.

O SURGIMENTO DA MULTIVERSIDADE

Acontecimentos recentes na educação superior diluíram progressivamente o seu conteúdo e reproduziram, em maior grau, as condições predominantes nas escolas públicas. O colapso da educação em geral, o fim de qualquer esforço sério para ensinar idiomas estrangeiros aos estudantes, a criação de diversas disciplinas de estudos negros, estudos de mulheres e outras formas de ampliar a consciência sem qualquer propósito além de canalizar o descontentamento político, as notas inflacionadas... Tudo isso contribuiu para rebaixar o valor da educação universitária justo quando o aumento das mensalidades tornava-na inacessível para os não abastados.

A crise do ensino superior nos anos 1960 e 1970 é resultado de outros desdobramentos.[22] A universidade moderna tomou forma no início do século 20 como produto de uma série de acordos. Dos anos 1870 até a Primeira Guerra, defensores da pesquisa, do serviço social e da cultura liberal disputaram o controle das universidades. Os corpos docentes se dividiram entre defensores de cada um desses programas, enquanto os estudantes e coordenadores inseriram seus próprios interesses no debate. No fim, nenhuma dessas facções obteve uma vitória decisiva, mas cada uma alcançou concessões substanciais. A inclusão de disciplinas optativas, além de distrações extracurriculares de vários tipos, ajudou a pacificar os estudantes. O sistema de disciplinas optativas também representou um acordo entre as exigências dos cursos de graduação, ainda organizados em torno de uma concepção mais antiga de cultural geral, e os departamentos de pós-

-graduação, mais voltados para a pesquisa, bem como as escolas profissionais que vinham sendo incorporadas a eles.

A esperança de que o sistema de cátedras transformaria o professor de uma espécie de sargento em um acadêmico criativo dependia de um espaço no qual o professor pudesse apresentar um assunto que conhece profundamente e, ao mesmo tempo, livrá-lo dos alunos que encaravam a presença em aula como tarefa ingrata.

Infelizmente, o sistema de eletivas também libertou os docentes da necessidade de pensar sobre os propósitos mais amplos da educação — incluindo a possibilidade de que, para muitos alunos, a presença em aula houvesse se tornado uma "tarefa ingrata" — e as relações entre diferentes ramos do conhecimento. Ao mesmo tempo, a reunião de faculdades e institutos técnicos em uma única instituição preservou a narrativa da educação geral, muito evocada pelos gestores universitários em seus apelos orçamentários.

Agora, um aparato administrativo extremamente inchado surgia não apenas como um elemento qualquer em uma comunidade plural, mas como único corpo responsável pela política da universidade como um todo. A decisão de combinar formação técnica e educação liberal em uma mesma instituição, e as concessões necessárias para implementar isso, tornaram impossível para o corpo docente confrontar questões mais amplas de política acadêmica. Isso passara a ser responsabilidade das burocracias administrativas, que cresceram com o intuito de gerenciar a crescente complexidade de instituições que, além de cursos de graduação e pós-graduação, abrangiam cursos técnicos e profissionalizantes, institutos de pesquisa e desenvolvimento, programas setoriais, atividades desportivas semiprofissionais, hospitais, operações imobiliárias de grande escala e diversos outros empreendimentos. As políticas corporativas da universidade, tanto internas como externas — a criação de novos programas e departamentos, a cooperação em pesquisas de guerra, a participação em programas de renovação urbana — agora deviam ser elaboradas pelos gestores, e a ideia da universidade de serviços ou de "multiversidade", cujas instalações estavam, em teoria, disponíveis para todos (mas, na prática, apenas para quem oferecesse os lances mais altos) justificava sua própria proeminência dentro da estrutura acadêmica. O corpo docente aceitava esse novo estado das coisas porque, como Brander Matthews disse certa feita[23] ao explicar por que Columbia atraía tanto homens das letras como ele próprio: "Contanto que façamos nosso trabalho com diligência, deixam-nos em paz para fazê-lo como bem entendermos".*

* Julgando a partir desse teste, Matthews concluiu que "não há nenhuma universidade nos Estados Unidos onde seja mais agradável trabalhar como professor do que na de Columbia". Infelizmente, esse comentário descrevia condições em Columbia mais otimistas até do que o ideal de educação superior citado por um dos decanos de Columbia, Frederick P. Keppel: "Um grupo de homens jovens vivendo, trabalhando, pensando e sonhando juntos, livre para fazer com que seus sonhos e pensamentos determinem seu futuro; esses jovens, sempre aprendendo muito uns com os outros, são colocados em contato com a sabedoria do passado, as circunstâncias do presente e as visões do futuro por um grupo de estudantes mais velhos, que se esmeram para municiá-los de ideias, e não de crenças, e guiá-los para que observem por conta própria as leis da natureza e das relações humanas". Randolph Bourne (graduado em Columbia) observou com mordacidade o desnível entre ideal e realidade: "É bem enfático" como os professores "não se veem como 'estudantes mais velhos'"; o currículo não demonstra muita preocupação com "as leis da natureza e as relações humanas", dado que nele prevalece "um sistema totalmente mecânico e desestimulante de mensuração do progresso intelectual por meio de 'créditos' e 'pontuações', sistema que instiga a 'participação em disciplinas', e não o estudo de um tema. [...] Parecem existir poucos obstáculos para quem deseja complicar ainda mais o maquinário de obtenção de um diploma, livrar-se de professores diretos e idealistas e entregar o ensino cada vez mais nas mãos de jovens instrutores medíocres". Em resumo, "o fato mais óbvio acerca das faculdades estadunidenses é que sua organização curricular e administrativa não foi, ao longo desses últimos anos de padronização, direcionada de modo algum ao ideal de uma 'comunidade intelectual de jovens'" (Randolph Bourne, resenha de Frederick P. Keppel, "The Undergraduate and His College", *Dial 64*, pp. 151-2, 1918).

O melhor que se pode dizer sobre as universidades estadunidenses durante o seu assim chamado período clássico — mais ou menos de 1870 a 1960 — é que elas propiciavam um ecossistema bastante complacente, no qual os vários grupos que delas participavam gozavam de liberdade para fazer o que quisessem, contanto que não interferissem na liberdade dos outros nem esperassem que a universidade como um todo fornecesse uma explicação coerente para sua existência. Os estudantes aceitavam esse novo status quo porque, além de disporem de diversas atividades não acadêmicas, o caos intelectual do currículo de graduação ainda não era de todo evidente. Além disso, a ideia de que um diploma universitário lhes garantiria um trabalho melhor ainda guardava alguma relação com a realidade. Por fim, porque, em suas relações com a sociedade, a universidade era associada aos melhores (e não aos piores) aspectos da vida americana.

A crise dos anos 1960 foi provocada não só pela pressão resultante de um número sem precedentes de estudantes (muitos dos quais teriam gasto de bom grado sua juventude em outros lugares), mas por uma conjuntura fatal de mudanças históricas: o surgimento de uma nova consciência social entre os estudantes, ativada pela retórica moral da Nova Fronteira* e pelo movimento de direitos civis, e o colapso simultâneo da legitimidade moral e intelectual reivindicadas pelas universidades. Em vez de oferecer um programa coeso de aprendizagem humana, a universidade se tornou uma espécie de bufê no qual os estudantes se serviam de um determinado número de "créditos". Em vez de difundir a paz e o esclarecimento, ela se aliou à máquina de guer-

---

* O termo "nova fronteira" foi cunhado pelo presidente John F. Kennedy em seu discurso da vitória das eleições de 1960. Com ele, Kennedy fez referência a novos limites a serem expandidos pelos estadunidenses na ciência, na corrida espacial, na geografia e em outras áreas. (N.T.)

ra. Por fim, até mesmo a alegação de que ela abriria portas para trabalhos melhores passou a ser questionada.

O levante dos anos 1960 começou como um ataque à ideologia da *multiversidade* e sua expressão mais avançada, a Universidade da Califórnia em Berkeley; e, independentemente, do que tenha se tornado depois, o movimento permaneceu em parte uma tentativa de reinstaurar o controle docente-discente sobre a política universitária mais ampla, como expansão para bairros urbanos, pesquisas de guerra e treinamento de oficiais da reserva. Todo o desenvolvimento da universidade estadunidense (crescimento desordenado através de acúmulos, ausência de plano subjacente, instabilidade inerente dos acordos que viabilizaram sua expansão) tornaram quase inevitável o questionamento desse modelo.

Ao mesmo tempo, o movimento estudantil incorporou um anti-intelectualismo militante próprio, que acabou por corrompê-lo e absorvê-lo. A exigência do fim do sistema de notas, embora se baseasse em princípios pedagógicos elevados, mostrou-se, na prática — como revelaram experimentos com disciplinas sem notas e opções de aprovação/reprovação —, reflexo de um desejo de trabalhar menos e evitar julgamentos qualitativos. O clamor por disciplinas mais "relevantes" não raro se resumia ao desejo de um currículo intelectualmente pouco exigente que permitisse aos estudantes ganhar créditos acadêmicos por seu ativismo político, pela autoexpressão, pela meditação transcendental, por participação em terapias alternativas e pelo estudo e prática de bruxaria. Mesmo quando evocada com seriedade (e não com um pedantismo acadêmico estéril), a palavra de ordem "relevância" consagrava uma forma sub-reptícia de antagonismo contra a própria educação: a incapacidade de se interessar por qualquer coisa além da experiência imediata. A popularidade dessas reivindicações apenas comprovava a crença, cada vez mais consensual, de que a educação deveria ser um processo indolor, livre de conflitos e tensões. Além disso, aqueles que viam no clamor por "relevância" um ataque acadêmico articulado contra o racismo e o imperialismo não faziam senão inverter o expansionismo dos gestores universitários. A proposta de cooptar a universidade em prol da reforma social ecoava o mesmo ideal de serviço evocado para justificar a expansão imperial da *multiversidade*. Em vez de se concentrarem em um conjunto mais modesto de objetivos, os críticos radicais da educação superior aceitavam a premissa de que a educação poderia resolver todos os tipos de problemas sociais.

"ELITISMO" CULTURAL E SEUS CRÍTICOS

Nos anos 1970, as críticas mais comuns à educação superior orbitam a acusação de elitismo cultural. Um manifesto muito conhecido escrito por dois professores de inglês argumenta que "a alta cultura propaga os valores dos que governam".[24] Dois colaboradores do relatório da Comissão Carnegie* sobre educação condenam a ideia[25] de que "certos trabalhos deveriam ser familiares para todos os homens instruídos" por verem nela uma noção inerentemente "elitista". Essas críticas são com frequência acompanhadas pela alegação de que a vida acadêmica deveria refletir a variedade e o turbilhão da sociedade moderna em lugar de tentar criticar e, por meio disso, transcender tal confusão. O próprio conceito de crítica é visto hoje com desconfiança por quase todo mundo. Segundo uma linha

---

* A Comissão Carnegie foi responsável por criar a classificação Carnegie, sistema de uma série de tipologias e categorias para o sistema de ensino superior estadunidense. (N.T.)

de argumento bastante em voga, a crítica, em vez de ensinar os estudantes a "se envolverem", exige que eles "se apartem de eventos em andamento para compreendê-los e analisá-los".[26] A crítica paralisa a capacidade de ação e isola a universidade dos conflitos que assolam o "mundo real". Para os colaboradores da Comissão Carnegie, dado que os Estados Unidos são uma sociedade plural, "a adesão exclusiva a doutrinas de qualquer escola [...] colocaria a educação superior em grande dissonância com a sociedade".

Dada a prevalência dessas posturas entre professores e educadores, não surpreende que estudantes de todos os níveis do sistema educacional conheçam tão pouco os clássicos do mundo da literatura. Um professor de inglês de Deerfield, no estado de Illinois, relata que "os alunos estão acostumados a serem entretidos. Estão acostumados à ideia de apertar um botão e mudar de canal se ficarem um pouco entediados que seja". Na cidade de Albuquerque, apenas quatro estudantes se inscreveram em um curso de ensino médio sobre o romance inglês, enquanto um curso intitulado "Mistério Sobrenatural" atraiu tantos interessados que foi preciso oferecê-lo em cinco horários diferentes. Em uma escola de ensino médio "sem paredes" em New Orleans, os alunos podem ganhar créditos para a matéria de inglês trabalhando como DJs em uma estação de rádio ou lendo *How to Become a Radio Disc Jockey* e *Radio Programming in Action* [Como se tornar DJ de rádio e Programação de rádio em ação]. Em San Marino, na Califórnia, o Departamento de Inglês do Ensino Médio aumentou o número de matrículas oferecendo cursos eletivos sobre "Grandes Histórias de Amor Americanas", "Mitos e Folclores", "Ficção Científica" e "A Condição Humana".

As pessoas que lecionam para alunos de faculdades nos dias de hoje veem em primeira mão as consequências dessas práticas, que se manifestam não só em uma capacidade reduzida de escrita e leitura dos alunos, mas também no encolhimento do repertório de conhecimentos sobre as tradições culturais que, supostamente, eles deveriam herdar. Com o colapso da religião, as referências bíblicas, que antes penetravam fundo na consciência cotidiana, tornaram-se incompreensíveis, e agora isso ocorre com a literatura e a mitologia da Antiguidade — na verdade, com toda a tradição literária ocidental, que sempre bebeu muito das fontes clássicas e bíblicas. Em um intervalo de duas ou três gerações, imensas porções da "tradição judaico-cristã", tão frequentemente evocada pelos educadores, mas tão raramente ensinada sob qualquer forma, caíram em esquecimento.* Dada a perda concreta e de grandes proporções das tradições culturais, os debates sobre uma nova Idade das Trevas já não parecem frívolos. Ainda assim, tal perda coincide com uma superabundância de informações, com a recuperação do passado pelos especialistas e com uma explosão de conhecimento sem precedentes — nada disso, contudo, interfere nas experiências cotidianas ou molda a cultura popular.[27]

---

* Outra fonte de sabedoria popular, os contos de fada, secou, mais uma vez graças a ideólogos progressistas que desejam proteger as crianças dessas estórias supostamente aterrorizantes. A censura dos contos de fada, assim como o ataque à literatura "irrelevante" em geral, integra um ataque geral à fantasia e à imaginação. Uma era psicologista priva as pessoas de sublimações inofensivas em nome do realismo e da relevância; no entanto, o efeito dessa formação no realismo, como demonstra Bruno Bettelheim, é o de acentuar a descontinuidade entre as gerações (dado que os filhos passam a pensar que os pais habitam um mundo totalmente alheio ao seu) e levar a criança a desacreditar suas próprias experiências. Antes, a religião, o mito e os contos de fada continham elementos infantis suficientes para oferecer uma visão convincente do mundo para a criança. A ciência não é capaz de assumir seu lugar. Daí a regressão tão comum entre os jovens rumo ao pensamento mágico mais rudimentar: o fascínio com o oculto e a bruxaria, a crença em percepções extrassensoriais, a proliferação de cultos primitivos cristãos (Bruno Bettelheim, *The Uses of Enchantment: The Meaning and Importance of Fairy Tales*. Nova York: Vintage, 1977, especialmente pp. 49, 65).

EDUCAÇÃO COMO MERCADORIA

A consequente divisão entre conhecimento geral e conhecimento especializado de experts, restrito a publicações obscuras e escrito em um idioma ou em símbolos matemáticos incompreensíveis para leigos, deu origem a um volume crescente de críticas e exortações. O ideal da educação geral na universidade, todavia, teve o mesmo destino que a educação básica nas escolas de níveis inferiores. Mesmo os professores universitários que exaltam a educação geral na teoria descobrem que, na prática, ela drena a energia de suas pesquisas especializadas, interferindo no avanço acadêmico. Os gestores veem pouca utilidade na educação geral, dado que ela não atrai doações de fundações nem apoio governamental de grande escala. Os estudantes objetam à reintrodução de exigências da educação geral, pois isso exige muito trabalho deles e quase nunca abre portas para empregos mais lucrativos.

Sob essas condições, a universidade permanece uma instituição difusa, amorfa e permissiva que absorveu as principais correntes do modernismo cultural e então as diluiu em uma mistura de revolução cultural, realização pessoal e alienação criativa — uma ideologia para mentes vazias. A paródia do ensino superior feita por Donald Barthelme em seu livro *Snow White*, como todas as paródias em uma era de absurdos, assemelha-se tanto à realidade que fica difícil vê-la como paródia.

Ela se formou no Beaver College. Estudou A Mulher Moderna, seus Privilégios e Responsabilidades: a natureza e o cultivo das mulheres e aquilo que elas representam, na evolução e na história, incluindo afazeres domésticos, educação dos filhos, manutenção da paz, cura e devoção, e os modos como tudo isso contribuiu para reumanizar o mundo de hoje. Depois estudou Violão Clássico I seguindo os métodos e técnicas de Sor, Tarrega, Segovia etc. Depois estudou Poetas Românticos Ingleses II: Shelley, Byron, Keats. Depois estudou Fundamentos Teóricos da Psicologia: mente, consciência, mente inconsciente, personalidade, o self, relações interpessoais, normas psicossexuais, jogos sociais, grupos, ajustes, conflitos, autoridade, individuação, integração e saúde mental. Depois estudou Pintura a Óleo I, e seguindo instruções levou à primeira aula amarelo-cádmio-claro, amarelo-cádmio-médio, vermelho-cádmio-claro, carmim-alizarina, azul-ultramar, azul--cobalto, verde-cromo, preto-marfim, ferrugem-crua, amarelo--ocre, terra-de-siena-queimada e branco. Depois estudou Recursos Pessoais I e II: autoavaliação, desenvolvendo a coragem para reagir ao ambiente, abrindo e utilizando a mente, experiência individual, treinamento, uso do tempo, redefinição madura de metas, projetos de ação. Depois estudou Realismo e Idealismo no Romance Italiano Contemporâneo: Pallazzeschi, Brancati, Bilenchi, Pratolini, Moravia, Pavese, Levi, Silone, Berto, Cassola, Ginzburg, Malaparte, Calvino, Gadda, Bassani, Landolfi. Depois estudou...[28]

Eis uma educação deveras condizente com a heroína do romance de Barthelme, uma jovem mulher comum, ansiosa por viver experiências dignas de uma princesa de contos de fada. Espécie de Madame Bovary dos tempos recentes, Branca de Neve é a típica vítima da cultura de massas, da mercadoria e do consumismo, com sua mensagem sugestiva de que experiências antes restritas àqueles bem-nascidos, dotados de grande conhecimento ou muito familiarizados com aspectos práticos da vida agora podiam ser desfrutadas sem esforço, bastando adquirir a mercadoria adequada. A formação de Branca de Neve é ela própria uma mercadoria, cujo consumo promete "realizar seu potencial criativo", no jargão da pseudoemancipação. Dentre os educadores estadunidenses, é muito comum o dogma segundo o qual todos os estudantes são "criativos" ao natural, e ajudá-los a dar vasão a essa criatividade é considerado mais importante que, por exemplo, dotá-los de ferramentas sociais em extinção como o silêncio e o comedimento. O ecletismo irracional da formação de Branca de Neve reflete o caos da vida contemporânea e a expectativa irrazoável de que os estudantes alcançarão por conta própria a coerência intelectual que seus professores já não são capazes de oferecer. Os professores justificam o próprio fracasso sob a premissa de "adequar a instrução às necessidades particulares do estudante".

Os instrutores de Branca de Neve presumem que, sob condições ideais, o ensino superior inclui tudo, assimila toda a vida. E de fato, nenhum aspecto do pensamento contemporâneo se mostrou imune à "educacionalização". A universidade destilou toda a experiência em um bufê livre de estudos — uma imagem culinária apropriada para o ideal implícito de consumo esclarecido. Em sua ânsia por abraçar a experiência, a universidade passa a servir como substituta a ela. Contudo, ao fazê-lo, ela apenas escancara suas falhas intelectuais — a despeito de sua alegação de preparar os alunos para a "vida". A educação superior não só destrói as mentes dos estudantes, mas também os torna emocionalmente inaptos, incapazes de confrontar a experiência sem se valerem de livros didáticos, sistemas de pontuação e pontos de vista pré-digeridos. Longe de preparar os estudantes para viverem "de modo autêntico", o ensino superior nos Estados Unidos torna-os incapazes de desempenhar as mais simples tarefas — preparar uma refeição, ir a uma festa ou dormir com um integrante do gênero oposto — sem contarem com elaboradas instruções acadêmicas. A única coisa que fica entregue ao acaso é o aprendizado superior.

Socialização da reprodução e colapso da autoridade

"SOCIALIZAÇÃO DO TRABALHADOR"

A sobrevivência de qualquer forma de sociedade humana depende da produção para atender às necessidades da vida e da reprodução da própria força de trabalho. Até tempos recentes, o trabalho de reprodução, que, além da propagação da espécie, inclui os cuidados e a criação dos jovens, ocorria em grande parte no seio familiar. O sistema fabril, estabelecido no século 19, socializou a produção, mas manteve outras funções familiares intactas. A socialização da produção, todavia, mostrou-se o prelúdio da socialização da própria reprodução — da ideia de confiar a criação dos filhos a substitutos que respondem não à família, mas ao Estado, à indústria privada ou a códigos próprios de ética profissional. Ao levar a cultura às massas, a indústria publicitária, a mídia de massa, os serviços de saúde e bem-estar e outras agências de instrução do povo assumiram muitas das funções socializantes do lar e trouxeram as que permaneceram sob direção da ciência moderna e da tecnologia.

É a essa luz que devemos encarar a apropriação pela escola de muitas funções formativas antes desempenhadas pela família, incluindo treinamentos manuais, afazeres domésticos, instrução moral e de modos e educação sexual. "Mudanças sociais, políticas e industriais", anunciou uma dupla de educadores, referência em 1918:

> despejaram sobre a escola responsabilidades que antes recaíam sobre o ambiente doméstico. Se antes a função principal da escola era ensinar elementos de conhecimento, agora também cabe a ela a formação física, mental e social da criança.[1]

Essas palavras refletiam um consenso entre as "profissões de saúde e cuidado" de que a família já não era capaz de suprir suas próprias necessidades. Médicos, psiquiatras, especialistas em desenvolvimento infantil, porta-vozes dos tribunais de menores, conselheiros matrimoniais, líderes do movimento de saúde pública, todos diziam a mesma coisa — embora, na maioria dos casos, reservassem às suas próprias profissões o papel central no cuidado dos jovens. Ellen Richards, fundadora da profissão moderna de serviço social, argumentou: "na república social, a criança, enquanto futura cidadã, é um recurso do Estado, e não propriedade dos pais. Daí que seu bem-estar seja preocupação direta do Estado".[2] Ao buscarem expandir sua própria jurisdição, especialistas em saúde mental deploravam "o dano, muitas vezes quase irreparável, que pais com as melhores intenções podem causar a seus filhos".[3] Muitos reformistas perderam a esperança de inculcar em pais e mães os princípios da saúde mental e passaram a sustentar que "a única maneira prática e eficaz de aprimorar a saúde mental de uma nação é por meio de seu sistema escolar. O ambiente doméstico é por demais inacessível".[4]

Opositores do trabalho infantil argumentavam em linha semelhante. Convencidos de que pais pobres e imigrantes exploravam o trabalho dos próprios filhos em toda e qualquer oportunidade, eles exigiam não só que o Estado proibisse o trabalho infantil, mas também que colocasse as crianças sob custódia da escola. De forma similar, aqueles que lidavam com a delinquência juvenil viam os lares "disfuncionais" ou dotados de outras falhas como ninhos do crime, e tentaram colocar os jovens infratores sob custódia protetiva dos tribunais. O direito dos pais sobre os filhos, segundo a nova ideologia de reforma social, dependia do grau de sua disposição em cooperar com agentes oficiais ou tribunais de menores. "Aos pais competentes, deve-se prestar toda ajuda", escreveram Sophonisba P. Breckinridge e Edith Abbott,[5] mas "aos pais degradados, não se deve fazer nenhuma concessão". Pela mesma lógica, como outro porta-voz das profissões de saúde e cuidado explicou, a recusa em cooperar com os tribunais e outras agências de bem-estar social era prova de que um pai ou mãe "tem uma visão distorcida da autoridade e, doravante, é incapaz de utilizar recursos sociais",[6] perdendo assim o direito sobre os próprios filhos ou, ao menos, levantando sérias dúvidas sobre sua competência enquanto pai ou mãe.

Os reformistas conceberam a "socialização do trabalhador" como alternativa ao conflito de classe. "Se os homens de qualquer país forem ensinados desde crianças a se verem como membros de uma 'classe'", escreveu Edwin L. Earp,[7] dirigindo-se, como era de praxe, aos "homens de profissão" além daqueles dos estratos mais baixos, "[...] será impossível evitar atritos sociais, ódio de classe e conflito de classes." Porta-voz do evangelho social, Earp explicou que a Igreja poderia socializar o trabalhador com maior eficiência "que os sindicatos trabalhistas, pois estes possuem consciência de classe e [...] são egoístas, enquanto a Igreja, por outro lado, tem consciência de um reino planetário de retidão, paz e alegria e, ao menos na maioria dos casos, é de se esperar que seja altruísta".

Quase todos concordavam que a família promovia uma mentalidade restrita, paroquial, egoísta e individualista e, portanto, impedia o desenvolvimento da cooperação e da sociabilidade. Esse raciocínio levava inexoravelmente à conclusão de que agências externas precisavam substituir a família, sobretudo aquelas de classe operária — a mesma família que, não obstante, muitos reformistas desejavam preservar e fortalecer. Se a escola relutantemente "tomava o espaço do lar", segundo Ellen Richards,[8] isso se devia ao fato de que

> o ponto de vista pessoal, agora inculcado através de condições modernas da disputa por dinheiro, da mesma forma como certamente se deu nos tempos pré-civilizados através de embates bárbaros, deve ser suplantado por uma visão mais ampla do bem-estar da maioria.

As leis pétreas da evolução social determinavam a subordinação do indivíduo ao "destino da espécie".

OS TRIBUNAIS DE MENORES

O movimento de colocar jovens infratores sob jurisdição especial ilustra de forma claríssima as conexões entre o altruísmo organizado, a nova concepção terapêutica do Estado e a apropriação de funções familiares por agências externas. Quando reformistas penais e humanitaristas estabeleceram um novo sistema de justiça juvenil no final do século 19,[9] eles o conceberam como substituto para o ambiente doméstico. Na visão deles, o reformatório deveria conter "os elementos básicos de um bom lar".[10] No estado de Illinois, a lei de criação do tribunal de menores (1889) anunciava que seu texto garantiria que "o cuidado, a custódia e a disciplina da criança se aproximem o máximo possível do que deve ser oferecido por seus pais". Nos casos em que os pais tornavam seus filhos "praticamente órfãos" por "sua inadequação, negligência ou conduta cruel", os poderes parentais do Estado — *parens patriae* — davam-lhe o direito de retirar a criança da custódia dos pais sem necessidade de julgamento para colocá-la sob seus cuidados. Segundo a sra. Breckinridge, o tribunal de menores "ajudava a resgatar a criança de pais irresponsáveis e [...] indicava o caminho para uma nova relação entre família e comunidade".[11] Como os novos tribunais tratavam os menores infratores como vítimas de um ambiente ruim mais do que como criminosos, eles eliminaram a relação antagônica entre a criança e o Estado e fizeram da prevenção de crimes, em detrimento da punição, o objeto central da lei. Para os reformadores, isso constituía um grande avanço rumo a um sistema de justiça mais humano e científico. "O elemento de conflito foi totalmente eliminado", escreveu Jane Addams, "e com ele todas as noções de punição."[12]

Um apanhado histórico do início do movimento em prol do tribunal de menores constatou que, após a abolição do contencioso, "as relações dos filhos com pais e outros adultos ou com o Estado ou a sociedade são definidas e ajustadas sumariamente de acordo com descobertas científicas relativas às crianças e seu ambiente". Os magistrados haviam dado lugar a "juízes voltados para o social, que escutam e ajustam os casos não de acordo com regras rígidas da lei, mas segundo as demandas criadas pelos interesses da sociedade e da criança ou da boa consciência". Júris, promotores e advogados haviam dado lugar a "agentes de condicional, médicos, psicólogos e psiquiatras. [...] Nesse novo tribunal, acabamos com o preconceito, o ódio e a hostilidade primitivos com relação ao violador da lei nesta que é a mais inflexível de todas as instituições humanas, o tribunal de justiça".[13]

Como aconteceu tantas vezes na história moderna, reformas apresentadas como o suprassumo do esclarecimento ético erodiram os direitos do cidadão comum. As "profissões de saúde e cuidado", com sua abordagem da questão do controle social baseada em parâmetros da saúde pública, diziam atacar as causas do crime, em vez de meramente tratar suas consequências. A transformação dos tribunais em agentes de instrução moral e "ajuda" psíquica, contudo, aboliu as antigas salvaguardas contra prisões e detenções arbitrárias. Essas reformas deram aos tribunais o poder de se intrometer em questões familiares, retirar crianças de "lares impróprios", condená-las a períodos indeterminados de encarceramento sem provar sua culpa e invadir a casa dos infratores para supervisionar os termos das condicionais. O sistema de condicional, segundo um reformador, criou "um novo tipo de reformatório, sem paredes nem muita coerção";[14] mas, na realidade, a implementação desse reformatório sem paredes ampliou os poderes coercitivos do Estado, disfarçando-os sob a intenção de "proteger e ajudar" todos os cantos da sociedade. Agora, o Estado podia segregar delinquentes simplesmente porque seus pais haviam se recusado a cooperar com os tribunais, sobretudo se essa recusa constituísse uma prova prima facie de um ambiente doméstico ruim. Juízes que se consideravam "especialistas na arte das relações humanas" buscavam "descobrir toda a verdade sobre uma criança", nas palavras de Miriam Van Waters, da mesma forma como um "médico procura cada detalhe que revela a condição de um paciente".[15] Um juiz se orgulhava de seu "toque pessoal" ao abordar rapazes delinquentes:

> Muitas vezes percebi que, se eu ficasse sentado em uma plataforma elevada atrás de uma mesa alta, como a que tínhamos no tribunal de nossa comunidade, com o menino no banco do prisioneiro a certa distância de mim, minhas palavras exerciam pouco efeito; mas, se eu me aproximasse o suficiente para encostar minha mão em seu ombro e cabeça, para colocar meu braço sobre seus ombros, eu quase sempre conquistava sua confiança.

De fato, agora o tribunal colocava o "paciente" no que Talcott Parsons chamou de papel do doente.[16] Depois que o garoto reconhecia sua necessidade de ajuda — o real significado, nesse cenário terapêutico em essência, de entregar sua "confiança" ao juiz —, ele trocava seus direitos legais pela custódia protetiva do Estado que, na prática, podia ser tão dura e inclemente quanto a punição da qual tinha se livrado com esse novo sistema de terapia judicial.

De tempos em tempos, algum juiz com ideias à moda antiga insistia que "a verdadeira função de um tribunal é determinar judicialmente os fatos que lhe são apresentados",[17] e que investigar as vidas, os ambientes ou a árvore genealógica dos delinquentes, infligir punições ou supervisionar a condicional institucionalizavam as cortes e eram abomináveis sob o prisma de qualquer pressuposto da ciência jurídica. Esse raciocínio, todavia, contrariava a corrente de jurisprudência sociológica, que parecia justificar um papel muito mais amplo dos tribunais. Em meados dos anos 1920, Van Waters argumentou que o Estado tinha a obrigação de "proteger" as crianças não só de lares disfuncionais, que fomentavam o crime, mas também de "pais cujo tratamento resulta em uma personalidade desviada ou deficiente". Seu livro, *Parents on Probation* [Pais em liberdade condicional], listava em um capítulo "dezenove formas de ser um mau pai", que incluíam o "acompanhamento perpétuo", uma "visão distorcida de autoridade" e o fracasso em se "adequar ao mundo moderno". Van Waters admitiu que a maioria dos filhos de "maus pais", tendo que escolher entre a custódia do tribunal juvenil e a de seus pais, prefeririam retornar a seu lar em frangalhos. Essa "lealdade incurável das crianças perante adultos não confiáveis", embora causasse "o desespero dos assistentes sociais", sugeria que o "lar próprio" de uma criança "dava a ela algo que a mera bondade e uma rede de orfanatos eram incapazes de fornecer, e que nem todos os assistentes sociais do mundo seriam capazes de propiciar". Mas essas observações não impediram Van Waters de argumentar que não só os lares disfuncionais, mas também aqueles "normais" não raro produziam crianças disfuncionais e, por essa lógica, o assistente social tinha dever irrestrito de interferir nos arranjos domésticos de outras pessoas.[18]

Como os relatos de caso em clínicas e conferências têm acumulado uma riqueza de indícios de que os lares "normais", assim como os disfuncionais, promovem a má nutrição, física e espiritual, e de que hábitos sórdidos e desajustes morais ocorrem mesmo nas "melhores famílias", nossa conclusão não é de que os pais precisem de educação, mas sim que uma agência especializada deveria tomar em suas mãos a tarefa integral de criar as crianças.

EDUCAÇÃO DOS PAIS

Aqueles que resistiam a essa formulação tão indiscriminada dos poderes do Estados *in loco parentis* agarravam-se à esperança de que "a educação dos pais" aprimoraria a qualidade dos cuidados com os filhos, tornando desnecessários ataques mais drásticos à família. Reformistas como Washington Gladden, conhecido expoente do evangelho social, aceitavam a maioria dos princípios associados ao novo humanitarismo — como a reforma da escola e a nova jurisprudência sociológica em particular — e, ainda assim, questionavam suas aplicações mais extremas. Gladden endossava a visão segundo a qual "a punição deve ser suplementar à reforma", mas se perguntava se a "reação contra as severidades redistributivas do antigo direito penal" não havia erodido "os princípios éticos fundamentais" e "enfraquecido, de forma perceptível, o senso de responsabilidade moral". Muitos "reformistas profissionais sentimentais", observou, falavam dos prisioneiros "como se fossem pessoas totalmente inocentes e amigáveis". Embora Gladden aceitasse a visão predominante segundo a qual "o verdadeiro trabalho da educação é hoje em grande parte externo ao âmbito familiar" e que, além disso, tal arranjo representava uma divisão de trabalho eficiente, ele apresentava ressalvas. Concordava com a ideia de Dewey, para quem "a escola precisa encontrar um modo de cultivar a índole social, o hábito da cooperação, a disposição a servir aos outros, a consciência da fraternidade";[19] entretanto, embora fosse simpático a essa expansão sem precedentes da responsabilidade da escola sobre a socialização, desejava que a educação permanecesse "fundamentalmente uma função parental".

Desde o início, o movimento pela aprimoração do ambiente doméstico (aparentemente a única alternativa a ignorá-lo ou substituí-lo) esbarrou nessas contradições. Professores de "ciências domésticas", especialistas acadêmicos em "casamento e família", conselheiros matrimoniais, terapeutas familiares e muitos assistentes sociais tentaram fortalecer a família contra as forças que tendiam a sabotá-la. Um assistente social, Frank Dekker Watson, confrontou a "filosofia enganadora que dá as costas aos pais, como se fossem casos perdidos, dispondo-se a salvar apenas os filhos. Não podemos salvar apenas os filhos", insistiu. "Precisamos atingir e salvar a família como um todo."[20] Todavia, todos esses especialistas, em seu ímpeto de "salvar" a família, aceitavam a premissa de que a família não seria mais capaz de saciar suas necessidades sem ajuda externa. Havia uma desconfiança particular com relação às famílias de imigrantes, e o movimento pela educação dos pais era visto como parte de um esforço mais amplo para civilizar as massas — ou seja, para "americanizar" os imigrantes e impor a disciplina industrial à classe trabalhadora. As massas urbanas, escreveu

Gladden, "precisam ser civilizadas, instruídas, inspiradas com novas ideias". Florence Kelley, sabidamente uma socialista, queixou-se de que uma garota italiana típica, mesmo quando exposta a anos de educação formal, esquecia-se de todo o aprendido no instante em que se casava, passando a criar

do modo mais irracional a grande família que ainda marca a segunda geração das colônias italianas. Alimenta seus filhos com bananas, linguiças, cerveja e café; e muito desses cidadãos, nativos em potencial, perecerão em seu primeiro ano de vida, envenenados pela irremediável ignorância de sua mãe com formação escolar.[21]

Esses reformistas desistiram da escola e nutriam a esperança de que a própria família pudesse se tornar o principal agente de esclarecimento — para tanto, contudo, seria necessário reformulá-la seguindo os últimos preceitos de interação marital e cuidados infantis.

Esses princípios, é claro, passaram por revisões e ampliações constantes, seguindo os ditames dos modismos profissionais. Se analisarmos somente a literatura sobre criação de filhos — deixando de lado a literatura igualmente volumosa sobre problemas conjugais, formada, sobretudo, por especulações contraditórias sobre a atração dos opostos ou a importância de gostos e origens semelhantes —, constatamos que a opinião dos especialistas passou em sua evolução por quatro estágios. Cada um desses estágios dizia representar um avanço considerável em relação ao anterior. Nos anos 1920 e 1930, o behaviorismo era muito convincente. Autoridades como John B. Watson e Arnold Gesell destacaram a necessidade de cronogramas rígidos de alimentação e um contato cuidadosamente regulado entre pais e filhos. Com sua rejeição inicial de soluções caseiras, métodos práticos e "instintos maternais", os pediatras e psiquiatras infantis condenavam a "superproteção maternal"[22] e instigavam os pais a respeitarem a "independência emocional" dos filhos. Muitas mães, segundo Ernest e Gladys Groves, achavam "muitíssimo espantosa a descoberta científica de que o amor maternal era perigoso por natureza, e algumas delas entram em pânico enquanto assimilam em pensamento as implicações desses novos ensinamentos". No longo prazo, contudo, esses novos ensinamentos permitiriam aos pais dar a seus rebentos a inestimável bênção da "liberdade da escravidão emocional com relação aos pais".*

* Groves e Groves não estavam sozinhos ao apontarem, mesmo tão cedo, certos efeitos perturbadores do ensino profissional sobre os pais. Miriam Van Waters escreveu: "Publicaram-se tantos livros alarmantes sobre crianças deficientes que um diagnóstico de deficiência, ou de uma condição grave, como epilepsia ou constituição neurótica, leva os pais ao desespero" (Van Waters, *Parents on Probation*, op. cit., p. 42). Essas observações, contudo, raramente levaram quem o fazia a questionar a razoabilidade do ensino profissional, que, por sua própria natureza — mesmo quando busca tranquilizar —, estabelece uma norma para o desenvolvimento infantil, condenando qualquer desvio dela a alarmar os pais, ampliar a demanda por intervenção profissional e, muitas vezes, provocar medidas que intensificam o sofrimento em vez de aliviá-lo. Aqueles que notaram que o ataque ao instinto maternal minava a confiança maternal não questionaram esse efeito colateral, pois, a seu ver, a confiança destruída pela medicina calcava-se sobretudo na ignorância e na complacência. Segundo Lorine Pruette, "a crítica severa ao modo como as mães em geral cuidam dos filhos, oriunda de assistentes sociais, psiquiatras e educadores, ajudou a destruir a grande complacência que antes protegia as jovens mães. [...] O preceito de que as mães sabem melhor o que fazer e o dogma do instinto natural das mães foram tão desacreditados que hoje só servem de refúgio para os ignorantes ou teimosos" (Lorine Pruette, "Why Women Fail". In: Samuel Schmalhausen (Org.), *Woman's Coming of Age*. Nova York: Liveright, 1931, p. 247). Um escritor da revista *Good Housekeeping* observou em 1914: "Almas repletas de amor também podem resultar em mentes repletas de ignorância. [...] 'O instinto diz à mãe o que fazer'. Ora, trata-se de um velho ditado, e seu conteúdo é tão científico quanto as clássicas afirmações de que derrubar um garfo significa visita chegando, ou de que a lua é feita de queijo verde. Instinto, deveras!" (Sarah Comstock, "Mothercraft: A New Profession for Women", *Good Housekeeping*, v. 59, p. 677, 1914).

REPENSANDO A PERMISSIVIDADE

No final dos anos 1930 e 1940, a popularização da educação progressista e de versões simplificadas da teoria freudiana despertou um movimento de reação em prol da "permissividade". Os cronogramas de alimentação deram lugar à alimentação sob demanda; agora, tudo precisava ser ajustado conforme as "necessidades" da criança. O amor deixou de ser considerado um risco para se tornar uma obrigação. Métodos aprimorados de controle de natalidade, segundo o credo progressista, haviam libertado os pais do fardo de criar filhos indesejados, mas na prática essa liberdade parecia se reduzir à obrigação de fazer com que os filhos se sentissem desejados a cada instante de suas vidas. "O erro comum do conselho psicológico", escreveu Hilde Bruch em 1952,[23] "é ensinar aos pais técnicas que transmitem à criança a sensação de ser amada, em vez de confiar em seus sentimentos inatos reais de amor."*

A permissividade logo provocou sua própria reação: a insistência de que os pais também deveriam levar em conta suas

---

* Em *Kinflicks*, de Lisa Alther, a mãe da heroína, produto do período permissivo, queixa-se: "Se haviam colocado algo em sua mente durante seus anos de maternidade, tinha sido a ideia de que ela jamais deveria cercear os infantes. Isso poderia atrofiar seu precioso desenvolvimento. Nunca ligue para o seu próprio desenvolvimento" (Lisa Alther, *Kinflicks*. Nova York: Knopf, 1976, p. 152).
A importância dos filhos "desejados" adquiriu status de dogma já em 1912, quando Mary Roberts Coolidge argumentou que uma formação organizada para a maternidade, acompanhada de avanços nos métodos contraceptivos, logo faria da maternidade "algo além de uma obediência cega à natureza e à humanidade". A maternidade logo se transformaria em uma "vocação grandiosa, digna da melhor preparação e da mais profunda devoção", segundo Coolidge. Libertas do fardo de criar filhos indesejados, as mulheres encarariam a criação de seus rebentos não como um dever biológico opressivo, mas como uma desafiadora carreira que exigia estudo cuidadoso e aplicação de técnicas racionais. "Estamos passando muito depressa de uma maternidade puramente instintiva para outra, consciente e voluntária" (Mary Roberts Coolidge, *Why Women Are So*. Nova York: Holt, 1912, p. 334).

próprias necessidades além daquelas de seus filhos. O instinto maternal, muito desprezado por especialistas de tempos anteriores, retornou no livro *Baby and Child Care* [O bebê e o cuidado infantil], do dr. Spock,[24] publicado pela primeira vez em 1946. "Confie em si mesmo", anunciava Spock de saída. "O que o instinto de bons pais e mães têm a dizer costuma ser o melhor para os bebês." Embora seja muitas vezes culpado por excessos de permissividade na criação, Spock deveria ser visto como um de seus críticos, dado que buscou restaurar os direitos dos pais em face de uma preocupação exagerada com os direitos da criança. Ele e outros especialistas dos anos 1940 e 1950 tomaram consciência, não sem certo atraso, de como seus conselhos podiam minar a confiança parental. Assim, passaram a sugerir — a princípio, com cautela — que os pais não deveriam ser responsabilizados por todas as falhas de seus filhos. "As raízes mais profundas", escreveu um pediatra, "não são os erros dos pais, mas posturas culturais das quais os pais são meros difusores." [25] Outro especialista constatou que abordagens falhas de educação parental despertavam uma irracional "hostilidade em relação aos especialistas e consultores familiares".[26] Expostos a consultores que destacavam "problemas em vez de teorias", muitos pais "sentiam de alguma forma não conseguir fazer pelos filhos o que seus pais haviam feito por eles e, não obstante, não sabiam por quê, e nem em que momento, haviam falhado, tampouco o que poderiam fazer a respeito disso". Essas considerações, contudo, não levaram os especialistas a se afastarem da educação parental. Pelo contrário, eles ampliaram o escopo de seus postulados, apresentando-se como médicos da sociedade como um todo.

Mesmo os críticos mais influentes dos dogmas permissivos não repensaram a capacidade da medicina e da psiquiatria de oferecer soluções; eles apenas propuseram seus próprios e novos dogmas. Os limites da autocrítica psiquiátrica vieram à tona com maior clareza em *Don't Be Afraid of Your Child* [Não tenha medo de seu filho], de Hilde Bruch, trabalho de uma psiquiatra que, embora humana e sensível, em nada contribuiu para melhorar a situação. Em alguns momentos, a dra. Bruch deixava de lado o ataque à permissividade para atacar o próprio imperialismo psiquiátrico, que havia inibido a "espontaneidade" e levado muitos pais a um "estado de ansiedade sobreposta". Temendo repetir os erros de seus próprios pais, os pais modernos repudiavam práticas úteis do passado e abraçavam "como regra as meias-verdades de praxe dos especialistas". A dra. Bruch entendeu melhor que quase qualquer outro comentarista da psiquiatria estadunidense o ataque massivo que esta empreendia contra o passado, e também a devastação causada pela destruição de formas mais antigas de autoridade.

Tornou-se moda no mundo da psiquiatria e da psicologia, e não só na relação imediata com práticas de criação, comentar em termos dramáticos e radicais o efeito esmagador da autoridade e da tradição. O fracasso em reconhecer os aspectos essencialmente válidos e facilitadores dos modos tradicionais e diferenciá-los de medidas danosas, ultrapassadas e excessivamente restritivas, confunde e desmotiva os pais de hoje, e isso tem um efeito desastroso para seus filhos.[27]

A dra. Bruch foi ainda mais longe. Ela compreendeu a transformação cultural e social que tornou a ciência uma mera assistente da indústria — neste caso, a psiquiatria se tornou assistente da publicidade, que cita a psiquiatria em uma tentativa de explorar "os desejos dos 'pais' de fazer o melhor por seus filhos".[28] Ao conservar os pais em um estado de ansiedade crônica, a psiquiatria frustra os desejos que a publicidade então promete satisfazer. Ela estabelece os alicerces emocionais para a insistência da indústria publicitária em que a saúde e segurança dos jovens, a satisfação de suas necessidades nutricionais diárias, seu desenvolvimento emocional e intelectual e sua capacidade de competir com seus pares por sucesso e popularidade dependem do consumo de vitaminas, curativos, cremes dentais anticárie, cereais matinais, enxaguantes bucais e laxantes.

Após ter abordado tudo isso — ou ao menos mencionado —, a dra. Bruch traiu suas próprias percepções ao atribuir os problemas identificados não às ambições inerentemente expansionistas da psiquiatria moderna, mas ao mau uso da psiquiatria por parte de alguns poucos praticantes irresponsáveis. Muitas vezes, escreveu, os pais consultavam "especialistas autoproclamados e não licenciados", quando deveriam procurar ajuda de um "especialista médico-psiquiátrico" atuando em conjunto com um médico. Após tantas trocas de farpas com a própria profissão, ela recorreu à maioria de seus clichês: "a educação parental chegou para ficar"; "não há como voltar atrás"; "o 'senso-comum' do século passado pode ser inútil e irremediavelmente incompatível com nossos tempos". Seu ataque à criação permissiva acabou reduzido a uma crítica das más práticas psiquiátricas. Embora incitasse os pais a "reconhecerem seus próprios recursos interiores e sua capacidade de julgamento",[29] em seu livro, assim como no do dr. Spock,[30] abundavam alertas urgentes sobre o dano que pais ignorantes poderiam infligir em seus rebentos. Spock sabotou sua própria ode à autoconfiança quando lembrou os pais de que dirigir a seus filhos uma quantidade insuficiente de amor e segurança poderia provocar "danos irreparáveis". De modo similar, Bruch condenou a permissividade alegando que esta poderia causar "profunda perturbação emocional" na criança. Essas afirmações acabaram minando a confiança dos pais justamente enquanto buscavam restaurá-la.*

* O mesmo se aplica à crítica da permissividade que permeia a coleção de ensaios psiquiátricos reunidos em 1959 por Samuel Liebman, *Emotional Forces in the Family* (Filadélfia: Lippincott, 1959, pp. 9, 127-9, 136). Esses ensaios carregavam a mesma mistura de consensos e pseudoconsensos. Em "The Development of the Family in the Technical Age", Joost A. M. Meerloo analisa, com grande discernimento, a "invasão" da família pela cultura de massa e por conceitos psiquiátricos parcialmente assimilados, que se tornam assim ferramentas para o embate entre sexos e gerações. Segundo Meerloo, a "intelectualização imposta das emoções" passou a "substituir as ações maduras". A "ilusão de explicação substitui os atos apropriados. Palavras, palavras e meras palavras são produzidas no lugar da boa vontade e das boas ações. O próprio sexo é expresso em palavras em vez de afeição".

Nos demais ensaios, contudo, a análise do "psicologismo" e da "ilusão de explicação" dá lugar à crítica de uma única forma de psicologismo, o dogma da permissividade. Bertram Schaffner escreve, na mesma linha de Hilde Bruch e do dr. Spock, que a "assim chamada escola de pensamento das 'relações humanas'", tanto na criação de filhos como na gestão industrial, avançou excessivamente em direção à permissividade e aceitou com demasiada facilidade que "a criança não tem como errar". "No recente retrato confuso das relações entre pais e filhos, alguns pais presumiram que esse conceito [de propiciar segurança para a criança] significava atender a todos os desejos e necessidades da criança, para que ela não tivesse a experiência de recusa." O ataque de Schaffner à "abdicação da autoridade na família e no trabalho" lembra o pleito de Bruch por "um pai e uma mãe capazes de dizer 'Não' sem recorrerem a toda uma complexa coreografia" (Hilde Bruch, op. cit., p. 75).

Os colaboradores da coletânea de Liebman, como outros críticos da permissividade, escrevem como se a autoridade parental pudesse ser reconstituída por meio de exortações profissionais, ao mesmo tempo que repetem o antigo bordão contra ouvir o instinto na criação de um filho. "É nossa responsabilidade", conclui Lawrence S. Kubie, "reexaminar criticamente tudo o que antes ficava entregue aos impulsos desinformados de pais e mães, designado por clichês eufemísticos como 'amor' e 'instinto', para que o amor materno não disfarce o amor-próprio e o amor paterno não disfarce o impulso de destruição." No fim das contas, os psiquiatras têm a palavra final.

Gilbert J. Rose criticou a "permissividade geral no desenvolvimento infantil" na mesma linha, mas com maior sensibilidade para os males do psicologismo enquanto tal. A "tendência analítica de ver com desconfiança as ações, como se estas fossem um teatro, [...] inadequadamente transposta da prática analítica", estimula a passividade na vida cotidiana, segundo Rose. "Alguns pais, por exemplo, são incapazes de colocar seus filhos para dormir sob protestos ou de limitar as agressões da criança. [...] O evitar de julgamentos na análise é,

O CULTO DA AUTENTICIDADE

Dado que a crítica à permissividade poucas vezes desafiou a ortodoxia psiquiátrica, ela logo se consolidou em um novo dogma — o dogma da autenticidade. Antes, os especialistas aconselhavam os pais a seguir dado conjunto de prescrições; agora, os especialistas lhes diziam para confiarem nos próprios sentimentos. Tudo o que fizessem estaria certo, contanto que fosse espontâneo. "Não é tão fácil enganar uma criança quanto à sinceridade de um sentimento", alertou a dra. Bruch.[31] "O treinamento de eficiência dos pais", última moda na criação de filhos, popularizou o culto à autenticidade surgido a partir dos anos 1950. Assim como outras formas de autoajuda psíquica, o treinamento de eficiência dos pais ensina a necessidade de "entrar em contato com seus sentimentos" e basear as interações diárias na comunicação desses sentimentos aos outros. Se os pais forem capazes de compreender os próprios desejos e necessidades e expressá-los a seus filhos, estimulando as crianças a retribuírem do mesmo modo, podem eliminar muitas fontes de atrito e conflito. Afirmações objetivas deveriam ser excluídas do diálogo com a criança, segundo esse raciocínio, em primeiro lugar porque ninguém é capaz de argumentar racionalmente sobre crenças e, em segundo, porque afirmações sobre a realidade carregam julgamentos éticos e, portanto, evocam emoções fortes. "Quando uma criança diz 'nunca dou sorte', ne-

→ por vezes, extrapolado para um distanciamento moral da vida cotidiana. Essa suspensão do senso moral, não raro combinada a uma hipertrofia da postura terapêutica, leva-nos a taxar algumas coisas de 'doença' sem evidências clínicas, e a não classificar como 'ruins' coisas que obviamente o são. A ideia ingênua de atribuir a maldade a doenças e de que a maldade seria necessariamente resultado da incompreensão é preconceito de uma moralidade terapêutica" (Gilbert J. Rose, "Some Misuses of Analysis as a Way of Life", *International Review of Psychoanalysis*, v. 1, pp. 513-4, 1974).

nhum argumento ou explicação mudará essa crença". "Quando uma criança relata um acontecimento, às vezes pode ser útil responder não ao acontecimento em si, mas aos sentimentos que ele envolve." Dado que "todos os sentimentos são legítimos", sua expressão em palavras não deveria ser recebida nem com elogios, nem com censura. Se o filho faz algo para incomodar o pai ou a mãe, ele ou ela deve manifestar seu incômodo, em vez de condenar a criança ou a ação. Se o filho expressa emoções desproporcionais para a ocasião, o pai ou mãe, em vez de apontar tal discrepância — em vez de elaborar uma afirmação objetiva sobre a realidade e as emoções adequadas a ela —, deveria demonstrar compreensão pelos sentimentos do filho e reconhecer seu direito de manifestá-los. "Para a criança, é mais importante entender o que sente do que por que sente." A criança precisa aprender que "sua própria raiva não é catastrófica, e pode ser descarregada sem destruir ninguém".[*32]

* Ao alegar que o treinamento de eficiência dos pais e outras técnicas esclarecidas de criação dos filhos têm sua origem nos anos 1950, talvez eu surpreenda articulistas incapazes de lembrar de outra coisa além da última edição de *The News of the Week in Review*, do *New York Times*, e que, por conseguinte, consideram os anos 1950 a Idade das Trevas da paternidade e maternidade "tradicionais" — um período no qual, por exemplo, "a educação sexual não costumava ir muito além de uma breve conversa repleta de constrangimentos". Nancy McGrath, jornalista, descobriu com atraso o culto à espontaneidade em 1976 e logo saltou à conclusão de que ele representava a reversão total da "permissividade" estimulada pelo dr. Spock. Na verdade, Spock antecedeu escritores recentes em sua insistência de que os pais tinham direitos tão importantes quanto os filhos — um dos principais dogmas do treinamento de eficiência parental. Ele e Hilde Bruch condenavam os estilos permissivos de criação com o mesmo argumento usado hoje por Nancy McGrath para condenar *How to Parent* [Como criar os filhos], de Fitzhugh Dodson, e *How to Raise a Human Being* [Como criar um ser humano], de Lee Salk: esse tipo de ensinamento instrui equivocadamente os pais a "se adaptarem às necessidades do bebê, e não esperarem que este se adapte às suas" (Nancy McGrath, "By the Book", *The New York Times Magazine*, pp. 26-7, 27 jun. 1976; Fitzhugh Dodson, *How to Parent*. Los Angeles: Nash, 1970; Lee Salk, *How to Raise a Human Being*. Nova York: Random House, 1969).

O culto à autenticidade reflete o colapso do papel de orientação dos pais e serve de justificativa moral para este fenômeno. Revestindo-se do jargão emocional liberal, ele confirma que é impossível para os pais explicar as coisas do mundo ou transmitir preceitos éticos aos filhos. Glorificando a impotência como forma mais elevada de consciência, legitima a proletarização do papel dos pais — a apropriação de técnicas de criação pelas "profissões de saúde e cuidado". Como John R. Seeley observou em 1959,[33] a transferência do conhecimento parental para outras agências tem paralelo na expropriação do conhecimento técnico dos trabalhadores pela administração moderna — "a tomada das mãos do trabalhador da triste necessidade de prover seus próprios meios de produção". Ao "auxiliar" o trabalhador, retirando de suas mãos "essas árduas responsabilidades" (como saciar suas próprias necessidades e a de seus filhos), a sociedade o libertou, escreveu Seeley, "para se tornar um soldado no exército de produção e uma cifra no processo de decisão".*

A revolta contra os dogmas behavioristas e progressistas, que exageravam a capacidade dos pais de deformar a criança,

---

* Por consequência da intromissão da indústria da saúde na função parental, concluiu Seeley, "vemos os pais convencidos da própria impotência, agarrando-se a doutrinas na hora de confrontar os fatos concretos, despidos de qualquer espontaneidade (ou, de forma equivalente, forçando-se a 'serem espontâneos' o tempo todo), assolados pela culpa, em dúvida quanto à própria capacidade de discernimento, em dupla tutela — da criança em si e de seu agente, o 'especialista' —, influenciável, indefeso, crédulo e com a única certeza de que, embora ainda não tenha chegado, o dia da salvação está próximo". Em outro ensaio na mesma coletânea, Seeley observou que a sociedade moderna apresenta "uma divisão social do trabalho em que o fardo da racionalidade é [...] exteriorizado, despejado sobre um corpo de profissionais e, portanto, posto a salvo de nossa capacidade de mau gerenciamento. Assim, devemos nos tornar racionais, não por meio de algum conflito interno ou pessoal, mas pela execução de um processo público ao qual, uma vez iniciado, é impossível resistir — o processo de seleção de uma elite à qual delegarmos nossas funções e de identificação do ambiente mais propício para o comportamento racional".

estimulou a sociedade a tratar os pais como "apenas marginalmente responsáveis", como observou recentemente Mark Gerzon, "pela criação de seus filhos. [...] Obstetras assumem o controle durante o nascimento, pediatras são responsáveis pelos males e curas de uma criança; os professores, por sua inteligência; [...] o supermercado e a indústria alimentícia, por sua comida; a televisão, por seus mitos".[34] Ironicamente, a desvalorização do papel dos pais coincide com um movimento tardio para devolver à família funções cedidas por ela ao aparato de terapia e ensino organizados. Taxas crescentes de crimes, delinquência juvenil, suicídio e surtos mentais finalmente convenceram muitos especialistas, e até muitos trabalhadores de saúde, que as agências de saúde são um substituto precário para a família. A insatisfação com os resultados do bem-estar socializado e os gastos crescentes para mantê-lo agora impulsiona esforços para levar a saúde e o bem-estar de volta ao lar.*

* Em 1976, o Center for Policy Research (Nova York) organizou uma conferência sobre dependência com base na premissa de que "as respostas públicas tradicionais perderam boa parte de sua legitimidade, se não toda", e a institucionalização e os cuidados profissionais teriam se tornado amplamente "suspeitos". Tanto por seu ataque aos manicômios como por sua postura de desconfiança com relação à "motivação da benevolência", essa conferência reflete com precisão a atual revolta contra a socialização do bem-estar e os estudos acadêmicos revisionistas que corroboram essa revolta, depreciando as motivações de reformistas e retratando os manicômios como "instituições totais". O trabalho de Erving Goffman, Thomas Szasz, Eliot Freidson, David Rothman e de outros ajudou a moldar uma nova ortodoxia, crítica à institucionalização e "dominância profissional", mas incapaz de detectar a conexão entre esses desdobramentos e a ascensão do gerenciamento moderno ou a degradação do trabalho. Na prática, a crítica à profissionalização poucas vezes vai além do movimento dos consumidores, enquanto, na teoria, isso já é clichê. Para os historiadores, "o controle social" serve, nos anos 1970, ao mesmo propósito que a "ansiedade por status" nos anos 1950. Ela oferece uma explicação abrangente e polivalente, aplicável a todos os casos e contingências, que agora pode ser manipulada sem maiores reflexões. Mesmo os melhores estudos sobre controle social tendem, nas palavras de Richard Fox, "a exagerar a novidade das percepções do século 19 de desordem, a reificar os 'controladores'

REPERCUSSÕES PSICOLÓGICAS DA "TRANSFERÊNCIA DE FUNÇÕES"

É tarde demais, contudo, para pedir um resgate da família patriarcal, ou mesmo da família "de companheirismo" que a substituiu. A "transferência de funções", como é chamada no jargão antisséptico das ciências sociais — na realidade, a deterioração dos cuidados infantis — está em curso há muito tempo, e muitas de suas consequências parecem irreversíveis. O primeiro passo no processo, dado em algumas sociedades ainda ao final do século 18, foi a separação do mundo infantil do mundo adulto, em parte como política deliberada, em parte como resultado inevitável da retirada de muitos processos de trabalho do lar. Conforme o sistema industrial monopolizou a produção, o trabalho se tornou cada vez menos visível para a criança. Os pais já não podiam levar o trabalho para casa nem ensinar a seus filhos as habilidades envolvidas nele. Em um estágio posterior dessa alienação do trabalho, a monopolização das habilidades técnicas pela gerência, seguida da socialização das técnicas de criação de filhos, deixou aos pais pouca coisa a transmitir a seus rebentos além do amor; e amor sem disciplina não basta para garantir a continuidade geracional da qual dependem todas as culturas. Em vez de orientar a crian-

→ até transformá-los em uma elite homogênea ou, no caso de Rothman, torná-los indistinguíveis da sociedade como um todo, e a presumir que as instituições são impostas pela elite à sociedade por meio de sujeitos passivos e moldáveis" (Erving Goffman, *Asylums: Essays on the Social Situation of Mental Patients and Other Inmates*. Nova York: Doubleday, 1961; Thomas S. Szasz, *The Myth of Mental Illness*. Nova York: Harper and Row, 1961; Eliot Freidson, *Professional Dominance: The Social Structure of Medical Care*. Nova York, Atherton, 1970; David Rothman, *The Discovery of the Asylum*. Boston: Houghton Mifflin, 1971; Richard Fox, "Beyond 'Social Control': Institutions and Disorder in Bourgeois Society", *History of Education Quarterly*, v. 16, pp. 203-7, 1976).

ça, a geração mais velha luta hoje para "se manter em dia com as crianças", dominar seu jargão incompreensível e até imitar seus gestos e formas de vestir na esperança de preservar uma aparência e um aspecto juvenis. Essas mudanças, indissociáveis do desenvolvimento total da indústria moderna, tornaram cada vez mais difícil uma identificação psicológica entre pais e filhos. A intromissão da indústria na família, através da mídia de massa e das agências socializadas de paternidade e maternidade, alterou sutilmente a natureza da conexão entre pais e filhos. Criou-se um ideal de paternidade e maternidade perfeitos e, ao mesmo tempo, minou-se a confiança dos pais quanto a sua capacidade de executar as funções mais básicas envolvidas na criação de um filho. A mãe estadunidense, segundo Geoffrey Gorer,[35] depende tanto de especialistas que "nunca é capaz de ter a segurança fácil, quase inconsciente, das mães em sociedades com padrões mais estabelecidos, que seguem sem questionar os procedimentos que sabem ser os corretos". Segundo outra autora,[36] a mãe estadunidense "imatura e narcísica" é "tão desprovida de manifestações espontâneas de sentimentos maternais" que redobra sua dependência de conselhos externos. "Ela estuda com diligência todos os novos métodos de criação de filhos e lê tratados sobre higiene física e mental", agindo não de acordo com seus próprios juízos e sentimentos, mas conforme "a imagem do que se espera de uma boa mãe."

A mulher que vai ao psiquiatra após ler livros sobre desenvolvimento infantil com os quais "sentiu não ter aprendido nada" dramatiza, de forma acentuada, o sufoco dos pais modernos. Ela foi atrás dessas informações, segundo relatou seu psiquiatra, "como se estivesse interessada em passar em uma prova ou em gerar uma criança para vencer um concurso. [...] Ela precisava se tornar uma mãe perfeita".[37] Ainda assim, sua relação com os filhos sofria de "uma falta marcante de afeto". Atormentada por "uma sensação de inexperiência e inaptidão para desempenhar tarefas com as quais não tinha nenhuma familiaridade anterior", ela se comparava a alguém que nunca houvesse visto ou dirigido um carro e tentasse aprender a dirigir usando um manual mecânico. Outra mãe

sentiu que não sabia nada sobre a maternidade, literalmente. [...] Era capaz de repassar mecanicamente todos os movimentos necessários para cuidar das necessidades da filha, mas nunca entendia de fato suas exigências, e sentia que suas respostas não tinham nenhuma empatia, como alguém que responde automaticamente às instruções de um manual.

NARCISISMO, ESQUIZOFRENIA E FAMÍLIA

Evidências clínicas documentam os efeitos muitas vezes devastadores desse tipo de maternidade. A "superficialidade e imprevisibilidade das respostas da mãe", segundo Heinz Kohut,[38] causou em um de seus pacientes o padrão de dependência narcísica tantas vezes encontrado em condições borderline, em que o sujeito tenta recriar no inconsciente fantasias de onisciência do início da infância e busca manter de pé sua autoestima se associando a "figuras fortes e admiradas". A conexão entre mãe e filho, na visão de Kohut e de muitos outros, ampara-se, no melhor cenário, em "frustrações ideais". Conforme a criança vai percebendo as limitações e a falibilidade de sua mãe, ela abdica da perfeição maternal e começa a assumir muitas de suas funções — para zelar por seu próprio cuidado e conforto. Uma imagem idealizada da mãe vive nos pensamentos inconscientes do filho. Reduzida, todavia, pela experiência cotidiana da falibilidade maternal, ela passa a ser associada não a fantasias de onipotência infantil, mas ao domínio modesto e crescente do ambiente pelo ego. A decepção com a mãe, resultante não só dos seus inevitáveis lapsos de atenção, mas também da percepção do filho de que ele não é o único membro do seu rol de afetos, permite à criança abdicar do amor exclusivo e, ao mesmo tempo, internalizar a imagem de amor maternal (por meio de um processo psíquico análogo ao luto) e incorporar suas funções vitais.

As atenções incessantes e, ao mesmo tempo, curiosamente perfunctórias que a mãe narcisista[39] dirige ao filho, interferem em todos os pontos do mecanismo de frustração ideal. Como muitas vezes encara a criança como uma extensão de si, ela recobre o filho de atenções "estranhamente incompatíveis" com suas necessidades, fornecendo a ele um excesso de cuidados solícitos em aparência, mas na realidade pouco calorosos. Ao tratar a criança como "posse exclusiva", ela incentiva um senso exagerado de sua própria importância; ao mesmo tempo, torna difícil para o filho reconhecer sua decepção com as deficiências dela. Na esquizofrenia,[40] a disjunção entre as percepções do filho e os cuidados superficiais e perfunctórios da mãe e de sua devoção aparentemente exclusiva se torna tão dolorosa que a criança se recusa a reconhecê-la. Defesas regressivas, "perda dos limites do self", ilusões de onisciência e pensamento mágico figuram, de forma amenizada, nos distúrbios narcísicos. Embora a esquizofrenia não possa de modo algum ser considerada apenas uma forma exagerada de narcisismo, ela tem em comum com os distúrbios narcísicos a ruptura das fronteiras entre o self e o mundo dos objetos. "A postura psicanalítica contemporânea", segundo um psiquiatra, é de que "a esquizofrenia é, sobretudo, um distúrbio narcísico."[41] Não surpreende, portanto, que estudos do histórico familiar de pacientes esquizofrênicos revelem diversos traços associados às famílias narcísicas. Em ambos os casos, a mãe narcisista direciona atenções sufocantes, mas ao mesmo tempo distantes do ponto de vista emocional, a seu rebento. O narcisista, como o esquizofrênico, não raro ocupa uma posição especial na família, seja por seus dotes reais ou porque um de seus pais o trata como substituto para um pai, mãe ou cônjuge ausente. Esse parente, por vezes, arrasta toda a família para a rede de sua própria neurose, que os membros da família satisfazem em um acordo tácito com o intuito de manter o equilíbrio emocional da família. Na "família emaranhada nesse modo de viver", segundo um estudioso do narcisismo, cada membro tenta validar os desejos e expectativas projetados dos demais. "Essa tautologia familiar, somada ao trabalho necessário para mantê-la, é um aspecto definidor da família unida por um modo de vida narcísico." Segundo Kohut, o sofrimento dessas famílias com o distúrbio de personalidade de um membro é maior do que o daqueles com casos claros de psicose, pois os pais psicóticos são confinados em um asilo ou, ao menos, recebem apoio de seu ambiente social imediato.[42]

NARCISISMO E O "PAI AUSENTE"

Famílias assim surgem nos Estados Unidos não só por consequência da patologia de um membro específico, mas como reação normal às condições sociais predominantes. Conforme o mundo dos negócios, do trabalho e da política se tornam cada vez mais ameaçadores, a família tenta criar para si uma ilha de segurança contra o caos ao redor. Ela lida com tensões internas negando sua existência, agarrando-se com desespero a uma ilusão de normalidade. Entretanto, esse retrato de uma vida doméstica em perfeita harmonia, a partir da qual a família busca se moldar, deriva não de um sentimento espontâneo, mas de fontes externas, e o esforço para se conformar a ela, por conseguinte, acaba envolvendo a família em uma farsa de intimidade ou "pseudomutualidade", como a chama um estudioso da esquizofrenia.[43] A mãe em particular, sobre quem recai por convenção a tarefa de criar os filhos, tenta se tornar uma mãe ideal, e compensa a falta de sentimentos espontâneos sufocando a criança de cuidados. Abstratamente convencida de que seu filho merece o melhor de tudo, ela ajeita cada detalhe de sua vida com zelo meticuloso, sabotando seu poder de iniciativa e destruindo sua capacidade de autocuidado. Ela dá ao filho a sensação, segundo Kohut, de "não ter mente própria".[44] Suas impressões exageradas e idealizadas da mãe permanecem inalteradas por experiências posteriores, e acabam se misturando nos seus pensamentos inconscientes com fantasias de onipotência infantil.

Um caso relatado por Annie Reich[45] mostra, de forma exacerbada, como a ausência do pai afeta a relação entre mãe e filho. A paciente, uma jovem mulher brilhante com uma carreira de sucesso como professora, "alternava sentimentos de grandiosidade e a consciência de não ser tão grandiosa quanto gostaria de ser". Em segredo, ela acreditava ser um gênio que, em suas próprias palavras, "se revelaria de repente e passaria a se destacar, como um obelisco". O pai da garota havia morrido alguns meses após seu nascimento. O irmão de sua mãe também morrera jovem. A mãe se recusou a casar outra vez e soterrou a filha de atenções, tratando-a como uma pessoa rara e especial. Ela deixava claro que a criança deveria substituir o pai e o tio falecidos. A filha, contribuindo para tudo isso com suas próprias elucubrações, "imaginava que a mãe havia devorado o pai durante o ato sexual, o que equivalia a tê-lo castrado mordendo seu pênis fora. Ela (a paciente) era o pênis do pai —

ou o retorno do pai ou do tio mortos". Como muitas mulheres narcisistas, ela dirigia "imensa parte" de sua atenção "ao próprio corpo", que identificava em seu inconsciente ao falo, como demonstra a fantasia de "se destacar como um imenso obelisco" admirado por todos ao redor. Não obstante, a consciência de sua feminilidade, que contradizia essa fantasia fálica, somada a "um supereu implacável" (derivado, em parte, de um "id megalomaníaco") despertava nela uma sensação de desmerecimento e violentas "oscilações de autoestima".

Os traços mais marcantes desse caso, como em tantos casos envolvendo pacientes narcisistas, são a persistência de fantasias arcaicas, o caráter regressivo das defesas contra perdas e a incapacidade de sublimar — por exemplo, encontrando prazer em um trabalho para o qual o paciente já demonstrou considerável aptidão. Vimos como a dependência exagerada em relação à mãe, estimulada pela própria, torna difícil para a criança se reconciliar, após um período de luto, com a perda. No caso em questão, a morte do pai, somada ao uso pela mãe da filha como substituta para o pai, permitiu que a fantasia de um pai fálico e grandioso florescesse sem a influência corretora do contato cotidiano. "O impacto normal da realidade sobre esse objeto de fantasia, que teria levado a algum nível de dessexualização [conforme a criança passasse a entender que o pai tem outras qualidades além da sexual] e reduzido a dimensões naturais a figura do pai, visto por ela em dimensões sobre-humanas, permaneceu ausente — daí o caráter fálico não sublimado do ideal do eu e seu escopo megalomaníaco."

Mulheres com "personalidades bem integradas quanto a outros aspectos", segundo a dra. Reich, sentem o ímpeto inconsciente de agradar uma mulher narcísica em substituição ao pai ausente, seja por meio da elaboração de fantasias grandiosas de sucesso, seja se atrelando a homens bem-sucedidos. Uma paciente disse que "durante o sexo, ela se sentiu como se fosse um homem de corpo em forma de falo fazendo amor com ela mesma". Outra obteve um pequeno sucesso como atriz e descreveu a euforia de ser admirada pela plateia como "uma excitação intensa, experimentada em toda a superfície do corpo e uma sensação de se erguer, ereta, com o corpo inteiro. Obviamente, ela sentia ser um falo com todo o corpo". Nessas pacientes, o supereu ou ideal do eu consiste em representações arcaicas do pai não mitigadas pela realidade. Sua identificação com o órgão sexual, suas ambições grandiosas e a sensação de inutilidade intercalada com delírios de grandeza comprovam a origem primitiva do supereu e a agressividade com que ele pune o fracasso de se pôr à altura do ideal exagerado de um pai todo-poderoso. Por trás dessa imagem do pai fálico, esconde-se um apego anterior à mãe primeva, que tampouco é moderado por experiências capazes de reduzir as fantasias primordiais à escala humana. Mulheres narcisistas buscam substituir o pai ausente castrado pela mãe e, assim, reencontrar a mãe da primeira infância.

Partindo do pressuposto de que a patologia representa uma versão ampliada da normalidade, podemos ver agora por que a ausência do pai estadunidense se tornou um traço tão crucial da "família americana": não tanto porque priva a criança de um modelo, mas, sobretudo, porque permite que as primeiras fantasias sobre o pai dominem o desenvolvimento subsequente do supereu. Além disso, a ausência do pai deforma as relações entre mãe e filho. Segundo uma teoria popular equivocada, a mãe assume o papel do pai e confunde a criança por desempenhar um papel masculino ("momismo"). Nas fantasias do filho, porém, não é a mãe quem substitui o pai, mas a própria criança. Quando uma mãe narcisista, já pré-disposta a ver seus filhos como extensões de si, tenta compensar o filho pela deserção do pai (e também se conformar a padrões socialmente definidos da maternidade ideal), suas atenções constantes (embora perfunctórias), suas tentativas de fazer com que a criança se sinta desejada e especial, e sua vontade de fazê-la "se destacar" transmitem ao filho uma mensagem carregada e altamente perturbadora. O filho imagina que a mãe engoliu ou castrou o pai e alimenta a fantasia grandiosa de substituí-lo alcançando a fama ou se associando a alguém que represente um tipo fálico de sucesso, provocando assim uma reunião extática com a mãe. A dependência da mãe pelo filho é tão intensa que impede que este reconheça as limitações dela. Isso é disfarçado, em todos os casos, pela aparência de preocupação contínua. A ausência emocional do pai torna a mãe dominante no âmbito familiar; entretanto, essa dominância se faz sentir sobretudo nas fantasias do filho (em que o pai também desempenha um papel ativo), e não na vida cotidiana. Nesse sentido, a mãe estadunidense também é ausente. Especialistas externos assumiram muitas de suas funções práticas, e ela muitas vezes desempenha as tarefas que ainda lhe cabem de modo mecânico, atendendo não às necessidades da criança, mas a um ideal pré-concebido de maternidade. Tendo em vista os cuidados sufocantes, mas ao mesmo tempo emocionalmente distantes que recebem de mães narcisistas, não é de surpreender que tantos jovens — por exemplo, os estudantes alienados entrevistados por Kenneth Keniston e Herbert Hendin —[46] descrevem suas mães como pessoas ao mesmo tempo sedutoras e desinteressadas, devoradoras e indiferentes. Tampouco surpreende que tantos pacientes narcisistas vivenciem a sedução maternal como forma de ataque sexual. As impressões inconscientes da mãe são tão superdimensionadas e influenciadas por impulsos agressivos, e tão pequena é a sintonia entre os cuidados da mãe e as necessidades do filho, que, nas fantasias deste, a mãe surge como um pássaro devorador, uma vagina cheia de dentes.

ABDICAÇÃO DE AUTORIDADE E TRANSFORMAÇÃO DO SUPEREU

Os padrões psicológicos associados ao narcisismo patológico, que se manifestam de forma menos exagerada em muitos padrões da cultura estadunidense — no fascínio pela fama e celebridade, no medo da competição, na incapacidade de suspenção da descrença, no caráter superficial e transitório das relações pessoais, no horror à morte — originam-se da estrutura peculiar da família estadunidense, que, por sua vez, origina-se de modos de produção em transformação. A produção industrial tira o pai de casa e reduz seu papel na vida consciente do filho. A mãe tenta compensar o filho pela perda do pai. Sem experiência prática na criação de filhos, ela se sente incapaz de compreender as necessidades da criança, e orienta tanto suas ações pelas receitas de especialistas externos que não consegue transmitir segurança para o filho. Ambos os pais buscam fazer da família um refúgio contra as pressões externas, mas os próprios padrões que usam para medir o sucesso, bem como as técnicas que usam para tentar alcançá-lo, derivam em grande parte da sociologia industrial, do manejo de pessoal, da psicologia infantil — em resumo, do aparato organizado de controle social. A luta da família para se conformar a um ideal de solidariedade familiar e modos parentais impostos desde fora cria uma aparência de solidariedade às custas do sentimento espontâneo, uma "relação" ritualizada e sem qualquer substância real.

Como esses padrões familiares são muito calcados nas condições sociais criadas pela indústria moderna, é impossível substituí-los por reformas profiláticas ou "educacionais" desenvolvidas para aprimorar a qualidade da comunicação, reduzir tensões e promover habilidades interpessoais. Essas reformas, que ampliam a influência de profissões de saúde e bem-estar, costumam trazer mais danos que benefícios. A injunção de sentir emoções espontâneas não torna mais fácil senti-las. De qualquer modo, os padrões psicológicos promovidos pela família são reforçados por condições externas à família. Como eles parecem encontrar sua manifestação mais clara na patologia do narcisismo, e especialmente na esquizofrenia, não devemos saltar à conclusão de que a família produz desajustados, pessoas incapazes de funcionar de modo eficiente na sociedade industrial moderna.* Em muitos sentidos, eles fazem um bom trabalho de preparação da criança para as condições que encontrará ao sair de casa. Outras instituições — por exemplo, a escola e as turmas de adolescentes — apenas reforçam padrões anteriores, satisfazendo expectativas criadas pela família. Como escreve Jules Henry, "existe uma interação constante entre cada família e a cultura como um todo, em que uma reforça a outra; cada criação familiar singular dá origem a necessidades da criança satisfeitas por algum aspecto da cultura adolescente e escolar".

* Kenneth Keniston, Philip Slater, e outros críticos parsonianos da cultura dos Estados Unidos argumentaram que a família nuclear, nas palavras de Keniston, "produz descontinuidades profundas entre a infância e a vida adulta". A crítica ao "privatismo", que emergiu como um dos temas dominantes no radicalismo cultural recente, encontra um alvo óbvio na família nuclear, que estimula ostensivamente um individualismo predatório e anacrônico e, assim, incapacita a criança para as demandas de uma vida cooperativa em uma sociedade complexa e "interdependente". Muitas vezes associada à psiquiatria radical de R. D. Laing e Wilhelm Reich e clamando por uma revolução cultural urgente, essa crítica da família nuclear não faz senão atualizar e embalar no jargão libertário mais recente o mesmo indiciamento da família já articulado antes por trabalhadores sociais, educadores, reformistas penais e outros patologistas sociais, utilizado por esses especialistas para justificar sua apropriação de funções familiares. Ao se associar com a crítica psiquiátrica da família, a "revolução cultural" reafirma uma das tendências mais fortes da sociedade que diz criticar (Kenneth Keniston, *The Uncommitted*, op. cit., pp. 309-10; Philip Slater, *The Pursuit of Loneliness*. Boston: Beacon Press, 1970, cap. 3).

Segundo Henry e outros estudiosos da cultura estadunidense, o colapso da autoridade parental reflete o colapso do "controle de impulsos ancestrais" e a mudança "de uma sociedade em que os valores do superego (valores de autocomedimento) estavam em alta para outra, em que os valores do id (os valores da autoindulgência) são cada vez mais levados em conta". A reversão das relações normais entre as gerações, o declínio da disciplina parental, a "socialização" de muitas funções parentais e as ações "autocentradas, distanciadas, confusas, movidas por impulsos" de pais e mães estadunidenses dá origem a características que "podem ter desfechos gravemente patológicos, se manifestas em sua forma extremada",[47] mas que, em expressões mais amenas, equipam os jovens para a vida em uma sociedade permissiva organizada em torno dos prazeres do consumo. Arnold Rogow argumenta, em uma linha semelhante, que os pais estadunidenses, que alternam posturas "permissivas e evasivas" em sua lida com os jovens, "acham mais fácil alcançar o conformismo através de subornos que encarar o turbilhão emocional resultante da supressão das exigências da criança". Desse modo, eles sabotam a iniciativa da criança e a impedem de desenvolver a autolimitação e a autodisciplina; mas, como a sociedade estadunidense já não valoriza essas qualidades, a abdicação da autoridade parental incute nos jovens traços de personalidade exigidos por uma cultura corrupta, permissiva e hedonista. A decadência da autoridade parental reflete "a decadência do superego" na sociedade estadunidense como um todo.[48]

Essas leituras, que captam com lucidez os estilos predominantes de disciplina parental, seu impacto sobre os jovens e as conexões entre família e sociedade, precisam ser modificadas em um detalhe importante. As condições cambiantes da vida familiar não levam exatamente a uma "decadência do superego", mas antes a uma alteração de seu conteúdo. O fracasso dos pais em servirem como modelos de autolimitação disciplinada ou em dar limites aos filhos não significa que a criança cresça sem supereu. Pelo contrário, isso estimula o desenvolvimento de um supereu cruel e punitivo baseado em grande medida em imagens arcaicas dos pais, fundidas a autoimagens grandiosas. Sob tais condições, o supereu consiste em introjeções — e não identificações — parentais. Ele estabelece para o eu um padrão exaltado de fama e sucesso, e censura-o com violência selvagem quando não consegue alcançar esse padrão. Daí as oscilações de autoestima tão associadas ao narcisismo patológico.

A fúria com que o supereu pune o eu por seus fracassos sugere que a maior parte da energia daquele provém de ímpetos agressivos do id não misturados com a libido. A simplificação excessiva e corriqueira, que equipara o supereu e o id à "autocontenção" e à "autoindulgência", tratando-as como se fossem radicalmente opostas, ignora os aspectos irracionais do supereu e a ligação entre agressividade e consciência punitiva. A decadência da autoridade parental e das sanções externas em geral, embora enfraqueça de muitas formas o supereu, reforça, paradoxalmente, os elementos agressivos e ditatoriais do supereu, tornando mais difícil do que nunca a obtenção de válvulas de escape aceitáveis para os desejos instintivos. A "decadência do supereu" em uma sociedade permissiva é melhor compreendida como criação de um novo tipo de supereu com predominância de elementos arcaicos. As mudanças sociais que tornaram difícil para as crianças internalizar a autoridade dos pais não aboliu o supereu, mas apenas fortaleceu a ligação entre supereu e Tânatos — a "pura cultura do instinto de morte", como Freud a chamava, que direciona contra o eu uma torrente de críticas ferozes e implacáveis.[49]

A nova permissividade extrapola muito a expressão dos instintos libidinais, e não para a agressão. Uma sociedade burocrática que destaca a cooperação, o toma lá dá cá, não pode permitir muitas válvulas de escape legítimas para a raiva. Mesmo a família, na qual, em teoria, deveria ser possível expressar sentimentos que não podem ser demonstrados em outros lugares, a raiva ameaça o precário equilíbrio que os membros da família se esforçam tanto para preservar. Ao mesmo tempo, a natureza mecânica dos cuidados parentais, com seu déficit evidente de afeto, desperta na criança desejos orais insaciáveis e uma raiva ilimitada contra aqueles que não os satisfazem. Boa parte dessa raiva, duramente reprimida pelo ego, embrenha-se no supereu, com os resultados descritos por Henry e Yela Lowenfeld:

> A função de inibição, controle e orientação do supereu, que se mescla em grande medida com o ego, é enfraquecida pela fraqueza dos pais, por uma educação indulgente que não logra treinar o eu e por um clima social de permissividade generalizada. [...] Mas o supereu severo do início da infância ainda vive no indivíduo. A função controladora do supereu, cuja força deriva da identificação com figuras parentais fortes, e que pode proteger o indivíduo contra sentimentos conscientes e inconscientes de culpa, opera de modo precário; seu poder punitivo e autodestrutivo ainda parece afetar muita gente. Os resultados incluem descontentamento, inquietação, humores depressivos e uma ânsia por satisfações substitutas.[50]

Em *Alguma coisa mudou*, de Heller, que descreve com uma infinidade de detalhes deprimentes as psicodinâmicas da vida familiar de hoje, o pai acredita, e tem bons motivos para isso, que sua filha adolescente rebelde deseja ser punida por ele; e, como muitos pais e mães estadunidenses, recusa-se a lhe dar essa satisfação, ou mesmo a reconhecer sua legitimidade. Resistindo à manipulação da filha que deseja ser punida, ele conquista vitórias psicológicas contra a filha fazendo o exato oposto: servindo aos desejos dela e, assim, evitando as brigas que ela tenta provocar. Ainda assim, os dois filhos inconscientemente consideram-no um tirano, a despeito das tentativas dele de agir como "melhor amigo" (ao menos no caso do filho). Espantado, ele se questiona: "Não sei por que [meu filho] sempre acha que vou bater nele, se nunca faço isso; nunca fiz; não sei por que ele e minha filha acreditam que apanhavam muito quando eram mais novos. Acho que nunca surrei nenhum dos dois".[51] A abdicação de autoridade pelos pais não suaviza, mas intensifica o medo que os filhos sentem de ser punidos, e associa mais do que nunca a ideia de punição a um exercício de violência arbitrária e implacável.*

RELAÇÃO ENTRE FAMÍLIA E OUTRAS AGÊNCIAS DE CONTROLE SOCIAL

A sociedade reforça esses padrões não só por meio da "educação indulgente" e da permissividade geral, mas também por meio da publicidade, da criação de demandas e da cultura de massa do hedonismo. À primeira vista, uma sociedade baseada no consumo de massa parece estimular a autoindulgência em suas formas mais patentes. Se pensarmos com cuidado, no entanto, a publicidade moderna busca promover mais o auto-

---

* Na escola estudada por Jules Henry, um garoto de onze anos escreveu em tom agradecido que seu pai "me ensina [beisebol e] outros esportes [e] me dá tudo o que pode", mas reclamou porque ele "nunca me bate quando faço algo de errado". Henry observa: "O que a criança parece estar dizendo é que o pai [...] é incapaz de dar o que o filho acha que precisa para se tornar uma pessoa: punição justa por suas más ações. Em uma cultura permissiva, as pessoas se surpreendem quando descobrem que *não* receber dor pode ser visto como privação. E, no entanto, para algumas crianças, carregar a culpa sem sofrer punição dói muito mais do que levar uma surra" (Jules Henry, op. cit., p. 139).

questionamento que a autoindulgência. Busca criar necessidades, não satisfazê-las; gerar novas ansiedades em vez de apaziguar as antigas. Ao cercar o consumidor com imagens de uma boa vida e associá-las ao glamour do sucesso e da celebridade, a cultura de massa estimula o homem comum a cultivar gostos extraordinários, a se identificar com a minoria privilegiada em oposição ao resto, e a se juntar em suas fantasias a essa elite, em uma vida de requinte, conforto e refinamento sensual. Não obstante, a propaganda das mercadorias também o torna infeliz com o que tem. Ao fomentar aspirações grandiosas, a publicidade fomenta o autodesprezo e a autodifamação. Assim, a tendência central da sociedade de consumo é recriar formas de socialização antes propiciadas pela família.

Experiências com autoridade — na escola, no trabalho, no âmbito político — completam a formação do indivíduo para que aceite, não sem desconforto, as formas predominantes de controle. Aqui, mais uma vez, o controle social não promove autoindulgência ou uma autocrítica culposa, como antes fazia o supereu moralista, mas ansiedade, incerteza e agitada insatisfação. Na escola, nas corporações empresariais e nos tribunais de justiça, as autoridades ocultam seu poder atrás de uma fachada de benevolência. Posando de ajudantes amigáveis, eles disciplinam seus subordinados o menos possível, buscando, em vez disso, criar uma atmosfera amigável na qual todos são livres para dizer o que pensam. Jules Henry descobriu que os professores de ensino médio, na realidade, temiam o silêncio e o comedimento em sala de aula, e justificavam seu fracasso em impor a ordem alegando que impor o silêncio impediria expressões espontâneas e criaria medos desnecessários. "Uma sala de aula quieta pode ser terrivelmente assustadora para alguns", disse um professor, cuja sala de aula se tornou tão barulhenta que os próprios estudantes passaram a clamar por silêncio. Segundo

Henry, a sala de aula ensina às crianças "suas primeiras lições de como viver nos ambientes 'amigáveis' e 'descontraídos' das burocracias empresariais e governamentais contemporâneas".*[52] A aparente permissividade oculta um sistema rígido de controles, ainda mais eficiente porque evita confrontações diretas entre as autoridades e as pessoas sobre as quais elas desejam impor suas vontades. Como confrontações levam à discussão de princípios, as autoridades, sempre que possível, delegam a disciplina a outro ente e agem como meras conselheiras, consultoras e amigas. Assim, os pais confiam nos médicos, psiquiatras e colegas da criança para enquadrar seus filhos segundo as regras, esperando para ver se isso funciona. Caso a criança se recuse a comer o que os pais acham que deve comer, eles recorrem à autoridade médica. Se o filho for indomável, chamam um psiquiatra para ajudar com o "problema" do jovem.** Desse modo, os pais transferem à criança seu próprio problema — a insubordinação. De forma análoga, na escola, a criança se vê cercada de autoridades que só querem ajudar. Se um estudante "passa dos limites",

* Quando Ann Landers aconselhou um aluno de ensino médio a se queixar com o diretor sobre outros alunos que realizavam atos sexuais no refeitório, ela ouviu que "o diretor deve ser um covarde" e "os professores sabem o que acontece e conhecem os culpados, mas não querem causar problemas e por isso ficam em silêncio". A mesma coluna continha uma carta escrita por uma garota de dezesseis anos, para quem os adolescentes que reclamavam por "estarem [sob] controle de seus pais" deveriam se considerar pessoas de sorte por não terem "pais que escolhem o caminho mais fácil e não enfrentam os filhos porque não querem passar perrengue" (Ann Landers, *Rochester Democrat and Chronicle*, 18 fev. 1978).

** "A comunidade manifestou sua preocupação com a infância criando instituições", escreveu Van Waters. "É cada vez mais comum que os partos ocorram em hospitais, e a alimentação dos bebês se tornou um rito esotérico que poucos pais arriscariam realizar sem a assistência de um especialista. Quando as crianças estão doentes, são tratadas por especialistas muito mais preparados que os pais. [...] A cada estágio da vida da criança, alguma agência moderna organizada dirá aos pais: 'Sabemos fazer isso melhor que você'" (Miriam Van Waters, *Parents on Probation*, op. cit., p. 36).

é enviado para um orientador psicológico para "aconselhamento". Os próprios estudantes, segundo o estudo de Edgar Friedenberg sobre o ensino médio nos Estados Unidos, rejeitam tanto medidas autoritárias como liberais e consideram o controle social "um problema técnico, cuja solução deve ser apontada pelo especialista adequado".[53] Assim, se o professor flagra um aluno desregrado fumando no banheiro, não deve nem "bater nele com calma, frieza e emoções contidas" nem humilhá-lo publicamente, tampouco ignorar a infração ou considerá-la um desvio desimportante e insuficiente para reputar ao aluno a fama de problemático. Em vez disso, o professor deve encaminhar o jovem ao psiquiatra da escola. Surrá-lo o tornaria ainda mais incontrolável, na visão do aluno, enquanto a solução psiquiátrica, com efeito, deverá fazer com que ele próprio coopere para que a escola possa controlá-lo.

RELAÇÕES HUMANAS NO TRABALHO: A FÁBRICA COMO FAMÍLIA

Especialistas em gestão de recursos humanos introduziram técnicas semelhantes nas corporações modernas, alegando se tratar de uma estratégia para "humanizar" o ambiente de trabalho. A ideologia de gestão moderna se baseia no mesmo corpus teórico e nas mesmas prática terapêuticas que a educação e as técnicas de criação progressistas. Tentativas recentes de "democratizar" as relações industriais devolvem à estaca zero desdobramentos iniciados que tiveram início quando especialistas em gestão científica passaram a estudar as dinâmicas de grupo dentro de fábricas e escritórios com o intuito de reduzir atritos e aumentar a produção. Depois disso, os cientistas sociais aplicaram as ideias elaboradas a partir do estudo de pequenos grupos ao estudo e tratamento da família, argumentando que a maioria dos conflitos domésticos se originavam da tentativa de impor controles autoritários ultrapassados a uma instituição que evoluía de uma forma autoritária para outra, democrática. Nos anos 1950, quase todos os psiquiatras, assistentes sociais e cientistas sociais condenavam os valores associados à família tradicional ou autoritária. "Os livros de nossa disciplina", escreveu uma equipe de especialistas,[54] "discutem o sistema familiar 'democrático' e o compartilhamento de autoridade."

No final dos anos 1950 e nos 1960, especialistas em relações industriais começaram a aplicar essas ideias a problemas gerenciais. Em *The Human Side of Enterprise* [O lado humano da empresa, 1960], Douglas McGregor convidava os executivos de corporações a aceitarem os "limites da autoridade".[55] Definindo autoridade de forma um tanto crua, como qualquer ordem sancionada pela força, McGregor argumentava que a autoridade representava uma forma de controle social já ultrapassada em uma era de "interdependência".[56] As ordens só continuavam eficazes, segundo seu raciocínio, quando os trabalhadores ocupavam posições desvalorizadas e de dependência dentro da hierarquia industrial e tinham dificuldade para suprir até mesmo suas necessidades materiais. O psiquiatra Abraham Maslow havia demonstrado que, satisfeita a necessidade básica de pão, abrigo e segurança, os seres humanos voltavam sua atenção à necessidade de "autoatualização".[57] No entanto, McGregor se queixava porque os gestores empresariais ainda tratavam seus funcionários como ratinhos de laboratório correndo em uma roda, presumindo, sem respaldo científico, que as pessoas odiavam trabalhar e, portanto, precisavam ser coagidas ou motivadas com recompensas materiais.

McGregor deixou claro que não desejava o fim das responsabilidades administrativas. Como o dr. Spock e a dra. Bruch, ele rejeitava as abordagens "permissivas" de seus antecessores, que teriam contaminado experimentos anteriores de "relações humanas". A experiência havia subvertido os pressupostos de que a "satisfação dos empregados" aumentava a produtividade e a "saúde empresarial [resultava] automaticamente da eliminação de [...] conflito". O trabalhador ainda carecia de orientação, mas precisava ser encarado como parceiro do empreendimento, e não como criança. O executivo esclarecido estimulava seus subordinados a participar de discussões em grupo e "comunicar" suas sugestões e necessidades à diretoria, até mesmo participando com críticas "construtivas". Os terapeutas de casal tinham aprendido a aceitar o conflito como parte da vida doméstica, e McGregor tentou incutir um ponto de vista semelhante nos gestores corporativos dizendo a eles que seria um erro considerar os interesses do indivíduo como conflitantes com os do grupo. "Se analisarmos uma família, podemos identificar as possibilidades inerentes de pontos de vistas opostos."[58]

Pesquisas em pequenos grupos, segundo McGregor, mostraram que os grupos funcionam melhor quando todos dizem o que pensam, as pessoas não só falam, mas também escutam, as discordâncias são expostas sem causar "tensões evidentes", o "diretor-chefe" não tenta dominar seus subordinados e as decisões se baseiam em consensos.* Esses preceitos, que naquela

---

* O influente livro de McGregor, expressão bastante característica da cultura dos anos 1950, não apenas complementou o ataque psiquiátrico à família autoritária, de grande sucesso naquela década, como também reafirmou muitos dos temas da sociologia parsoniana da família. Em 1961, Parsons criticou a análise de David Riesman sobre a renúncia à autoridade parental (em *The Lonely Crowd*) argumentando que os pais modernos equipam melhor os jovens para a vida em uma sociedade industrial complexa, na qual os estimulam a serem autossuficientes em vez de tentarem supervisionar cada detalhe de sua criação. Como Parsons, McGregor argumenta que o que parecia ser uma

época haviam se tornado moeda corrente das ciências sociais, resumem a visão terapêutica de autoridade. A aceitação crescente dessa visão, em todos os níveis da sociedade estadunidense, possibilitou a manutenção de formas hierárquicas de organização sob o disfarce da "participação". Ela forneceu a uma sociedade dominada por elites corporativas, uma ideologia antielitista. A popularização dos modos terapêuticos de pensamento mina a credibilidade das autoridades, sobretudo dentro de casa e em sala de aula, enquanto deixa de criticar a dominação em si. As formas terapêuticas de controle social, que suavizam ou eliminam a relação conflitante entre subordinados e superiores, torna cada vez mais difícil a defesa do cidadão contra o Estado e a resistência dos trabalhadores às demandas da corporação. Enquanto as ideias de culpa e inocência perdem seu significado moral, e até mesmo legal, aqueles no poder perdem a capacidade de impor o cumprimento de regras por meio de éditos providos de autoridade, como juízes, magistrados, professores e padres. A sociedade não espera mais que as autoridades articulem um código de leis e moralidade com pro-

→ renúncia à autoridade — nesse caso, de autoridade gerencial — representava, na verdade, a transição para uma forma mais eficaz, científica e terapêutica de controle. Assim como os alarmistas reacionários (às vezes em concordância com teóricos sociais bem intencionados, mas equivocados) velaram cedo demais o colapso da autoridade parental, os homens de negócios reacionários, como era de se esperar, denunciaram a nova frouxidão introduzida no mundo dos negócios por especialistas em relações industriais e exigiram medidas enérgicas contra sindicatos, a reversão do New Deal e um retorno aos bons e velhos dias da autocracia industrial. McGregor não tinha paciência para essa visão fora de moda. Ela se baseava, a seu ver, na má compreensão da autoridade e em uma simplificação dos modos alternativos de exercício de poder. "A renúncia não é uma antítese apropriada para o autoritarismo. [...] Somente nos libertando da noção de que somos limitados a uma única dimensão — a de mais ou menos autoridade — poderemos escapar do nosso atual dilema" (Talcott Parsons, "The Link between Character and Society". In: *Social Structure and Personality*. Nova York: Free Press, 1964, pp. 183-235; McGregor, *The Human Side of Enterprise*, op. cit., p. 31).

pósito claro e justificativa elaborada, tampouco espera que os jovens internalizem os padrões morais da comunidade. Ela só exige conformismo com as convenções das relações cotidianas, sancionadas pelas definições psiquiátricas do que constitui um comportamento normal. Nas hierarquias de trabalho e poder e na família, o declínio da autoridade não implica o colapso das restrições sociais — ele apenas despe essas restrições de qualquer base racional. Assim como o fracasso dos pais em impor uma punição justa à criança sabota a autoestima da criança em vez de fortalecê-la, a corruptibilidade das autoridades públicas — sua aquiescência com infrações de menor vulto — lembra o subordinado de sua subordinação e de sua dependência da boa-vontade dos superiores. O burocrata à nova maneira, cuja "ideologia e personalidade apoiam a hierarquia embora ele não seja nem paternalista, nem autoritário", como Michael Maccoby argumenta em seu estudo sobre o "manipulador"[59] corporativo, já não dá ordens aos inferiores ao seu redor; por outro lado, descobriu formas mais sutis de mantê-los em seu devido lugar. Embora os subordinados muitas vezes percebam que foram "enrolados, mandados e desmandados, manipulados", eles têm dificuldade para resistir a essa opressão amigável. A pulverização da responsabilidade em grandes organizações também permite ao gestor moderno delegar o disciplinamento para outros, culpar a empresa como um todo por decisões impopulares e, assim, preservar sua imagem de consultor amigável entre todos abaixo dele na hierarquia. Entretanto, toda a sua conduta transmite a mensagem de que ele está vencendo um jogo no qual a maioria está fadada a perder.

Como, em teoria, todos jogam esse jogo seguindo as mesmas regras, ninguém pode se ressentir por seu sucesso; mas os perdedores tampouco conseguem escapar da forte sensação de serem um fracasso. Em uma sociedade sem autoridade, as camadas inferiores não vivenciam mais a opressão como culpa. Em vez disso, internalizam uma ideia grandiosa de que há oportunidades disponíveis para todos e uma visão inflada das próprias capacidades. Se o homem na base da pirâmide se ressente com aqueles acima dele, é porque suspeita que eles violaram seriamente as regras do jogo, como também faria caso tivesse a ousadia necessária. Jamais lhe ocorre insistir na criação de um novo conjunto de regras.

A fuga dos sentimentos: sociopsicologia da guerra dos sexos

> *De repente ela desejou estar com outro homem que não Edward. [...] Pia olhou para Edward. Olhou para sua barba ruiva, seus óculos imensos. Não gosto dele, pensou. Essa barba ruiva, esses óculos imensos. [...] Pia disse a Edward que jamais havia amado alguém por tanto tempo quanto amava ele. "E quanto tempo faz?", perguntou Edward. Fazia sete meses.*
>
> Donald Barthelme[1]

> *Penso cada vez mais [...] que não há nada de racional nos relacionamentos. Acho que só precisamos dizer "tá bem, você está sentindo isso agora, o que vamos fazer a respeito disso". [...] Acho que todo mundo deveria poder fazer basicamente o que quisesse, contanto que não machucasse ninguém.*
>
> Riane Tennenhaus Eisler[2]

A BANALIZAÇÃO DAS RELAÇÕES PESSOAIS

Bertrand Russell previu certa feita[3] que a socialização da reprodução — a suplantação da família pelo Estado — tornaria "o próprio amor carnal mais banal", estimularia "certa trivialidade em todas as relações pessoais" e "dificultaria muito o interesse por qualquer coisa posterior à nossa morte". À primeira vista, desdobramentos recentes parecem contrariar a primeira parte de sua previsão. Os estadunidenses de hoje dão às relações pessoais, sobretudo aquelas entre homens e mulheres, a mesma importância emocional de antes. Quando a criação dos filhos deixou de ser uma preocupação central, o sexo se libertou das amarras da procriação e permitiu às pessoas valorizar a vida erótica por si só. Com a redução da família à unidade marital, pode-se argumentar que homens e mulheres reagem mais prontamente às necessidades emocionais um do outro, em vez de viverem indiretamente por meio de seus filhos. O contrato de casamento perdeu seu caráter vinculatório, e agora os casais julgam possível, segundo muitos estudiosos, amparar as relações sexuais em algo mais sólido que a obrigação legal. Em resumo, a determinação crescente de viver para o momento, independentemente de seu impacto na relação entre pais e filhos, parece ter estabelecido as pré-condições para uma nova intimidade entre homens e mulheres.

Essa aparência é ilusória. O culto à intimidade esconde o desespero crescente para encontrá-la.[4] As relações pessoais se despedaçam sob o peso emocional nelas depositado. A incapacidade de sentir "interesse por qualquer coisa posterior à nossa morte", que confere tanta urgência à busca por encontros pessoais próximos no presente, torna a intimidade mais fugidia que nunca. Os mesmos desdobramentos que enfraqueceram o laço entre pais e filhos também comprometeram as relações entre homens e mulheres. De fato, a deterioração do casamento contribui à sua própria maneira para a deterioração do cuidado com os jovens.

Esse último ponto é tão óbvio que, se não o percebemos, é apenas em razão da intensa propaganda em prol do "casamento aberto" e do "divórcio criativo". É evidente, por exemplo, que o número crescente de divórcios, somado à possibilidade constante de que qualquer casamento possa sucumbir, torna a vida familiar mais instável e priva a criança de uma certa quantidade de segurança emocional. As opiniões ilustradas desviam a atenção desse fato, insistindo que, em casos específicos, os pais podem prejudicar mais os filhos permanecendo juntos do que separados. É verdade que muitos casais preservam seus casamentos, de uma forma ou de outra, às custas dos filhos, e por vezes embarcam em uma vida repleta de distrações que os blinda do envolvimento diário com os filhos. Às vezes, um dos pais é condescendente com a neurose do outro (como na configuração familiar que produz boa parte dos pacientes esquizofrênicos) porque teme perturbar a paz precária do ambiente doméstico. O mais frequente é que maridos abandonem os filhos com a mulher cuja companhia considera insuportável, e a esposa acabe soterrando os filhos de atenções incessantes e perfunctórias. Essa solução particular para o problema do tensionamento marital se tornou tão comum que hoje muitos estudiosos consideram a ausência do pai o aspecto mais notório da família contemporânea. Sob essas condições, a custódia dos filhos para a mãe após o divórcio apenas consolida um fenômeno prévio — a deserção emocional do pai de família. Todavia, que o próprio casamento seja muitas vezes tão danoso para os filhos quanto o divórcio não é algo a ser celebrado.

A BATALHA DOS SEXOS: SUA HISTÓRIA SOCIAL

Embora a guerra crescente entre homens e mulheres tenha suas raízes psicológicas na desintegração da relação marital e, de modo mais amplo, nos padrões de socialização em transformação descritos no capítulo anterior, podemos explicar boa parte dessa tensão sem recorrermos à psicologia. A batalha dos sexos também constitui um fenômeno social com história própria. Os motivos para a recente intensificação desse embate residem na transformação do capitalismo de um formato paternalista e familiar para um sistema gerencial, corporativo e burocrático de controle quase absoluto: mais especificamente, no colapso do "cavalheirismo", na libertação da prática sexual de muitas de suas restrições anteriores, na busca pelo prazer sexual como fim em si, na sobrecarga emocional das relações pessoais e, acima tudo, na reação irracional dos homens ao surgimento da mulher emancipada.

Já está claro há algum tempo que "o cavalheirismo morreu". A tradição de galanteios mascarava, e até certo ponto mitigava, a opressão organizada das mulheres. Ao mesmo tempo que monopolizavam o poder político e econômico, os homens tornavam sua dominação das mulheres mais palatável ao se envolverem em um ritual elaborado de deferência e *politesse*. Colocavam-se como protetores do sexo mais frágil, e essa ficção nauseante, embora útil, limitava sua capacidade de explorar as mulheres por meio da força física total. A contraconvenção de *droit du seigneur*, que justificava a exploração predatória de mulheres de classes sociais mais baixas pelos privilegiados, mostrava, no entanto, que o sexo masculino nunca deixou de encarar a maioria das mulheres como presas fáceis. A longa história de estupros e seduções, além disso, servia como lembrete de que a força animal ainda servia de base para a dominação masculina, aqui expressa em sua faceta mais direta e brutal. Ainda assim, convenções de etiqueta, mesmo quando não passavam de fachada, forneciam às mulheres um nivelamento ideológico em sua luta para domesticar a selvageria dos homens. Elas recobriam relações essencialmente exploratórias com um véu de obrigações recíprocas, que ao menos tornavam os abusos um pouco mais toleráveis.

A interdependência simbiótica entre exploradores e exploradas, tão característica do paternalismo de todas as épocas, sobreviveu nas relações entre homens e mulheres por muito tempo mesmo após o fim da autoridade patriarcal em outros âmbitos. Como a convenção de deferência para o sexo frágil estava muito ligada ao paternalismo, contudo, ela passou a respirar por aparelhos após as revoluções democráticas dos séculos 18 e 19 destruírem os últimos resquícios do feudalismo. A queda do paternalismo e do requintado cerimonial público associado a ele decretou o fim do cavalheirismo. As próprias mulheres começaram a perceber a ligação direta entre seu rebaixamento e sua exaltação sentimental, rejeitando seu confinamento no altar da adoração masculina e exigindo a desmistificação de sua sexualidade.

Hoje, a democracia e o feminismo retiraram o véu de convenções corteses que recobria a submissão das mulheres, revelando antagonismos sexuais até então escondidos pela "mística feminina". Agora, finda a ilusão de civilidade, homens e mulheres têm mais dificuldade para se relacionarem como amigos e amantes, quanto mais como iguais. A supremacia masculina foi se tornando ideologicamente insustentável, e os homens, incapazes de justificá-la com a premissa da proteção, agora afirmam sua dominação de forma mais direta, por meio de fantasias e, por vezes, atos de violência bruta. Segundo um estudo, isso alterou o tratamento das mulheres em filmes "da reverência para o estupro".[5]

Mulheres que abandonam a segurança de papéis sociais bem-definidos, mas limitadores, sempre estiveram expostas ao assédio sexual por abrirem mão dos requisitos usuais de respeitabilidade. Mary Wollstonecraft,[6] ao tentar viver como mulher livre, viu-se brutalmente abandonada por Gilbert Imlay. Feministas posteriores perderam seus privilégios de gênero e de origem de classe média por lutarem em defesa dos direitos das mulheres. Os homens as insultavam publicamente, chamando-as de "machorras" frígidas e, no âmbito privado, tratavam-nas como mulheres promíscuas. Um cervejeiro de Cincinnati, que esperava ser autorizado a entrar no quarto de hotel de Emma Goldman após vê-la sozinha, ficou espantando quando ela ameaçou acordar o hotel inteiro. Ele protestou: "achei que você acreditava no amor livre".[7] Ingrid Bengis relata que, quando atravessou o país de carona, os homens esperavam que ela pagasse pelas caronas com favores sexuais. Sua recusa provocava uma resposta previsível: "bem, para começo de conversa, garotas não deveriam andar por aí sozinhas pedindo carona".[8]

A diferença do passado para os tempos atuais é que o desafio das convenções sexuais é visto cada vez menos como uma escolha individual, como na época das pioneiras do feminismo. Dado que essas convenções já caíram por terra, mesmo as mulheres que não reivindicam seus direitos encontram dificuldades para reivindicar os privilégios tradicionais antes destinados ao sexo feminino. Todas as mulheres acabam associadas à "libertação feminina" pelo simples fato de serem mulheres, a não ser que manifestem de forma explícita sua identificação com os inimigos da causa. Todas as mulheres compartilham os fardos e benefícios da "libertação", ambos resumidos pelo fato de que os homens já não tratam as mulheres como damas.

A "REVOLUÇÃO" SEXUAL

A desmistificação da condição feminina anda de mãos dadas com a "dessublimação" da sexualidade. A "anulação das reticências" dispersou a aura de mistério que envolvia o sexo e removeu a maioria dos obstáculos para sua exibição pública. A segregação sexual institucionalizada deu lugar a arranjos que promovem a mistura entre os sexos em todos os estágios da vida. Contraceptivos eficientes, aborto legal e a aceitação "saudável" e "realista" do corpo enfraqueceram as ligações que antes associavam o sexo ao amor, ao casamento e à procriação. Agora, homens e mulheres buscam o prazer sexual como um fim em si, sem a mediação dos adornos convencionais do romance. O sexo por si só perde toda a referência com o futuro e não abriga qualquer esperança de relacionamento permanente. Laços sexuais, inclusive o casamento, podem ser encerrados à vontade. Isso significa, conforme demonstrou Willard Waller[9] muito tempo atrás, que os amantes abrem mão do direito ao ciúme ou à insistência na fidelidade como condição para a união erótica. Em sua sátira sociológica dos recém-divorciados, Waller apontou que os boêmios dos anos 1920 evitavam compromissos emocionais ao passo em que os despertavam nos outros. Como o boêmio "não estava pronto para responder às consequências dos casos amorosos com toda sua personalidade, tampouco dar qualquer garantia de seu prolongamento", ele perdia o direito de exigir essa garantia dos outros. "Demonstrar ciúme", sob tais condições, tornou-se "nada menos que um crime. [...] Assim, se alguém se apaixona na boemia, precisa esconder isso dos amigos o melhor que puder." Em estudos similares sobre o "complexo de encontros e avaliações" nos campi universitários, Waller descobriu que estudantes que se apaixonavam acabavam ridicularizados por seus pares. Os laços de exclusividade deixaram de ser o padrão das relações sexuais, dando lugar a uma promiscuidade descontraída. A popularidade substituiu a pureza como medida do valor social de uma mulher; o culto sentimental à virgindade deu lugar a um "compartilhamento lúdico de mulheres" sem "nenhum efeito negativo", como Wolfenstein e Leites[10] apontaram em seu estudo sobre filmes, "nas relações de amizade entre homens".* Nos anos 1930 e 1940, a fantasia cinematográfica em que uma bela garota dança com um coro de homens, sem favorecer qualquer um deles em detrimento dos demais, expressava um ideal cada vez mais próximo da realidade. Em *Elmtown's Youth* [Juventude de Elmtown], August Hollingshead descreveu[11] uma caloura que violava os tabus convencionais que a impediriam de beber, fumar e ser "mais saidinha", mas ainda assim mantinha-se entre as estudantes mais populares da escola, em parte pela riqueza da família, e sobretudo por sua promiscuidade cuidadosamente dosada. "Ser visto ao lado dela confere a um rapaz prestígio junto aos estudantes de elite. [...] Ela troca carinhos discretos com os namoradinhos — nunca vai longe demais, apenas o bastante para que ele volte." No ensino médio e na faculdade, o grupo de colegas lança mão das ridicularizações e vituperações de costume para tentar evitar que seus membros se apaixonem pelas pessoas erradas, ou por quem quer que seja; pois, como observou Hollingshead, os amantes "não têm vez em um mundo adolescente de entusiasmos quixotescos e atividades de grupo diversas".

Esses estudos demonstram que os aspectos principais do cenário sexual contemporâneo já estavam consolidados muito antes da celebrada "revolução sexual" dos anos 1960 e 1970: a

---

* A transição nos filmes estadunidenses do arquétipo da mulher fatal para o da "boa menina má", segundo Wolfenstein e Leites, ilustra o declínio do ciúme e a substituição da paixão sexual pela sensualidade. "O perigo da mulher fatal era associado à recusa dos homens de compartilhá-la com outros homens. Sua aparência sedutora e disposição para o amor continham uma forte insinuação de que haviam existido, e poderiam existir, outros homens em sua vida. [...] A boa menina má é associada à maior tolerância pelo compartilhamento de mulheres. [...] De fato, a atratividade das mulheres é exacerbada por seu envolvimento com outros homens. Para eliminar qualquer efeito desagradável, basta confirmar que essas relações não foram sérias."

promiscuidade casual, a evasão desconfiada de compromissos emocionais, a condenação do ciúme e da possessividade. Desdobramentos recentes, contudo, introduziram uma nova fonte de tensão: a exigência cada vez mais insistente da mulher moderna por realização sexual. Nos anos 1920 e 1930, muitas mulheres ainda encaravam o ato sexual com hesitação, em uma mescla de puritanismo e medo realista das consequências. Sedutoras na superfície, elas extraíam pouco prazer do sexo, mesmo quando falavam no jargão da libertação sexual e diziam viver por prazeres e emoções. Os médicos se preocupavam com a frigidez feminina, e os psiquiatras com facilidade reconheciam nas pacientes de sexo feminino os padrões clássicos de histeria descritos por Freud, nos quais demonstrações provocantes de sexualidade muitas vezes coexistem com forte repressão e uma moralidade rígida e puritana.

As mulheres de hoje deixaram de lado boa parte de suas reservas sexuais. Aos olhos dos homens, isso faz delas parceiras sexuais mais acessíveis, mas também mais ameaçadoras. Antes, os homens reclamavam da falta de resposta sexual das mulheres; agora, sentem-se intimidados por essa resposta, e se angustiam temendo serem incapazes de satisfazê-la. "Lamento por elas terem descoberto que também podem ter orgasmos", diz Bob Slocum, personagem de Heller.[12] Os famosos relatórios Masters e Johnson sobre a sexualidade feminina[13] alimentaram essas ansiedades ao retratar as mulheres como seres sexualmente insaciáveis, dotados de uma capacidade inexaurível de ter um orgasmo após o outro.[14] Algumas feministas usaram os relatórios Masters e Johnson para atacar o "mito do orgasmo vaginal", afirmar a independência das mulheres com relação aos homens ou insultar os homens por sua inferioridade sexual. "Em teoria, uma mulher pode continuar tendo orgasmos para sempre caso a exaustão física não interfira", escreve Mary Jane

Sherfey.[15] Segundo Kate Millett,[16] "enquanto o potencial sexual masculino é limitado, o feminino parece ser quase inexaurível do ponto de vista biológico". A "performance" sexual se torna, assim, mais uma arma na guerra entre homens e mulheres; inibições sociais já não impedem as mulheres de explorarem a vantagem tática que a obsessão atual com a mensuração do sexo lhes deu. As mulheres histéricas, mesmo quando se apaixonavam e queriam se soltar, quase sempre sucumbiam à sua aversão latente ao sexo; poucas conseguiam contornar isso. Já a mulher pseudoliberal, leitora da *Cosmopolitan*, explora sua sexualidade com maior cálculo e deliberação, não porque tenha menos restrições no que diz respeito ao sexo, mas porque sabe evitar melhor o envolvimento emocional. "Mulheres com personalidades narcísicas", escreve Otto Kernberg, "podem parecer um tanto 'histéricas' na superfície, por seu ar extremo de provocação e exibicionismo, mas o cálculo astuto por trás de sua sedução contrasta enormemente com o ar muito mais cálido e emocional da pseudo-hipersexualidade histérica."[17]

COMPANHEIRISMO

Homens e mulheres passaram a se preocupar mais com os riscos emocionais envolvidos nas relações pessoais. Determinados a manipular as emoções dos outros e, ao mesmo tempo, protegerem-se dos danos emocionais, os dois sexos cultivam uma superficialidade protetiva, um distanciamento cínico que não é de todo real, mas acaba se tornando corriqueiro e azedando as relações pessoais pelo mero fato de ser repetido o tempo todo. Ao mesmo tempo, as pessoas exigem das relações pessoais a riqueza e intensidade de uma experiência religiosa. Embora, de certas maneiras, homens e mulheres tenham precisado modificar suas expectativas um em relação ao outro, sobretudo por sua incapacidade de assumir compromissos de fidelidade sexual vitalícia, em outros sentidos eles se tornaram mais exigentes que nunca. Na classe média estadunidense, além disso, homens e mulheres analisam demais um ao outro e têm dificuldade para observar seus relacionamentos de uma perspectiva adequada. A degradação do trabalho e o empobrecimento da vida comunal forçam as pessoas a recorrerem à excitação sexual como solução para todas as suas necessidades emocionais. Antes, o antagonismo sexual era suavizado não só por convenções cavalheirescas e paternalistas, mas por uma aceitação mais leniente das limitações do outro sexo. Homens e mulheres reconheciam as falhas um dos outros sem utilizarem-nas como base para acusações generalistas. Em parte porque obtinham maior satisfação do que é possível nas relações casuais com seu próprio sexo, não precisavam fazer da amizade um programa político, uma alternativa ideológica ao amor. O antagonismo era mantido dentro de limites bem definidos graças a um desprezo comedido pelos pontos fracos do sexo oposto, institucionalizado na forma de sabedoria popular — fosse em relação à incompetência emocional dos homens ou à falta de juízo das mulheres. Assim, essas questões não se transformavam em obsessões.

O feminismo e a ideologia da intimidade desmancharam estereótipos sexuais que mantinham as mulheres em um lugar predefinido, mas, ao mesmo tempo, permitiam que o antagonismo entre os sexos fosse reconhecido sem se tornar uma guerra declarada. Hoje, o folclore das diferenças sexuais e a aceitação do atrito entre os sexos sobrevive apenas na classe operária. As feministas de classe média invejam a capacidade das mulheres de classe operária de admitir o prevalecimento dos homens sem odiá-los. "Essas mulheres não sentem tanta raiva dos homens porque passam menos tempo com eles", segundo uma estudiosa.[18] "Só as mulheres de classe média ouviram que os homens precisavam ser seus companheiros."*

FEMINISMO E A INTENSIFICAÇÃO DA BELICOSIDADE ENTRE OS SEXOS

Não apenas o culto da parceria entre os sexos e do "companheirismo", mas também o próprio feminismo colaborou para que as mulheres fizessem novas exigências dos homens e sentissem

* Estudos sociológicos e psiquiátricos sobre a vida da classe operária confirmam essas observações. "Uma esposa estadunidense de classe média apresenta a tendência de esperar ser tratada como igual pelo marido", escreveu um psiquiatra em 1957. "Ela espera cooperação, compartilhamento de responsabilidades e consideração individual. [...] Nas famílias de classe mais baixa de italianos, [...] a mulher [...] não espera ser tratada como igual. Em vez disso, espera que ele tome as principais decisões, livrando-a de responsabilidades para que possa se dedicar às necessidades de sua grande prole." Rainwater, Coleman e Handel relataram em seu estudo de esposas de classe média: "As esposas de classe média tendem a ver maior intercambialidade entre os cônjuges para realizar os trabalhos a serem cumpridos. Há muito mais interesse em fazer as coisas juntos, seja lavar louça ou pintar paredes; o 'companheirismo' é em grande medida um valor de classe média" (John P. Spiegel, "The Resolution of Role Conflict within the Family", *Psychiatry*, v. 20, pp. 1-16, 1957; Lee Rainwater, Richard P. Coleman e Gerald Handel, *Workingman's Wife* [1959]. Nova York: MacFadden, 1962, p. 89).

Nos vinte anos que se passaram desde que essas descrições foram feitas, a ideologia da parceria matrimonial se embrenhou nas famílias de classe operária como havia feito nas de classe média, enquanto o feminismo, que enfim adentrou a consciência das mulheres de classe trabalhadora, tornou os estereótipos convencionais de gênero suspeitos e, assim, dificultou a convivência com a depreciação rotineira do sexo oposto desprovida de autoconsciência. Conforme as mulheres das classes trabalhadoras passaram a reivindicar seus direitos, ou ao menos a ouvir ideias feministas, seus maridos encararam o novo cenário como mais um golpe contra o respeito a eles, a injúria mais recente em uma pilha de humilhações imposta aos trabalhadores por um liberalismo de classe média que já destruiu suas poupanças, realocou seus filhos para escolas longínquas, erodiu sua autoridade sobre eles e, agora, ameaça voltar até mesmo sua esposa contra si.

ódio quando eles fossem incapazes de atendê-las. Além disso, a conscientização das feministas teve efeitos irreversíveis. Depois que passaram a questionar sua submissão e rejeitar as convenções a ela associadas, as mulheres perderam a capacidade de buscar refúgio na segurança dessas convenções. A mulher que rejeita estereótipos de fraqueza e dependência deixa de encontrar consolo no clichê de que todos os homens são feras brutas. Não lhe resta escolha senão acreditar, pelo contrário, que os homens são seres humanos, e torna-se difícil para ela perdoá-los quando agem feito animais. Embora suas próprias ações — que violam as convenções da passividade feminina e, portanto, são vistas como forma de agressão — ajudem a provocar ações animalescas dos homens, ela tem dificuldade para fazer concessões ao adversário pelo mero fato de compreender essa dinâmica. "Você quer coisas demais", diz uma mulher mais velha a outra, mais jovem. "Você não está disposta a se comprometer. Os homens jamais serão tão sensíveis ou conscientes quanto as mulheres. A natureza deles não é essa. Portanto, você precisa se acostumar com isso, e se contentar com [...] ter satisfação sexual, ou inteligência teórica, ou ser amada e *não* compreendida, ou então em ficar sozinha para fazer as coisas que quiser."[19]

Uma mulher que leve a sério o feminismo enquanto programa com o objetivo de transformar as relações entre homens e mulheres é incapaz de aceitar essa listagem das alternativas disponíveis sem ver nela uma forma de rendição. As mulheres mais jovens respondem com razão que ninguém deve se contentar com menos que uma combinação de sexo, compaixão e compreensão inteligente. A tentativa de implementar essas demandas, contudo, submete-as a decepção atrás de decepção, sobretudo porque os homens parecem ver na exigência de ternura e de satisfação sexual grandes ameaças à sua segurança emocional. A paixão contrariada, por sua vez, desperta nas mulheres uma raiva potente contra os homens, expressa de maneira inesquecível, por exemplo, nos poemas de Sylvia Plath.[20]

> *No day is safe from News of you.*
> *Walking about in Africa maybe, but thinking of me.* *

A raiva que as mulheres sentem dos homens não vem apenas de decepções eróticas ou da consciência de opressão, mas de uma percepção do casamento como a armadilha final, a rotina definitiva em uma sociedade rotineira, a manifestação suprema da banalidade que permeia e sufoca a vida moderna. Para a heroína de *A redoma de vidro*, o casamento representa a apoteose do dia a dia:

> Eu acordaria às sete, faria ovos, bacon, torradas e café, vagaria pela casa de camisola e bobes na cabeça depois que ele saísse para o trabalho, lavaria os pratos, faria a cama, e quando ele voltasse depois de um dia fascinante e cheio de emoções, a comida estaria na mesa e eu passaria a noite lavando ainda mais pratos sujos até desabar na cama, completamente exausta.[21]

Se o homem protestar dizendo que também está exausto e que seu "dia fascinante" é uma sequência de trabalhos enfadonhos e humilhações, sua esposa suspeitará que ele deseja apenas fazer com que sua prisão doméstica pareça uma casa de campo.

Em teoria, as feministas deveriam ser capazes de ir além do estágio atual de recriminação sexual, em que os homens são vistos como meros inimigos de classe involuntariamente coop-

---

* Nenhum dia está à salvo de notícias suas / Talvez perambulando pela África, mas pensando em mim. (N.T.)

tados pela defesa do privilégio masculino e, doravante, isentos de qualquer culpa pessoal. A interdependência simbiótica entre homens e mulheres, contudo, dificulta esse distanciamento na vida cotidiana. Na vida cotidiana, o "inimigo de classe" se apresenta como um amante, marido ou pai, de quem a mulher passa a exigir coisas que eles no geral são incapazes de fornecer. Segundo a análise das próprias feministas do modo como a submissão das mulheres prejudica as mulheres e empobrece a vida emocional dos homens, os homens seriam incapazes de atender plenamente às demandas eróticas das mulheres no arranjo sexual existente; no entanto, o próprio feminismo serve de base ideológica para essas demandas. Assim, acaba intensificando o problema ao mesmo tempo que oferece uma solução. Por um lado, o feminismo almeja mudar as relações entre homens e mulheres para que elas não precisem mais desempenhar um papel de "vítima e megera", nas palavras de Simone de Beauvoir. Por outro, ele não raro faz com que as mulheres pareçam mais megeras do que nunca em suas interações com os homens. Essa contradição será inevitável enquanto o feminismo insistir que os homens oprimem as mulheres e que essa opressão é intolerável e, ao mesmo tempo, conclamar as mulheres a encararem os homens não só como opressores, mas também como amigos e amantes.

ESTRATÉGIAS DE ACOMODAÇÃO

Dado que as contradições expostas (e exacerbadas) pelo feminismo são tão dolorosas, o movimento feminista sempre se sentiu tentado a renunciar aos próprios insights e programa e se refugiar em algum tipo de acomodação dentro da ordem existente, muitas vezes disfarçado de militância entrincheirada. No século 19, as feministas estadunidenses se afastaram de seus programas originais, que divisavam não só a igualdade econômica, mas também uma reforma geral do casamento e das relações sexuais, e se lançaram em uma campanha prolongada em prol do voto feminino. Hoje, muitas feministas argumentam, mais uma vez em nome do realismo político, que as mulheres precisam estabelecer sua influência dentro do sistema bipartidário, atuando como uma oposição leal, antes de partirem para questões mais amplas. Essas táticas servem apenas para postergar indefinidamente a discussão acerca de questões maiores. Assim como o movimento pelos direitos da mulher no século 19 se refugiava em discussões de amor e casamento quando confrontado pela hostilidade pública, hoje correntes fortes dentro da Organização Nacional das Mulheres (NOW, na sigla em inglês) propõem melhorar a imagem das mulheres para mostrar que o feminismo não é nenhuma ameaça para os homens e culpar "condições sociais" ou más atitudes, e não a supremacia masculina, pela submissão do sexo feminino.

Formas mais sutis de acomodação se apresentam como desafios radicais para o feminismo *mainstream* e o status quo. Algumas militantes resgataram teorias desacreditadas das origens matriarcais ou mitos da superioridade moral das mulheres, consolando-se assim por sua falta de poder. Elas apelam a uma solidariedade ilusória a fim de evitar discussões sobre as metas reais do movimento feminista. Ao institucionalizar as atividades das mulheres como "alternativas à cultura de morte masculina", elas evitam desafiar essa cultura e protegem as mulheres da necessidade de competir com os homens por trabalhos, poder político e atenção pública. O que começou como aceitação tática de que as mulheres precisam conquistar seus direitos sem esperar que os homens os concedam descambou em fantasias de um mundo sem homens. Como um crítico observou, o "aparente vigor" do movimento "se ocupa, na verdade, apenas com tarefas irrelevantes que se autoperpetuam: muitas delas servem, no curto prazo, para conferir prestígio, contratos de livros e bolsas de estudo para as especialistas menos imaginativas e uma utopia matriarcal ilusória para as sonhadoras".[22]

As "lésbicas radicais" levam a lógica da separação ao ponto máximo de futilidade, eximindo-se a cada passo da luta contra a dominação masculina e, ao mesmo tempo, dirigindo um fluxo constante de impropérios contra homens e mulheres que se recusem a reconhecer suas inclinações homossexuais. As lésbicas militantes proclamam sua independência em relação aos homens quando, na realidade, divisam para si um enclave protegido em uma sociedade dominada pelos homens. Ainda assim, essa forma de rendição — o sonho de uma ilha protegida da intromissão masculina — é atrativa para mulheres que reiteradamente falham em encontrar uma combinação de ternura e sexualidade em suas relações com os homens. Conforme essas decepções vão se tornando cada vez mais comuns, a segregação sexual postula a si mesma como substituta mais plausível para a libertação.

A energia emocional que motiva todas essas estratégias de acomodação provém de um impulso muito mais prevalente que o feminismo: a fuga dos sentimentos. As relações pessoais se tornaram cada vez mais arriscadas por diversos motivos, sendo o mais óbvio deles a falta de qualquer garantia de permanência. Homens e mulheres exigem extravagâncias um do outro e, quando não são atendidos, sentem raiva e ódio irracionais. Assim, não surpreende que cada vez mais pessoas busquem o distanciamento emocional ou "desfrutem do sexo", como escreve Hendin, "somente em situações em que seja possível definir e limitar a intensidade do relacionamento".[23] Uma lésbica confessa: "Os únicos homens com quem tive sexo prazeroso foram aqueles para quem eu não dava a mínima. Eu conseguia me soltar, porque não me sentia vulnerável".[24]

O separatismo sexual é só uma das muitas estratégias para controlar ou escapar de sentimentos fortes. Muitos preferem o caminho das drogas, que dissolvem a raiva e o desejo em um brilho de boas sensações e criam a ilusão de uma experiência intensa sem despertar emoções. Outros simplesmente decidem viver sozinhos, repudiando qualquer conexão com qualquer um dos sexos. O aumento relatado de pessoas que vivem sozinhas reflete, sem dúvida, uma nova disposição à independência pessoal, mas também expressa aversão a laços emocionais íntimos de qualquer natureza. O aumento dos índices de suicídio entre jovens pode ser atribuído, em parte, à mesma fuga do envolvimento emocional. O suicídio, nas palavras de Hendin, representa "o ápice da prostração".

A forma predominante de fuga da complexidade emocional é a promiscuidade: a tentativa de alcançar a dissociação estrita entre sexo e sentimentos. Aqui, o escapismo se disfarça mais uma vez de libertação, a retirada se disfarça de ofensiva. A ideologia progressista de "compromissos sem laços" e "sexo informal" faz do distanciamento emocional uma virtude e, ao mesmo tempo, pretende criticar a despersonalização do sexo. Autoridades esclarecidas como Alex Comfort, Nena e George O'Neill e Robert e Anna Francoeur insistem na necessidade de humanizar o sexo, tornando-o uma "experiência total" em vez de performance mecânica; todavia, ainda na mesma frase, condenam emoções humanas (como o ciúme e a possessividade) e vituperam as "ilusões românticas". A sabedoria terapêutica "radical" incita homens e mulheres a expressarem seus desejos e necessidades sem reservas — dado que todos os desejos e necessidades têm a mesma legitimidade —, mas alerta-os a não esperarem que um único parceiro consiga satisfazê-los. Esse programa busca apaziguar as tensões emocionais, reduzindo as demandas impostas pelos homens às mulheres e vice-versa, em vez de preparar ambos para que sejam mais capazes de saciá-las. A exaltação do sexo como parte "saudável" e "normal" da vida mascara o desejo de despi-lo da intensidade emocional que inevitavelmente o acompanha: os lembretes do entrelaçamento prévio com os pais, a inclinação "não salutar" a recriar essas relações nos relacionamentos com parceiros amorosos. A insistência das vozes ilustradas de que o sexo não é "sujo" expressa o desejo de higienizá-lo com a erradicação de suas associações inconscientes.

A crítica humanística da "despersonalização" sexual fica assim restrita à superfície do problema. Mesmo ao proclamar a necessidade de combinar sexo e sentimentos, ela fornece legitimidade ideológica à postura protetiva contra emoções fortes; condena a ênfase excessiva na técnica e, ao mesmo tempo, louva relações sexuais hermeticamente livres de afeto. Exorta homens e mulheres a "entrarem em contato com seus sentimentos", mas estimula-os a fazer "resoluções acerca da liberdade e não da 'possessividade'", como escreve Ingrid Bengis, que "dilacera o âmago da intimidade".[25] Satiriza as fantasias cruas e pornográficas vendidas pelos meios de massa, que idealizam mulheres depiladas de seios inflados, mas faz isso por aversão à fantasia em si, que raramente se conforma às definições sociais dos pensamentos considerados saudáveis. Os críticos ao sexo desumanizado, assim como os críticos do esporte, esperam abolir a postura de espectador e transformar todos em participantes, na esperança de que o exercício vigoroso afaste pensamentos insalubres. Eles atacam a pornografia não porque desejam promover fantasias mais complicadas e satisfatórias acerca do sexo, mas porque, pelo contrário, desejam tornar palatável uma visão realista da feminilidade e das demandas restritas que homens e mulheres teriam o direito de exigir uns dos outros.

A MULHER CASTRADORA DA FANTASIA MASCULINA

A fuga dos sentimentos, tente ela ou não se justificar pela ideologia de compromissos sem laços, assume, na maior parte do tempo, a forma da fuga das fantasias. Prova-se, assim, que ela não é apenas uma reação defensiva às decepções externas. Hoje, homens e mulheres tentam fugir de suas emoções não só porque sofrem demais nas guerras do amor, mas também porque sentem que seus próprios impulsos internos são urgentes e ameaçadores. A fuga dos sentimentos é resultado da sociologia de guerra dos sexos, mas também da psicologia que a acompanha. Se "muitas de nós", como Ingrid Bengis comenta a respeito das mulheres (e muitos comentaram também acerca dos homens), "tivemos que anestesiar [nossas] necessidades no passado",[26] é o próprio caráter dessas necessidades (e das defesas erigidas contra elas) que dá origem à crença de que estas não podem ser satisfeitas em relações heterossexuais — e talvez de nenhuma forma — e, assim, estimula as pessoas a evitarem encontros de intensa carga emocional.

Os desejos instintivos ameaçam o equilíbrio psíquico, e por isso nunca podem ganhar expressão direta. Em nossa sociedade, todavia, eles se apresentam como ameaça intolerável, em parte porque o colapso da autoridade eliminou muitas das proibições externas contra a expressão de impulsos perigosos. O supereu já não pode se aliar a autoridades externas em sua batalha contra os impulsos. Ele precisa se virar quase exclusivamente com seus recursos próprios, que também perderam parte de sua eficácia. Os agentes sociais de repressão perderam grande parcela de sua força, e suas representações internas no supereu passaram por um declínio semelhante. O ideal do eu, que coopera no trabalho da repressão fazendo dos comportamentos socialmente aceitáveis objeto da catexia libidinal, tornou-se cada vez mais enfadonho e ineficaz na ausência de modelos morais externos ao self. Isso significa, como vimos, que o supereu precisa se amparar cada vez mais em ordens cruéis e punitivas, alimentando-se dos impulsos agressivos do id e direcionando-os contra o eu.

O narcisista se sente consumido por seus próprios apetites. A intensidade de sua fome oral leva-o a exigir demandas imoderadas de amigos e parceiros sexuais; ao mesmo tempo, contudo, ele repudia essas demandas e solicita apenas conexões casuais, sem promessas de permanência de nenhuma das partes. Deseja se libertar da própria raiva e fome, alcançar um distanciamento calmo para além de toda e qualquer emoção e superar a dependência dos outros. Anseia pela indiferença às relações humanas e a uma vida que lhe permita encarar a passagem do tempo com a frase lacônica de Kurt Vonnegut, "é assim que acontece", que tão bem expressa o desejo final do investigador psiquiátrico.

Mas, embora o homem psicológico de nossos tempos se apavore com a intensidade de suas necessidades internas, as necessidades dos outros não o amedrontam tanto assim. Um dos motivos para que ele, sem perceber, fique desconfortável com as exigências que faz dos outros é a possibilidade de que isso permita aos outros exigir algo dele. Os homens têm um medo especial das exigências das mulheres, não só porque as mulheres não hesitam mais em pressioná-los, mas também porque eles acham muito difícil imaginar uma necessidade emocional que não deseje consumir o seu objeto.

As mulheres de hoje esperam duas coisas de suas relações com os homens: satisfação sexual e ternura. Juntas ou separadas, essas demandas parecem transmitir a muitos homens a mesma mensagem: as mulheres são vorazes, insaciáveis. Por que os homens respondem assim a exigências cuja legitimidade é tão óbvia? É sabido que os argumentos racionais sucumbem ao peso das ansiedades inconscientes; as exigências sexuais das mulheres aterrorizam os homens porque ressoam nas camadas profundas da mente masculina, evocando fantasias antigas acerca da mãe possessiva, sufocante, devoradora e castradora. A persistência dessas fantasias em etapas posteriores da vida intensifica e traz à tona o pavor secreto que sempre foi parte importante da imagem da feminilidade para os homens. A força dessas fantasias pré-edipianas, nas personalidades de tipo narcísico, faz muitos homens levarem a seus relacionamentos com mulheres sentimentos irremediavelmente divididos, dependentes e exigentes em sua fixação por seios, mas apavorados por vaginas que ameaçam comê-los vivos, por pernas que a imaginação popular atribui à heroína estadunidense, pernas que bem poderiam matar sua vítima esquartejada ou estrangulada, e por seios perigosos, fálicos por si só, revestidos de uma armadura inexorável que, no pavor inconsciente, lembra mais um aparato de destruição que uma fonte de alimento. A mulher sexualmente voraz, há muito um estereótipo na pornografia masculina, ganhou no século 20 a respeitabilidade das figuras literárias. Da mesma forma, a mulher cruel, destrutiva e dominante, *la belle dame sans merci*, saiu da periferia para o centro da literatura e de outras artes. Antes fonte de deliciosa excitação, de gratificação sadomasoquista revestida de fascínio apavorado, hoje ela inspira apenas pânico e medo. Desalmada, dominante, ardendo (como disse Leslie Fiedler)[27] em "uma luxúria dos desejos, e não da carne", ela emascula todos os homens vítimas de seu feitiço. Na ficção estadunidense, ela assume muitas facetas, sempre variações do mesmo tema: a heroína lasciva em Hemingway, Faulkner e Fitzgerald; a Faye Greener de Nathanael West, cujo "ar convidativo era destituído de prazer, mas estava saturado de algo como um conflito, duro e impiedoso, mais próximo do assassinato que do amor";[28] a Maggie Tolliver de Tennessee Williams, irritadiça como uma gata caminhando em um telhado de zinco quente; a esposa autoritária cujo domínio do marido, como no humor sem alegria de James Thurber, resgata a dominação da mãe castradora sobre o filho; a mãe devoradora de homens denunciada no falsete estridente de *Generation of Vipers* [Geração de víboras], de Philip Wylie, *Man and Boy* [Homem e menino], de Wright Morris e *O sonho americano*, de Edward Albee; a mãe judia asfixiante, a senhora Portnoy; a vampira de Hollywood (Theda Bara), a sedutora maquinadora (Marlene Dietrich), ou a loira má (Marilyn Monroe, Jayne Mansfield); a estupradora precoce de *Lolita*, de Nabokov, ou a assassina precoce de *The Bad Seed* [A semente maldita], de William March.

Adulta ou criança, esposa ou mãe, essa fêmea faz picadinho dos homens, ou então os engole inteiros. Anda na companhia de eunucos, de homens com feridas sem nome, ou de alguns poucos homens fortes abatidos após tentativas equivocadas de fazer dela uma mulher de verdade. Tenham ou não crescido os casos de impotência entre homens estadunidenses — e não temos motivos para duvidar dos relatórios que afirmam isso —, o espectro da impotência assombra a imaginação contemporânea, inclusive porque concentra o medo de que a desgastada cultura anglo-saxã esteja prestes a sucumbir ao avanço de raças mais resistentes. A natureza da impotência, além disso, passou por uma importante mudança histórica. No século 19, homens respeitáveis passavam de vez em quando por fracassos sexuais constrangedores com mulheres de sua própria classe, ou sofriam do que Freud chamava de "impotência psíquica" —[29]

a característica separação vitoriana entre afeto e sensualidade. Embora a maioria desses homens cumprissem o dever do sexo com suas esposas, sua satisfação sexual provinha de relações com prostitutas ou mulheres degradadas em algum outro sentido. Como Freud explicou, essa síndrome psíquica — "a mais prevalente forma de degradação" na vida erótica de seu tempo — originava-se do complexo de Édipo. Após uma renúncia dolorosa da mãe, a sensualidade busca apenas objetos que não evoquem qualquer lembrança dela, enquanto a própria mãe, ao lado de outras mulheres "puras" (socialmente respeitáveis), é idealizada para além do alcance do sensual.

Hoje a impotência costuma decorrer não da renúncia à mãe, mas de experiências anteriores, muitas vezes reativadas pelo grau de abertura, agressivo em aparência, das mulheres sexualmente libertas. O medo da mãe devoradora das fantasias pré-edipianas provoca medo das mulheres em geral, algo pouco semelhante à adoração sentimental que os homens destinavam antes às mulheres e que os deixavam sexualmente desconfortáveis. O medo das mulheres, muito associado ao medo de desejos ardentes interiores, manifesta-se não apenas na impotência, mas também em uma raiva desenfreada contra o sexo feminino. Essa raiva cega e impotente, que parece tão comum nos tempos atuais, representa de modo superficial uma reação defensiva dos homens ao feminismo. Se o recente ressurgimento do feminismo dá origem a emoções tão primitivas, é porque agita memórias profundas. O medo que os homens sentem das mulheres, além disso, ultrapassa qualquer ameaça real a seus privilégios sexuais. O ressentimento das mulheres contra os homens costuma ter raízes sólidas: a discriminação e o risco sexual a que as mulheres são expostas o tempo todo; já o ressentimento dos homens contra as mulheres, em uma sociedade na qual os homens ainda detêm a maior parte do poder e da riqueza mas, ainda assim, sentem-se ameaçados por todos os lados — intimidados, emasculados — parece profundamente irracional. Por isso, não é provável que mudanças nas táticas feministas desenvolvidas para garantir aos homens que as mulheres libertas não constituem ameaças apaziguem esse medo. Se até a mãe é uma ameaça, não há muito que as feministas possam dizer para dar fim à guerra dos sexos ou convencer os adversários de que homens e mulheres viverão felizes lado a lado após o término desse embate.

A ALMA DO HOMEM E DA MULHER SOB O SOCIALISMO

Homens e mulheres seriam mais contentes juntos sob alguma outra forma de organização social? Viveriam mais felizes sob o socialismo? Para muitas pessoas, a resposta a essa pergunta não é mais tão óbvia quanto foi para gerações anteriores de socialistas. O movimento feminista expôs sem cerimônia a superficialidade da antiga análise socialista, segundo a qual uma revolução nas relações de propriedade revolucionaria automaticamente as relações entre homens e mulheres. Apenas os socialistas mais rígidos e dogmáticos recusam-se a admitir agora a justeza da crítica feminista e não a incorporam em seu trabalho, com destaque para estudos recentes de Juliet Mitchell, Eli Zaretsky e Bruce Dancis.[30] Pela primeira vez, grandes números de socialistas começaram a vislumbrar o desafio histórico que o feminismo impõe ao socialismo. Como Mary White Ovington já observava em 1914, socialismo "não significa meramente uma barriga cheia — coisa que até mesmo regimes escravistas propiciaram no passado —, mas uma vida plena".[31] A discussão de questões pessoais não pode mais ser descartada como forma de "subjetividade burguesa". Pelo contrário, a exploração das mulheres pelos homens, longe de constituir uma formação secundária, embora dependente em algum nível da organização da produção, parece anteceder a consolidação da produção baseada na propriedade privada e, portanto, pode muito bem sobreviver ao seu desmanche. A justeza da crítica feminista ao socialismo, contudo, não justifica as conclusões que algumas feministas tiram dela — de que a opressão da mulher representaria a forma básica e primeva de exploração, determinando e contextualizando todas as demais relações sociais. A exploração da mulher evoluiu por meio de várias formas históricas, e a importância dessas mudanças não deve ser ofuscada por um tratamento do sexismo como se este fosse um fato imutável da vida, erradicável apenas com a abolição da própria sexualidade e a instituição de um reinado da androginia. A forma de opressão sexual peculiar à sociedade do capitalismo tardio elevou as tensões a um novo patamar e, ao mesmo tempo, estimulou as mulheres a serem independentes e rejeitarem a submissão. Não parece irrazoável acreditar, mesmo no clima de quietude e passividade política dos anos 1970, que uma transformação ampla de nosso arranjo social ainda seja possível e uma revolução socialista possa abolir o novo paternalismo — a dependência do cidadão comum de especialistas e a degradação do trabalho e da vida doméstica (hoje fonte de boa parte do antagonismo entre homens e mulheres). A instauração da igualdade entre os sexos, a transformação da família e o desenvolvimento de novas estruturas de personalidade não conduziriam de modo algum à utopia andrógina, mas tampouco conservariam a batalha dos sexos como é hoje. De qualquer modo, a meta de abolir as tensões sexuais é vã; o desafio real consiste em viver com elas de forma mais graciosa que no passado.

A fé abalada na regeneração da vida[1]

O PAVOR DA VELHICE

Em certos sentidos, a expressão mais característica destes tempos é a campanha contra a idade avançada, que causa especial terror nas pessoas de hoje. Conforme a proporção idosa da população aumenta, o problema da idade avançada atrai a atenção ansiosa de médicos, demógrafos, psiquiatras, pesquisadores, médicos, sociólogos, reformistas sociais, legisladores e futurologistas. Um número crescente de ciências e pseudociências se dedicam especificamente à morte e ao envelhecimento: geriatria, gerontologia, tanatologia, criônica, "imortalismo". Muitas outras, com destaque para genética, engenharia genética e medicina comunitária, alistaram-se na batalha para aliviar ou abolir os efeitos do tempo — uma batalha crucial para uma cultura agonizante.

Surgiram duas abordagens para o problema da idade. A primeira não busca prolongar a vida, mas aprimorar sua qualidade, sobretudo dos antes chamados "anos de declínio". Resistindo à equação imposta pela idade avançada e pela decorrente perda de vigor, os proponentes dessa abordagem exigem um papel social mais ativo para quem, tendo passado da meia idade, não se tornou de modo algum inútil. Os humanitaristas insistem que a velhice é uma categoria social, não biológica. O problema moderno da velhice, desse ponto de vista, provém não tanto do declínio físico, mas antes de uma sociedade intolerante com os idosos que se recusa a aproveitar sua sabedoria acumulada e tenta relegá-los às margens da existência social.

A segunda abordagem propõe encarar a velhice como um "problema médico", nas palavras de Albert Rosenfeld — "algo que, um dia, seu médico talvez saiba resolver".[2] Atribuindo falsamente à medicina moderna um aumento da expectativa de vida que, na realidade, é resultado da melhoria dos padrões de vida, ela presume que a medicina tem o poder de prolongar ainda mais a vida e abolir os horrores da idade avançada.* Até o ano de 2025, acredita Rosenfeld, "a maioria dos grandes mistérios do processo de envelhecimento terá sido resolvida".

---

* A maioria dos demógrafos e historiadores acreditam hoje que melhorias de dieta, saneamento e padrões médios de vida, e não melhorias da tecnologia médica, são responsáveis pelo aumento de expectativa de vida desde o século 18. A explicação de que o declínio de mortalidade seria resultado de avanços da medicina, aceita por Rosenfeld e outros deterministas tecnológicos, embora plausível à primeira vista, foi "tão completamente demolida por Thomas McKeown e R. G. Brown em 1955", nas palavras de William L. Langer, "que desde então foi abandonada pelos estudiosos do assunto em geral". Independentemente do que cada um pensa sobre o real motivo da explosão populacional, todos concordam que a influência da medicina precisa ser repensada. Recentemente, McKeown estimou que, entre 1848 e 1971, a vacinação contra varíola correspondeu a apenas 1,6% da redução da taxa de mortalidade na Inglaterra. Mesmo os antibióticos, que sem dúvida impactaram as taxas de mortalidade, só passaram a ser utilizados nos anos 1930 e, portanto, não podem ter contribuído para a revolução demográfica em curso desde o século 18 (Thomas McKeown e R. G. Brown, "Medical Evidence related to English Population Changes in the Eighteenth Century". *Population Studies*, 1955; Thomas McKeown, *The Modern Rise of Population*. Nova York: Academic Press, 1976, cap. 5; William L. Langer, "What Caused the Explosion?". *The New York Review*, pp. 3-4, 28 abr. 1977).

Apesar de suas diferenças, as soluções médica e social para a idade avançada têm mais em comum do que aparentam à primeira vista. Ambas se baseiam mais em esperanças — e em uma poderosa aversão ao prospecto de decadência do corpo — que em exames criteriosos das evidências. Ambas encaram a morte e o envelhecimento como "uma imposição à raça humana", nas palavras do romancista Alan Harrington —[3] como algo "não mais aceitável".*

O que está por trás do pânico do processo de envelhecimento, que parece se tornar cada vez mais comum nas sociedades industriais avançadas?

NARCISISMO E VELHICE

Por óbvio, os seres humanos sempre temeram a morte e quiseram viver para sempre. Entretanto, o medo da morte ganha nova intensidade em uma sociedade que abdicou da religião e pouco se interessa pela posteridade. Além disso, a velhice causa apreensão não só por representar o início da morte, mas também porque a condição dos idosos se deteriorou objetivamente nos tempos modernos. É notório que nossa sociedade encon-

---

* Defensores da teoria social do envelhecimento poderiam concordar facilmente com a descrição de Harrington dos sintomas e do medo que o envelhecimento evoca — "o medo de perdermos nosso vigor e sermos deixados sozinhos, ou nas mãos de enfermeiras indiferentes, cientes de que há de chegar o momento quando não veremos mais as pessoas que amamos e tudo ficará escuro". No entanto, enquanto Harrington busca "salvação" na "engenharia médica, e em nenhum outro lugar", insistindo que "nossos messias vestirão jalecos brancos", aqueles que encaram o envelhecimento como problema social argumentam que "perder nosso vigor", "sermos deixados sozinhos" e acabarmos entregues a "enfermeiras indiferentes" são experiências impostas desnecessariamente aos idosos por uma sociedade impiedosa, e tornadas ainda mais dolorosas pela aceitação irrefletida pelos idosos de sua própria desvalorização social.

tra pouco uso para seus anciões. Considerados inúteis, eles são forçados a se aposentar antes de exaurirem sua capacidade de trabalho, fenômeno que reforça o tempo todo sua sensação de superfluidade. Ao insistir (com um suposto espírito de respeito e amizade) que os velhos ainda têm o direito de desfrutar da vida, a sociedade relembra os idosos de que eles não têm nada melhor com que ocupar seu tempo. Ao desvalorizar a experiência e prezar pela força física, pela destreza, pela adaptabilidade e pela capacidade de criar novas ideias, a sociedade define a produtividade de modo a excluir automaticamente a "terceira idade". O conhecido culto à juventude enfraquece ainda mais a posição social de quem não é mais jovem.

Assim, "nossas posturas diante do envelhecimento", como observa um crítico recente, "não são acidentais",[4] mas resultado de mudanças sociais de longo prazo que redefiniram o trabalho, criaram escassez de empregos, desvalorizaram a sabedoria da idade e condenaram toda forma de autoridade à infâmia (inclusive aquela proveniente da experiência). Como o declínio do poder e do status dos idosos está profundamente ligado a fatores sociais, exaltá-los ou formular políticas mais humanas não bastará para aliviar seu fardo. Mesmo quem argumenta que a idade avançada é um problema social, e não médico, ainda não compreendeu o quão profundamente social ela é — e, por consequência, resistente a soluções paliativas. Nada senão uma reorganização completa do trabalho, da família, da educação — e de todas as instituições importantes — poderá tornar a velhice mais suportável. Mesmo nesse cenário, há limites biológicos para a meta de tornar a velhice não apenas menos dolorosa, mas genuinamente agradável — fato que os teóricos sociais do envelhecimento e da morte (apesar de seu reformismo melhorista, tão otimista quanto a fé dos teóricos pró-longevidade nos milagres médicos) se recusam decididamente a confrontar.

O problema da velhice permanece insolúvel também por outra razão. Além das dimensões social e biológica, ele possui outra: a psicológica. As mudanças sociais se manifestam não só fora, mas também dentro de nós, seja em mudanças de percepção, hábitos da mente ou associações inconscientes. Se nossa era tem especial pavor da morte e da velhice, isso é resultado de uma pré-disposição interna. O medo não é reflexo apenas de mudanças objetivas do papel social do idoso, mas também de experiências subjetivas que tornam a perspectiva da velhice intolerável. O medo de envelhecer pode até ser causado por uma avaliação racional e realista do que acontece com os idosos nas sociedades industriais avançadas, mas também está calcado em um pânico irracional. O sinal mais evidente disso é que esse pânico surge muito cedo na vida das pessoas. Homens e mulheres começam a temer o envelhecimento logo que chegam na meia-idade. A assim chamada crise de meia-idade se manifesta como a percepção de que a velhice está logo à frente, dobrando a próxima esquina. Os estadunidenses vivenciam seu quadragésimo aniversário como o princípio do fim. Assim, mesmo os melhores anos da vida acabam assombrados pelo medo do que está por vir.

Esse terror irracional da velhice e da morte está intimamente ligado à ascensão da personalidade narcísica como tipo dominante de estrutura de personalidade na sociedade contemporânea. Como o narcisista conta com pouquíssimos recursos interiores, ele olha para os outros a fim de validar sua noção de self. Ele precisa ser admirado por sua beleza, seu charme, sua fama ou seu poder — atributos que costumam se esvair com o tempo. Incapaz de alcançar uma sublimação satisfatória no amor e no trabalho, ele descobre que lhe restará pouco em que se amparar passada a juventude. Ele não se interessa pelo futuro e não faz nada para assegurar os consolos tradicionais da velhice, sendo o mais importante deles a crença de que as gerações futuras irão, de alguma forma, dar continuidade a seu trabalho em vida. Amor e trabalho se unem na preocupação com a posteridade e, mais especificamente, na tentativa de preparar a geração mais jovem para dar continuidade às tarefas da anterior. A ideia de que vivemos de forma indireta em nossos filhos (de modo mais geral, nas gerações futuras) nos reconcilia com nossa própria suplantação — tristeza central da velhice, mais angustiante até que a solidão e a fragilidade. Quando o elo geracional começa a se esgaçar, esses consolos deixam de existir.

A ascensão da personalidade narcísica reflete, dentre outras coisas, uma alteração drástica em nosso senso de tempo histórico. O narcisismo emerge como forma típica da estrutura de personalidade em uma sociedade que há muito perdeu o interesse no futuro. Os psiquiatras que dizem para os pais não viverem através de seus filhos, os casais que postergam ou rejeitam a parentalidade (muitas vezes por bons motivos práticos), e os reformistas sociais que defendem o fim do crescimento populacional são todos sintomas de uma inquietação geral quanto à reprodução — de dúvidas muito difundidas quanto à conveniência de reproduzir nossa sociedade. Sob essas circunstâncias, a ideia de nossa suplantação e morte se torna totalmente insuportável, levando a tentativas de abolir a velhice e prolongar a vida indefinidamente. O homem, incapaz de se interessar pelo mundo após a sua morte, passa a cobiçar a juventude eterna, pelo mesmo motivo por que não se dá mais ao trabalho de se reproduzir. Ele não consegue tolerar a perspectiva de ser substituído, e a experiência parental — garantia de que isso acontecerá — parece-lhe uma forma de autodestruição. Em *Kinflicks*, de Lisa Alther, um jovem explica por que não quer ter filhos. "Sempre vi o mundo como um palco. [...] Um filho meu seria um jovem autor cheio de colhões, ansioso para me enxotar do palco, observando e esperando uma oportunidade de me enterrar para que *ele* possa ocupar o centro do palco."⁵

A TEORIA SOCIAL DO ENVELHECIMENTO: "CRESCIMENTO" COMO OBSOLESCÊNCIA PROGRAMADA

A intepretação social da velhice, apesar do verniz de realismo, degenera-se facilmente em uma espécie de pensamento positivo cujo único objetivo é aprimorar a "imagem" dos idosos e estimular os velhos a reconhecerem suas enfermidades sem perder o entusiasmo pela vida. Alex Comfort, conhecido proponente de um estilo mais descontraído de sexualidade, defendeu uma abordagem semelhante para o problema do envelhecimento. "Intensidades trágicas", na visão de Comfort, "tendem a gerar *bad trips*". Assim como busca "transpor o sexo e suas ansiedades de sua categoria 'quente', prescrita e irradiada pela cultura, para outra, 'fria', calcada na ausência de ansiedades e compulsões e no reconhecimento da pessoalidade", Comfort clama por "uma mudança em nossa visão da idade". A ciência moderna, argumenta, "sugere que uma grande proporção das mudanças mentais e de atitude verificadas nas pessoas 'velhas' não são efeitos biológicos", mas "resultado da interpretação de um papel".*

---

* A proeminência de Comfort como defensor de abordagens mais "humanistas" da velhice desperta em nós a mesma suspeita que a proeminência de Masters e Johnson como defensores de uma abordagem menos mecanicista do sexo. Benjamin DeMott escreve, a respeito do reconhecimento tardio pelos dois da "lealdade e fidelidade, honra e confiança": "parece-me no mínimo questionável que a decisão de Masters e Johnson de reabilitar essas ideias abandonadas sem, contudo, reconhecerem seu próprio papel para dito abandono, se sustente enquanto reflexão significante" (Ver Benjamin DeMott, "Sex in the Seventies: Notes on Two Cultures". *Atlantic*, pp. 88-91, abr. 1975).

Na mesma toada, Gail Sheehy tenta convencer[6] as pessoas de que a velhice não é necessariamente um desastre — sem, contudo, questionar as condições sociais que levam tantas pessoas a vivenciá-la como tal. Essas tentativas de tranquilizar enterram seu próprio objetivo. Como alguns resenhistas apontaram, Sheehy faz pela vida adulta o que o dr. Spock faz pela infância. Ambos garantem ao leitor ansioso que uma conduta perturbadora ou desnorteante, seja essa conduta de um filho, cônjuge ou própria, pode ser vista como uma etapa corriqueira do desenvolvimento emocional. Mas, embora possa ser reconfortante saber que uma criança de dois anos gosta de contradizer seus pais e pode se recusar a obedecê-los, se o desenvolvimento da criança não está de acordo com o cronograma adequado, os pais ficarão alarmados e buscarão assistência médica ou psiquiátrica, o que pode desencadear outros medos. A psicologia do "ciclo da vida" para a idade adulta tem o mesmo efeito. Aqueles que medem sua experiência comparando-a a um modelo normativo estabelecido pelos médicos, além de serem assombrados pelas "crises previsíveis da vida adulta" (para as quais nenhuma norma médica oferece qualquer consolo), acabam se perturbando também com desvios da norma. O livro de Sheehy, assim como o de Comfort, é humano e generoso, mas a obra se escora em definições médicas da realidade altamente suspeitas, dentre outros motivos, porque tornam muito difícil levar a vida sem o acompanhamento constante de médicos, psiquiatras e curandeiros. Sheehy aborda a questão do envelhecimento, que deveria ser encarada de uma perspectiva moral e filosófica, com uma sensibilidade terapêutica incapaz de transcender suas próprias limitações.

    Sheehy reconhece que a sabedoria é um dos poucos consolos da idade, mas não percebe que encarar a sabedoria como mero consolo significa despi-la de qualquer significado ou valor maior. O real valor da sabedoria acumulada ao longo da vida está na possibilidade de transmiti-la às gerações futuras. Nossa sociedade, contudo, perdeu essa visão da sabedoria e do conhecimento. Temos uma visão instrumental do conhecimento, segundo a qual as constantes mudanças tecnológicas tornam o conhecimento obsoleto e, portanto, intransferível. A geração mais velha não tem nada a ensinar aos jovens, segundo esse raciocínio; só o que pode fazer é equipá-los com recursos emocionais e intelectuais para tomarem suas próprias decisões e lidarem com situações "desestruturadas" para as quais não existem precedentes ou princípios confiáveis. Toma-se por certo que as crianças logo aprenderão a achar as ideias de seus pais ultrapassadas e fora de moda, e os próprios pais tendem a aceitar a definição social de sua própria superfluidade. Depois que seus filhos entram na faculdade ou para a força de trabalho, as pessoas de quarenta ou cinquenta e poucos anos percebem que não têm mais nada a cumprir em seu papel de pais. Essa descoberta coincide com outra: a indústria e os negócios também já não precisam deles. A superfluidade da meia idade e dos idosos decorre do rompimento do senso de continuidade histórica. Como a geração mais velha não pensa mais em viver para a seguinte, nem em alcançar uma imortalidade indireta por meio de seus descendentes, ela deixa de abrir caminho de bom grado para os jovens. As pessoas se agarram à ilusão de juventude até que esta ilusão se torne insustentável, e então são obrigadas a aceitar seu status ultrapassado ou mergulhar em um vão desespero. Nenhuma das duas soluções ajuda muito a manter o interesse na vida.

Sheehy parece concordar com essa desvalorização da parentalidade, pois pouco tem a dizer a respeito disso. Ela tampouco critica as pressões sociais que expulsam as pessoas de seus empregos, impondo uma aposentadoria cada vez mais precoce. Na realidade, ela aceita essa tendência, e até a vê com bons olhos. "Um número surpreendentemente grande de trabalhadores tem optado pela aposentadoria precoce", diz com clareza, "contanto que isso não implique uma queda drástica de renda." Sua solução para a crise do envelhecimento é a descoberta de novos interesses, novos modos de se manter ocupado. Ela compara o crescimento com manter-se em movimento e estimula seus leitores a descobrirem "o prazer de aprender algo novo *depois* dos 45". Comece a esquiar, jogar golfe ou fazer trilhas. Aprenda a tocar piano. Você não vai muito longe, "mas e daí! [...] O importante é derrotar a entropia que diz para você reduzir o ritmo, desistir de tudo e assistir à TV. Assim, você abrirá novos caminhos para aguçar seus sentidos e lembrá-lo de que você não é só um cão velho".

Segundo Sheehy, "é a própria visão de nós mesmos que determina se teremos uma meia-idade rica ou pobre". Ela pede que as pessoas se preparem para a meia-idade e a velhice para que possam ser eliminadas sem maior estardalhaço. A psicologia de crescimento, desenvolvimento e "autoatualização" apresenta a sobrevivência como progresso espiritual, a resignação como renovação. Em nossa sociedade, a maioria das pessoas tem dificuldade para armazenar experiência e conhecimento (sem falar em dinheiro) para a velhice e transmitir as experiências acumuladas a seus descendentes, e os especialistas em crescimento agravam esse problema quando estimulam as pessoas com mais de quarenta a romper os laços com o passado e embarcar em novas carreiras e novos casamentos ("divórcio criativo"), a arranjar novos hobbies, a viajar com pouca bagagem e se manter em movimento. Não se trata de uma receita para o crescimento, mas para a obsolescência programada. Não espanta que a indústria estadunidense tenha abraçado o "treinamento de sensibilidade" como parte essencial da gestão de pessoal. A nova terapia faz pela equipe o que a mudança anual de modelo faz pelos produtos: aposentadoria rápida do uso ativo. Planejadores corporativos têm muito a aprender com o estudo do ciclo de vida empreendido pela psicologia humanística, que fornece técnicas para as pessoas poderem se retirar prematuramente da vida ativa, de forma indolor e sem "pânico".

PRÓ-LONGEVIDADE: A TEORIA BIOLÓGICA DO ENVELHECIMENTO

Alex Comfort e outros adeptos da abordagem cultural do envelhecimento alertaram seus seguidores para a ilusão do aumento da vida pela medicina, muito embora o próprio Comfort, em um momento de descuido, tenha previsto certa vez que "bastaria mobilizar os recursos médicos e científicos dos Estados Unidos por uma década para derrotarmos o envelhecimento".[7] Após descobrir o humanismo, Comfort se tornou mais cauteloso, pensando que as pesquisas médicas não poderiam almejar mais que "transformar, digamos, os setenta do futuro nos sessenta de hoje". Aqueles que acreditam na teoria biológica do envelhecimento, por outro lado, depositam sua fé em uma grande revolução médica. August Kinzel, ex-presidente do Instituto Salk, declarou em 1967 que "nos livraremos em definitivo do problema do envelhecimento, e assim os acidentes se tornarão praticamente a única causa de morte". Dez anos mais tarde, Robert Sinsheimer, do Instituto de Tecnologia da Califórnia, declarou sem cerimônia: "Não conhecemos nenhum limite intrínseco para a duração da vida. Quanto você gostaria de viver?".

Essas afirmações sempre carregam o pressuposto, implícito ou explícito, de que o progresso depende apenas da destinação de imensos recursos para a batalha contra a velhice. Seu propósito não é descrever o que a ciência sabe, mas angariar fundos para novas pesquisas, ou, no caso da previsão indiscriminada de Sinsheimer, assustar os cientistas e impeli-los ao comedimento. "A curiosidade", diz Sinsheimer, "não é necessariamente a mais elevada das virtudes — e a ciência [...] pode não justificar um comprometimento *total*." Concordamos com isso do fundo do coração, mas, ao mesmo tempo, não estamos convencidos de que a ciência médica esteja prestes a "erradicar" a velhice, para usarmos o termo de Albert Rosenfeld. Os biólogos ainda não estão em consenso quanto às causas do envelhecimento, e desenvolveram uma grande quantidade de teorias conflitantes para explicá-lo. A superabundância de teorias sugere que os gerontologistas atuam em um campo ainda nos estágios iniciais de desenvolvimento. Entretanto, Rosenfeld e outros divulgadores da profissão médica, confiantes de que todas essas ideias se provarão verdadeiras em alguma medida — como se a mera proliferação de hipóteses contribuísse para o progresso científico —, dão por certo que a medicina vencerá o envelhecimento e dedicam a maior parte de sua atenção a tentativas de dissipar dúvidas e nossos "receios" (segundo Rosenfeld, reflexo de nossa incapacidade de enxergar mais longe) com a manipulação da longevidade humana.

Ao associar essa "inquietação" ao humanitarismo sentimental e à resistência supersticiosa ao progresso científico, esses divulgadores posam de realistas sensatos, dispostos a "pensar o impensável", como disse certa vez outro futurólogo, Herman Kahn, em uma tentativa de reconciliar a humanidade com a perspectiva de uma guerra nuclear. Os profetas da pró-longevidade se orgulham de sua habilidade de confrontar questões tabu. A sociedade se estagnaria caso a morte perdesse seu poder? As pessoas evitariam o risco, dedicando toda sua energia a permanecerem vivas? Os velhos, ainda jovens de corpo e mente, se recusariam a dar espaço a recém-chegados? A sociedade se tornaria indiferente ao futuro? Desnecessário dizer, Rosenfeld garante a si mesmo o tempo todo que as coisas não seriam tão ruins assim. As pessoas, argumenta, prestariam mais — e não menos — atenção ao futuro caso se tornassem sua "própria posteridade" e precisassem viver com as consequências de suas tolices negligentes.

Mas o aspecto marcante desse raciocínio não é que Rosenfeld tenha induzido uma conclusão falsa argumentando que o progresso médico é inevitável, apesar dos "receios" que desperta nas mentes cautelosas, mas que sua fixação pelas consequências hipotéticas da pró-longevidade o impeça de ver que as possibilidades que ele projeta em um futuro imaginário e digno de ficção científica já se assentaram na realidade prosaica e cotidiana do presente. A futurologia, com sua paixão pela ideia de uma utopia tecnológica em um futuro próximo (muito diferente de uma preocupação genuína com a posteridade) é incapaz de ver o que está debaixo de seu nariz. Desprovida de perspectiva histórica, ela não tem meios para reconhecer o futuro quando o futuro se tornou o aqui e agora. Aqueles que se orgulham de encarar sem medo um "choque de futuro" evitam o mais assustador de todos os pensamentos: o de que a estagnação social não seja mera possibilidade hipotética, mas uma realidade à qual já estamos presos. De fato, o movimento de pró-longevidade (assim como a futurologia em geral) reflete o caráter estagnado da cultura no capitalismo tardio. Ele surge não como resposta natural a melhorias médicas que ampliaram a expectativa de vida, mas da transformação de relações e posturas sociais que levam as pessoas a se desinteressarem pelos jovens e pela posteridade, aferrando-se desesperadamente à própria juventude e buscando por todos os meios possíveis prolongar suas próprias vidas. Ao mesmo tempo, essas pessoas demonstram grande relutância em abrir espaço para as novas gerações.

"No fim das contas, a descoberta de que ficamos velhos é inescapável", escreve David Hackett Fischer. "Mas a maioria dos estadunidenses não está preparada para fazer isso." Ele descreve, com empática ironia, o desespero com que os adultos imitam hoje os traços da juventude.

Este historiador observou uma matrona de Boston com cinquenta e muitos anos, que na Roma antiga talvez vestisse um belo pálio, usando minissaia e botas de couro. Viu um homem com mais de sessenta, que poderia ter se revestido com a dignidade de uma toga, de jeans colado e camiseta *tie-dye*. Presenciou um empresário conservador, que em gerações anteriores talvez hesitasse pela manhã na hora de vestir preto ou cinza-escuro, indo para o escritório com sapatos de plástico branco, calça verde-limão, camiseta cor de cereja, óculos-escuros roxos e corte de cabelo Prince Valiant. O mais chocante eram os professores universitários, que deixaram o tweed de lado para adotar todas as efêmeras modas adolescentes com um entusiasmo totalmente incompatível com sua idade. Em uma temporada foram as jaquetas Nehru; em outra, os *dashikis*; na seguinte, as jardineiras. No início dos anos 1970, foram os colares hippies e as jaquetas de couro. Cada mudança na moda adolescente revolucionou seus trajes. Mas, em todos os casos, o novo estava em alta e o velho, em baixa.[8]

A negação da idade nos Estados Unidos culmina no movimento de pró-longevidade, que espera abolir a velhice de vez. Mas o pavor da idade decorre não do "culto à juventude", mas de um culto ao self. Por sua indiferença narcísica pelas gerações futuras e sua visão grandiosa de uma utopia tecnológica na qual não há velhice, o movimento pró-longevidade exemplifica a fantasia de "poder sádico e absoluto" que, segundo Heinz Kohut, é responsável por muitos traços da perspectiva narcísica. Patológico em suas origens psicológicas e inspirações, supersticioso em sua fé no livramento médico, o movimento pró-longevidade expressa de maneira emblemática as ansiedades de uma cultura que acredita não ter futuro.

Paternalismo sem pai

O NOVO E O VELHO RICO

A maioria dos males discutidos neste livro tem origem em uma nova forma de paternalismo, erigido sobre as ruínas do velho paternalismo de reis, sacerdotes, pais autoritários, senhores de escravizados e senhores de terra. O capitalismo esgaçou os laços de dependência pessoal somente para resgatar a dependência sob um véu de racionalidade burocrática. Após derrubar o feudalismo e a escravidão e superar sua própria forma pessoal e familiar, o capitalismo desenvolveu uma nova ideologia política, o liberalismo de bem-estar, que absolve os indivíduos de responsabilidade moral e trata-os como vítimas das circunstâncias sociais. Desenvolveu novos modos de controle social, que lidam com os transgressores como se fossem pacientes e substituem a punição pela reabilitação médica. Deu origem a uma nova cultura, a cultura narcisista de nossos tempos, que traduziu o individualismo predatório do Adão estadunidense em um jargão terapêutico que, mais que o individualismo, celebra o solipsismo, justificando o ensimesmamento como forma de "autenticidade" e "consciência".

Ostensivamente igualitário e antiautoritário, o capitalismo estadunidense rejeitou a hegemonia monárquica e sacerdotal para substituí-la pela hegemonia das corporações empresariais, pelas classes gerenciais e profissionais que operam o sistema corporativo e pelo Estado corporativo. Surgiu uma nova classe governante de administradores, burocratas, técnicos e especialistas. Como essa classe não possui muitas das características definidoras das classes governantes de outrora — orgulho local, "hábito de comando", desprezo pelas classes inferiores —, sua existência não raro passa despercebida. A diferença entre a nova elite gerencial e a antiga elite de posses define a diferença entre uma cultura burguesa, que agora sobrevive apenas às margens da sociedade industrial, e a nova cultura terapêutica do narcisismo.

A diferença surge de forma mais clara nos estilos contrastantes de criação dos filhos. Enquanto os novos ricos, assim como a maioria, não sabem ao certo que valores devem transmitir aos jovens, os velhos ricos têm ideias firmes de como criar seus filhos e não hesitam em colocá-las em prática. Eles tentam inculcar em seus filhos as responsabilidades que acompanham os privilégios que eles herdarão. Fazem o que podem para incutir certa dureza que inclui não apenas a determinação para superar obstáculos, mas também a aceitação insensível das diferenças sociais. Para se tornarem administradores e cuidadores de uma grande riqueza — diretores-gerais, donos de minas, colecionadores, connoisseurs, mães e pais das novas dinastias —, os filhos do privilégio precisam aceitar a inevitabilidade da desigualdade, o caráter inescapável da classe social. Esses filhos precisam parar de se questionar se a vida de suas vítimas é justa. Precisam parar de "sonhar acordados" (na visão de seus pais) e levar a cabo os assuntos sérios da vida: estudo, preparação para uma carreira, aulas de música, aulas de equitação, aulas de balé, aulas de tênis, festas, dança, socialização — o exigente rol de atividades, aparentemente sem sentido para um observador casual (ou mesmo para um observador cuidadoso como Veblen) por meio das quais os ricos proprietários adquirem disciplina, coragem, persistência e autocontrole.

Nas famílias pertencentes à antiga elite de proprietários, os pais parecem exigir mais dos filhos do que a maioria dos pais "modernos". A riqueza dá a eles o poder de respaldar essas demandas. Eles controlam as escolas e igrejas frequentadas por seus filhos. Quando precisam buscar conselhos profissionais, lidam com especialistas a partir de uma posição de vantagem. Possuem a autoconfiança que acompanha o sucesso — em muitos casos, um padrão de sucesso reproduzido por muitas gerações. Ao lidarem com os filhos, eles insistem não só na própria autoridade, mas também na autoridade do passado. As famílias ricas inventam lendas históricas sobre si mesmas, e os jovens as internalizam. Em muitos sentidos, a coisa mais importante que deixam para os filhos é uma sensação de continuidade geracional, tão rara em outras parcelas da sociedade estadunidense. James, filho de um negociante de algodão de New Orleans, "presume", segundo Robert Coles, que ele próprio "terá um filho" e "a família perdurará" como "fez durante séculos — passando por guerras e revoluções e por desastres naturais ou causados pelo homem".[1]

A sensação de continuidade foi visivelmente reduzida quando a elite gerencial desbancou os antigos proprietários e passou a constituir a classe alta. A velha burguesia (cuja renda provém da posse, e não de salários) ainda representa o ápice da riqueza, mas, embora possua lojas de departamento, imóveis urbanos e grandes plantações no Sul e no Oeste, não controla as corporações nacionais e multinacionais, nem desempenha um papel dominante na política nacional. Trata-se de uma classe moribunda, obcecada, aliás, pelo próprio declínio. Mesmo decadente, todavia ela incute nos jovens um sentimento potente de orgulho local, muitas vezes tingido pela apreensão de que influências externas (ianques, imigrantes de outros estados, governo) estão acabando com o local. A lealdade de classe transmitida de pai para filho é talhada por cenas marcantes de conflito de classes nas partes do país — delta do Mississippi, laranjais da Flórida, montes Apalache — onde esse conflito ainda é vívido e intenso. O senso comum de que hoje os filhos mal veem os pais não vale para os filhos dos abastados, que testemunham de forma bem clara o que seus pais fazem para ganhar o pão: chefiam os pobres. Os pais da antiga classe empreendedora não são nem ausentes, nem impotentes. Pelo contrário, sua capacidade de impor respeito e medo causa desconforto em seus filhos. Entretanto, no fim, a maioria desses filhos aprende a suprimir seu senso de justiça, aceitar as responsabilidades da riqueza e se identificar com as fortunas familiares em todos os sentidos.

Quando passamos dos ricos proprietários para o número muito maior de ricos corporativos (ou seja, passamos de famílias com renda anual média de até 400 mil dólares para outras mais modestas, mas ainda seletas, cujo nível de renda excede os 50 mil), o padrão muda. Aqui, encontramos executivos em constante movimento cujos filhos não herdam nenhuma identificação local. O trabalho se torna abstrato; o conflito de classe é institucionalizado, e esse fato é ignorado ou negado. Nas grandes cidades do Norte, os pobres tendem a se tornar invisíveis e o problema da injustiça não se apresenta de forma tão pungente quanto em outros lugares. Nas velhas famílias empreendedoras, os filhos temem que suas casas sejam invadidas e suas posses, roubadas. Já os rebentos das famílias gerenciais não possuem nenhum senso de permanência capaz de provocar esse medo. Para eles, a vida consiste em uma série de movimentos, e seus pais censuram a si mesmos por não lhes propiciarem um lar de verdade — por não serem "pais melhores".

Em uma das famílias estudadas por Coles, que exemplifica perfeitamente esse padrão de anomia e desenraizamento entre os executivos em ascensão, o pai, executivo de uma empresa de eletrônicos da Nova Inglaterra, bebe demais e se pergunta às vezes "se tudo isso vale a pena — o esforço que precisou fazer para chegar ao topo". A mãe bebe escondida e pede desculpas aos filhos por "não ser uma mãe melhor". A filha dos dois, criada por uma sucessão de babás, está crescendo com ansiedades e ressentimentos mal definidos e sente pouca culpa, mas muita ansiedade. Ela se tornou uma jovem problemática. Já fugiu de casa duas vezes. Agora consulta um psiquiatra e não se sente mais "peculiar" por isso, dado que a maioria de seus amigos também frequenta psiquiatras. A família está prestes a se mudar outra vez.

A ELITE EXECUTIVA E PROFISSIONAL COMO CLASSE DOMINANTE

Enquanto mesmo os ricos perdem seu senso de pertencimento local e continuidade histórica, o sentimento subjetivo de "merecimento", que vê como garantidas as vantagens herdadas, é substituído pelo que os clínicos chamam de "merecimento narcísico" — vazio interior e ilusões de grandeza. As vantagens transmitidas pelos ricos a seus filhos se reduzem somente a dinheiro. Conforme a nova elite descarta a perspectiva da velha burguesia, ela passa a se identificar não com a ética de trabalho nem com as responsabilidades da riqueza, mas com uma ética de lazer, hedonismo e autorrealização. Embora siga administrando as instituições estadunidenses em prol dos interesses da propriedade privada (propriedades corporativas, em oposição à propriedade empreendedora), essa elite substituiu a formação de caráter pela permissividade, a cura das almas pela cura da psiquê, a justiça cega pela justiça terapêutica, a filosofia pelas ciências sociais, a autoridade pessoal pela autoridade igualmente irracional dos especialistas profissionais. Ela amenizou a concorrência substituindo-a pela cooperação antagonista, ao passo em que aboliu muitos dos antigos rituais de expressão civilizada dos impulsos agressivos. Rodeou as pessoas de "informações simbolicamente mediadas" e substituiu imagens da realidade pela própria realidade. Sem ter essa intenção, criou novas formas de analfabetismo, inclusive ao instaurar um sistema universal de educação. Corroeu a família enquanto tentava resgatar a família. Rasgou o véu do cavalheirismo, que antes amenizava a exploração das mulheres, e colocou homens e mulheres como antagonistas rivais. Expropriou o conhecimento do trabalhador sobre seu ofício e o "instinto" da mãe para criar os filhos, e reorganizou esses conhecimentos em um conjunto de crendices acessível somente a iniciados. A nova classe dominante elaborou novos padrões de dependência com a mesma eficácia demonstrada por seus predecessores ao erradicar a dependência dos camponeses de seu senhor, dos aprendizes de seus mestres e das mulheres de seus maridos.

Não desejamos insinuar a existência de uma grande conspiração contra nossa liberdade. Essas coisas aconteceram em plena luz do dia e, de modo geral, com boas intenções. Tampouco surgiram como política unificada de controle social. A política social dos Estados Unidos se desenvolveu em reação a uma série de emergências imediatas, e aqueles que elaboram as políticas raramente enxergam para além dos problemas do momento. Além disso, o culto ao pragmatismo justifica sua indisposição ou incapacidade de elaborar planos de longo prazo para o futuro. O ponto comum a todas suas ações é a necessidade de promover e defender o sistema de capitalismo corporativo do qual eles, os gestores e profissionais que operam o sistema, extraem a maioria de seus benefícios. As necessidades do sistema moldam políticas e estabelecem os limites permissíveis para o debate público. A maioria de nós consegue ver o sistema, mas não a classe que o administra e monopoliza as riquezas que ele gera. Resistimos à análise de classe da sociedade moderna como se ela fosse uma "teoria da conspiração". Assim, deixamos de compreender o surgimento de nossas dificuldades atuais, as razões de sua manutenção e suas possíveis soluções.

PROGRESSISMO E O SURGIMENTO DO NOVO PATERNALISMO

O novo paternalismo surgiu na segunda metade do século 19, encontrou expressão política no movimento progressista e, mais tarde, no New Deal, e foi se embrenhando gradualmente em todos os cantos da sociedade estadunidense. A revolução democrática do século 18 e início do 19, que culminou na Guerra Civil dos Estados Unidos, expulsou a monarquia, abalou a religião vigente e desestabilizou as elites proprietárias de terra até, por fim, derrubar a oligarquia escravista do Sul. A revolução deu origem a uma sociedade calcada no individualismo, na concorrência e no aproveitamento de oportunidades. Também gerou uma demanda por novas mudanças, que atingiu seu clímax no período imediatamente posterior à Guerra Civil. Após destruírem a escravidão em nome do livre trabalho, os líderes do movimento democrático, sem ao menos perceberem, estimularam os trabalhadores do Norte a reivindicarem a liberdade de condições de seu próprio trabalho, em vez de simplesmente vendê-lo a preços assoladores. A lógica da democracia exigia o confisco das propriedades confederadas e sua distribuição entre os homens libertos; exigia o sufrágio feminino; exigia, em resumo, uma reorganização mais ampla da sociedade do que seus líderes haviam previsto. Embora só quisessem libertar a propriedade de suas restrições feudais e mercantilistas, os radicais burgueses dos anos 1860 e 1870 se viram confrontados por um ataque incipiente contra a propriedade em si, e a maioria deles recuou horrorizada.

Após o colapso da Reconstrução e do movimento radical atrelado a ela, o liberalismo estadunidense deixou de falar em nome do artesão, pequeno fazendeiro ou empreendedor independente — as "classes produtivas" que haviam sido a base de sustentação do movimento democrático. Confrontado com agitações em casa e com o espetáculo da Comuna de Paris no exterior, o liberalismo passou a se identificar, nas palavras de E. L. Godkin, com as "classes mais abastadas e distanciadas da ação".[2] Ele se encarregou de reformar a sociedade de cima para baixo, profissionalizando o serviço público, rompendo o poder da máquina urbana e alocando os "melhores homens" em postos de governo. Quando essas medidas se mostraram insuficientes para conter a onda de militância trabalhista e radicalismo agrário, os reformistas apresentaram sua própria versão de "nação cooperativa" em nome do progressismo: educação universal, capitalismo de bem-estar social, gestão científica de indústrias e governo. O New Deal concluiu o que o progressismo havia começado, consolidando as fundações do Estado de bem-estar e contribuindo com boa parte da superestrutura. Na indústria, a administração científica deu lugar à escola de relações humanas, que tentou substituir o controle autoritário pela cooperação. Essa cooperação, contudo, amparava-se no monopólio administrativo da tecnologia e na redução do trabalho a uma rotina compreendida de forma imperfeita pelo trabalhador e controlada pelo capitalista. De modo similar, a expansão dos serviços de bem-estar pressupunha a redução do cidadão a consumidor de especialidades.

O progressismo estadunidense, que havia contido o radicalismo agrário, o movimento trabalhista e o movimento feminista absorvendo uma parcela seletiva de seu programa, já não apresentava quase nenhuma semelhança com o liberalismo original do século 19. Ele rejeitou a concepção liberal do homem, que presumia a primazia da busca racional pelos interesses próprios, e instalou em seu lugar uma visão de mundo terapêutica, que reconhece os impulsos irracionais e busca canalizá-los para fins socialmente construtivos. Rejeitou o estereótipo do homem econômico e tentou subordinar o "homem inteiro" à sociedade. Em vez de regular apenas as condições do trabalho, passou a regular também a vida privada, organizando o tempo de ócio a partir de princípios científicos de higiene pessoal e social. Expôs os segredos mais íntimos da psiquê ao escrutínio médico e, assim, estimulou hábitos de autoescrutínio ansioso, superficialmente reminiscentes da introspecção religiosa, embora fossem calcados não na consciência pesada, mas na ansiedade — em um tipo narcísico de personalidade, e não histérico ou compulsivo.

CRÍTICA LIBERAL DO ESTADO DE BEM-ESTAR

Os novos modos de controle social associados à ascensão do progressismo estabilizaram o capitalismo sem resolver nenhum de seus problemas subjacentes — a disparidade entre pobres e ricos, a incapacidade de manter o poder de compra em compasso com a produtividade, a estagnação econômica. O novo paternalismo impediu que as tensões sociais assumissem forma política, mas não erradicou sua fonte. Conforme as tensões passaram a se manifestar cada vez mais por meio do crime e da violência aleatória, os críticos passaram a questionar se o sistema de bem-estar entregava mesmo tudo o que prometia. Além disso, a operação do sistema se tornou cada vez mais cara. Mesmo aqueles que permanecem leais às premissas por trás do capitalismo estadunidense começaram a manifestar preocupação com seu custo crescente de manutenção. Propostas para substituir o sistema de bem-estar pela renda básica ou pelo imposto de renda negativo passaram a ser vistas com bons olhos. Em seu livro sobre a velhice, David Hackett Fischer argumenta que um sistema nacional de heranças, com um presente de capital no nascimento para acumular juros e garantir a previdência dos cidadãos na velhice, seria "mais barato do que o arranjo atual".[3]

A modificação ou abandono do sistema de bem-estar não é mais vista como sonho utópico, e sim como questão prática de gerenciamento. As indústrias de saúde e bem-estar, que tanto fizeram para promover o novo paternalismo profissionalizando atividades antes realizadas em oficinas, bairros ou em casa, começaram a duvidar de seus próprios resultados. "Profissionais de saúde e cuidado" começaram a questionar a eficiência das instituições públicas e agências de bem-estar que monopolizam o conhecimento antes transmitido por cidadãos comuns — hospitais, manicômios, tribunais de menores. A profissão médica, após defender o hospital como alternativa indispensável para a família, agora começa a cogitar que seria melhor para os pacientes poder morrer em casa. Psiquiatras cogitam coisas semelhantes, não só porque os estabelecimentos existentes estão superlotados, mas também porque nunca atingiram os altos índices de cura antes previstos com grande confiança. Advogados começaram a criticar os tribunais por retirarem as crianças "vítimas de negligência" de seus lares sem qualquer evidência de que essas crianças sofrem danos sérios, nem de que a institucionalização e transferência a pais adotivos seria uma solução. Mesmo a tutela das crianças pela escola começou a ser substituída pela tutela parental. No caso Wisconsin v. Yoder (1972), a Suprema Corte decidiu que pais Amish têm o direito de não matricular os filhos em escolas públicas. "A criança não é mera criatura do Estado", determinou o tribunal; "aqueles que a criam e orientam seu destino têm o direito, e também a grandiosa obrigação, de identificar obrigações adicionais e prepará-las para isso."*

Mesmo com a melhor das intenções, contudo, os críticos do Estado de bem-estar social que partem dos preceitos subjacen-

---

* O juiz William O. Douglas, voto vencido na decisão do caso, argumentou em prol da intervenção estatal de forma muito convincente. Suponhamos que uma criança Amish deseje seguir uma profissão que exija uma ruptura com a tradição cultural de seus pais. Suponhamos que deseje se tornar "pianista, astronauta ou oceanógrafa". A decisão da corte tornava isso impossível, argumentou Douglas. Sem consultar as preferências das próprias crianças, a corte relegou-as a um ambiente retrógrado, limitado e paroquiano, barrando--as "para sempre" do "novo e maravilhoso mundo da diversidade". Por mais persuasivo que possa parecer à primeira vista, o argumento, se examinado a fundo, é um exemplo clássico de sentimentalismo do humanitarismo liberal que evoca a "diversidade" para apoiar um sistema escolar uniforme e compulsório e propõe resgatar a criança da cultura retrógrada de seus pais, entregando-a aos delicados cuidados do Estado. O argumento é sentimental sobretudo por presumir que o Estado será capaz de poupar a criança que decide romper com as tradições de seus pais da culpa, da dor e do sofrimento que essa ruptura necessariamente acarreta —, e que, no entanto, deve ser confrontada, pois nisso reside o valor educativo e psicológico de tal experiência. De forma verdadeiramente paternalista, Douglas atenua os obstáculos dolorosos para o progresso da criança, esquecendo-se de que esse progresso consiste justamente na superação desses obstáculos.

tes a uma economia capitalista são incapazes de confrontar a revolução nas relações sociais acarretada pelo abandono do sistema de bem-estar. A crítica liberal do novo paternalismo lembra a "humanização" do local de trabalho, que tenta dar ao trabalhador a ilusão de participação ao mesmo tempo que mantém todo o controle nas mãos da diretoria. A tentativa de mitigar a monotonia da linha de montagem permitindo ao trabalhador realizar mais do que uma única operação não altera as condições de degradação do trabalho — isso é, o monopólio do conhecimento técnico que permite aos diretores desenvolver todas as etapas de produção, restando ao trabalhador apenas cumprir os pedidos do departamento de planejamento. As propostas recentes de modificação do sistema de bem-estar sofrem dessa mesma limitação. Assim, um estudo sobre a família financiado pela Corporação Carnegie discorda do pressuposto convencional da incompetência parental, mas, ao mesmo tempo, deixa de questionar a definição dos pais como consumidores de serviços profissionais. Kenneth Keniston e os demais autores do relatório Carnegie, cientes de integrarem "um consenso emergente", sustentam que os pais "ainda são os maiores especialistas do mundo nas necessidades de seus filhos".[4] Eles reconhecem que muitas das instituições que dizem cuidar da família acabam, pelo contrário, prejudicando as famílias. O "mal-estar" dos pais, segundo Keniston, resulta "da sensação de não terem bases ou diretrizes para a criação dos filhos, do sentimento de não estarem no controle em seu papel de pais e da percepção difusa de culpa pessoal por algo que parece estar dando errado".

A reabilitação do papel dos pais, ao que parece, implica um ataque à profissionalização e ao Estado de bem-estar. Ainda assim, Keniston se refreia muito antes de empreender esse ataque. Ele toma por fato consumado a dependência da família em especialistas, dispondo-se apenas a regulamentar essa relação. "Poucas pessoas discordariam de que vivemos em uma sociedade na qual os pais precisam contar cada vez mais com os outros para ajuda e apoio na criação de seus filhos." A economia familiar desapareceu; as crianças representam um passivo financeiro em vez de um recurso; a escola assumiu as funções educacionais da família; e a profissão médica assumiu a maior parte da responsabilidade pelos cuidados de saúde. Essas mudanças, segundo Keniston, colocam os pais na posição de "executivos em uma grande empresa — responsáveis pela coordenação precisa de muitos processos e pessoas que precisam trabalhar em conjunto para gerar o produto final".

Essa linha argumentativa não leva à conclusão de que os pais devam afirmar coletivamente seu controle sobre a criação dos filhos, mas de que a política governamental deveria buscar equalizar as relações entre pais e especialistas. Ainda assim, o próprio raciocínio de Keniston mostra que os pais ocupam uma posição mais próxima dos proletários que dos executivos. Na atual situação, segundo Keniston, "os pais têm pouca autoridade sobre aqueles com quem compartilham a tarefa de criar seus filhos"; eles "lidam com esses outros a partir de uma posição de inferioridade ou impotência". A razão óbvia para isso é que o Estado, e não os pais, paga a conta dos serviços profissionais, ou ao menos assina seus contracheques. (No fim das contas, quem pagam são os cidadãos pagadores de impostos.) Se os pais se organizassem e contratassem seus próprios especialistas, talvez as coisas fossem diferentes.

Nem é preciso dizer que essas não são as conclusões propagadas pelos membros do establishment responsáveis por elaborar políticas públicas. Medidas assim estão intimamente associadas ao populismo, ao localismo e a uma resistência residual ao progresso centralizado. Elas se tornaram muito mal vistas, e até os inimigos do establishment hão de ver a razão disso, após a batalha Ocean Hill-Brownsville* no final dos anos 1960, quando o "controle comunitário" descambou para a retórica do racismo reverso e a educação foi contaminada pela propaganda racial. Entretanto, a alternativa ao controle comunitário seria ainda mais burocracia. Em vez de confrontarem essa escolha, os reformistas liberais tentam ter as duas coisas. Enquanto defendem a expansão dos serviços governamentais de assistência à família, garantias de pleno emprego, maior proteção aos direitos legais da criança e uma grande expansão dos programas de assistência à saúde, eles também propõem fortalecer "a participação dos pais" em cada um desses programas. Tratam a influência dos especialistas como condição inevitável de uma sociedade industrial, mesmo quando buscam moderar essa influência colocando os consumidores em melhor posição. Para eles, as exigências de uma sociedade complexa decretam o triunfo da produção fabril sobre a produção manufatureira e a influência dos "profissionais de saúde e acolhimento" sobre a família.

DEPENDÊNCIA BUROCRÁTICA E NARCISISMO

Estudos recentes sobre a profissionalização mostram que o profissionalismo não surgiu nos séculos 19 e 20 como resposta a necessidades sociais bem definidas. Em vez disso, as novas profissões inventaram, elas próprias, muitas das necessidades a que dizem atender. Elas exploraram o medo de doenças e distúrbios, adotaram um jargão deliberadamente mistificador,

---

* Trata-se do episódio de disputa entre professores brancos, conselho local e professores negros quando, após determinar-se a criação de um distrito escolar controlado por negros em Ocean-Hill Brownsville, Brooklyn, professores brancos foram demitidos e iniciaram uma série de greves. (N.T.)

ridicularizaram as tradições populares de autossuficiência, taxando-as de ultrapassadas e anticientíficas, e, assim, criaram ou intensificaram (não sem oposição) a demanda por seus próprios serviços. As evidências da autopromoção profissional já não podem ser negadas com o truísmo sociológico segundo o qual "a sociedade moderna envolve o indivíduo em relações [...] muito mais complexas do que [aquelas que] os seus ancestrais [...] precisaram encarar".*

A dependência da família para com serviços profissionais sobre os quais exerce pouco controle é manifestação de um fenô-

---

* Como o autor dessas palavras, Thomas L. Haskell, tentou equiparar a crítica à profissionalização a uma oposição cega e teimosa à busca da verdade, preciso deixar claro que meu argumento não deve ser mal compreendido como uma condenação irrestrita ao profissionalismo. É óbvio que as profissões carregam valores importantes. Particularmente, carregam padrões de precisão, honestidade, verificação e assistência que, não fosse por isso, talvez desaparecessem de vez. Mas não é verdade, como argumenta Paul Goodman em sua defesa de resto convincente do profissionalismo (*The New Reformation*, citada por Haskell e outros como a palavra final no assunto), que "os profissionais são indivíduos autônomos comprometidos com a natureza das coisas e o julgamento de seus pares, unidos pelo juramento, explícito ou implícito, de beneficiar seus clientes e a sociedade". O modo como os profissionais interpretam e executam essas responsabilidades reflete, como é natural, o contexto social em que atuam. O profissionalismo estadunidense foi corroído pelo capitalismo administrativo do qual é aliado próximo, assim como o profissionalismo foi corroído na União Soviética de forma muito mais completa pela ditadura do partido. Haskell escreve: "o pertencimento a uma comunidade de fato profissional [não pode] se basear no charme, na posição social, nas conexões pessoais, na boa índole ou mesmo na decência; sua base precisa ser apenas o mérito intelectual demonstrado". Haskell não percebe com que facilidade o "mérito intelectual" pode ser confundido com a mera aquisição de credenciais profissionais, ou, pior ainda, com a lealdade a um consenso ideológico não dito — a facilidade com que o ideal indispensável da isenção profissional pode ser tensionado e distorcido pelo contexto político social em que se desenvolveu (Thomas L. Haskell, "Power to the Experts". *The New York Review*, p. 33, 13 out. 1977; Thomas L. Haskell, *The Emergence of Professional Social Science*. Urbana: University of Illinois Press, 1977, p. 236; Paul Goodman, "The New Reformation" [1969], reimpresso em Irving Howe (Org.), *Beyond the New Left*. Nova York: McCall, 1970, p. 86).

meno mais amplo: a erosão da autoconfiança e da competência em geral provocada pelo crescimento de corporações gigantescas e de um Estado burocrático que serve a elas. As corporações e o Estado detêm hoje uma parcela tão grande do know-how necessário para a vida cotidiana que a visão de Durkheim da sociedade como "mãe provedora", da qual fluiriam todas as bênçãos, corresponde cada vez mais à experiência cotidiana dos cidadãos. O novo paternalismo substituiu a dependência pessoal não com racionalidade burocrática, como os teóricos da modernização (a começar por Max Weber) eram quase unânimes em presumir, mas com uma nova forma de dependência burocrática. O que os cientistas sociais veem como uma rede ininterrupta de "interdependência" representa, na realidade, a dependência do indivíduo frente às organizações, do cidadão frente ao Estado, do trabalhador frente ao diretor, dos pais frente às "profissões de saúde e cuidado". O "consenso dos competentes", como Thomas L. Haskell se refere às profissões em seu estudo da profissionalização das ciências sociais, surgiu condenando o leigo à incompetência.

Com a justiça retributiva dando lugar à justiça terapêutica, aquilo que começou como protesto contra a simplificação moral excessiva acaba destruindo o próprio senso de responsabilidade moral. A justiça terapêutica perpetua a dependência infantil dos adultos e priva o cidadão de recursos legais contra o Estado. Antes, a lei se baseava em uma relação de oposição entre Estado e infrator e reconhecia o poder superior do Estado, concedendo vantagens procedimentais relevantes ao defendente. A jurisprudência médica, por outro lado, subjuga o infrator. Aliviado de responsabilidade moral pela comprovação de sua condição doentia, ele coopera com os médicos para sua própria "cura".

A crítica psiquiátrica da lei,[5] assim como o ataque terapêutico à autoridade em geral, transforma em virtude a substituição da autoridade arbitrária e impessoal dos tribunais pelo tratamento pessoal. Assim, um especialista em sociologia da lei, reconhecendo sua intenção de "substituir sanções legais — a 'justiça' — por terapias científicas", censurou certa feita a irracionalidade dos procedimentos legais: "Há no conceito de justiça um elemento de 'destino' ausente no conceito de tratamento científico. O infrator simplesmente recebe aquilo que ele mesmo desencadeou. [...] A sociedade como um todo não há de ser culpada. Foi o próprio criminoso quem escolheu". Enquanto "a maneira como o advogado lida com problemas humanos é tipicamente não científica", a terapia trata o criminoso ou paciente como vítima e, assim, aborda a questão pela perspectiva adequada. A transição do "pecado" para a "doença", segundo esse escritor, representa o primeiro passo rumo à "introdução da ciência e das reações pessoais [nos] conflitos humanos" e ao reconhecimento dos problemas sociais como problemas médicos, nos quais "cooperar com o terapeuta" se torna "provavelmente a questão central para o infrator".

A justiça médica, assim como a pedagogia e as técnicas esclarecidas de criação de filhos, apresenta a tendência de exaltar a dependência enquanto modo de vida. Os modos terapêuticos de prática e pensamento isentam seu objeto, o paciente, do julgamento crítico, eximindo-o de responsabilidade moral. A doença representa, por definição, uma invasão do paciente por forças externas ao controle consciente, e o reconhecimento realista do paciente acerca dos limites de sua própria responsabilidade — a aceitação de sua condição doentia e de sua impotência — constitui o primeiro passo para a recuperação (ou para a invalidez permanente, a depender do caso). A terapia rotula como doença o que, de outra forma, poderia ser tomado por fraqueza ou teimosia, e assim prepara o paciente para lutar contra (ou se resignar com) a doença, em vez de empreender uma busca racional pelos motivos que o levaram ao erro. Contudo, levada — como não é adequado — para fora do consultório, a moralidade terapêutica acaba estimulando a suspensão permanente do senso moral. Existe uma conexão íntima entre a erosão da responsabilidade moral e o declínio da autonomia — ou, para usarmos as categorias de John R. Seeley,[6] entre a erradicação da culpabilidade e a erradicação da competência. "Dizer 'você não tem culpa' é dizer 'você é incapaz de se conter'." A terapia legitima os desvios como forma de doença, mas, ao mesmo tempo, declara o paciente inapto a cuidar da própria vida e o entrega nas mãos de especialistas. Conforme a prática e o ponto de vista terapêuticos ganham aceitação geral, mais e mais pessoas se sentem desqualificadas para desempenhar as responsabilidades adultas e acabam se tornando dependentes de alguma forma de autoridade médica.

A expressão psicológica dessa dependência é o narcisismo. Em sua forma psicológica, o narcisismo surge como defesa contra as sensações de dependência irremediável no início da vida, fenômeno que busca conter com "otimismo cego" e ilusões grandiosas de autossuficiência pessoal. A sociedade moderna, ao prolongar a experiência de dependência até a vida adulta, estimula formas amenas de narcisismo em pessoas que, em outras situações, poderiam se resignar aos inescapáveis limites de sua liberdade e poder pessoais — limites inerentes à condição humana — tornando-se pais e trabalhadores competentes. Mas, ao mesmo tempo que dificulta cada vez mais a satisfação no amor e no trabalho, nossa sociedade cerca o indivíduo de fantasias fabricadas de gratificação plena. O novo paternalismo preconiza não a autoprivação, mas a autorrealização. Ele se alia aos impulsos narcísicos e desestimula sua modificação pelo prazer da autonomia, mesmo que seja uma autonomia em âmbito limitado — sob condições adequadas, algo inerente à maturidade. Além de estimular sonhos grandiosos de onipotência, o novo paternalismo solapa fantasias mais modestas, erode a capacidade de suspenção da descrença e, assim, torna cada vez mais distantes as inofensivas gratificações-substitutas, dentre as quais destacam-se os jogos e a arte, que ajudam a mitigar a sensação de impotência e o medo da dependência que, nesse cenário, acabam se manifestando em traços narcísicos. Nossa sociedade, portanto, é narcisista em sentido duplo. As pessoas de personalidade narcísica, embora não sejam hoje necessariamente mais numerosas do que antes, desempenham papéis de destaque, muitas vezes de eminência. Alimentando-se da adulação das massas, essas celebridades dão o tom da vida pública e privada, dado que o maquinário da fama não reconhece a fronteira entre os âmbitos público e privado. A gente bonita — para usarmos essa expressão reveladora que inclui não só os ricos de projeção global, mas todos que gozam, por pouco tempo que seja, das luzes das câmeras — vive a fantasia narcísica de sucesso, que consiste apenas em um desejo insubstancial de ser muito admirado não por feitos, mas por quem se é, de forma acrítica e irrestrita.

A sociedade capitalista moderna, além de dar proeminência aos narcisistas, provoca e reforça traços narcísicos em todos nós. Faz isso de muitos modos: exibindo o narcisismo com grande destaque e de forma atraente; corroendo a autoridade parental e, assim, dificultando o crescimento dos filhos; mas, acima de tudo, criando diversas variedades da dependência burocrática. Essa dependência, cada vez mais disseminada em uma sociedade tão paternalista quanto maternalista, torna cada vez mais difícil para as pessoas pacificar os terrores da infância e desfrutar dos consolos da vida adulta.

A CRÍTICA CONSERVADORA DA BUROCRACIA

A crítica do novo paternalismo, embora permaneça presa ao pressuposto do liberalismo político, opõe-se aos custos de manutenção do Estado de bem-estar — o "custo humano" e o custo para o contribuinte — sem criticar a ascensão das classes profissionais e gerenciais. Outra linha de ataque, que aponta a burocracia como origem de todos os males, é fruto da idealização conservadora do individualismo à moda antiga. Menos equivocada em sua oposição à centralização burocrática (à exceção da ala mais à direita, que denuncia a regulação governamental da indústria e, ao mesmo tempo, clama por um aparato militar gigantesco), a crítica conservadora da burocracia assemelha-se na superfície à crítica radical delineada por nosso presente estudo. Ela deplora a erosão da autoridade, a corrosão dos padrões escolares e a disseminação da permissividade. Por outro lado, recusa-se a admitir a conexão entre esses fenômenos e a ascensão do capitalismo monopolista — entre a burocracia governamental e a burocracia industrial.

"O grande conflito histórico entre o individualismo e o coletivismo divide a humanidade em dois campos hostis", escreveu Ludwig von Mises em seu estudo sobre a burocracia.[7] O livre empreendimento capitalista, argumentou, tem por base o cálculo racional de perdas e ganhos, enquanto o gerenciamento burocrático "não pode ser corroborado por cálculos econômicos". Levada para além de seus domínios legítimos de manutenção da lei e defesa nacional, a burocracia prejudica a iniciativa individual e substitui "o controle do governo pelo livre empreendimento". Ela substitui a ditadura do Estado pelo governo da lei. O capitalismo de livre-mercado, ao transformar o trabalho em mercadoria, "liberta o assalariado de qualquer dependência pessoal" e desatrela "a apreciação dos esforços de cada indivíduo [...] de quaisquer considerações pessoais". O coletivismo burocrático, por outro lado, compromete "a racionalidade e objetividade frias das relações capitalistas" e torna o "cidadão comum" dependente do "propagandista profissional da burocratização", que confunde o cidadão com suas "frases de efeito vazias" e complicações esotéricas. "Sob o capitalismo, todos são arquitetos de seu próprio destino." Sob o socialismo, no entanto — e "não há conciliação possível entre os dois sistemas", segundo Mises, e "nenhum terceiro sistema" —, o "caminho para a ascensão não são os feitos, mas as graças dos superiores".[8]

O argumento padece da idealização — comum entre conservadores — da capacidade do livre-mercado de propiciar autonomia, e também da pré-disposição — igualmente comum entre conservadores — a conceder imensos poderes beligerantes ao Estado, contanto que este não interfira nos empreendimentos "privados". Porém, ele não explica o alastramento da burocracia dentro da própria indústria. "A tendência à rigidez burocrática não é inerente à evolução dos negócios", segundo Mises. "É produto colateral da interferência governamental nos negócios." Ele responde assim ao argumento liberal de que a tendência inexorável de maior concentração econômica produz um vão crescente entre a propriedade e o controle da corporação, cria uma nova elite gerencial e conjura um Estado centralizado como único agente capaz de controlá-la. A própria análise liberal, contudo, precisa de ajustes. Não é o "divórcio entre controle e propriedade" que criou uma oligarquia gerencial, mas o divórcio entre planejamento e produção. Após terem garantido a separação completa entre trabalho braçal e intelectual, os gestores monopolizam o conhecimento técnico e reduzem o trabalhador a uma máquina humana; mas a administração e elaboração contínua desse conhecimento requer um aparato gerencial em constante crescimento, organizado ele próprio a partir de preceitos fabris, com intrincadas subdivisões de tarefas. Estudos sobre o progressismo e o New Deal demonstram que a regulação governamental dos negócios muitas vezes surge em resposta a demandas dos próprios empresários. A maior parte dos membros de agências regulatórias tem passagem pelo setor privado. Nem as políticas regulatórias, nem as de bem-estar social se amparam em "um ódio implacável aos negócios privados e ao livre empreendimento", como proclama Mises. Pelo contrário, a regulação controla a concorrência e estabiliza o mercado, enquanto o sistema de bem-estar socializa os "custos humanos" da produção capitalista — desemprego crescente, tabelas salariais inadequadas, planos inadequados de saúde e previdência — e ajuda a refrear soluções mais radicais.

É verdade que a elite profissional de médicos, psiquiatras, cientistas sociais, técnicos, assistentes sociais e funcionários públicos desempenha hoje um papel central na administração do Estado e da "indústria do conhecimento". Mas o Estado e a indústria do conhecimento possuem tantas intersecções com as corporações empresariais (cada vez mais preocupadas com todos os segmentos da cultura), e os novos profissionais têm tantas características em comum com os gerentes industriais, que a elite profissional deve ser encarada não como classe independente, mas como segmento da administração moderna. A ética terapêutica, que substituiu a ética utilitária do século 19, não serve só ao "interesse de classe" dos profissionais, como argumentam Daniel P. Moynihan e outros;[9] ela serve aos interesses do capitalismo monopolista como um todo. Moynihan observa que, ao indicar os impulsos, e não os cálculos, como fator determinante da conduta humana e responsabilizar a sociedade por problemas individuais, uma classe profissional "voltada para o governo" tentou criar demanda para os próprios serviços. O descontentamento, observa, é de interesse dos profissionais, dado que pessoas descontentes recorrem a serviços profissionais em busca de alívio. Mas o mesmo princípio permeia todo o capitalismo moderno, que continua tentando criar novas demandas e novos descontentamentos que possam ser mitigados pelo consumo de mercadorias. Moynihan, ciente dessa conexão, tenta apresentar o profissional como sucessor do capitalista. A ideologia da "compaixão", afirma, serve aos interesses de classe do "excedente pós-industrial de funcionários que, à maneira dos industrialistas que outrora se voltaram para a publicidade, induz a demanda por seus próprios produtos".

A autoexaltação profissional, todavia, cresceu de mãos dadas com a indústria publicitária e deve ser vista como uma nova etapa do mesmo processo: a transição do capitalismo de concorrência para o capitalismo de monopólio. O mesmo desenvolvimento histórico que transformou o cidadão em cliente também transformou o trabalhador, antes produtor, em consumidor. Assim, a investida médica e psiquiátrica contra a família, vista como um setor tecnologicamente retrógrado, andou de mãos dadas com a tentativa da indústria da publicidade de convencer as pessoas de que os bens comprados em lojas são superiores aos bens feitos em casa. Tanto o crescimento do gerencialismo como a proliferação de profissionais são novas formas de controle capitalista, estabelecidas nas fábricas em um primeiro momento e, mais tarde, disseminadas por toda a sociedade. O embate com a burocracia requer, portanto, um embate com o próprio capitalismo. Os cidadãos comuns serão incapazes de resistir ao domínio profissional enquanto não assumirem o controle da produção e do conhecimento técnico do qual a produção moderna depende. Uma reafirmação do "senso--comum", segundo Mises, irá "poupar os homens de serem presa" de "fantasias ilusórias" dos burocratas profissionais. Mas o senso-comum não basta. Para romper com o padrão existente de dependência e dar fim à erosão da competência, os cidadãos precisarão solucionar seus problemas com as próprias mãos. Eles terão que criar suas próprias "comunidades de competência". Somente assim as capacidades produtivas do capitalismo moderno, somadas ao conhecimento científico que hoje serve a elas, passarão a atender os interesses da humanidade.

Em uma cultura moribunda, o narcisismo parece corporificar — em nome do "crescimento" pessoal e da "consciência" — a mais elevada iluminação espiritual. Os guardiães da cultura, no fundo, têm apenas a esperança de sobreviver a seu colapso. Mas o desejo de construir uma sociedade melhor segue vivo nas tradições de localismo, autonomia e ação comunitária, e bastará a visão de uma nova sociedade, de uma sociedade decente, para que seu vigor seja renovado. A disciplina moral, antes associada à ética de trabalho, segue vigente enquanto valor, independentemente de seu antigo papel na defesa dos direitos de propriedade. Essa disciplina, indispensável para a construção de uma nova ordem, sobrevive principalmente no coração daqueles que só conheceram a velha ordem como promessa quebrada, e mesmo assim a levaram mais a sério do que quem acreditou nela.

POSFÁCIO

Revisitando *A cultura do narcisismo**

Graças a Tom Wolfe e uma manada de jornalistas menos proeminentes, os anos 1970 já eram conhecidos como a "década do self" em 1979, quando *A cultura do narcisismo* foi publicado. Muitos comentaristas, como é de se compreender, leram o livro como mais uma descrição das posturas autocentradas que pareciam substituir as preocupações sociais dos anos 1960. Os jornalistas nos ensinaram a pensar a década como unidade padrão do tempo histórico e a esperar um novo conjunto de tendências culturais a cada intervalo de dez anos. Se os 1960 foram a era de Aquário, a era do comprometimento social e da revolução cultural, os 1970 logo ganharam a reputação de serem anos de pessoas autocentradas e politicamente alienadas.

Os resenhistas receberam *A cultura do narcisismo* como mais uma "lamúria" contra a autoindulgência, um resumo dos anos setenta. Os que acharam o livro demasiadamente sombrio previram que ele logo ficaria datado, pois a nova década que se anunciava exigiria um novo conjunto de tendências, novos slogans e novas frases de efeito para diferenciá-la das anteriores.

* Publicado originalmente em *The World and I*, em fevereiro de 1990.

Como vimos, os anos 1980 não testemunharam um resgate do altruísmo e do espírito cívico, como previam muitos articulistas. Os yuppies, que deram o tom cultural naquela década, não eram conhecidos pela generosa devoção ao bem comum. Agora, com o início de mais uma década, perguntam-me com frequência se "o self ainda está em alta", nas palavras do *New York Times*. Ainda somos uma nação de narcisistas? Ou enfim começamos a redescobrir um sentimento de dever cívico? A meu ver, essas são as perguntas erradas; e mesmo que fossem as certas, são irrelevantes para o tema abordado em *A cultura do narcisismo*.

CULTURA E PERSONALIDADE

O narcisismo, do modo como o entendo, não era mero sinônimo de egoísmo, e *A cultura do narcisismo* tampouco foi pensado como um livro sobre a "década do self" ou sobre o retrocesso do ativismo político dos anos 1960. Ele surgiu a partir de um estudo anterior sobre a família estadunidense, *Haven in a Heartless World*, no qual concluí que a importância da família em nossa sociedade vinha caindo constantemente havia mais de cem anos. As escolas, as turmas de colégio, os meios de comunicação de massa e as "profissões de saúde e cuidado" desafiaram a autoridade parental e assumiram muitas das funções de criação antes desempenhadas pela família. Era bem provável, pensei, que mudanças tão grandes em uma instituição de importância fundamental tivessem grandes repercussões psicológicas. *A cultura do narcisismo* foi uma tentativa de analisar essas repercussões e explorar a dimensão psicológica das mudanças de longo prazo na estrutura da autoridade cultural. Minhas suposições implícitas vieram de trabalhos sobre a tradição, realizados em sua maioria por antropólogos culturais, sociólogos e psicanalistas estudiosos do impacto da cultura sobre a personalidade. Acadêmicos dessa linha argumentavam que todas as culturas elaboram padrões característicos de criação e socialização, cujo efeito é a produção de tipos característicos de personalidade adequados às exigências dessa cultura.

Após aprenderem a aplicar técnicas analíticas, antes utilizadas para o estudo de sociedades mais simples, a organismos sociais mais complexos, os estudiosos da cultura estadunidense passaram a acreditar que um tipo de personalidade "voltada para si" estava dando lugar a outro tipo, "voltada aos outros" e moldado pelos pares, para usarmos os termos popularizados por David Riesman. O influente livro de Riesman, *The Lonely Crowd* (publicado em 1950), foi um dos modelos para a investigação que busquei conduzir.

Alguns outros estudiosos chegaram a conclusões semelhantes a respeito dessa mudança de personalidade. Eles falaram em um colapso do "controle de impulsos", no "declínio do supereu" e na influência crescente dos pares. Os psiquiatras, além disso, descreveram uma mudança de padrão dos sintomas manifestados por seus pacientes. As neuroses clássicas tratadas por Freud, diziam, estavam dando lugar a distúrbios narcísicos de personalidade. "Costumávamos receber pessoas com fobias, neuroses familiares ou compulsão de lavar as mãos", relatou Sheldon Bach em 1976. "Agora, o que mais vemos são narcisistas."

Se levássemos essas observações a sério, creio, nossa conclusão não seria de que a sociedade estadunidense estava "doente" e todos os americanos eram candidatos à internação em hospícios, mas de que as pessoas normais estavam apresentando muitos dos traços de personalidade exibidos, em forma mais extrema, pelos narcisistas patológicos. Freud sempre destacou o contínuo entre normal e anormal e, portanto, parecia razoável para um freudiano esperar que as descrições clínicas de distúrbios narcísicos revelassem algo sobre a estrutura típica de personalidade em uma sociedade dominada por grandes organizações burocráticas e meios de comunicação em massa, nas quais as famílias haviam deixado de desempenhar um papel importante na transmissão de cultura e, portanto, as pessoas sentiam-se pouco conectadas ao passado. Fiquei espantado com as evidências, apresentadas em diversos estudos sobre corporações empresariais, de que a evolução profissional já não dependia tanto da competência ou da lealdade à firma quanto da "visibilidade", do "impulso", do charme pessoal e da gestão de aparências. O denso ambiente interpessoal da burocracia moderna parecia incitar e recompensar reações narcísicas, como a preocupação ansiosa com a impressão que causamos nos outros e a tendência a tratar os outros como espelhos do self.

A proliferação de imagens visuais e auditivas na "sociedade do espetáculo", como foi chamada, estimulou uma preocupação semelhante com o self. As pessoas reagiam umas às outras como se suas ações estivessem sendo gravadas e transmitidas ao vivo para uma plateia invisível, ou armazenadas para escrutínio posterior. Assim, as condições sociais predominantes trouxeram à tona traços de personalidade narcísicos que já estavam presentes, em maior ou menor grau, em todos nós: certa superficialidade protetora, o medo de compromissos definitivos, a disposição a desfazer laços conforme as necessidades, a ânsia por manter todas as opções em aberto, uma aversão a depender de quem quer que seja, a incapacidade de sentir gratidão ou lealdade.

Os narcisistas até podiam se preocupar mais com as próprias necessidades que com as dos outros, mas o amor-próprio e a autovalorização não me pareceram as características mais importantes. Esses fatores implicavam um sentimento forte e estável de individualidade, ao passo que os narcisistas sofriam com a sensação de inautenticidade e vazio interior. Eles tinham dificuldade de se conectar com o mundo. Em suas manifestações mais extremas, a condição se assemelhava à de Kaspar Hauser, o órfão alemão criado em confinamento no século 19 cujas "relações empobrecidas com seu ambiente cultural", segundo o psicanalista Alexander Mitscherlich, dotaram-no da sensação de estar totalmente à deriva na vida.

TEORIA DO NARCISISMO PRIMÁRIO: A ÂNSIA PELO ESTADO DE ÊXTASE

Após publicar *A cultura do narcisismo*, continuei explorando a teoria psicanalítica do narcisismo durante a preparação para outro trabalho publicado em 1984, intitulado *O mínimo eu*; todavia, fui percebendo que o conceito de narcisismo tinha implicações muito maiores do que eu suspeitara. Minha imersão prévia na literatura clínica sobre o "narcisismo secundário" — que "tenta anular a dor da frustração amorosa", nas palavras do psicanalista Thomas Freeman, e anular a raiva da criança contra aqueles que não atendem imediatamente às suas necessidades — havia me convencido de que o conceito de narcisismo ajudava a descrever um tipo de personalidade cada vez mais comum em nossos tempos. Novas leituras sugeriram que o conceito também englobava características persistentes da condição humana.

Redirecionei minha atenção do narcisismo secundário para o narcisismo primário, que diz respeito à ilusão infantil de onipotência que precede o entendimento da distinção crucial entre self e entorno. Retornando ao artigo seminal, mas confuso, de Freud intitulado *Introdução ao narcisismo* (1914), descobri que Freud propunha duas concepções distintas de narcisismo. A primeira o identificava com o amor a si mesmo, a ausência de interesse libidinal pelo mundo exterior, enquanto a segunda parecia pressupor um estado mental anterior a qualquer consciência de objetos separados do self. Foi sua crescente preocupação com o narcisismo nesse sentido "primário", percebi, que levou Freud a sua controversa hipótese de um instinto de morte, melhor descrito como anseio por equilíbrio absoluto — o princípio do Nirvana, como bem o chamou. Embora não seja um instinto e não busque a morte, mas a vida eterna, o narcisismo primário se assemelha muito à descrição de Freud do instinto de morte enquanto anseio pelo fim absoluto de todas as tensões, que parece operar de forma independente ao "princípio do prazer" e segue um "caminho reverso que leva à satisfação completa".

O narcisismo, nesse sentido, é o desejo por se livrar de qualquer anseio. É a busca reversa pela paz absoluta, vista nas tradições místicas como o mais elevado estado de perfeição espiritual. O desprezo pelas demandas do corpo diferencia o narcisismo do egoísmo comum ou do instinto de sobrevivência. A consciência da morte e a determinação de permanecer vivo pressupõe a consciência de objetos distintos do self. Como o narcisismo não reconhece a existência separada do self, tampouco teme a morte. Narciso se afoga no próprio reflexo sem jamais entender que se trata de um reflexo. A questão central da história não é a paixão de Narciso por si mesmo, mas sua incapacidade de diferenciar o self de seu entorno, expressa em seu fracasso em reconhecer o próprio reflexo.

A teoria do narcisismo primário nos faz ver a dor da separação, que começa no nascimento, como fonte original dos males humanos. As crianças humanas nascem cedo demais. Chegamos no mundo completamente inaptos para suprir nossas necessidades biológicas e, portanto, dependentes daqueles que cuidam de nós para tudo. A experiência de desamparo é ainda mais dolorosa porque é precedida pelo conforto "oceânico" do útero, como Freud o chamou — uma sensação que passamos o resto de nossas vidas tentando resgatar.

O nascimento encerra a ilusão de autossuficiência narcísica, muito embora a maioria dos pais consiga recriar durante algum tempo parte da segurança e do conforto do útero, e muito embora o filho recrie a atmosfera do ventre dormindo longos períodos de cada vez. O recém-nascido vivencia a fome e a separação pela primeira vez e sente sua posição de inferioridade, vulnerabilidade e dependência, tão diferente da onipotência do ventre, onde as necessidades e gratificações emanavam da mesma fonte. Experiências reiteradas de gratificação e a expectativa de seu retorno vão dando à criança a confiança necessária para tolerar a fome, o desconforto e a dor emocional. Mas essas mesmas experiências também reforçam a consciência da separação e do desamparo. Elas deixam claro que a fonte de sustento e gratificação é externa ao self, enquanto a necessidade e o desejo são internos. Conforme aprende a se distinguir do entorno, o bebê começa a entender que seus próprios desejos não controlam o mundo.

O nascimento prematuro e a dependência prolongada são fatos dominantes da psicologia humana. "Antes do nascimento", escreve o psicanalista francês Béla Grunberger, o bebê "vivia em um estado estável e contínuo de êxtase", mas sua expulsão do útero o confronta com "mudanças esmagadoras que o sobrecarregam o tempo todo e destroem o seu equilíbrio." "Assaltado pela excitação", ele tenta restaurar a ilusão perdida de autossuficiência. Em suas fantasias inconscientes, ele pode buscar acalmar a frustração e o medo da separação recusando--se a reconhecer que os adultos de quem depende, além de gratificar, são capazes de frustrar seus desejos. Indo contra isso, ele idealiza os pais como fonte inesgotável e não ambígua de gratificação, ou dissocia as frustrações da capacidade deles de lhe dar prazer.

Essas fantasias buscam dissipar a tensão entre o desejo de união e o fato da separação, seja imaginando uma reunião extasiante e indolor com a mãe ou, por outro lado, imaginando um estado de total autossuficiência e negando as necessidades dos outros. A primeira linha de defesa estimula uma simbiose regressiva; a segunda, ilusões solipsistas de onipotência. Nenhuma das duas soluciona o problema da separação: elas se limitam a negar sua existência de diferentes maneiras.

Assim, o melhor caminho para a maturidade emocional é admitir que dependemos de outras pessoas, indivíduos externos que não se submetem a nossos caprichos; é reconhecer os outros não como projeções de nossos próprios desejos, mas como seres independentes dotados de seus próprios desejos. De modo mais geral, é aceitar os nossos limites. O mundo não existe apenas para satisfazer nossos desejos; nele podemos encontrar prazer e significado, mas para isso devemos entender que os outros também têm o mesmo direito. A psicanálise confirma o antigo insight religioso segundo o qual só podemos ser livres se aceitarmos nossas limitações com espírito de gratidão e contrição, sem tentarmos anular essas limitações nem nos ressentirmos amargamente delas.

Melanie Klein, a mais sensível de todos os psicanalistas às implicações éticas da teoria freudiana, argumentou que as crianças invejam o poder das mães de dar e negar a vida e sonham em se apropriar dele. Não por acaso a inveja é um dos sete pecados capitais. De fato, "sentimos inconscientemente que ela é o maior de todos os pecados", segundo Klein, "porque estraga e machuca o bom objeto que é a fonte da vida". Klein acrescentou um importante refinamento à teoria psicanalítica, distinguindo o supereu (guiado pelo medo de punição) e a consciência (com origem no remorso, no perdão e na gratidão).

Em um de seus ensaios mais importantes, *Amor, culpa e reparação* (1934), Klein retraçou atitudes conflitantes perante a natureza em relação às emoções conflitantes da criança em relação à mãe. Ela especulou que a pulsão exploratória — a busca pela terra prometida de leite e mel — provinha da necessidade de compensar a mãe, "colocar de volta dentro da mãe as coisas boas que roubou em fantasia". Na exploração da natureza — que "não se expressa necessariamente através de viagens concretas pelo mundo: ela pode se estender a outros campos, como o das descobertas científicas" ou da criação artística —, o desejo de se reunir com a mãe deixa de procurar o caminho mais curto (a incorporação gananciosa da mãe), surgindo como resultado do desejo de compensação. "Uma relação com a natureza que desperte sentimentos tão fortes de amor, apreço, admiração e devoção tem muito em comum com a relação com a mãe, como os poetas já perceberam há muito tempo." A "luta contra a natureza" — até onde o impulso exploratório prevalece sobre o espírito de conquista e domínio — "portanto, é percebida em parte como uma luta para preservá-la, pois também exprime o desejo de fazer reparações a ela (a mãe)".[1]

UMA VISÃO FAUSTIANA DA TECNOLOGIA

Essas observações nos ajudam a ver como as defesas psicológicas contra ansiedade da separação — contra os sentimentos primevos de vulnerabilidade e dependência — podem ser elaboradas na cultura humana. Uma forma de negar nossa dependência da natureza (das mães) é inventando tecnologias desenvolvidas para nos tornar mestres da natureza. A tecnologia, quando assim concebida, incorpora uma atitude perante a natureza diametralmente oposta à postura exploratória nos termos de Klein. Ela expressa uma revolta coletiva contra as limitações da condição humana e apela à crença residual de que somos capazes de dobrar o mundo aos nossos desejos, de domar a natureza para nossos próprios propósitos e atingir um estado de total autossuficiência. Essa visão faustiana da tecnologia, uma força poderosa na história ocidental, atingiu seu clímax durante a Revolução Industrial, com os ganhos notáveis de produtividade e os avanços ainda mais notáveis prometidos pela explosão pós-industrial de informações.

A tecnologia moderna alcançou tantos avanços espantosos que, hoje, temos dificuldade em vislumbrar qualquer limite para a engenhosidade coletiva humana. Até o segredo da vida está a nosso alcance, segundo os que preveem uma revolução no campo da genética — nesse caso, poderemos viver indefinidamente ou, ao menos, prolongar a vida humana por períodos inauditos. O triunfo iminente sobre a morte e a velhice, segundo dizem, é o tributo final ao poder humano de dominar o ambiente. O movimento pró-longevidade corporifica as possibilidades utópicas da tecnologia moderna em sua forma mais pura. Em meados dos anos 1970, Albert Rosenfeld, principal propagandista do movimento, previu que "a maioria dos grandes mistérios do processo de envelhecimento" estariam "solucionados" até a terceira década do século 21. August Kinzel, ex-presidente do Instituto Salk, anunciou em 1967 que "nos livraremos em definitivo do problema do envelhecimento, e assim os acidentes se tornarão praticamente a única causa de morte".

Em termos psicológicos, o sonho de dominar a natureza é a solução regressiva de nossa cultura para o problema do narcisismo — regressiva porque busca restaurar a ilusão primordial de onipotência, recusando-se a aceitar os limites de nossa autossuficiência coletiva. Em termos religiosos, a revolta contra a natureza também é uma revolta contra Deus — ou seja, contra a realidade de nossa dependência de forças externas a nós. A ciência da ecologia — exemplo da postura "exploratória" perante a natureza, em oposição à postura faustiana — não deixa dúvidas quanto ao caráter inescapável dessa dependência. A ecologia indica que a vida humana é parte de um organismo mais amplo, e a intervenção humana em processos naturais tem um sem-número de implicações jamais de todo calculáveis. A natureza está em vantagem: as próprias tecnologias desenvolvidas para superar os limites naturais de conforto e liberdade humanos podem destruir a camada de ozônio, criar o efeito estufa e tornar a Terra imprópria para a vida humana.

Um estudo cuidadoso das consequências de nossas tentativas de dominar a natureza só serve para nos mostrar outra vez o quanto dependemos da natureza. Frente a essas evidências, a permanência de fantasias de autossuficiência tecnológica da espécie humana indica que nossa cultura é uma cultura de narcisismo em um sentido muito mais profundo que aquele expresso em frases de efeito jornalísticas, como "eu-centrismo". Sem dúvida, há muito individualismo egoísta na vida estadunidense; mas esses diagnósticos mal ultrapassam a superfície da questão.

GNOSTICISMO DO SÉCULO 20 E O MOVIMENTO *NEW AGE*

Nem mesmo nossa fé tão arraigada — e equivocada — dá conta de descrever por inteiro a cultura moderna. Ainda precisamos explicar como o respeito exagerado pela tecnologia pode coexistir com o resgate de superstições antigas, a crença na reencarnação, o fascínio crescente com o oculto e as formas bizarras de espiritualidade associadas ao movimento New Age. A revolta bastante difundida contra a razão é uma característica tão relevante de nosso mundo quanto a fé na ciência e na tecnologia. Mitos e superstições arcaicos ressurgiram no âmago das nações mais modernas, progressistas e cientificamente ilustradas do mundo. A coexistência entre tecnologia avançada e espiritualidade primitiva sugere que ambas estão calcadas em condições sociais que tornam cada vez mais difícil para as pessoas aceitar a realidade de tristezas, perdas, envelhecimento e morte — em resumo, de viver com limites. As ansiedades peculiares ao mundo moderno parecem ter intensificado antigos mecanismos de negação.

A espiritualidade New Age, assim como o utopismo tecnológico, tem suas raízes no narcisismo primário. Se a fantasia tecnológica busca restaurar a ilusão infantil de autossuficiência, o movimento New Age pretende restaurar a ilusão de simbiose, a sensação de absoluta unidade com o mundo. Em vez de sonhar com a imposição da vontade humana ao intratável mundo da matéria, o movimento New Age resgata temas do gnosticismo antigo para negar, pura e simplesmente, a realidade do mundo material. Ao tratarmos a matéria como ilusão, removemos todos os obstáculos para a recriação da sensação primordial de plenitude e equilíbrio — o retorno ao Nirvana.

Um dos episódios psicológicos mais chocantes da primeira infância, como vimos, é a descoberta de que os amados tutores de quem o bebê depende para continuar vivo são, ao mesmo tempo, fonte de boa parte de suas frustrações. Os pais — e as mães em particular — propiciam gratificações; mas, como têm capacidade finita de fazê-lo, é inevitável que imponham ao filho suas primeiras experiências de dor e tristeza. Os pais também infligem dor à criança por sua posição de juízes e disciplinadores. Se o filho acha tão difícil reconhecer a união entre gratificação e sofrimento em uma única fonte, é porque com isso reconhece suas próprias dependências e limitações. A percepção da natureza dupla dos pais envolve a descoberta de que estes não são meras projeções dos desejos da criança. Uma defesa padrão a essa descoberta — um dos mecanismos padrão da negação — é a dissociação das imagens boas e ruins dos pais. As fantasias da criança separam os aspectos frustrantes e prazerosos provenientes dos adultos que tomam conta dela. Assim, ela inventa uma imagem idealizada dos seios, lado a lado com imagens de autoridade maternal ou paternal onipotentes, ameaçadoras e destrutivas — uma vagina devoradora, um pênis ou seio castrador.

O dualismo religioso institucionaliza essas defesas primitivas e regressivas, separando rigorosamente as imagens de sustento e clemência das imagens de criação, julgamento e punição. A versão particular do dualismo conhecida como gnosticismo, que floresceu no mundo helênico durante os séculos 2, 3 e 4, levou aos desdobramentos mais radicais dessa negação: a condenação de todo o mundo material como criação de poderes obscuros e malignos. O gnosticismo deu contornos mitológicos — muitas vezes de forma tocante e expressiva — às fantasias que servem para manter as ilusões arcaicas de unicidade com um mundo absolutamente reagente a nossos desejos e vontades. Ao negar que um criador benigno pudesse ter criado um mundo no qual a gratificação coexiste com o sofrimento, o gnosticismo manteve viva a esperança do retorno a uma condição espiritual em que essas experiências sejam desconhecidas. O conhecimento secreto tão prezado pelos gnósticos, privilégio de umas poucas almas iniciadas, era justamente a ilusão original de onipotência; a memória de nossas origens divinas, anteriores ao nosso aprisionamento na carne.

Ao interpretar a ressureição de Cristo como evento simbólico, os gnósticos evitaram o paradoxo cristão de um Deus em sofrimento. Incapazes de conceber a união do espírito com a matéria, eles negaram que Jesus sequer fosse humano, pintando-o, em vez disso, como um espírito que se apresentava à percepção humana sob a forma ilusória de um ser humano. Sua "mitologia grandiosa", como Hans Jonas a chama em seu estudo histórico *The Gnostic Religion* [A religião gnóstica], dispunha-se a oferecer um relato definitivo da criação, segundo o qual "a existência humana [...] é apenas o estigma de uma derrota divina". A criação material, incluindo a vida em carne e osso dos seres humanos, representava o triunfo de deidades inferiores e diabólicas; a salvação estaria na fuga do espírito do corpo, em uma rememoração de nossa origem celestial — e não (como acreditavam os cristãos) na reconciliação da justiça e da beleza de um mundo que, entretanto, inclui o mal.

O movimento New Age resgatou a teologia gnóstica, alterando-a de forma considerável a partir de outras influências e misturando-a a uma nova imagética derivada da ficção-científica, com discos voadores, intervenções extraterrestres na história humana e fugas da Terra em direção a um novo lar celestial. O que, no gnosticismo, muitas vezes era figurativo e metafórico, passa a ser literal em escritores New Age como Ken Wilber, Robert Anton Wilson e Doris Lessing. Enquanto os gnósticos do século 2 imaginavam o Salvador como um espírito que habitava misteriosamente diversos corpos humanos, seus descendentes do século 20 o conceberam como um visitante de outro sistema solar. Enquanto os gnósticos buscavam recuperar a memória do lar original dos homens sem, contudo, indicar sua localização exata, os entusiastas do New Age encaram a ideia de paraíso de modo bem literal: Sirio parece ser sua preferência atual. (Ver, dentre muitos outros livros, o romance *As experiências de Sirius*, de Lessing). Eles acreditam, além disso, que visitantes do espaço construíram Stonehenge, as pirâmides e as civilizações perdidas de Lemúria e Atlântida.

O movimento New Age é para o gnosticismo o que o fundamentalismo é para o cristianismo — uma reformulação literal de ideias cujo valor original reside em sua compreensão imaginativa da vida humana e na psicologia da experiência religiosa. Quando Shirley MacLaine vê Walt Whitman exigindo que o universo seja "julgado do ponto de vista da eternidade", ela presume que ele se refere à imortalidade da alma, e não à conveniência de exigir dos humanos qualquer padrão sobre-humano de conduta. Da mesma forma, ela atribui a Heinrich Heine a crença na reencarnação porque este perguntou, certa feita, "quem saberá apontar qual alfaiate é o atual herdeiro da alma de Platão?".

A espiritualidade New Age pode ser por vezes estranha, mas não deixa de representar um aspecto marcante de nosso panorama cultural, como é o próprio fundamentalismo, que vem crescendo em anos recentes. O desabrochar desses movimentos desmentiu o pressuposto anterior de uma progressiva secularização da vida moderna. A ciência não desbancou a religião, como muitos esperavam. Ambas parecem prosperar lado a lado, não raro de forma grotescamente exagerada.

Essa coexistência entre uma hiper-racionalidade e um sentimento muito difundido de revolta constituem a principal justifica para chamarmos o estilo de vida do século 20 de cultura do narcisismo. Essas sensibilidades contraditórias têm uma fonte comum. Ambas estão calcadas, ao mesmo tempo, no sentimento de desterro e deslocamento que aflige muitos homens e mulheres dos dias atuais, especialmente vulneráveis à dor e à privação, e na contradição entre a promessa de que seria possível "ter tudo" e a realidade de nossas limitações.

As melhores defesas contra os terrores da existência são os modestos confortos do amor, do trabalho e da vida em família, que nos conectam a um mundo independente de nossos desejos, mas, ao mesmo tempo, reagem a nossas necessidades. É por meio do amor e do trabalho, como Freud observou com sua pungência característica, que substituímos os conflitos emocionais paralisantes por uma infelicidade corriqueira. O amor e o trabalho permitem que cada um de nós explore um pequeno cantinho do mundo e aprenda a aceitá-lo em seus próprios termos. Mas nossa sociedade tende a desvalorizar as pequenas alegrias, ou a esperar demais delas. Nossos padrões de "trabalho criativo e significativo" são tão exaltados que acabam fadados a nos decepcionar. Nosso ideal de "romance verdadeiro" impõe uma carga insuportável às nossas relações pessoais. Exigimos muito da vida, e muito pouco de nós mesmos.

Nossa dependência cada vez maior de tecnologias que ninguém parece capaz de entender ou controlar gera um sentimento de impotência e vitimização. As sensações de continuidade, permanência e conexão com o mundo ao nosso redor parecem cada vez mais distantes. Nossas relações com os outros são notoriamente frágeis; os bens são produzidos para serem usados e descartados; a realidade é percebida como um ambiente instável de imagens passageiras. Tudo conspira a favor de soluções escapistas para os problemas psicológicos da dependência, separação e individualização, e contra o realismo moral que possibilita aos seres humanos fazer as pazes com os limites existenciais de seu poder e liberdade.

Agradecimentos

Algumas ideias deste livro foram aprimoradas em conversas e trocas de correspondência com Michael Rogin e Howard Shevrin, e gostaria de agradecê-los pelo interesse em meu trabalho e por suas valiosas sugestões. Também desejo destacar minha dívida com os escritos de Philip Rieff e Russell Jacoby, que trabalharam duro para esclarecer as questões psicológicas e culturais abordadas neste livro. Nenhum desses pesquisadores deve ser responsabilizado por minhas conclusões, com as quais talvez não concordem de modo algum.

O manuscrito foi enriquecido por leituras críticas de minha esposa e de Jeannette Hopkins, que em mais de uma ocasião me salvou de formulações descuidadas ou desnecessariamente abstratas. Quero agradecer a Jean DeGroat, mais uma vez, por sua competência e paciência como transcritora.

Versões anteriores deste material — *tão retrabalhadas* que guardam poucas semelhanças com os ensaios anteriores — foram publicados na *New York Review* ("The Narcissist Society", 30 de setembro de 1976; "Planned Obsolescence", 28 de outubro de 1976; "The Corruption of Sports", 28 de abril de 1977; "The Siege of the Family", 24 de novembro de 1977); *Partisan*

Review ("The Narcissistic Personality of Our Time", nº 1, 1977); *Hastings Center Report* ("Aging in a Culture without a Future", agosto de 1977); *Marxist Perspectives* ("The Flight from Feelings", primavera de 1978); e *Psychology Today* ("To Be Young, Rich, and Entitled", março de 1978).

Notas

1. William Shakespeare, *O mercador de Veneza*. Trad. de Carlos Alberto Nunes. São Paulo: Peixoto Neto, 2017.

INTRODUÇÃO [PP. 45-52]

1. David Donald sobre a irrelevância da história: ver *The New York Times*, 8 set. 1977.

2. Albert Parr, "Problems of Reason, Feeling and Habitat". *Architectural Association*, 1º trim., n. 9, 1969.

3. Ivan Illich, *Toward a History of Needs*. Nova York: Pantheon, 1978, p. 31.

O MOVIMENTO DE CONSCIÊNCIA E A INVASÃO SOCIAL DO SELF [PP. 53-89]

1. Donald Barthelme, "Robert Kennedy Saved from Drowning". In: *Unspeakable Practices, Unnatural Acts*. Nova York: Farrar, Straus and Giroux, 1968, p. 46.

2. John Cage, "Silence" apud Susan Sontag, *Styles of Radical Will*. Nova York: Farrar, Straus and Giroux, 1969, p. 94. [ed. bras.: *A vontade radical: estilos*. Trad. de João Roberto Martins Filho. São Paulo: Companhia de Bolso, 2015.]

3. Sara Davidson, "Open Land: Getting Back to the Communal Garden" [1970]. In: Gwen B. Carr (Org.), *Marriage and Family in a Decade of Change: A Humanistic Reader*. Boston: Addison-Wesley, 1972, p. 197.

4. Leslie A. Fiedler, "The Birth of God and the Death of Man". *Salmagundi*, n. 21, pp. 3-26, 1973.

5. Tom Wolfe, "The 'Me' Decade and the Third Great Awakening". *New York*, 23 ago. 1976, pp. 26-40.

6. Norman Cohn, *The Pursuit of the Millennium*. 2ª ed. Nova York: Harper Torchbooks, 1961, pp. 114-23.

7. Peter Marin, "The New Narcissism". *Harper's Magazine*, p. 46, out. 1975; Tom Wolfe, op. cit., p. 40.

8. Susan Stern, *With the Weathermen: The Personal Journal of a Revolutionary Woman*. Nova York: Doubleday, 1975, pp. 23, 27, 87.

9. R. W. B. Lewis, *The American Adam: Innocence, Tragedy, and Tradition in the Nineteenth Century*. Chicago: University of Chicago Press, 1955; Quentin Anderson, *The Imperial Self*. Nova York: Knopf, 1971; Michael Paul Rogin, *Fathers and Children: Andrew Jackson and the Subjugation of the American Indian*. Nova York: Knopf, 1975; e "Nature as Politics and Nature as Romance in America". *Political Theory*, v. 5, pp. 5-30, 1977.

10. Alexis de Tocqueville, *A democracia na América. Livro II: sentimentos e opiniões*. Trad. de Eduardo Brandão. São Paulo: Martins Fontes, 2000, pp. 120-1.

11. Peter Marin, op. cit., p. 48.

12. Van Wyck Brooks, *America's Coming-of-Age* [1915]. Nova York: Doubleday, 1958, p. 38.

13. Morris Dickstein, *Gates of Eden: American Culture in the Sixties*. Nova York: Basic Books, 1977, pp. 227-8.

14. Jerry Rubin, *Growing (Up) at Thirty-seven*. Nova York: M. Evans, 1976.

15. Id. Ibid., pp. 19-20, 34, 45, 56, 93, 100, 103, 116, 120, 122, 124, 139, 154.

16. Paul Zweig, *Three Journeys: An Automythology*. Nova York: Basic Books, 1976, p. 96.

17. Heinz Kohut, *The Analysis of the Self: A Systematic Approach to the Psychoanalytic Treatment of Narcissistic Personality Disorders*. Nova York: International Universities Press, 1971, pp. 178, 315.

18. Donald Barthelme, "Critique de la Vie Quotidienne" e "Perpetua". *Sadness*. Nova York: Farrar, Straus and Giroux, 1972, pp. 3, 40.

19. Woody Allen, *Sem plumas*. Trad. de Ruy Castro. Porto Alegre: L&PM, 1998, pp. 11, 13, 172.

20. Dan Greenburg, *Scoring: A Sexual Memoir*. Nova York: Doubleday, 1972, pp. 13, 81-2.

21. Woody Allen, "Se os impressionistas tivessem sido dentistas". In: _____., op. cit., pp. 162-8.

22. Paul Zweig, op. cit., pp. 46, 67.

23. Frederick Exley, *A Fan's Notes: A Fictional Memoir*. Nova York: Random House, 1968.

24. Id. Ibid., pp. 99, 131, 231, 328, 361.

25. Id., *Pages from a Cold Island*. Nova York: Random House, 1974.

26. Susan Stern, op. cit.

27. Paul Zweig, op. cit.

28. Peter Marin, op. cit.

29. Edwin Schur, *The Awareness Trap: Self-Absorption instead of Social Change*. Nova York: Quadrangle-The New York Times Book Co., 1976.

30. Todas as alusões a Sennett neste capítulo são de: Richard Sennett, *O declínio do homem público*. Trad. de Lygia Araujo Watanabe. Rio de Janeiro: Record, 2014.

A PERSONALIDADE NARCÍSICA EM NOSSOS TEMPOS [PP. 90-117]

1. Erich Fromm, *The Heart of Man: Its Genius for Good and Evil*. Nova York: Harper and Row, 1964. [ed. bras.: *O coração do homem: seu gênio para o bem e para o mal*. Rio de Janeiro: Zahar, 1981.]

2. Sigmund Freud, *Obras completas*, v. 16. *O eu e o id, "Autobiografia" e outros textos*. Trad. de Paulo César de Souza. São Paulo: Companhia das Letras, 2011, p. 61.

3. Shirley Sugerman, *Sin and Madness: Studies in Narcissism*. Filadélfia: Westminster Press, 1976.

4. Jules Henry, *Culture against Man*. Nova York: Knopf, 1963.

5. Warren R. Brodey, "Image, Object, and Narcissistic Relationships". *American Journal of Orthopsychiatry*, v. 31, p. 505, 1961.

6. Sobre a psicogênese do narcisismo secundário, ver também Heinz Kohut, op. cit. Peter L. Giovacchini, *Psychoanalysis of Character Disorders*. Nova York: Jason Aronson, 1975; Warren M. Brodey, "On the Dynamics of Narcissism". *Psychoanalytic Study of the Child*, v. 20, pp. 165-93, 1965; Thomas Freeman, "Narcissism and Defensive Processes in Schizophrenic States". *International Journal of Psychoanalysis*, v. 43, pp. 415-25, 1962; Nathaniel Ross, "The 'As If' Concept". *Journal of the American Psychoanalytic Association*, v. 15, pp. 59-83, 1967.

7. Therese Benedek, "Parenthood as a Developmental Phase". *Journal of the American Psychoanalytic Association*, v. 7, pp. 389-90, 1959.

8. Thomas Freeman, "The Concept of Narcissism in Schizophrenic States". *International Journal of Psychoanalysis*, v. 44, p. 295, 1963.

9. Otto Kernberg, *Borderline Conditions and Pathological Narcissism*. Nova York: Jason Aronson, 1975, p. 283.

10. Id. Ibid.

11. Sobre a distinção de narcisismo primário e secundário, ver H. G. Van der Waals, "Problems of Narcissism". *Bulletin of the Menninger Clinic*, v. 29, pp. 293-310, 1965; Warren M. Brodey, "On the Dynamics of Narcissism", op. cit.; James F. Bing e Rudolph O. Marburg, "Narcissism". *Journal of the American Psychoanalytic Association*, v. 10, pp. 593-605, 1962; Lester Schwartz, "Techniques and Prognosis in Treatment of the Narcissistic Personality". *Journal of the American Psychoanalytic Association*, v. 21, pp. 617-32, 1973; Edith Jacobson, *The Self and the Object World*. Nova York: International Universities Press, 1964, cap. 1, especialmente pp. 17-9; James F. Bing, Francis McLaughlin e Rudolph Marburg, "The Metapsychology of Narcissism". *Psychoanalytic Study of the Child*, v. 14, pp. 9-28, 1959.

12. Peter L. Giovacchini, op. cit., p. xv.

13. Id. Ibid., p. 1.

14. Heinz Kohut, op. cit., p. 16.

15. Annie Reich, "Pathologic Forms of Self-Esteem Regulation". *Psychoanalytic Study of the Child*, v. 15, p. 224, 1960.

16. Peter L. Giovacchini, op. cit., p. 31.

17. Heinz Kohut, op. cit., p. 62.

18. Id. Ibid., p. 172.

19. Otto Kernberg, op. cit., pp. 310-1. Ver também, para uma descrição inicial de condições limítrofes, Robert P. Knight, "Borderline States" [1953]. In: Robert P. Knight e Cyrus R. Friedman (Orgs.), *Psychoanalytic Psychiatry and Psychology: Clinical and Theoretical Papers*. Nova York: International Universities Press, 1954, pp. 97-109; e sobre a importância do pensamento mágico nessas condições, Thomas Freeman, op. cit., pp. 293-303; Géza Róheim, *Magic and Schizophrenia*. Nova York: International Universities Press, 1955.

20. Melanie Klein, "O complexo de Édipo à luz das ansiedades arcaicas" [1945]. In: *Amor, culpa e reparação e outros trabalhos*. Trad. de A. Cardoso. Rio de Janeiro: Imago, 1996.

21. Id., "Notes on Some Schizoid Mechanisms" [1946] e Paula Heimann, "Certain Functions of Introjection and Projection in Early Infancy". In: Melanie Klein et al., *Developments in Psychoanalysis*. Londres: Hogarth Press, 1952, pp. 122-68, 292-320.

22. Paula Heimann, "A Contribution to the Reevaluation of the Oedipus Complex: The Early Stages". In: Melanie Klein et al., *New Directions in Psychoanalysis*. Nova York: Basic Books, 1957, pp. 23-38.

23. Otto Kernberg, op. cit., p. 38.

24. Id. Ibid., p. 36.

25. Sobre o uso de "sentimento de derrota" por pacientes narcisistas: Herbert A. Rosenfeld apud Otto Kernberg, "A Contribution to the Ego-Psychological Critique of the Kleinian School". *International Journal of Psychoanalysis*, v. 50, pp. 317-3, 1969. Sobre luto: Sigmund Freud, *Luto e melancolia*. Ver também: Martha Wolfenstein, "How Is Mourning Possible?". *Psychoanalytic Study of the Child*, v. 21, pp. 93-126, 1966.

26. Id. Ibid., p. 282.

27. Id. Ibid., p. 161.

28. Roy R. Grinker et al., *The Borderline Syndrome*. Nova York: Basic Books, 1968, p. 102.

29. Id. Ibid., p. 105.

30. Sobre a psicanálise como modo de vida, Gilbert J. Rose, "Some Misuses of Analysis as a Way of Life: Analysis Interminable and Interminable 'Analysts'". *International Review of Psychoanalysis*, v. 1, pp. 509-15, 1974.

31. Peter L. Giovacchini, op. cit., pp. 316-7.

32. Allen Wheelis, *The Quest for Identity*. Nova York: Norton, 1958, pp. 40-1.

33. Heinz Lichtenstein, "The Dilemma of Human Identity". *Journal of the American Psychoanalytic Association*, v. 11, pp. 186-7, 1963.

34. Herbert Hendin, *The Age of Sensation*. Nova York: Norton, 1975, p. 13.

35. Michael Beldoch, "The Therapeutic as Narcissist". *Salmagundi*, n. 20, pp. 136, 138, 1972.

36. Burness E. Moore, "Toward a Clarification of the Concept of Narcissism". *Psychoanalytic Study of the Child*, v. 30, p. 265, 1975; Sheldon Bach apud *Time*, p. 63, 20 set. 1976.

37. Gilbert J. Rose, "Some Misuses of Analysis", p. 513

38. Joel Kovel, *A Complete Guide to Therapy*. Nova York: Pantheon, 1976, p. 252.

39. Ilza Veith, *Hysteria: The History of a Disease*. Chicago: University of Chicago Press, 1965, p. 273.

40. Rosabeth Moss Kanter, *Men and Women of the Corporation*. Nova York: Basic Books, 1977.

41. Michael Maccoby, *The Gamesman: The New Corporate Leaders*. Nova York: Simon and Schuster, 1976, pp. 100, 104.

42. Eugene Emerson Jennings, *Routes to the Executive Suite*. Nova York: McGraw-Hill, 1971, p. 3.

43. Michael Maccoby, op. cit., pp. 106, 108, 122.

44. Eugene Emerson Jennings, op. cit., pp. 307-8.

45. Michael Maccoby, op. cit., pp. 110, 115, 162.

46. Id. Ibid., p. 107.

47. Wilfrid Sheed, *Office Politics*. Nova York: Farrar, Straus and Giroux, 1966, p. 172.

48. Eugene Emerson Jennings, op. cit., pp. 61, 64, 66, 69, 72, 181.

49. Susan Sontag, "Photography Unlimited". *The New York Review*, pp. 26, 28, 31, 23 jun. 1977.

50. Eugene Emerson Jennings, op. cit., p. 4.

51. Gail Sheehy, *Passages: Predictable Crises of Adult Life*. Nova York: Dutton, 1976, pp. 59, 199, 201, 345.

52. Otto Kernberg, op. cit., p. 238.

NOVOS MODOS DE ALCANÇAR O SUCESSO: DE HORATO ALGER À HAPPY HOOKER [PP. 118-42]

1. Robin Williams, *American Society*. Nova York, Knopf, 1970, pp. 454-5.

2. Philip Rieff, *Freud: The Mind of the Moralist*. Nova York: Doubleday, 1961, p. 372.

3. Cotton Mather, *A Christian at His Calling* [1701], reimpresso em Moses Rischin (Org.), *The American Gospel of Success*. Chicago: Quadrangle Books, 1965, pp. 23, 25, 28. John Cotton, "Christian Calling" [1964], reimpresso em Perry Miller e Thomas H. Johnson (Orgs.), *The Puritans*. Nova York: American Book Company, 1938, p. 324.

4. Para outra interpretação setecentista de autoaprimoramento, mais atenta às suas nuances, ver John G. Cawelti, *Apostles of the Self-Made Man*. Chicago: University of Chicago Press, 1965, cap. 1.

5. P. T. Barnum, "The Art of Money-Getting". In: Moses Rischin (Org.), op. cit., pp. 47-66.

6. Henry Ward Beecher apud John G. Cawelti, op. cit., p. 53.

7. Apud Irvin G. Wyllie, *The Self-Made Man in America: The Myth of Rags to Riches*. Nova York: Free Press, 1966, p. 43.

8. James Freeman Clarke, *Self-Culture: Physical, Intellectual, Moral and Spiritual*. Boston: Osgood, 1880, p. 266.

9. Industrial anônimo apud Irvin G. Wyllie, op. cit., p. 96.

10. John G. Cawelti, op. cit., pp. 171, 176-7, 182-3.

11. Dale Carnegie, apud ibid, p. 210.

12. Napoleon Hill, apud ibid, p. 211.

13. Robert L. Shook, *Winning Images*. Nova York: Macmillan, 1977, p. 22.

14. John McNaughton apud Neil Sheehan et al., *The Pentagon Papers*. Nova York: Quadrangle-The New York Times Book Co., 1971, pp. 366, 442.

15. Daniel Boorstin, *The Image: A Guide to Pseudo-Events in America*. Nova York: Atheneum, 1972 [1961], p. 204.

16. Eugene Emerson Jennings, op. cit., pp. 29-30.

17. Pat Watters, *The Angry Middle-Aged Man*. Nova York: Grossman, 1976, p. 24.

18. Eugene Emerson Jennings, op. cit., pp. 12, 240.

19. Thomas S. Szasz, *The Myth of Mental Illness*. Nova York: Harper and Row, 1961, pp. 275-6.

20. Joseph Heller, *Something Happened*. Nova York: Knopf, 1974, p. 414. [ed. bras.: *Alguma coisa mudou*. Rio de Janeiro: Record, 1974.]

21. Eugene Emerson Jennings, op. cit., p. 7.

22. Apud Stephen Marglin, "What Do Bosses Do?". *Review of Radical Political Economics*, v. 6, pp. 60-112, 1974; v. 7, pp. 20-37, 1975.

23. Michael Maccoby, op.cit., p. 102

24. Sobre a mudança da personalidade estadunidense, ver David Riesman, *The Lonely Crowd: A Study of the Changing American Character*. New Haven: Yale University Press, 1950; William H. Whyte Jr., *The Organization Man*. Nova York: Simon and Schuster, 1956; Erich Fromm, *Escape from Freedom*. Nova York: Rinehart, 1941; e *Man for Himself*. Nova York: Holt, Rinehart, and Winston, 1947; Karen Horney, *The Neurotic Personality of Our Time*. Nova York: Norton, 1937; Margaret Mead, *And Keep Your Powder Dry*. Nova York: Morrow, 1943; Geoffrey

Gorer, *The American People: A Study in National Character.* Nova York: Norton, 1948; Allen Wheelis, op. cit.

25. Erich Fromm, *Escape from Freedom*, op. cit., pp. 242-3.

26. Martha Wolfenstein, "Fun Morality" [1951]. Republicado em Margaret Mead e Martha Wolfenstein (Org.), *Childhood in Contemporary Cultures.* Chicago: University of Chicago Press, 1955, pp. 168-76.

27. Manuel J. Smith, *When I Say No, I Feel Guilty.* Nova York: Bantam, 1975, p. 22; Eric Berne, *Games People Play: The Psychology of Human Relationships.* Nova York, Ballantine, 1974, passim.

28. David Riesman, Robert J. Potter e Jeanne Watson, "Sociability, Permissiveness, and Equality". *Psychiatry*, v. 23, pp. 334-6, 1960.

29. Lee Rainwater, *Behind Ghetto Walls: Black Families in a Federal Slum.* Chicago: Aldine, 1970, pp. 388-9.

30. Sobre a utopia republicana, Sade, La Philosophie dans le boudoir. *Œuvres complètes du Marquis de Sade.* Paris: Le Cercle du Livre Précieux, 1966, v. 3, pp. 504-6.

A BANALIDADE DA PSEUDOAUTOCONSCIÊNCIA: O TEATRO DA POLÍTICA E A EXISTÊNCIA COTIDIANA [PP. 143-80]

1. Apud Malcolm Cowley, *Exile's Return: A Literary Odyssey of the 1920s* [1934]. Nova York: Penguin, 1976, p. 261.

2. Taylor apud Raymond E. Callahan, *Education and the Cult of Efficiency,* Chicago: University of Chicago Press, 1962, p. 40.

3. Sobre os experimentos de Ford em "sociologia", ver Roger Burlingame, *Henry Ford.* Nova York: New American Library, 1956, pp. 64-5. Para demais referências acerca da eficiência e do gerenciamento científico, ver Raymond E. Callahan, ibid.; Samuel Haber, *Efficiency and Uplift: Scientific Management in the Progressive Era.* Chicago: University of Chicago Press, 1964; David F. Noble, *America by Design: Science, Technology, and the Rise of Corporate Capitalism.* Nova York: Knopf, 1977; Harry Braverman, *Labor and Monopoly Capital.* Nova York: Monthly Review Press, 1974, parte 1.

4. As citações de Filene foram extraídas de Stuart Ewen, *Captains of Consciousness: Advertising and the Social Roots of the Consumer Culture.* Nova York: McGraw-Hill, 1976, pp. 54-5.

5. Calvin Coolidge apud Stuart Ewen, ibid., p. 37.

6. Guy Debord, *La Société du spectacle*. Paris: Buchet-Chastel, 1967, p. 36. [ed. bras.: *A sociedade do espetáculo*. Trad. de Estela dos Santos Abreu. Rio de Janeiro: Contraponto, 1997.]

7. Paul H. Nystrom, *Economics of Fashion*. Nova York: Ronald Press, 1928, pp. 67-8, 73, 134-7.

8. Daniel Boorstin, op. cit., p. 34.

9. Jacques Ellul, *Propaganda: The Formation of Men's Attitudes*. Trad. de Konrad Kellen e Jean Lerner. Nova York: Knopf, 1965, pp. 53n (Manual dos Aliados) e 57n (sobre Rommel). Para saber mais sobre a posição da OWI a respeito do holocausto, ver memorando, Arthur Sweetser para Leo Rosten, 1º de fevereiro de 1942, apud Eric Hanin, "War on Our Minds: The American Mass Media in World War II", dissertação de mestrado, University of Rochester, 1976, cap. 4, n. 6.

10. Apud David Eakins, "Policy-Planning for the Establishment". In: Ronald Radosh e Murray Rothbard (Orgs.), *A New History of Leviathan*. Nova York: Dutton, 1972, p. 198.

11. Apud Andrew Kopkind, "The Future Planners". *New Republic*, p. 19, 25 fev. 1967.

12. Theodore C. Sorensen, *Kennedy*. Nova York: Harper and Row, 1965, pp. 245-8, 592.

13. Richard M. Nixon, *Six Crises*. Nova York: Doubleday, 1962, pp. 251, 277, 353-8; Bruce Mazlish, *In Search of Nixon*. Nova York: Basic Books, 1972, pp. 72-3.

14. J. Anthony Lukas, *Nightmare: The Underside of the Nixon Years*. Nova York: Viking, 1976, especialmente p. 297 sobre a conversa de Nixon com Haldeman, 20 mar. 1973.

15. Dotson Rader, "Princeton Weekend with the SDS". *New Republic*, pp. 15-6, 9 dez. 1967.

16. Greg Calvert, *The New York Times*, 7 maio 1967.

17. Sobre a ascensão e a queda da SDS, ver Kirkpatrick Sale, *SDS*. Nova York: Random House, 1973.

18. R. G. Davis, *San Francisco Express-Times*, 21 mar. 1968.

19. Jerry Rubin, op. cit., p. 49.

20. Otto F. Kernberg, *Borderline Conditions and Pathological Narcissism*, op. cit., p. 234.

21. Heinz Kohut, op. cit., p. 84.

22. Edgar Morin, *L'Esprit du temps*. Paris: Bernard Grasset, 1962, cap. 10. [ed. bras.: *Cultura de massas no século XX: O espírito do tempo. Neurose*. v. 1. Rio de Janeiro: Forense Universitária, 1999.]

23. Otto F. Kernberg, op. cit., pp. 234-6.

24. Jules Henry, op. cit., pp. 223, 226, 228-9.

25. Joseph Heller, op. cit., pp. 72. 104-5.

26. Joyce Maynard, *Looking Back: A Chronicle of Growing Up Old in the Sixties*. Nova York: Doubleday, 1973, pp. 3-4.

27. Sobre realismo e antirrealismo no teatro, ver Elizabeth Burns, *Theatricality: A Study of Convention in the Theatre and in Social Life*. Nova York: Harper and Row, 1972, pp. 47, 76-7; e Richard Sennett, op. cit.

28. Eric Bentley, "I Reject the Living Theater", *The New York Times*, 20 out. 1968.

29. Norman S. Litowitz e Kenneth M. Newman, "The Borderline Personality and the Theatre of the Absurd". *Archives of General Psychiatry*, v. 16, pp. 268-70, 1967.

30. Erving Goffman, *The Presentation of Self in Everyday Life*. Nova York: Doubleday, 1959, p. 56.

31. Sobre o self performático, ver também Richard Poirier, *The Performing Self*. Nova York: Oxford University Press, 1971, especialmente as pp. 86-111.

32. Norman Mailer, *The Presidential Papers*. Londres: André Deutsch, 1964, p. 284.

33. Stuart Ewen, op. cit., pp. 177, 179-80.

34. Edgar Wind, *Art and Anarchy*. Nova York: Knopf, 1963, p. 40.

35. Richard Wollheim, "What Is Art?" (resenha de *Wind's Art and Anarchy*). *The New York Review*, p. 8, 30 abr. 1964.

36. Richard Sennett, op. cit., p. 32.

37. Andy Warhol, *The Philosophy of Andy Warhol*. Nova York: Harcourt Brace Jovanovich, 1975, pp. 7-10.

38. Para um relato desses mecanismos, ver Stanley Cohen e Laurie Taylor, *Escape Attempts: The Theory and Practice of Resistance to Everyday Life*. Londres: Allen Lane, 1976.

39. Morris Dickstein, *Gates of Eden*. Nova York: Basic Books, 1977, pp. 219-20, 226-7, 233, 238, 240.

40. Heinz Kohut, op. cit., pp. 172-3, 211, 255; Joseph Heller, op. cit., p. 170.

41. Andy Warhol, op. cit, pp. 48-9.

42. Luke Rhinehart, *The Dice Man* [1971], apud Cohen e Taylor, *Escape Attempts*, op. cit. p. 184.

A DEGRADAÇÃO DO ESPORTE [PP. 181-214]

1. Roger Caillois, "The Structure and Classification of Games". In: John W. Loy Jr. e Gerald S. Kenyon, *Sport, Culture, and Society*. Nova York: Macmillan, 1969, p. 49.

2. John F. Kennedy, "The Soft American" [1960], republicado em John T. Talamini e Charles H. Page, *Sport and Society: An Anthology*. Boston: Little, Brown, 1973, p. 369; Philip Goodhart e Christopher Chataway, *War without Weapons*. Londres: W. H. Allen, 1968, pp. 80, 84.

3. Johan Huizinga, *Homo Ludens: O jogo como elemento da cultura*. São Paulo: Perspectiva, 2019; Id., *Nas sombras do amanhã: um diagnóstico da enfermidade espiritual de nosso tempo*. Trad. de Sérgio Marinho. Goiânia: Caminhos, 2017.

4. Id., *Nas sombras do amanhã*, ibid., p. 99.

5. Harry Edwards, *The Sociology of Sport*. Homewood, Illinois: Dorsey Press, 1973. Id., *The Revolt of the Black Athlete*. Nova York, Free Press, 1969; Dorcas Susan Butt, *Psychology of Sport*. Nova York: Van Nostrand Reinhold, 1976; Dave Meggyesy, *Out of Their League*. Berkeley: Ramparts Press, 1970; Chip Oliver, *High for the Game*. Nova York: Morrow, 1971; Paul Hoch, *Rip Off the Big Game: The Exploitation of Sports by the Power Elite*. Nova York: Doubleday, 1972; Jack Scott, *The Athletic Revolution*. Nova York: Free Press, 1971.

6. Apud Michael Novak, *The Joy of Sports*. Nova York: Basic Books, 1976, p. 176.

7. Jack Scott, op. cit., pp. 97-8.

8. "Games Big People Play", *Mother Jones*, set./out. 1976, p. 43; ver também Terry Orlick, *The Cooperative Sports and Games Book: Challenge without Competition*, Nova York: Pantheon, 1978.

9. Johan Huizinga, *Homo Ludens*, op. cit.

10. Devo a sugestão desse exemplo a Herbert Benham.

11. Robert W. Malcolmson, *Popular Recreations in English Society, 1750-1850*. Cambridge: Cambridge University Press, 1973, p. 70.

12. Lee Benson, *The Concept of Jacksonian Democracy*. Nova York: Atheneum, 1964, p. 201.

13. Thorstein Veblen, *The Theory of the Leisure Class* [1899]. Nova York: Modern Library, 1934, p. 256.

14. Elting E. Morison (Org.), *The Letters of Theodore Roosevelt*. Cambridge: Harvard University Press, 1951, v. 2, p. 1444; v. 3, p. 615.

15. A batalha de Château-Thierry foi uma das primeiras batalhas travadas pelas forças americanas na Primeira Guerra Mundial. Donald Meyer, "Early Football". Artigo não publicado.

16. Apud Jack Scott, op. cit., p. 21.

17. Ibid., pp. 17-21; Paul Hoch, op. cit., pp. 2-4.

18. Embora os clichês aqui citados possam ser encontrados em muitas críticas radicais do esporte, o livro de Paul Hoch oferece a combinação mais rica e as expressa com o mais puro jargão revolucionário. Ver ibid., pp. 7, 18, 20, 122, 154, 158, 162-6, 171.

19. Harry Edwards, op. cit., p. 334. Cf. Jerry Rubin, op. cit., p. 180: "A ética da competição, da conquista e do domínio é o núcleo do sistema estadunidense".

20. Heinz Kohut, op. cit., p. 196; Herbert Hendin, *The Age of Sensation*. Nova York: Norton, 1975, p. 167.

21. Dorcas Susan Butt, op. cit., pp. 18, 32, 41, 55-8 e passim; Paul Hoch, op. cit., p. 158; Jack Scott, "Sport" [1972] apud Harry Edwards, op. cit., p. 338.

22. Apud Michael Novak, op. cit., p. 273.

23. Donald Meyer, op. cit.; Frederick Rudolph, *The American College and University*. Nova York: Vintage, 1962, p. 385.

24. Donald Meyer, ibid.

25. Michael Novak, op. cit., cap. 14.

26. Edgar Wind, *Art and Anarchy*. Nova York: Knopf, 1963, p. 18.

27. Apud Michael Novak, op. cit., p. 276.

ESCOLARIDADE E O NOVO ANALFABETISMO [PP. 215-52]

1. *Newsweek*, pp. 69-70, 6 fev. 1978.

2. R. P. Blackmur, "Toward a Modus Vivendi". In: *The Lion and the Honeycomb*. Nova York: Harcourt, Brace and World, 1955, pp. 3-31.

3. Ver a pesquisa de Jack McCurdy e Don Speich, publicada originalmente no *Los Angeles Times* e reimpressa em *Rochester Democrat and Chronicle*, 29 ago. 1976; Relatório de pontuação em testes da Associated Press, *Rochester Democrat and Chronicle*, 19 set. 1976; e um artigo do *New York Times*, 7 nov. 1974, sobre a simplificação dos livros didáticos.

4. *The New York Times*, 2 jan. 1977.

5. Thomas Jefferson, *Notes on the State of Virginia* [1785]. Nova York: Harper Torchbooks, 1964, pp. 139-40, 142.

6. Michael Chevalier, *Society, Manners, and Politics in the United States: Letters on North America* [1838]. Nova York: Doubleday, 1961, cap. 34.

7. Thorstein Veblen, *The Theory of Business Enterprise*. Nova York: Scribner's, 1904, cap. 9, "The Cultural Incidence of the Machine Process".

8. Carl W. Ackerman, *George Eastman*. Boston: Houghton Mifflin, 1930, p. 467; Raymond E. Callahan, *Education and the Cult of Efficiency*. Chicago: University of Chicago Press, 1962, p. 10.

9. O ataque à "educação dos cavalheiros" e a afirmação que "a ralé" não deveria aspirar à cultura apareceu numa série de artigos no *Saturday Evening Post* [1912]; o ataque à "facilidade de cultura" num artigo no *Educational Review* [1913]; ambos citados por Raymond E. Callahan, ibid., pp. 50, 102. Sobre o movimento de eficicência na educação, ver também Joel H. Spring, *Education and the Rise of the Corporate State*. Boston: Beacon Press, 1972. Para um relato do movimento progressista na educação, infelizmente quase completamente acrítico, ver Lawrence A. Cremin, *The Transformation of the School: Progressivism in American Education*. Nova York: Vintage, 1964.

10. Randolph Bourne, "Trans-National America" [1916], republicado em Carl Resek (Org.), *War and the Intellectuals*. Nova York: Harper Torchbooks, 1964, pp. 107-23; Mary Antin, *The Promised Land*. Boston: Houghton Mifflin, 1912, pp. 224-5; Norman Podhoretz, *Making It*. Nova York: Random House, 1967, cap. 1.

11. Robert S. Lynd e Helen Merrell Lynd, *Middletown: A Study in American Culture* [1929]. Nova York: Harcourt, Brace, 1956, cap. 14.

12. Katherine Glover e Evelyn Dewey, *Children of the New Day*. Nova York: Appleton-Century, 1934, pp. 318-9.

13. Joel Spring, *The Sorting Machine: National Educational Policy since 1945*. Nova York: David McKay, 1976, pp. 18-21.

14. Apud ibid., p. 87.

15. Willard Waller, "The Rating and Dating Complex". *American Sociological Review*, v. 2, pp. 727-34, 1937; August B. Hollingshead, *Elmtown's Youth*. Nova York: Wiley, 1949, cap. 9; James S. Coleman, *The Adolescent Society: The Social Life of the Teenager and Its Impact on Education*. Glencoe, Illinois: Free Press, 1962; Ernest A. Smith, *American Youth Culture: Group Life in Teenage Society*. Glencoe, Illinois: Free Press, 1962; Jules Henry, op. cit., caps. 6, 7.

16. Joel Spring, op. cit., caps. 1 e 3.

17. Joyce Maynard, op. cit., p. 154.

18. Frederick Exley, op. cit., pp. 6-7.

19. Kenneth B. Clark et al., *The Educationally Deprived*. Nova York: Metropolitan Applied Research Center, 1972, p. 79.

20. Id., entrevista, 18 out. 1969, mimeografada, distribuída pelo Conselho de Educação Básica, Washington, DC.

21. Kenneth B. Clark et al., op. cit., p. 36.

22. Laurence R. Veysey, *The Emergence of the American University*. Chicago: University of Chicago Press, 1965, parte 1; Oscar Handlin and Mary F. Handlin, *Facing Life: Youth and the Family in American History*. Boston: Little, Brown, 1971, pp. 203-4; Burton Bledstein, *The Culture of Professionalism: The Middle Class and the Development of Higher Education in Americ*. Nova York: Norton, 1976, cap. 8.

23. Apud Randolph Bourne, "A Vanishing World of Gentility". *Dial 64*, pp. 234-5, 1918.

24. Louis Kampf e Paul Lauter na introdução à sua antologia, *The Politics of Literature*. Nova York: Pantheon, 1972, p. 8. Para visões similares, ver Richard Ohmann, *English in America: A Radical View of the Profession*. NovaYork: Oxford University Press, 1975; e para uma crítica delas, Gerald Graff, "Radicalizing English". *Salmagundi*, n. 36, pp. 110-6, 1977.

25. Citado em um manuscrito não publicado de Gerald Graffe.

26. Essas palavras aparecem em um artigo, cuja referência perdi, criticando o treinamento de voluntários da Peace Corps.

27. Sobre o desaparecimento dos clássicos: *The New York Times*, 29 maio 1977.

28. Donald Barthelme, *Snow White*. Nova York: Atheneum, 1967, pp. 25-6.

SOCIALIZAÇÃO DA REPRODUÇÃO E COLAPSO DA AUTORIDADE [PP. 253-95]

1. Abraham Flexner e Frank P. Bachman, *The Gary Schools: A General Account*. Nova York: General Education Board, 1918, p. 17.

2. Ellen H. Richards, *Euthenics: The Science of Controllable Environment*. Boston: Whitcomb and Barrows, 1910, p. 133.

3. James H. S. Bossard, *Problems of Social Well-Being*. Nova York: Harper and Brothers, 1927, pp. 577-8.

4. Jessie Taft, "The Relation of the School to the Mental Health of the Average Child". *Mental Hygiene*, v. 7, p. 687, 1923.

5. Sophonisba P. Breckinridge e Edith Abbott, *The Delinquent Child and the Home*. Nova York: Charities Publication Committee, 1912, pp. 173-4.

6. Miriam Van Waters, *Parents on Probation*. Nova York: New Republic, 1927, p. 80.

7. Edwin L. Earp, *The Social Engineer*. Nova York: Eaton and Mains, 1911, pp. 40-1, 246.

8. Ellen H. Richards, op. cit., pp. 78-9.

9. Anthony Platt, *The Child Savers: The Invention of Delinquency*. Chicago: University of Chicago Press, 1969, p. 63

10. Id. Ibid.

11. Robert M. Mennel, *Thorns and Thistles: Delinquents in the United States, 1825-1940*. Hanover: University of New Hampshire Press, 1973, p. 156.

12. Jane Addams, *My Friend, Julia Lathro*. Nova York: Macmillan, 1935, p. 137.

13. Robert M. Mennel, op. cit., p. 149.

14. Id. Ibid., pp. 142-3.

15. Anthony Platt, op. cit., p. 143.

16. Talcott Parsons, *The Social System*. Glencoe, Illinois: Free Press, 1951, cap. 10; Talcott Parsons, "Illness and the Role of the Physician: A Sociological Perspective". In: Clyde Kluckhohn e Henry A. Murray (Orgs.), *Personality in Nature, Society, and Culture*, 2 ed. Nova York, Knopf, 1954, pp. 609-17.

17. Joseph M. Hawes, *Children in Urban Society: Juvenile Delinquency in Nineteenth-Century America*. Nova York: Oxford University Press, 1971, p. 188.

18. Miriam Van Waters, op. cit., pp. 35, 61, 95, 169-70, 253.

19. Washington Gladden, *Social Salvation*. Boston: Houghton Mifflin, 1902, pp. 105-6, 136, 179, 181, 192, 228.

20. Frank Dekker Watson, *The Charity Organization Movement in the United States*. Nova York: Macmillan, 1922, p. 115.

21. Florence Kelley, *Some Ethical Gains through Legislation*. Nova York: Macmillan, 1905, pp. 180-4.

22. John B. Watson, *Psychological Care of Infant and Child*. Nova York: Norton, 1928; Arnold Gesell e Frances L. Ilg, *The Child from Five to Ten*. Nova York: Harper, 1946; Ernest R. Groves e Gladys H. Groves, *Parents and Children*. Filadélfia: Lippincott, 1928, pp. 5, 116. Sobre a mudança das modas da parentalidade, ver Daniel R. Miller e Guy E. Swanson, *The Changing American Parent: A Study in the Detroit Area*. Nova York: Wiley, 1958, passim; Hilde Bruch, *Don't Be Afraid of Your Child*. Nova York: Farrar, Straus and Young, 1952, pp. 38-9.

23. Hilde Bruch, ibid., p. 57.

24. Benjamin Spock, *Baby and Child Care*. Nova York: Pocket Books, 1957, pp. 3-4.

25. Judd Marmor, "Psychological Trends in American Family Relationships". *Marriage and Family Living*, v. 13, p. 147, 1951.

26. Jerome D. Folkman, "A New Approach to Family Life Education". *Marriage and Family Living*, v. 17, pp. 20, 24, 1955.

27. Hilde Bruch, op. cit., pp. 7-8, 12-3, 16-7, 33.

28. Id. Ibid., p. 45.

29. Id. Ibid., pp. 13, 54, 164-5.

30. Benjamin Spock, op. cit., pp. 575, 597.

31. Hilde Bruch, op. cit., p. 59.

32. Haim G. Ginott, *Between Parent and Child: New Solutions to Old Problems*. Nova York: Avon Books, 1965, pp. 31, 36, 38-9, 59. Ver também Thomas Gordon, *P.E.T. in Action*. Nova York: Wyden, 1976.

33. John R. Seeley, "Parents: The Last Proletariat?" [1959]. In: *The Americanization of the Unconscious*. Nova York: International Science Press, 1967, pp. 134, 323, 326.

34. Mark Gerzon, *A Childhood for Every Child: The Politics of Parenthood*. Nova York: Outerbridge and Lazard, 1973, p. 222.

35. Geoffrey Gorer, *The American People: A Study in National Character*. Nova York: Norton, 1948, p. 74.

36. Beata Rank, "Adaptation of the Psychoanalytical Technique for the Treatment of Young Children with Atypical Development". *American Journal of Orthopsychiatry*, v. 19, pp. 131-2, 1949.

37. Peter L. Giovacchini, op. cit., pp. 32, 108-9.

38. Heinz Kohut, *The Analysis of the Self*, op. cit., pp. 61-4.

39. Warren M. Brodey, "On the Dynamics of Narcissism", op. cit., p. 184; Giovacchini, ibid., p. 27.

40. Gregory Bateson et al., "Toward a Theory of Schizophrenia". *Behavioral Science*, v. 1, pp. 251-64, 1956; Theodore Lidz, "Schizophrenia and the Family". *Psychiatry*, v. 21, pp. 21-7, 1958; William McCord et al., "The Familial Genesis of Psychoses". *Psychiatry*, v. 25, pp. 60-1, 1962.

41. Warren R. Brodey, "Image, Object, and Narcissistic Relationships". *American Journal of Orthopsychiatry*, v. 31, pp. 69-73, 1961; L. R. Ephron, "Narcissism and the Sense of Self". *Psychoanalytic Review*, v. 54, pp. 507-8, 1967; Thomas Freeman, "The Concept of Narcissism in Schizophrenic States". *International Journal of Psychoanalysis*, v. 44, pp. 293-303, 1963.

42. Warren R. Brodey, "On the Dynamics of Narcissism", op. cit., p. 188; Heinz Kohut, op. cit., p. 255.

43. Lyman C. Wynne et al., "Pseudo-Mutuality in the Family Relations of Schizophrenics". *Psychiatry*, v. 21, pp. 207, 210-1, 1958.

44. Heinz Kohut, ibid., pp. 40-1, 81.

45. Annie Reich, "Early Identifications as Archaic Elements in the Superego". *Journal of the American Psychoanalytic Association*, v. 2, pp. 218-38, 1954; Annie Reich, "Narcissistic Object Choice in Women". *American Journal of Psychoanalysis*, v. 1, pp. 22-44, 1953. Ver também B. D. Lewin, "The Body as Phallus". *Psychoanalytic Quarterly*, v. 2, pp. 24-7, 1933.

46. Kenneth Keniston, *The Uncommitted: Alienated Youth in American Society*. Nova York: Harcourt, Brace, 1965; Herbert Hendin, *The Age of Sensation*. Nova York: Norton, 1975, pp. 72, 75, 98, 108, 129-30, 133, 215, 297; Peter L. Giovacchini, op. cit., pp. 60-2.

47. Jules Henry, op. cit., pp. 127, 337.

48. Arnold A. Rogow, *The Dying of the Light*. Nova York: Putnam's, 1975, cap. 2, "The Decline of the Superego".

49. Sigmund Freud, "O eu e o Id". In: *Obras completas*, v. 16. *O eu e o Id. "Autobiografia" e outros textos*. Trad. de Paulo César de Souza. São Paulo: Companhia das Letras, 2011, p. 66.

50. Henry Lowenfeld e Yela Lowenfeld, "Our Permissive Society and the Superego". *Psychoanalytic Quarterly*, v. 39, pp. 590-607, 1970.

51. Joseph Heller, op. cit., pp. 141, 160, 549.

52. Id. Ibid., pp. 314-7.

53. Edgar Z. Friedenberg, *Coming of Age in America: Growth and Acquiescence*. Nova York: Random House, 1965, pp. 73-92.

54. Simon Dinitz et al., "Preferences for Male or Female Children: Traditional or Affectional?". *Marriage and Family Living*, v. 16, p. 127, 1954.

55. Douglas McGregor, *The Human Side of Enterprise*. Nova York: McGraw-Hill, 1960, p. 21.

56. Id. Ibid., p. 23.

57. Sobre a hierarquia de necessidades de Maslow, ver id. Ibid., pp. 35-42.

58. Id. Ibid., pp. 46, 232-5, 240. Para entender a popularização de alguma dessas ideias, ver O. William Battalia e John J. Tarrant, *The Corporate Eunuch*, op. cit.

59. Michael Maccoby, op. cit., pp. 102, 122, 129, 137.

A FUGA DOS SENTIMENTOS: SOCIOPSICOLOGIA DA GUERRA DOS SEXOS [PP. 296-321]

1. Donald Barthelme, "Edward and Pia". In: *Unspeakable Practices, Unnatural Acts*, op. cit., p. 87.

2. Riane Tennenhaus Eisler, *Dissolution: Divorce, Marriage, and the Future of American Women*. Nova York: McGraw-Hill, 1977, pp. 170-1.

3. Bertrand Russell, *Marriage and Morals* [1929]. Nova York: Bantam, 1959, pp. 127, 137.

4. Sobre o culto à intimidade marital, ver Alvin Toffler, *Future Shock*. Nova York: Random House, 1970, caps. 11, 14; Margaret Mead, "Marriage in Two Steps" [1966]. In: Robert S. Winch e Graham B. Spanier (Orgs.), *Selected Studies in Marriage and the Family*. Nova York: Holt, Rinehart, and Winston, 1974, pp. 507-10.

5. Molly Haskell, *From Reverence to Rape: The Treatment of Women in the Movies*. Baltimore: Penguin, 1974.

6. Ralph M. Wardle, *Mary Wollstonecraft: A Critical Biography*. Lawrence: University of Kansas Press, 1951, caps. 7-8; Margaret George, *One Woman's "Situation": A Study of Mary Wollstonecraft*. Urbana: University of Illinois Press, 1970, cap. 8.

7. Richard Drinnon, *Rebel in Paradise*. Chicago: University of Chicago Press, 1961.

8. Ingrid Bengis, *Combat in the Erogenous Zone*. Nova York: Knopf, 1972, p. 16.

9. Willard Waller, *The Old Love and the New: Divorce and Readjustment*. Nova York: Liveright, 1930, pp. 6-7, 84, 88; e "The Rating and Dating Complex". *American Sociological Review*, v. 2, pp. 727-34, 1937.

10. Martha Wolfenstein e Nathan Leites, *Movies: A Psychological Study* [1950]. Nova York: Atheneum, 1970, p. 33.

11. August B. Hollingshead, *Elmtown's Youth: The Impact of Social Classes on Adolescents*. Nova York: Wiley, 1949, pp. 237, 317-8.

12. Joseph Heller, op. cit., p. 424

13. William H. Masters e Virginia Johnson, *Human Sexual Response*. Boston: Little, Brown, 1966.

14. Anne Koedt, "The Myth of the Vaginal Orgasm", *Notes from the Second Year: Women's Liberation* [1970], pp. 37-41; Mary Jane Sherfey, "The Evolution and Nature of Female Sexuality in Relation to Psychoanalytic Theory". *Journal of the American Psychoanalytic Association*, v. 14, p. 117, 1966; Kate Millett, *Sexual Politics*. Nova York: Doubleday, 1970, pp. 117-8.

15. Mary Jane Sherfey, "The Evolution and Nature of Female Sexuality in Relation to Psychoanalytic Theory". *Journal of the American Psychoanalytic Association*, v. 14, p. 117, 1966.

16. Kate Millett, *Sexual Politics*. Nova York: Doubleday, 1970, pp. 117-8.

17. Otto Kernberg, *Borderline Conditions and Pathological Narcissism*, op. cit., p. 238.

18. Apud Veronica Geng, "Requiem for the Women's Movement". *Harper's Magazine*, p. 68, nov. 1976.

19. Ingrid Bengis, op. cit., pp. 210-1.

20. Sylvia Plath, "The Rival". *Ariel*. Nova York: Harper and Row, 1966, p. 48.

21. Id, *A redoma de vidro* [1963]. Trad. de Chico Matoso. São Paulo: Biblioteca Azul, 2019.

22. Veronica Geng, op. cit., p. 53. Para um retrato das feministas do século 19, ver Aileen S. Kraditor, *The Ideas of the Woman Suffrage Movement*. Nova York: Columbia University Press, 1965; e Ann Douglas, *The Feminization of American Culture*. Nova York: Knopf, 1977.

23. Herbert Hendin, op. cit., p. 49.

24. Ingrid Bengis, *Combat in the Erogenous Zone*, p. 185.

25. Ibid., p. 199.

26. Ibid., p. 219.

27. Leslie A. Fiedler, *Love and Death in the American Novel*. Nova York: Criterion Books, 1960, p. 313.

28. Nathanael West, *O dia do gafanhoto e outros textos*. Trad. de Alcebíades Diniz. São Paulo: Carambaia, 2015, p. 22.

29. Sigmund Freud, "Sobre a mais comum depreciação da vida amorosa. Contribuições à psicologia do amor II [1912]". In: *Obras completas*, v. 9, *Observações sobre um caso de neurose obsessiva ["O homem dos ratos"], Uma recordação da infância de Leonardo Da Vinci e outros textos*. Trad. de Paulo César de Souza. São Paulo: Companhia das Letras, 2013, p. 115.

30. Juliet Mitchell, *Psychoanalysis and Feminism*. Nova York: Pantheon, 1974; Eli Zaretsky, *Capitalism, the Family, and Personal Life*. Nova York: Harper and Row, 1976; Bruce Dancis, "Socialism and Women in the United States, 1900-1917". *Socialist Revolution*, v. 27, pp. 81-144, jan.-mar., 1976.

31. Apud Bruce Dancis, ibid., p. 132.

A FÉ ABALADA NA REGENERAÇÃO DA VIDA [PP. 322-36]

1. O título deste capítulo vem de Mark Gerzon, *A Childhood for Every Child: The Politics of Parenthood*. Nova York: Outerbridge and Lazard, 1973, p. 221.

2. Albert Rosenfeld, *Prolongevity*. Nova York: Knopf, 1976, pp. 8, 166. Para um exemplo ainda mais flagrante da abordagem médica sobre o envelhecimento, ver Joel Kurtzman e Phillip Gordon, *No More Dying: The Conquest of Aging and the Extension of Human Life*. Los Angeles: D. P. Tarcher, 1976.

3. Alan Harrington, *The Immortalist*, apud ibid., p. 184.

4. H. Jack Geiger, resenha de Rosenfeld e Comfort sobre envelhecer, *The New York Times Book Review*, p. 5, 28 nov. 1976.

5. Lisa Alther, *Kinflicks*, op. cit., p. 424.

6. Gail Sheehy, *Passages: Predictable Crises of Adult Life*. Nova York: Dutton, 1976.

7. Para os depoimentos de Comfort, Kinzel e Sinsheimer, ver Kurtzman e Gordon, *No More Dying*, pp. 3, 36, 153; Geiger, resenha de Rosenfeld e Comfort, op. cit., p. 5.

8. David Hackett Fischer, *Growing Old in America*. Nova York: Oxford University Press, 1977, pp. 132-4.

PATERNALISMO SEM PAI [PP. 337-60]

1. Robert Coles, *Privileged Ones: The Well-Off and the Rich in America*. Boston: Little, Brown, 1978.

2. Apud David Montgomery, *Beyond Equality: Labor and the Radical Republicans, 1862-1872*. Nova York: Knopf, 1967, p. 371.

3. David Hackett Fischer, op. cit., p. 206.

4. Kenneth Keniston et al., *All Our Children: The American Family under Pressure*. Nova York: Harcourt Brace Jovanovich, 1977.

5. Vilhelm Aubert, "Legal Justice and Mental Health". *Psychiatry*, v. 21, pp. 111-2, 1958.

6. John R. Seeley, *The Americanization of the Unconscious*, op. cit., p. 90.

7. Ludwig von Mises, *Bureaucracy* [1944]. New Haven: Yale University Press, 1962, p. VI. Para uma crítica semelhante da burocracia, ver Frederick Hayek, *The Road to Serfdom*. Chicago: University of Chicago Press, 1944.

8. Id. Ibid., pp. 4, 9-12, 38-9, 48, 100, 125.

9. Daniel Patrick Moynihan, "Social Policy: From the Utilitarian Ethic to the Therapeutic Ethic", *Commission on Critical Choices, Qualities of Life*. Lexington, Massachussets: D. C. Heath, 1976, pp. 7-44, p. 44.

POSFÁCIO: REVISITANDO *A CULTURA DO NARCISISMO* [PP. 361-76]

1. Melanie Klein, *Amor, culpa e reparação*, op. cit., pp. 375, 378, 379.

Índice remissivo

Abbot, Edith: sobre a intervenção do Estado na família, 255
absurdo, teatro do, 163-8; e condições borderline, 167, 169n
"Adão americano", 60-1, 64, 337
"adaptação à vida": na educação, 231
Addams, Jane: sobre tribunal de menores, 257
Adorno, Theodor W.: sobre psicologia e sociologia, 95
Advertisements for Myself [Conselhos para mim] (Mailer), 72
Agnew, Spiro, 199
"agravamento", teoria e tática do, 157-8
Albee, Edward, 167, 318
Alger, Horatio, 118, 120
Alguma coisa mudou (Heller), 131, 162, 178, 286
alienação: como mercadoria, 145-6
Allen, George, 185; sobre vencer, 204
Allen, Woody, 55, 73, 76
Almanaque do pobre Ricardo (Franklin), 122
Altamont, festival de rock, 138n
Alther, Lisa, 264n, 327
amadorismo, culto ao, 191-2
americanização, 227-9, 261; e educação, 225
anabatistas, 57
Anderson, Quentin, 60
animosidade universal, *ver* guerra de todos contra todos
Antin, Mary: sobre americanização, 229
Aristóteles, 169n
arte, ilusão e, 165-6
"arte de ganhar dinheiro, A" (Barnum), 123
Associação Nacional de Educação, 227
audiências: Army-McCarthy, 154
autenticidade, 268-72
autoaprimoramento, 122, 125
"autoatualização", 114, 291, 331
Autobiografia (Franklin), 122
autoconfiança, 224-6
autoescrutínio, 112, 168, 170-4, 178
autoparódia, 73, 177
autoridade: abdicação da, 284, 287, 303n; declínio da, 315, 325, 355; modelo terapêutico da, 287, 288, 289, 291-5; nos negócios, 291
autoritarismo, 200; crítica ao, 291

Bach, Sheldon: sobre padrões mutantes de distúrbios psíquicos, 105

Bad Seed, The [semente maldita, A] (March), 318
baía dos Porcos, 153
Balzac, Honoré de, 172
Bara, Theda, 318
Barnard, Henry, 225
Barnum, Phineas Taylor: sobre o sucesso, 123-4, 126
Barth, John: citação, 177
Barthelme, Donald, 73, 75-6, 177; citação, 53, 250-1, 296
Beauvoir, Simone de, 310
Beckett, Samuel, 167
Beecher, Henry Ward: sobre a indústria compulsiva, 124
behaviorismo: na criação dos filhos, 262, 271
Beldoch, Michael: sobre os padrões em transformação dos distúrbios psíquicos, 105
Bengis, Ingrid: sobre a fuga dos sentimentos, 315; sobre intimidade, 314; sobre pedir caronas, 301
Benson, Lee: sobre democratas do século 19, 196
Bentley, Eric, 167
Bestor, Arthur, 233
Bettelheim, Bruno, 249n
Biderman, Albert: sobre símbolos, 152
black power, 158, 237; na educação, 240
Blackmur, R. P., 217
"boa menina má", 303n
Book of a Hundred Chapters [Livro de cem capítulos], 57
Boorstin, Daniel: sobre imagens, 130; sobre propaganda, 148
borderline, personalidade: 104, 275; características da, 99; e o teatro do absurdo, 167, 169n; *ver também* personalidade, distúrbios de
Bourne, Randolph, 229; sobre ensino superior, 244n
Bovary, Emma, 175, 251

Brand, Stewart: sobre sobrevivência, 54
Brecht, Bertolt, 165
Breckinridge, Sophonisba P.: sobre intervenção estatal na família, 255; sobre tribunal de menores, 255, 257
Bremer, Arthur Herman, 161
Brooks, Van Wyck: sobre tradição, 61
Brown, R. G., 323n
Bruch, Hilde, 291: crítica da psiquiatria, 266-7; sobre autoridade parental, 268n; sobre intervenção profissional na família, 264
Bruch, Hilde, 270n
burocracia, 48, 67, 92, 140, 183, 272n, 294-5; concorrência, 125-7; crítica conservadora da, 356-60; e agressão, 285; e cooperação antagonista, 205; e dependência, 350-5; e narcisismo, 62, 107-11; e propaganda, 111, 148, 150-1; e sobrevivencialismo, 130-2; na educação, 229, 238, 240, 243; no individualismo, 62; nos negócios, 207
Bush, Vannevar, 233
Butt, Dorcas Suan, 186; sobre competição, 204

Caillois, Roger: sobre jogos, 181
calvinismo, *ver* puritanismo
Cama de gato (Vonnegut), 76
Camp, Walter, 208-9; sobre esportes, 199
Carnegie, Dale, 126-7
casamento, 297-8; aberto, 84, 89, 297; psicodinâmicas do, 297-8
castração, medo da, 317, 318
cavalheirismo, declínio do, 299-300
Cawelti, John: sobre o mito do sucesso, 126
celebridade, 128, 206; culto à, 77, 93, 160, 288, 355; e fama, 160-1, 163

Center for Policy Research, 272n
Chambers, Whittaker, 154
Chataway, Christopher, 198n
Chevalier, Michael, 227; sobre "iniciação", 223-4
"ciclo da vida", 329
cidadania: e educação, 222, 228-9
"ciências domésticas", 261
ciúme, declínio do, 302, 304
Clark, Kenneth B.: sobre "privação cultural", 237; sobre orgulho racial, 241
"classes produtivas", 344
Coleman, Richard P., 307
Coles, Robert: sobre os filhos do privilégio, 339, 341
Comfort, Alex, 328n, 313; sobre envelhecer, 328-9; sobre longevidade, 332
Comissão Carnegie, 247-8
complexo de Édipo, 217, 319
"complexo de encontros e avaliações", 232, 302
complexo de Portnoy, O (Roth), 72
compromisso não monogâmico, 314
Comuna de Paris, 344
comunismo, 69
Conant, James B., 233
concorrência/competição, 184, 187, 191, 198, 342; crítica da, 200-5; e o ideal de sucesso, 125-7; medo da, 93, 240
condicional, sistema de, 258
conflito de classes, medo do, 255
Connors, Jimmy, 194
Conselho de Educação Básica, 233-4
Conselho Nacional de Força de Trabalho, 232
Conselho Presidencial para o Condicionamento Físico do Jovem, 182
Conselho Regional do Sul, 130
conservadorismo: crítica à burocracia, 356-60
consumismo, 251
consumo, 140-1, 143-4

continuidade histórica, noção de, 53-4, 56, 60, 115, 140, 169n, 327, 330, 339
contos de fada, 249n
contracultura, 138n, 191; *ver também* revolução cultural
controle comunitário (educação), 350
controle de natalidade: e "filhos desejados", 264
"controle social", 272n, 337; e progressismo, 345; e saúde pública, 258; formas terapêuticas de, 291-5
Convenção Nacional Democrata (1968), 59, 159
Coolidge, Calvin: sobre publicidade, 144
Coolidge, Mary Roberts: sobre maternidade voluntária, 264n
cooperação antagonista, 205, 342
coração do homem, O (Fromm), 90
Corporação Carnegie, 348
cortesia, declínio da, 299
Cosell, Howard, 210; sobre entretenimento, 206, 213
Cosmopolitan, revista, 305
Cotton, John: sobre vocação, 121
Coubertin, Pierre de: sobre esportes, 198n
credibilidade, 147-8, 152; vácuo de, 129
crescimento (psicológico), culto ao, 114, 331-2, 360
criônica, 322
crise de meia-idade, 325-6
"*Critique de la Vie Quotidienne*" [Crítica da vida cotidiana], 73
Croce, Benedetto, 169n
Crusoé, Robinson, 120
Cuba, crise dos mísseis em, 153
cultura: e personalidade, 94-6, 115-6, 133-4
cultura de massa, 169, 175, 251, 287-8

Dancis, Bruce, 320
Davis, Rennie, 67
Debord, Guy: sobre consumo, 144

delinquência juvenil, 255, 272
DeMott, Benjamin: sobre Masters
    e Johnson, 328n
Departamento Sociológico (Ford
    Motor Works), 143
desenvolvimento psicossocial:
    cronograma normativo do, 113,
    329; *ver também* ciclo de vida
*Development of the Family in the
    Technical Age* (Meerloo), 268n
"Devil-Take-the-Hindmost Mile", 189
Dewey, John, 233, 261
Dickstein, Morris: sobre a retirada
    emocional na escrita recente, 177;
    sobre regressão narcísica, 65
Dietrich, Marlene, 318
Dionysus in 69, 166
direitos civis, movimento pelos, 158,
    236, 239-41, 245
direitos constitucionais,
    compreensão popular dos, 219
diversões populares, supressão das,
    194
divórcio, 297
Dodson, Fitzhug, 270n
Dohrn, Bernardine, 79
Don't Be Afraid of Your Child [Não
    tenha medo de seu filho] (Bruch),
    266
Donald, David: sobre irrelevância da
    história, 46-7, 51
dorminhoco, O (Allen), 55
Douglas, William O.: discordância em
    Yoder, 347n
droit du seigneur, 299
Durkheim, Emile, 94; sobre sociedade
    enquanto mãe, 352

Earp, Edwin L.: sobre conflito de
    classes, 255
Eastman, George: sobre educação
    vocacional, 227
educação: como controle social,
    225; como socialização, 230, 254;
    como treinamento industrial,
226-8; credencialismo na, 207;
    crítica conservadora da, 215-6;
    crítica da, nos anos 1950, 232,
    234; crítica radical da, 215-6, 228,
    241; democratização da, 222-3;
    dos pais, 260-3, 265, 267, 271n; e
    a cidadania republicana, 221-2;
    e nacionalismo, 226; e trabalho
    infantil, 254; "elitismo" na, 239,
    241-2, 247-8; permissividade na,
    235-6; reformas progressistas
    da, 228-9, 235, 239, 260;
    segregação na, 237-8; sexual, 270n;
    substituindo a experiência, 252
educação básica, 232-6, 238, 240, 242,
    250
educação superior, *ver* ensino
    superior
Edwards, Harry, 186
"eficiência", 227-8
Eisenhower, Dwight D., 155
Eliot, T.S., 75
elite gerencial, 338-40, 357
elitismo, crítica radical do, 191, 215-6,
    239, 241-2, 247-8
Ellsberg, Daniel, 155
Ellul, Jacques: sobre propaganda, 150
Elmtown's Youth [Juventude de
    Elmtown] (Hollingshead), 303
Emerson, Ralph Waldo, 60
Emotional Forces in the Family
    (Liebman), 268n
ensino superior, 207, 218, 228, 234,
    242, 244n, 247, 250, 252
entretenimento, industrialização do,
    206-10
envelhecimento, medo do, 70, 99, 103,
    108n, 324-7; teoria médica do, 324,
    332-5; teoria social do, 328-32; *ver
    também* velhice
Epstein, Joseph: sobre esporte, 184
Era de Ouro, 125, 127
escrita confessional, 71-82
espectador, crítica do, 187, 190

espetáculo, 144, 186, 211, 213; e
assassinato, 161; e o teatro do
absurdo, 163-8; e política, 128-9,
151-4, 156-9; e publicidade, 145-7;
no esporte, 192, 207
esporte, 181; como entretenimento,
207-11; crítica radical do, 186-7,
188n, 189-92, 200-1; e ensino
superior, 207-8; e imperialismo,
197-8; e música, 192n; erosão dos
padrões no, 190; passividade dos
espectadores, 185; virtuosismo
no, 188-9nn
esquizofrenia, 80, 104, 283; contexto
familiar da, 298; e narcisismo,
276-7; e pseudomutualidade, 278
Estado de bem-estar social, 134, 344,
347-8, 356
estado terapêutico, 256-7
estudos negros, 240, 242
ética protestante, 121, 125, 140, 143;
ver também trabalho, ética de
*ética protestante e o espírito do
capitalismo, A* (Weber), 123n
ética terapêutica, 89, 358
eu e o id, O (Freud), 91
"eu ideal", 65n; supereu, 279-80
evangelho social, 255, 260
Evergreen State College, 236n
Exame de Registro de Graduados, 221
Examiner (San Francisco), 190
Exército Simbionês de Libertação
(SLA), 159
Exércitos da Noite, Os (Mailer), 70
Exley, Frederick, 72, 74; citação, 235
expectativa de vida, 323

família, 147n, 253, 325; agressão na,
286; como refúgio, 276-7, 281;
crítica da, 49; crítica progressista
da, 254-5; e cultura, 283-4; e
educação parental, 260-2; e
moda, 147; e narcisismo, 275-81;
intervenção estatal na, 296;
intervenção profissional na, 256-7,

259, 271, 280, 350; invasão da,
268n, 274, 359; na elite gerencial,
339-40; psicodinâmicas da, 286;
substituída pela escola, 253-4;
"transferência de funções", 273
família nuclear, crítica da, 201, 283n
Fan's Notes, A [Anotações de um fã]
(Exley), 72
fantasia: ataque à, 249n; medo da,
193, 196, 314-5, 355; *ver também*
processo secundário
"fardo do homem branco", 202
Faulkner, William, 318
feitos, 203, 215; celebridade e, 127-8
feminismo, 307-12; ataque aos
estereótipos sexuais, 306;
crítica do socialismo, 320-1;
e cavalheirismo, 300
Fernwood (telenovela), 175
feudalismo, 300, 337
Fiedler, Leslie, 56; citação, 317
Filene, Edward A.: sobre consumo, 144
filhos, criação dos: as elites e, 338-41;
conselhos profissionais para, 262;
permissividade na, 354
filmes: declínio do ciúme nos, 303;
mulheres nos, 300
Fischer, David Hackett: sobre culto
à juventude, 335; sobre herança
nacional, 346
Fitzgerald, F. Scott, 318
Flanders, Moll, 120
Ford, Henry, 143
Fox, Richard: sobre controle social,
272n
Francoeur, Anna, 313
Francoeur, Robert, 313
Franklin, Benjamin: sobre
autoaprimoramento, 121-4, 126
Frederico II, imperador, 57
Freidson, Eliot, 272-3
Freud, Sigmund, 46, 94-6, 98, 101,
103, 105, 264, 285, 304; sobre
impotência psíquica, 318; teoria
estrutural da mente, 91

Friedenberg, Edgar Z.: sobre ensino médio, 290
Fromm, Erich: sobre individualismo, 90-1; sobre personalidade voltada para o mercado, 133-4
futurologia, 333-4

Generation of Vipers [Geração de víboras] (Wylie), 318
Genet, Jean, 167
gerações, *ver* continuidade histórica
gerenciamento, 356-7; expropriação do conhecimento técnico, 271, 342, 348, 357, 359; relações humanas no, 291-5
geriatria, 322
gerontologia, 322, 333
Gerzon, Mark: sobre intervenção profissional na família, 272
Gesell, Arnold, 262
gestão científica, 290, 344; e esportes, 208-9
gestão de pessoal, 290-3; *ver também* relações humanas
Ghosts (Ibsen), 166
Gifford, Frank, 77
Giovacchini, Peter L.: sobre novo tipo de paciente psiquiátrico, 104
Gladden, Washington: sobre imigrantes, 262; sobre reforma prisional, 260-1
Godkin, E. L.: citação, 344
Goffman, Erving, 272n; sobre apresentação do self, 168
Goldman, Emma, 301
Good Housekeeping, revista, 263n
Goodhart, Philip, 198n
Gorer, Geoffrey, 133, 274
Greenberg, Dan: citação, 74
Groves, Ernest e Gladys: sobre maternidade, 263
Guerra Civil Americana, 343
Guerra da Argélia, 80
Guerra da Coreia, 202, 234
guerra de todos contra todos, 20, 48, 83, 114, 135, 141
Guerra do Vietnã, 55, 129, 152, 155, 157

Haldeman, H. R., 156
Hamilton, Alexander, 123n
Handel, Gerald: sobre companheirismo, 307n
Happy Hooker, 118, 120, 120n; como protótipo do sucesso, 134-5
Harrington, Alan: sobre envelhecer, 324
Haskell, Thomas L., 351n; sobre profissionalismo, 352
Hearst, Patricia, 160
Hearst, William Randolph, 209
Hegel, G. W. F., 169n
Heller, Joseph: citação, 131, 162, 178, 286, 304
Hemingway, Ernest, 318
Hendin, Herbert, 281; sobre medo da competição, 204; sobre mudança das preocupações da psicanálise, 104; sobre prazer sexual, 312; sobre suicídio, 313
Henry, Jules: sobre abdicação da autoridade, 288-9; sobre autoridade dos pais, 287n; sobre cultura e família, 283; sobre cultura e personalidade, 94; sobre imitação, 161
heróis, adoração e idealização narcísica dos, 159-63
higiene pública, movimento pela, 254
Hill, Christopher, 51
Hill, Napoleon: sobre amor ao dinheiro, 127
hipocondria, narcisismo e, 99-100, 102, 115
Hiss, Alger, 154-5
histeria, 96, 103, 105-6; e narcisismo, 304, 305
Hobbes, Thomas, 114, 141
Hoch, Paul, 186, 200; sobre concorrência, 205; sobre machismo, 203

Hoffman, Abbie, 67, 159
Hollingshead, August: sobre o declínio dos relacionamentos exclusivos, 303
homem de artimanhas, 131-2, 294-5; como narcisista, 108, 111
homem econômico, 49
homem organizacional, declínio do, 107, 131, 203
homem psicológico, 49, 66, 316
Homo Ludens (Huizinga), 183-4
Horney, Karen, 133
Hougan, Jim, 82; sobre novo milenarismo, 56
How to Parent [Como criar os filhos] (Dodson), 270n
How to Raise a Human Being [Como criar um ser humano] (Salt), 270n
Huizinga, Jan, 213; sobre *Homo Ludens*, 183-6; sobre jogos, 192
Human Side of Enterprise, The [O lado humano da empresa] (McGregor), 291

ianque: e puritanismo, 121
Ibsen, Henrik, 167; sobre ilusões, 165-6
ideologia, fim da, 151
Illich, Ivan, 52
ilusão: ataque à, 76, 193; e realidade, 129, 152, 163-8, 179; *ver também* fantasia
imagens, 130, 148, 156, 184; proliferação das, 92, 110-2; *ver também* ilusão
imitação, idealização narcísica e, 161-3
Imlay, Gilbert, 300
"imortalismo", 322
imperialismo: e esportes, 197-8; libertação do, 199, 247
impotência, mudanças das características da, 318-9
impressões, gerenciamento de, 107, 153; *ver também* self performático
individualismo, 48-9, 61, 66, 136-42, 239; crítica do, 90-2, 255-6, 283n
"instinto de morte", 92, 366; pura cura do, 285

"instinto de trabalho", 227
instinto maternal, 265; crítica do, 262, 263n
"instituições totais", 272n
Instituto de Tecnologia da Califórnia, 332
Instituto Salk, 332, 370
"interdependência", 283n, 291, 310, 352
intimidade, culto à, 297, 306
Ionesco, Eugène, 167
Ivy League, 207; declínio dos padrões acadêmicos na, 216

James, Henry, 61
janízaros, 130n
Jefferson, Thomas, 60, 123n, 223
Jennings, Eugene Emerson: sobre mobilidade corporativa, 110-1, 114, 130, 132
jogo: 181-90, 92-4, 96-7, 201, 204, 212, 251, 355; comercialização do, 185; e performance, 193; e trabalho, 185, 211; inutilidade do, 181
Johnson, Lyndon B., 130
Johnson, Virgínia, 304, 328n
Jong, Erica, 72
judeus: e educação, 228, 238; extermínio dos, 150
jurisprudência sociológica, 259; *ver também* modelo terapêutico de autoridade
justiça psiquiátrica, 352; *ver também* autoridade: modelo terapêutico de
juventude: culto à, 325; emancipação da, 147

Kahn, Herman, 333
Kelley, Florence: sobre ignorância dos imigrantes, 262
Keniston, Kenneth, 281, 283n; sobre intervenção profissional na família, 348
Kennedy, John F., 153, 155; sobre boa forma física, 182; sobre fim da ideologia, 151

Keppel, Frederick P.: sobre ensino superior, 244n
Kermode, Frank, 54n
Kernberg, Otto: sobre corrupção de valores no narcisismo, 116; sobre culto narcísico à celebridade, 160-1; sobre cultura e personalidade, 96; sobre etiologia do narcisismo, 101; sobre narcisismo e histeria, 305
Khrushchov, Nikita, 153-4
Kinflicks (Alther), 264n, 327
Kinzel, August: sobre longevidade, 332
Klein, Melanie, 368; sobre etiologia do narcisismo, 100
Kohl, Herbert, 241
Kohut, Heinz: sobre antídotos para o narcisismo, 71n; sobre famílias narcisistas, 277; sobre fantasias narcisistas de onipotência, 336; sobre mães narcisistas, 275-6, 278; sobre medo de concorrência, 204; sobre suspensão do processo secundário, 178-9
Kovel, Joel: sobre mudanças nos padrões de distúrbios psíquicos, 105-6
Kozol, Jonathan, 241
Kubie, Lawrence S.: sobre instinto parental, 268n

Laing, R. D., 283n
Landers, Ann, 289n
Landis, Kenesaw Mountain, 209
Langer, William L.: sobre expectativa de vida, 323n
Lawrence, D. H., 123n
lealdade corporativa: erosão da, 200-5; *ver também* homem organizacional, declínio do
lealdade de grupo, erosão da, 203, 206
Lei de Serviço Seletivo de 1951, 234
Lei Nacional de Educação da Defesa de 1958, 234-5
Leites, Nathan: sobre "boa menina má", 307n; sobre declínio do ciúme, 302

Letters from a Self-Made Merchant to His Son [Cartas de um comerciante self-made ao seu filho] (Lorimer), 126
Lewis, Hylan: sobre cultura negra, 241
Lewis, R. W. B., 60
liberalismo, 88, 199, 337, 344-5, 356; crítica ao neopaternalismo, 348; exaurimento do, 46
Lichtenstein, Heinz: sobre mudanças nos padrões de distúrbios psíquicos, 104
Liebman, Samuel, 268n
Liga Americana de Beisebol: regra do batedor designado, 189
Living Theater, 166
Lolita (Nabokov), 318
Loman, Willy, 134
Lombardi, Vince, 185
Lonely Crowd, The [A multidão solitária] (Riesman), 205, 292n, 363
Lorimer, George, 126
Lowenfeld, Henry e Yela: sobre supereu, 286
Luce, Henry, 45
Luto e melancolia (Freud), 101
Lynd, Albert, 233
Lynd, Helen M., 230
Lynd, Robert S., 230

MacArthur, Douglas: sobre esportes, 199
Maccoby, Michael: sobre homens de artimanhas, 107-9, 111, 294
mãe, ausência da, 281
Maharaj Ji, 67
Mailer, Norman, 70, 72; sobre vida como arte, 170
Making It [Fazendo isto] (Podhoretz), 72
Malina, Judith: sobre Living Theater, 167
Man and Boy [Homem e menino] (Morris), 318
Mann, Horace, 225
Mansfield, Jayne, 318

Manson, Charles, 160
March, William, 318
Marden, Orison Swett, 126
Marglin, Stephen: sobre origem do sistema fabril, 132
Marin, Peter: sobre caráter anódino da "consciência", 82; sobre novo narcisismo, 57, 61, 309
Marin, Peter, 89
Marx, Karl, 54n
marxismo, 49
Mary Hartman, Mary Hartman (telenovela), 175
Maslow, Abraham, 291
Masters, William H., 304, 328n
Matadouro cinco (Vonnegut), 169n
maternidade voluntária, 264n
Mather, Cotton, 121, 126; sobre vocação, 121
Matthews, Brander: sobre Columbia, 244
Maynard, Joyce: sobre educação, 235; sobre ilusões, 163
McCarthy, Joseph, 154
McCosh, James: sobre esporte universitário, 208
McGrath, Nancy: sobre criação de filhos, 270n
McGregor, Douglas: sobre relações humanas na indústria, 291, 292
McGuffey, livros de, 125
McKeown, Thomas, 323n
McLuhan, Marshall: sobre noção do tempo, 169n
Mead, Margaret, 133
Meerloo, Joost: sobre "ilusão de explicação", 268n
Meggyesy, Dave, 186, 189n
merecimento, sensação de, 341
Merriwell, Frank, 198
Meyer, Donald: sobre esporte universitário, 207
Middletown (Lynds), 230
mídia de massa, 77, 147, 158, 160, 190, 206, 210, 253

Miller, Arthur, 134
Millett, Kate: sobre orgasmo feminino, 305
Mises, Ludwig von: sobre burocracia, 356
Mitchell, Juliet, 320
"mito do orgasmo vaginal", 304
moda, 146
modernização, 352
"momismo", 280
monitoramento (na educação), 233, 235
Monroe, Marilyn, 318
Montgomery, Bernard Law (marechal), 150
Moore, Burness E.: sobre mudança nos padrões dos distúrbios psíquicos, 105
hedonismo, *ver* revolução cultural
"moralidade da diversão", 135
Morelli, Giovanni: sobre falsificação, 171
Morris, Wright, 318
"movimento da consciência", 56, 68; crítica progressista ao, 82-5
movimento do potencial humano, 61
movimento pelos direitos da mulher, *ver* feminismo
Moynihan, Daniel P.: sobre ideologia terapêutica, 358-9
Muktananda, Swami, 82
mulheres: em filmes, 300; estudos de, 242; fantasias masculinas sobre, 317; libertação das, *ver* feminismo; pseudoemancipação das, 147, 299
multiversidade, 242-4
música, esportes e, 192n

Nabokov, Vladimir, 318
narcisismo, 337; antídotos para o, 71n; características secundárias do, 93, 115, 282; como metáfora da condição humana, 90-3; contexto familiar do, 116, 275-7; crítica humanística do, 90-3; e adamismo, 60-2, 64, 113; e amor-

-próprio, 85, 90-1; e burocracia, 62, 107-11, 350-5; e envelhecimento, 99, 104, 108n, 324, 326-8, 335; e esquizofrenia, 276-7; e histeria, 304-5; e imagens fotográficas, 112; e interesse próprio, 87; e o culto à celebridade, 77, 159-63; em mães, 275-80; etiologia do, 100-1, 279, 282; fantasias pré-edipianas no, 317; Freud sobre, 91; impotência no, 319; incapacidade de suspender o processo secundário, 179; medo de desejos instintivos, 316; novo, 56-7, 71, 82, 90, 360; primário versus secundário, 96-7; promiscuidade no, 98, 102; pseudodescobertas, 93, 101; sentimento de vazio interior no, 80, 82, 99; supereu no, 65n, 99-100, 279-80, 284-5; traços de personalidade associados ao, 49-50, 93
National Organization for Women, 311
nazismo, 53
neopaternalismo, 337, 343, 346, 348; crítica liberal do, 346, 348; e narcisismo, 354
neurose obsessiva, 104
New Deal, 293n, 343-4, 358
New Reformation, The (Goodman), 351n
New York Giants, 77
New York Yankees, 210
Nixon, Richard M., 55, 148, 153; concepção teatral da política, 154-6
Nog (Wurlitzer), 65
nostalgia, crítica da, 50-1
notas inflacionadas, 242
nova esquerda, 67, 70, 138n, 157-9, 245, 247
Nova Fronteira, 245
Novak, Michael, 210-3
Nystrom, Paul, sobre moda, 145, 147n

O'Neill, George e Nena, 84, 313
Ocean Hill-Brownsville, polêmica, 350

ócio, 143; industrialização do, 212
Office Politics [Política de escritório] (Sheed), 109
Ohio State University, 221
Olimpíadas, 198n
Oliver, Chip, 186, 189n
One Life to Live (telenovela), 58n
Oswald, Lee Harvey, 161
Oswald, Marina, 161
Ovington, Mary White: sobre socialismo, 320

Pages from a Cold Island [Páginas de uma ilha gelada] (Exley), 78
pai, ausência do, 277-81, 298
papel do doente, 259, 353
parentalidade: desvalorização da, 68, 271; proletarização da, 271
Parents on Probation [País em liberdade condicional] (Van Waters), 259
paródia, 175
Parr, Albert: sobre nostalgia, 50
Parsons, Talcott, 259, 292n
participação: culto à, 191-2
Partido Democrata, 196
passado, atitudes em relação ao, *ver* continuidade histórica
paternalismo, cavalheirismo e, 300
patriarcado, declínio do, 64
Peale, Norman Vincent, 126-7
pensamento positivo, 126
Pense e enriqueça (Hill), 127
permissividade: crítica conservadora da, 356; crítica psiquiátrica da, 264-7, 269; e agressão, 285; e o modelo terapêutico de autoridade, 287-90; e relações humanas, 292; na criação dos filhos, 270n; na educação, 235-6
"Perpetua" (Barthelme), 73
personalidade, 321; distúrbios de, 96, 99, 104, 106; Durkheim sobre, 94; e cultura, 93-7, 115-6, 133-4; mudanças históricas na estrutura

da, 92, 103-4, 133-4, 173; mudanças
no conceito de, 171-3; voltada para
si, 133; ver também borderline,
personalidade
"personalidade autoritária", 49
Peter Parley, livros de, 125
Phillips, William: sobre sentimento de
continuidade histórica, 169n
Pirandello, Luigi, 165
Plath, Sylvia: citação, 309
pluralismo, 88
Podhoretz, Norman, 72, 229; sobre
esportes, 188
política: abandono da, 55; como
confronto, 156-9; como espetáculo,
128-9, 151-6
pornografia, 314, 317
Primeira Guerra Mundial, 199, 228,
242
"privação cultural", 237
privatismo, 90; crítica do, 283n;
crítica do, 82-9
profissionalismo, 350-2, 358-9; crítica
do, 283n
"profissões de saúde e cuidado", 254-5,
257, 271, 352
progressismo, 358; ataque à fantasia,
249n; na criação dos filhos, 272;
na educação, 228-9, 236, 239, 264,
289-90; origens no século 19, 343-5
pró-longevidade, 325, 332-5, 370
propaganda, 152; de mercadorias,
145, 288; e publicidade, 148-51;
ver também publicidade
Pruette, Lorine: sobre instinto
maternal, 263n
"pseudomutualidade", 278
psicanálise, 276; e sociologia, 93; e
teoria social, 94, 96; preocupação
crescente com o narcisismo,
104-6; suspensão do processo
secundário na terapia, 178; teoria
do narcisismo, 96-7
Psicologia das massas e Análise do eu
(Freud), 91
psicologia do eu, 97

psicologia humanística, 332; crítica da
"despersonalização sexual", 314; e
envelhecimento, 328n
psiquiatria, autocrítica da, 265-7; ver
também profissões de saúde e
cuidado
psiquiatria radical, 283n
publicidade, 144-7, 170-1, 253,
266, 359; e insegurança, 287; e
propaganda, 148-51; ver também
propaganda
Pulitzer, Joseph, 209
puritanismo, vocação e, 120-4

Quinta Emenda, 221

racismo, 247; e imperialismo, 199-
201
Rafferty, Max: sobre esportes, 199
Rahv, Philip: sobre sensação de
continuidade histórica, 169n
Rainwater, Lee: sobre
companheirismo, 307n; sobre
dependência, 137-8
realismo, 237; no teatro, 166; ver
também ilusão
recrutamento, 234; e educação,
228-9, 233
redoma de vidro, A (Plath), 309
Reforma Protestante, 223
Reich, Annie: sobre ideologia do
narcisismo, 278-9
Reich, Wilhelm, 283n
relações humanas: crítica das, 268n;
na indústria, 344, 290-5
reprodução, socialização da, 253, 273,
284, 296
revolução cultural, 48, 56, 200,
250, 283n, 361; ver também
contracultura
"revolução de modos e moral", 146
Revolução Gloriosa, 226
"revolução" sexual, 146, 301-5; ver
também revolução cultural
Revolucionário do Alto Reno, 57

Richards, Ellen: sobre individualismo egoísta, 256; sobre intervenção do Estado na família, 254
Rickover, Hyman G., 233
Riesman, David, 363; sobre hedonismo, 137; sobre orientação ao outro, 133
Riesman, David, 205, 292n
rivalidade entre irmãos: e concorrência burocrática, 126
Rogin, Michael, 60
Rogow, Arnold: sobre declínio do supereu, 284
Rolling Stones, 138n
Rommel, Erwin (general), 150
Roosevelt, Theodore, 202; sobre esportes, 198-9
Rose, Gilbert J.: sobre permissividade, 268n; sobre proliferação de distúrbios narcísicos, 105
Rosenfeld, Albert: sobre envelhecimento, 323, 333-4, 370
Roth, Philip, 72
Rothman, David, 272n
Rubin, Jerry, 82, 159; sobre autodescoberta, 67-9
Rudd, Mark, 79
Rudolph, Frederick: sobre esporte universitário, 208
Russell, Bertrand: sobre trivialidade das relações pessoais, 296
Ruth, George ("Babe"), 210

Sade, Donatien A. F., marquês de: sobre guerra de todos contra todos, 140
Sage, Russell: sobre indústria compulsiva, 125
Salk, Lee, 270n
Santayana, George, 61
Sarason, Seymour B.: sobre medo de ficar preso, 108n
Saturday Evening Post, 126
saúde mental, movimento pela, 254
saúde pública: como modelo para intervenção terapêutica, 258

Schaffner, Bertham: sobre relações humanas, 268n
Schur, Edwin, 89; sobre o movimento da consciência, 82-5
Scoring: A Sexual Memoir [Pontuando: memórias sexuais] (Greenberg), 74-5
Scott, Jack, 186, 200; sobre competição, 205
Seattle, 79
Secretaria de Informações de Guerra dos Estados Unidos, 150
"século americano", 45
Seeley, John R.: sobre atrofia da competência, 354; sobre proletarização da parentalidade, 271
segregação: ataque à, 202, 237-9; na educação, 239; *ver também* direitos civis, movimento pelos
Segunda Guerra Mundial, 150, 199, 210
self: apresentação do, 168, 173; -ator, 169, 173; imperial, *ver* "Adão americano"; performático, 168-9
self-made man, 118-120
Sem plumas (Allen), 74
Sennett, Richard, 82, 85, 91; crítica ao privatismo, 85-9; sobre Balzac, 172; sobre mudanças no conceito de personalidade, 171
sensibilidade terapêutica, 58, 66-7, 83, 113, 329, 337, 346, 353-4
serviço militar universal, 234
serviço social, 254, 261; *ver também* profissões de saúde e cuidado
sexo informal, 313
sexo, "dessublimação do", 301
Shakespeare, William, 167
Sheed, Wilfrid: citação, 109
Sheehy, Gail: sobre ciclo da vida, 114; sobre envelhecimento, 329-30
Sherfey, Mary Jane, sobre orgasmo feminino, 305
show business, *ver* entretenimento

Sin and Madness: Studies in Narcissism [Pecado e loucura: estudos sobre narcisismo] (Sugerman), 92
Sinsheimer, Robert: sobre duração da vida, 332
sistema de disciplinas optativas (ensino superior), 242
sistema fabril, 132, 253
Slater, Philip, 283n
Smith, Mortimer: sobre acompanhamento educacional, 233
Snow White (Barthelme), 75, 250
Soap (telenovela), 175
sobrevivência, 34, 48, 54, 56-8, 85, 114-5, 117, 120, 130, 133, 136, 138-40, 205
socialismo, 90; e relações entre homem e mulher, 320-1; Mises sobre o, 357
socialização, 89, 92, 94, 134, 201, 288, 298; na escola, 261
Sófocles, 167
sonho americano, O (Albee), 318
Sontag, Susan, 112; sobre imaginação do desastre, 54n
Spock, Benjamin, 270n, 291, 329; como crítico da permissividade, 265, 267
Star Wars (Lucas), 164
Stern, Susan: sobre Weathermen, 59-60, 79-80
Students for a Democratic Society (SDS), 79, 158
Studies in Classic American Literature [Estudos sobre literatura clássica americana] (Lawrence), 123n
Success (revista), 126
sucesso, 355; mudanças no ideal de, 111n
Sugerman, Shirley, 92
supereu, 285; declínio do, 64, 284; Freud sobre, 92; mudanças, 62-4, 162, 284, 315-6; no narcisismo, 99-100, 279-80, 284-5; origem do, 65n
Szasz, Thomas: sobre elogio à mentira, 131, 272

tanatologia, 322
Tate, Sharon, 160
Taylor, Frederick W., 143
Teachers College (Columbia), 230
"teatro das ruas", 156-9
"teatro de guerrilha", 158-9
televisão, 219; impacto sobre o esporte, 189-90, 206, 210
tempo: irrelevância do, 47; noção de, 119, 140, 169n, 335; *ver também* continuidade histórica
"terapias de assertividade", 136
terra inútil, A (Eliot), 75
Teste de Aptidão Escolar, 219-20
Thompson, E. P., 51
Three Journeys [Três jornadas] (Zweig), 72
Thurber, James, 318
Tocqueville, Alexis de, 61, 88; sobre "Adão americano", 60
trabalho: degradação do, 183, 212-3, 217, 272n, 306, 348; infantil, 254; ética do, 49, 119-20, 137, 140, 143, 146, 198, 201, 341, 360
"tradição judaico-cristã", 249
transcendentalismo, 61
"treinamento de sensibilidade", 331
tribunal de menores, 254-60

universidade: como bufê, 245, 252; como reflexo da sociedade, 242-3; origens da, 242-3, 245; *ver também* multidiversidade
Universidade Columbia, 204, 216, 229, 244, 244n
Universidade da Califórnia (UCLA), 220, 246
Universidade Stanford, 220
Universidade Harvard, 208, 216
Universidade Yale, 199, 208-9, 216

Universidade do Oregon, 220
Universidade Notre Dame, 208
Universidade Princeton, 208, 216
Ure, Andrew: sobre sistema fabril, 132
US Open (Forest Hills), 194

Van Waters, Miriam: sobre intervenção do Estado na família, 260; sobre intervenção profissional na família, 263n, 289n; sobre tribunal de menores, 258
Veblen, Thorstein, 182, 197, 339; sobre disciplina industrial, 226-7; sobre esporte, 196
Veith, Ilza: sobre mudanças nos padrões de distúrbios psíquicos, 106
velhice, medo da, 322-9, 331; *ver também* envelhecimento
vida cotidiana, teatro da, 168-74
vida extenuante, culto à, 194-200
Vilas, Guillermo, 194
virtuosismo: no esporte e na música, 188n
vocação, doutrina puritana da, 120-1, 123
Vonnegut, Kurt, 76; citação, 169n, 316

Wagner, Richard, 166
Waller, Willard, 232; sobre hedonismo, 302
Walsh, Christy, 210
Warhol, Andy: sobre autoescrutínio, 172-3, 179
Washington State University, 199
Washington, Geroge, 229
Watergate, 55, 148, 155
Watson, Frank Dekker: sobre família, 261

Watson, John B., 262
Weathermen, grupo, 58-60, 79, 159
Weber, Max, 352; sobre Franklin, 123n
West, Nathanael, 318
Wheelis, Allen: sobre mudanças nos padrões de distúrbios psíquicos, 104
Whig, partido, 196
Whole Earth Catalogue, 54
Whyte, William H., 133
Wilkinson, Bud, 182
Williams, Tennessee, 318
Wilson, Edmund, 78
Wilson, Woodrow, 202
Wind, Edgar, 171, 213
Wisconsin v. Yoder, caso, 347
Wolfe, Tom, 82, 361; sobre novo narcisismo, 56, 58
Wolfenstein, Martha: sobre "moralidade da diversão", 135; sobre "boa menina má", 307n; sobre declínio do ciúme, 303n
Wollstonecraft, Mary, 300
Woodstock, festival de rock, 138n
World Series, 190, 209
Wurlitzer, Rudolph: citação, 65
Wylie, Philip, 318

YIP (Partido Internacional da Juventude), 159; yippies, 67, 159

Zaretsky, Eli, 320
Zhukov, Georgi (marechal), 154
Ziegler, Ron: sobre declarações "inoperativas", 148
Zweig, Paul, 74; citação, 77, 80; sobre autodescoberta, 69; sobre vazio interior, 69, 77, 80-2

A marca FSC® é a garantia de que
a madeira utilizada na fabricação
do papel deste livro provém de
florestas gerenciadas de maneira
ambientalmente correta, socialmente
justa e economicamente viável e de
outras fontes de origem controlada.

Copyright © 1979 Christopher Lasch
Copyright da introdução © 2018 E. J. Dionne Jr.
Publicado originalmente pela W. W. Norton & Company, Inc.
Copyright da tradução © 2022 Editora Fósforo

Todos os direitos reservados. Nenhuma parte desta obra pode ser reproduzida, arquivada ou transmitida de nenhuma forma ou por nenhum meio sem a permissão expressa e por escrito da Editora Fósforo.

Título original: *The Culture of Narcissism: American Life in an Age of Diminishing Expectations*

EDITORA Eloah Pina
ASSISTENTE EDITORIAL Cristiane Alves Avelar
PREPARAÇÃO Joana Salém Vasconcelos
REVISÃO Andrea Souzedo e Gabriela Rocha
ÍNDICE REMISSIVO Maria Claudia Carvalho Mattos
DIRETORA DE ARTE Julia Monteiro
CAPA Mateus Valadares
PROJETO GRÁFICO Alles Blau
EDITORAÇÃO ELETRÔNICA Página Viva

Dados Internacionais de Catalogação na Publicação (CIP)
(Câmara Brasileira do Livro, SP, Brasil)

Lasch, Christopher
   A cultura do narcisismo : a vida americana em uma era de expectativas decrescentes / Christopher Lasch ; tradução Bruno Cobalchini Mattos. — São Paulo : Fósforo, 2023.

   Título original: The Culture of Narcissism: American Life in an Age of Diminishing Expectations.
   Bibliografia
   ISBN: 978-65-84568-35-8

   1. Estados Unidos — Condições morais 2. Estados Unidos — Condições sociais — 1960-1980 3. Valores sociais — Estados Unidos. I. Título.

22-136051   CDD — 306.40973

Índice para catálogo sistemático:
1. Valores sociais : Estados Unidos : Sociologia   306.40973

Inajara Pires de Souza — Bibliotecária — CRB PR-001652/0

Editora Fósforo
Rua 24 de Maio, 270/276, 10º andar, salas 1 e 2 — República
01041-001 — São Paulo, SP, Brasil — Tel: (11) 3224.2055
contato@fosforoeditora.com.br / www.fosforoeditora.com.br

Este livro foi composto em GT Alpina e GT Flexa e impresso pela Ipsis em papel Pólen Natural 80 g/m² da Suzano para a Editora Fósforo em janeiro de 2023.